A History
of the World in 500 Walks

寫下歷史的世界
500
步道

國家圖書館出版品預行編目（CIP）資料

寫下歷史的世界500步道：穿梭於自然與文明，聽地球說
故事/莎拉·貝克斯特（Sarah Baxter）著；陳正益譯.
-- 初版. -- 臺北市：積木文化出版：家庭傳媒城邦分公
司發行, 2017.08
面；　公分
譯自：A history of the world in 500 walks
ISBN 978-986-459-097-1

1.徒步旅行　2.健行　3.世界地理　4.世界史

719　　　　　　　　　　　　　106007937

VK0057C

寫下歷史的世界 500 步道
穿梭於自然與文明，聽地球說故事

原 文 書 名　A History of the World in 500 Walks
作　　　者　莎拉·貝克斯特（Sarah Baxter）
譯　　　者　陳正益
特 約 編 輯　陳錦輝

總 編 輯　王秀婷
主　　編　廖怡茜
版　　權　向艷宇
行 銷 業 務　黃明雪、陳彥儒

發 行 人　涂玉雲
出　　版　積木文化
　　　　　104 台北市民生東路二段 141 號 5 樓
　　　　　電話：(02) 2500-7696 ｜ 傳真：(02) 2500-1953
　　　　　官方部落格：www.cubepress.com.tw
　　　　　讀者服務信箱：service_cube@hmg.com.tw
發　　行　英屬蓋曼群島商家庭傳媒股份有限公司城邦分公司
　　　　　台北市民生東路二段 141 號 11 樓
　　　　　讀者服務專線：(02)25007718-9
　　　　　24 小時傳真專線：(02)25001990-1
　　　　　服務時間：週一至週五 09:30-12:00、13:30-17:00
　　　　　郵撥：19863813 ｜ 戶名：書虫股份有限公司
　　　　　網站：城邦讀書花園 ｜ 網址：www.cite.com.tw
香港發行所　城邦（香港）出版集團有限公司
　　　　　香港灣仔駱克道 193 號東超商業中心 1 樓
　　　　　電話：+852-25086231 ｜ 傳真：+852-25789337
　　　　　電子信箱：hkcite@biznetvigator.com
馬新發行所　城邦（馬新）出版集團 Cite（M）Sdn Bhd
　　　　　41, Jalan Radin Anum, Bandar Baru Sri Petaling,
　　　　　57000 Kuala Lumpur, Malaysia.
　　　　　電話：(603) 90578822 ｜ 傳真：(603) 90576622
　　　　　電子信箱：cite@cite.com.my

A History of the World in 500 Walks
First published in Great Britain 2016
Copyright © 2016 Quintet Publishing
Text translated into Complex Chinese © 2017 Cube Press, a division of Cite
Publishing Ltd., Taipei
All rights reserved

內頁排版　劉靜薏

2017 年 8 月 31 日　初版一刷
售　價／NT$750
ISBN 978-986-459-097-1
有著作權·侵害必究

Image Credits:

Alamy: Eric Nathan 22; Larry Geddis 26; Prisma Bildagentur AG 43; Travelscape Images 63; Keith Douglas 101; Al Argueta 123; Ivan Vdovin 133; Tongro Images 195; Toni Spagone 151; Look Studio 231; Pep Roig 267; Jon Sparks 297; Juhani Viitanen 319; Middle East; Robert Mora 381; incamerastock 394

Corbis: Angelo Cavalli 33; Krista Rossow 67; Christian Kober 117; Thierry Tronnel 171; René Mattes 177; BODY Philippe/Hemis 178; John Heseltine 189; Blaine Harrington III 277

Getty Images: www.sergiodiaz.net 74–5; Boy_Anupong 121; shan.shihan 136–7; John S Lander 145; Churrito 147; Pall Gudonsson 200–1; Bob Wickham 211; ullstein bild 217; narvikk 223; Humberto Olarte Cupas 242; images say more about me than words 247; Judy Bellah 249; Matteo Colombo 262–3; Jared Alden 271; Odd Katya/EyeEm 280; Jung-Pang Wu 282; Tan Yilmaz 328–9; Danita Delimont 344; Andrew Peacock 349; Philip Game 357; Colin Monteath/Hedgehog House 361; Juergen Ritterbach 375; David Ramos 390; mbbirdy 392

iStock: r.m.nunes 4; oversnap 6; FedevPhoto 10; rmnunes 29; Sjoerd van der Wal 48; Guenter Guni 53; GibasDigiPhoto 57; Benny Marty 61; Nick Webley 69; gunarts 79; Hung Chung Chih 93; whammer121736 192; gregobagel 215; Piet Veltman 310; Paul Tessier 332; Bartosz Hadyniak 339; lechatnoir 341; Tomas Sereda 353; Daniel Kay 363; huad262 367

National Geographic Creative: Joe Riis 15; Jason Edwards 19; Nigel Hicks 21; Anne Keiser 37; Frans Lanting 40; Beverly Joubert 47; Paul Chesley 73; Matt Moyer 83; Annie Griffiths 88; Martin Gray 95; Design Pics Inc 105; Sergio Pitamitz 108; O. Louis Mazzatenta 127; Babak Tafreshi 129; Sean Gallagher 141; Michael Melford 155; Michael Poliza 165; Dan Westergren 169; Shaun Barnett/Hedgehog House/M 173; Jad Davenport 185; Bill Hatcher 208; Lynn Johnson 219; Melissa Farlow 224; Christian Ziegler 243; Design Pics Inc 253; Jad Davenport 257; James P. Blair 285; Mauricio Handler 291; Tim Laman 293; Jill Schneider 315; Matthieu Paley 323; Design Pics Inc 337; Michael Nichols 371; Andy Bardon 376

Shutterstock: Helen Hotson 9; Dave Allen Photography 32; lkpro 87, 99; Nila Newsom 112; hecke61 159; ckchiu 182; orangecrush 205; KAppleyard 235; Olimpiu Pop 238; Pecold 261; Milosz_M 273; Patrick Poendl 287; Ondrej Prosicky 295; Paul Daniels 302; Helen Hotson 308; Baciu 325; Baciu 387

While every effort has been made to credit photographers, Quintet Publishing would like to apologise should there have been any omissions or errors, and would be pleased to make the appropriate correction for future editions of the book.

混合產品
源自負責任的
森林資源的紙張
FSC™ C008047
FSC
www.fsc.org

A History
of the World in 500 Walks

寫下歷史的世界
500
步道

莎拉・貝克斯特（Sarah Baxter）／著　　陳正益／譯

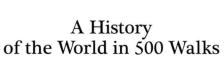

積木文化

目錄

「消失的古城」馬丘比丘就是印加古道盡頭（181~183頁）。

導讀

　　不管你問哪個人最想擁有哪些超能力，我都敢打賭，時光旅行一定排在絕大多數人的前三名。那也難怪，這樣的願景實在太引人遐思：透過時光旅行，我們不但能造訪某個很久很久以前的特定地點、一窺昔日光景，還可以藉由身歷其境而「通古今之變」；試想，如果你可以親臨當年戰壕、目睹第一次世界大戰協約國如何奮勇抗敵，或者一路見證羅馬帝國的興起和衰亡，個人的思想會獲致何等巨大的啟發？更別說，你既可以回到遠古時代的非洲目睹人類第一次站直身子，也可以闖蕩恐龍君臨天下的地球。

　　眼下，你可以藉由選擇正確的「傳輸模式」——也就是走路——再加上一點想像力來實現時光旅行，因為在徒步旅行這件事上，你和遠古人類沒有兩樣。一旦避開了汽車、飛機和火車，我們就能和老祖宗一般地踏上同樣的旅程，透過先祖的眼光觀看世界；就算地景的樣貌幾千年來已然歷盡滄桑，只要踩踏在同樣的路途上，我們就能與往昔的戰士、國王、探險家和朝聖者產生聯結。

　　所以，就讓本書成為你時光旅行的嚮導吧。《寫下歷史的世界 500 步道》正是這些古代路途的導遊書：走遍世界，為你描述旅程的距離和難處，讓你得以和往昔的世界取得聯繫。本書的前後六章都按時間順序排列，和這個地球的古往今來與時俱進，從古早古早以前——史前時代——開始，那可是文字都還沒出現的神祕時代，我們的地球還忙著創建它自己：地殼板塊正在漂移，到處都有火山噴發，山脈既在緩緩升高也在不斷風化，人類也才剛剛現身。

　　從地質學的輝煌年代出發，我們得以窺見文明的曙光，以

及──透過澳洲原住民、南非布須曼人（San Bushmen）、古希臘人、羅馬歷代帝王、佛陀，以及耶穌的步履──置身公元以來的各個世紀之中。兩千多年來，無論何時，世上都不乏朝聖者、商隊、軍旅和偉大的探險家踩踏出來的步道，我們正是依循這些代代傳誦的遠征、不斷更新的史冊和文藝復興，不但見證了休閒旅遊（也就是為了行走而行走）的濫觴，甚至和宇航員一起太空漫步。每一趟旅程，管它是只有一公里還是長達一千公里，都隱含著這個地球或多或少的原貌。

那麼，我們該從哪一趟旅程走起呢？本書不但蒐羅了 500 條步道，還一一附上引人入勝的地圖和照片；大致來說，每條步道都可以量度、能夠解說：有起點、終點、全程距離，說不定還有個好記的名字──比如南非的「亡命之道」（Fugitive's Trail，本書 279~281 頁）、日本的「哲學之道」（Philosopher's Path, 382 頁），或者義大利的「恐龍足跡巡禮」（Cammino dei Dinosauri, 19 頁）。有些步道的解說會詳盡一點，好讓你知所期待；有些則只點到為止，好讓你腳癢難熬、想像奔騰；但每一條都擁有不可動搖的歷史地位，而且不容拆解分段，彷彿它們都是人生中的絕佳教典，還以全彩、立體聲、嗅覺和 3D 呈現。簡單說，走在這些步道上時，世界的歷史便會一一進入你的人生。

我才開始為本書遴選目標，有些步道就立刻在腦中蹦現出來。比如說「印加古道」（Inca Trail, 181~183 頁），那是一條必須費時四天橫越祕魯安地斯山脈、路線極其精確、十五世紀時就已舖設完成的道路，為的是讓人登臨從未被西班牙征服者發現的山邊城市馬丘比丘（Machu Picchu）；如果你有心體會那時的工程天才、社會結構，以及一度統領整個南美文明的精神信仰，還有比親自穿越雲霧繚繞的群山──印加帝國的原鄉，五百年來景觀的改變微乎其微──更好的方法嗎？

同樣的，一崖接一崖的大峽谷（Grand Canyon, 25~27 頁）看來也是上上之選；從這個崖邊下到深谷，再從深谷攀爬到另一個崖頂，才可能在最貼近的距離觀察幾百萬年來岩石的構成和腐蝕，比任何地理課都更生動、更有感。

再比如柏林圍牆步道（340~342 頁），訴說的則是近代得多的故事；沿著 1989 年剛推倒的那曾經環繞西柏林的圍牆所形成的步道走上一圈，就很能感受如在眼前、再鮮活不過的歷史。不管是站在查理檢查哨（Checkpoint Charlie）上，或駐足於如今充滿鋼骨大樓的繁忙城街旁，你都一定會感到莫名的激動。

北康瓦爾（Cornwall）郡聖阿格尼斯（St Agnes）殘存的採礦遺跡，只不過是「英國西南海岸步道」諸多的古蹟之一（307~309 頁）。

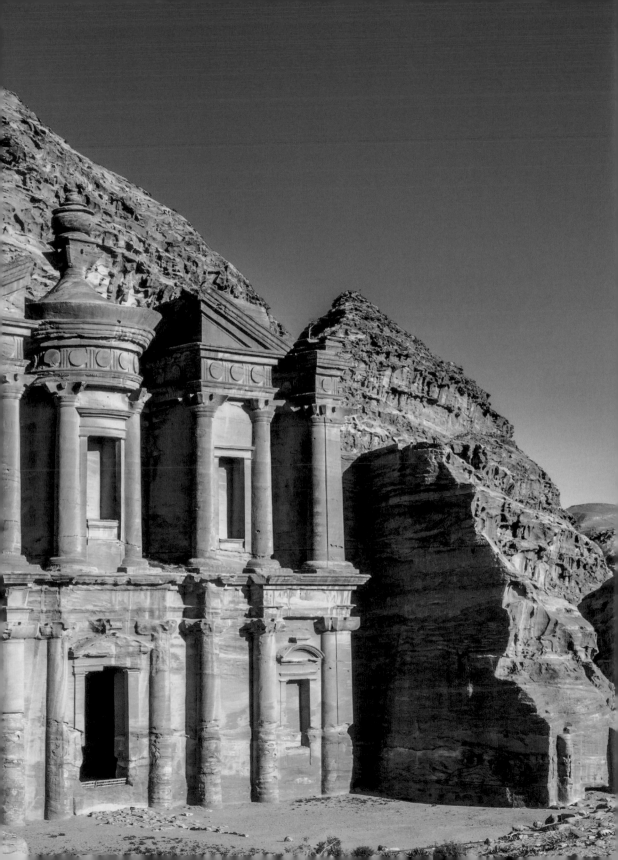

不論哪一種興致或心情，你都能在本書裡找到對應的迷人步道。只對足跡鮮少的美妙路途有興趣？格陵蘭（Greenland）的「北極圈步道」（Arctic Circle Trail, 56~58 頁）或許就很對你味口，因為這裡舉目四顧盡是渾然天成、巍峨聳立了幾百年的大自然鬼斧神工之作，以及近代氣候變遷的遺跡；要不就到位在約旦的「達納—佩特拉步道」（Dana-Petra trek, 88~89 頁）走上一遭，取道貝都因（Bedouin）小徑穿越沙漠，一睹已然存在了兩千年的古石城；英格蘭蜿蜒壯麗的「西南海岸步道」（South West Coast Path, 307~309 頁）也很值得一遊，不只可以沿著海岸漫步、一路追索十九世紀走私者的足跡，還能耳聞酒店歌手的吟唱、目睹正在作日光浴的鯊魚、品嘗康瓦爾（Cornish）的肉餡餅；要是你選擇了「希拉里步道」（Hillary Trail, 380~381 頁），就可以跟隨最早攀登珠穆朗瑪峰之一的紐西蘭探險家艾德蒙·希拉里爵士（Sir Edmund Hillary）腳步，一覽他鍾愛一生的紐西蘭風光。

踏上任何山徑往高處走時，你應該都會由衷感嘆沿途的油綠草地或皎白雪景；但如果你還知道這裡曾經有過什麼樣的傳奇，或者哪條山道曾經啟發了哪位創作者的傳誦之作，眼中的景象就是另一種風情了。山景或許始終一樣壯麗，如今卻既可能是個戰略屏障，也可能是音樂創作的繆斯。

我寫作本書時所獲得的最大啟發，就是到哪裡都找得到歷史。不論你何時走在何處——經常趴趴走本就是好事一樁——都一定有前人的印跡或發生過某些事件，那當然不是什麼壞事，只會讓你的徒步漫遊更添情趣。這意謂著：我們可以在走過這些景致時透過地熱活動來和大地產生聯結，我們可以走進只剩斷垣殘壁的城堡，走在昔時曾經圈住或阻隔人群、如今不復存在的圍牆舊址上，走在奴隸或囚徒挖出的深溝裡，走在古蹟的街道中，或者在許多非常、非常古老的參天巨樹間信步而行。

只可惜地球不會說話。不過，如果你瞧得夠仔細——每一道溝谷，每一處山崗，每一堵斷垣殘壁，每一處保存良好的古蹟……，說不定，你會發現地球其實會說話……

左圖：穿越沙漠後，「達納—佩特拉步道」就會帶領你來到約旦著名的玫瑰紅佩特拉（Petra）古岩城（88~89 頁）。

第一章
史前時期

{ 漫步於古老群山、活火山、壯麗地景之中，並且從中觀察新石器時代以來的地球變動軌跡。 }

1 羅賴馬山
Mount Roraima

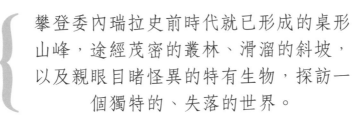

委內瑞拉，卡奈瑪國家公園（Canaima National Park）

{
攀登委內瑞拉史前時代就已形成的桌形
山峰，途經茂密的叢林、滑溜的斜坡，
以及親眼目睹怪異的特有生物，探訪一
個獨特的、失落的世界。
}

行前須知：
- 歷史關鍵時刻：20 億年前，山巖初始形成
- 費時：5~6 天
- 難度：中等／費力——陡峭；潮濕，多雨；蚊蟲叮咬
- 最佳月份：11-4 月
- 重點叮嚀：嚴禁獨自攀登——你一定要僱個導遊

如果羅賴馬山會說話就好了。這座山峰，是委內瑞拉、圭亞那（Guyana）和巴西國界交會點大薩瓦納區（Gran Sabana 或 Great Savanna）拔地而起的 115 座桌形山（tepuis）之一，也是一種我們這個星球最古老的地質結構；羅賴馬山和其他桌形山的花崗岩芯，都是早在 20 億年前就形成了，那時節，南美洲、澳洲和非洲可都還同屬於岡瓦納古陸（Gondwana）的一部分呢，後來整整用了 1,000 年，包覆山峰的軟質砂岩才慢慢風蝕淨盡，使得這座岩山獨立於天地之間，並且和卡奈瑪國家公園的熱帶叢林各據一方。

根據土著佩蒙人（Pemón）——直到 18 世紀中葉西方世界都還不知道有這個種族的存在——的說法，這些山峰是瑪瓦里（mawari，古代神靈）的家園。傳說是這麼講的：這裡曾經有棵巨大的華札卡樹（Wazacá tree，生命之樹），樹上長滿了世界上所有的蔬果，有一天，某個瑪瓦里砍倒了華札卡樹，才使得羅賴馬山孤伶伶地獨留下來。

直到 19 世紀後半，羅賴馬山還被認為是座難以攀登的山峰；每一名試圖登頂的探險者，都覺得它那 2,810 公尺的峰頂太高遠、太陡峭，而且攀登起來極盡艱辛。一直要到 1884 年，集作家、植物學家、攝影家於一身的艾弗拉・圖爾恩（Everard im Thurn）和他的助手哈瑞・柏金斯（Harry Perkins）終於首度成功登頂，才證明世人的看法太過誇張；事實是，攀登羅賴馬山並沒有大家說的那麼棘手。他們發現，只要順著羅賴馬山南側那一道天然的斜向岩脊一路往上走，就很容易攀登這座大薩瓦納

右圖：羅賴馬山，地球最原始的地質結構之一。

桌形群山的最高峰。今日的登山客，依循的還是圖爾恩當年的足跡。

這趟旅程，你可以考慮從和羅賴馬山有點距離的佩蒙人聚居地巴萊替普（Paraitepui）村出發。這裡離現代世界有多遠呢？光是駕車從尤勞尼三藩市（San Francisco de Yuruaní）走泛美公路（TransAmazonian Highway）到這裡，就要開上顛簸不平的27公里。從巴萊替普村走起的徒步旅行者，一般大約要花個兩到三天才能登上羅賴馬山頂；大多數的徒步旅行者會在山頂待個一天一夜，再花上兩天時光返回巴萊替普村。

雖然這條步道早已迎送過無數徒步旅行者，路途還是相當艱難。叢林裡突出地面的樹根和張牙舞爪的枝葉，讓你必須步步為營；一踩在上頭就會發出嘎吱聲的紅色黏土，則緊咬你的鞋底不放；多不勝數又渴望鮮血的白蛉（sandfly），更會一路叮咬你裸露在外的肌膚；就算都已登上羅賴馬山的平頂，即使是乾季，也幾乎天天有雨。

既然如此，何必自找罪受呢？這是因為，與周遭萬物長久隔離演化，讓羅賴馬山的桌形平頂展現罕有其匹的獨特風貌；光是一路上的獨有物種，從迥異於別地的鳳梨花（bromeliad）、風鈴草（bellflower），到肉食性的太陽瓶子草（Heliamphora，南美洲豬籠草〔pitcher plant〕），就會讓你大開眼界。更別說，你還很有機會邂逅奇妙的羅賴馬灌木蟾蜍（Oreophrynella quelchii）了；這種黑色蟾蜍個頭很小，遇上危險時會縮蜷成圓球狀。別擔心，你不會在這兒撞上亞瑟・柯南・道爾爵士（Sir Arthur Conan Doyle，譯註：福爾摩斯系列推理小說的創作者）科幻作品《失落的世界》（*The Lost World*）——啟發他寫下這部作品的正是這裡的奇異地景——裡的翼龍和暴龍。

叢林雖有許多可觀之處，但登上羅賴馬山頂才是此行的重點。在這片桌形平頂上，你可以觀賞到佈滿水晶的峽谷和石英岩層圍繞的冰池，以及光禿禿的巨岩、空中花園、潺流不絕的小溪；你還可以住宿在許多「旅舍」裡的其中一處。「旅舍」當然是戲謔之語，指的不過是懸突而出的岩壁，讓你的帳篷可以有些隱私和保護。最值得一觀的，是匍匐到山崖邊的 La Ventana ——「窗口」的西班牙文——俯瞰年代久遠的遼闊大地：在太古以來就環繞著桌形山峰縹緲浮游的雲霧之下，眼中所見，盡是史前迄今幾無改變的一片青綠。

2 阿卡巴步道
Arkaba Walk
澳大利亞南部

路探索威爾潘納盆地（Wilpena Pound）與愛德山脈（Elder Range）的6億年地質歷史，同時享受一段舒暢又有路標引導的45公里旅程。這是澳大利亞內地典型的徒步之旅。

3 芬迪小徑
Fundy Footpath
加拿大，新斯科細亞（Nova Scotia）

總長40公里的這條步道，重點是觀賞古老的阿卡迪亞森林（Acadian forests）風光、探索沿途的地質裂解樣貌，以及造訪芬迪國家公園（Fundy National Park）所在高原。這片土地，就位在形成已達10億年的阿帕拉契山脈（Appalachian Range）的山麓丘陵地帶。

4 拉勒平塔步道
Larapinta Trail

澳大利亞,北領地(Northern Territory)

　　距今 3~4 億年前的愛麗絲泉造山運動(Alice Springs Orogeny),造就了澳大利亞紅土中心(Red Centre)這個既神奇又怪異的內地景觀。最特別的是,這群峰巒連綿的山脈,是因為來自大陸邊緣的地形運動往中央地帶日積月累的推移而形成的。對徒步者來說,這條小徑不但是個僻遠、奇特、充滿石英岩斷層多褶皺紋理的遊憩勝地,還因為澳大利亞原住民傳說而籠罩著一股特別的氛圍。從愛麗絲泉出發的拉勒平塔步道,總長 224 公里,約需費時 11~16 天,一路沿著西麥克唐奈山脈(West MacDonnell Ranges)的山脊而行,除了紅色的沙漠、陡峭的山峽、沁涼的溪流、拔地而起的白蟻丘,你還會走過星光熠熠的夜空。小徑的最高點位在標高 1,381 公尺的桑德山(Mount Sonder),視野遼闊,是個完美的全景展望點。

5 伊馬利沃拉尼特拉步道
Imarivolanitra Trail

馬達加斯加(Madagascar),
安德林吉特拉國家公園(Andringitra National Park)

　　馬達加斯加是世界上最古老的島嶼,就在南非東部海岸外不遠處,雖然面積不算很大,動植物生態卻相當豐富。在大約 8,000 萬到 1 億年前與其他大陸分離後,馬達加斯加島便獨立存在至今,幾乎與世隔絕,所以島上超過七成五的動植物都是當地的原生品種,使得這條步道走起來更添趣味,感受也和其他步道大不相同。步道的高點是俗稱波比峰(Pic Boby)的馬達加斯加第二高峰 Pic d'Imarivolanitra(海拔 2,658 公尺),兩到三天就能登頂(一天 14 公里);更棒的是,登頂途中你會經過安德林吉特拉國家公園,這是一個由花崗岩峰、險峻峽谷、很有特色的片麻岩(層層疊疊的變質岩)等奇特岩層結構和種類繁多的植物合組而成的自然保護區。記得,步行途中也要注意有沒有環尾狐猴(ring-tailed lemur)的蹤影。

6 烏盧魯山腳步道
Uluru Base Walk

澳大利亞，北領地

{
環繞澳大利亞最有名的紅色巨岩走上一圈，沉浸於澳大利亞的「原民夢幻」（Aboriginal Dreaming）故事之中。
}

行前須知：

- 歷史關鍵時刻：約莫 600 萬年前，巨岩開始形成
- 距離與費時：10.5 公里；3.5 小時
- 難度：容易——道路平坦，距離不長，炎熱
- 最佳月份：4-5 月，8-9 月
- 重點叮嚀：盡早啟程以避開炎陽

位在愛麗絲泉西方約莫 467 公里處的烏盧魯巨岩，有如澳大利亞內陸的橘紅色冰山，巍然矗立於沙漠之中，標高 347 公尺，寬度超過 1.6 公里，長度更有將近 4 公里——這還只是突出地面的部分，大部分的主體都潛藏於地下。烏盧魯巨岩形成於大約 6 億年前，先是沉積於遠古海洋（如今早已不復存在）底部的沙礫擠壓成岩，爾後在地殼的變動下九十度翹起，歷經長遠歲月的雕磨後，才終於有了今日平滑、壯麗的巨岩面貌。

不過，已經在烏盧魯巨岩的遮蔽下存活超過一萬年的澳大利亞原住民可不這麼想。對他們來說，烏盧魯不但神聖，還是夢幻故事的中心；在年歲久遠的傳說裡，巨岩是在世界誕生之初、由十位神人合力創造出來的，所以，巨岩周遭的許多裂口、隙縫，就是這些神人誕生、戰鬥和殺戮的遺跡。

沿著巨岩基底走過這 10.5 公里步道，你不但可以遍覽種種地質特徵，還能認識巨岩傳說中的神話人物：蛇祖先黎如（Liru）和庫尼亞（Kuniya），兔袋鼠（hare wallabies）瑪拉（Mala），丁格（dingo，澳大利亞野犬）神犬卡班加（Kurpannga）。徒步者一般都從瑪拉停車場的平坦土路出發，順時鐘方向（也就是讓烏盧魯巨岩始終在你右手邊）一路走過群生的金合歡（acacia）或紅木（bloodwood）樹林、史前壁畫和岩雕，瀏覽澳大利亞原民的傳說。這種走法，正是對巨岩表達敬意的最佳方式。雖然攀爬巨岩並不犯法，但阿南古人（Anangu，澳大利亞原住民，烏盧魯—卡達丘塔國家公園〔Uluru-Kata Tjuta National Park〕及其周遭土地的傳統擁有者）希望遊客別這麼做，因為巨岩對他們來說無比神聖。

對頁：探訪生氣蓬勃的砂岩景觀和烏盧魯的形成史跡。

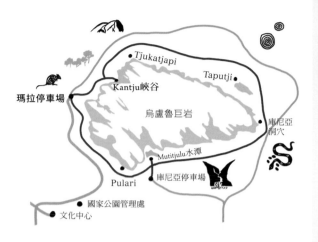

Tjukatjapi
Taputji
Kantju峽谷
瑪拉停車場
烏盧魯巨岩
庫尼亞洞穴
Mutitjulu水潭
Pulari
庫尼亞停車場
國家公園管理處
文化中心

8 黃金海岸腹地健行
Gold Coast Hinterland Great Walk

澳大利亞，昆士蘭
（Queensland）

　　這是一趟總長 55 公里、穿行於雨林之中、綠意盎然的健行，沿著澳大利亞東海岸，從雷明頓（Lamington）一路走到春溪（Springbrook）高地，途經澳大利亞岡瓦納雨林（Gondwana Rainforests of Australia）；這個已然名列世界自然遺產的雨林，以保有誕生、繁衍已達 1 億年的原始被子植物（flowering plants，又譯開花植物或有花植物）為傲。步道的起點，是離布利斯班（Brisbane）人約 2 小時車程的雷明頓國家公園，一路往春溪國家公園邁進，途中會與 2500 萬年前曾經大爆發過的特維德火山（Tweed Volcano）擦身而過，也能盡情欣賞動人的流紋岩（rhyolite）峭壁和傲然挺立的山毛櫸（beech）樹林；有些路途，陪伴你的更是極其清澈的淙淙溪流。這條步道，也是理解原住民尤甘貝人（Yugambeh）「烏奴古拉」（Woonoongoora，譯註：意為「群山女王」）傳說的絕佳旅程；尤甘貝人初次踏上這片土地，已經是一千多年以前的事了。

7 恐龍足跡巡禮步道
Cammino dei Dinosauri

義大利，特倫提諾（Trentino）

到訪義大利的沃拉嘉林納山谷（Vallagarina Valley），在恐龍留下的足跡間來趟徒步之旅。總長只有 8 公里的這段步道中，你可以看到已經成為化石的、兩億年前形成的恐龍腳印，每一個腳印都有相關的解說。

9 侏羅紀海岸步道
Jurassic Coast

英國，德文郡（Devon）與多塞特郡（Dorset）

{
在恐龍時代就已形成的迷人岩層
與化石的陪伴下悠哉健行。
}

行前須知：

- 歷史關鍵時刻：1 億 8500
  萬年前，此處最古老岩層
  的年紀
- 距離與費時：153 公里；
  7~8 天
- 難度：中等——地勢起伏
  ，有些地方很陡峭
- 最佳月份：5~6 月，9~10 月
- 重點叮嚀：部分地區有
  軍事管制（拉爾沃斯〔
  Lulworth〕附近），行前先
  確認許可通行時間

---

10 布魯斯步道
Bruce Trail

加拿大，安大略省
（Ontario）

海潮不斷拍打所造就
的尼加拉陡崖（Niagara
Escarpment），早在 4 億
4300 萬年前就已形成；
沿著崖脊而行的布魯
斯步道，總長達 901 公
里。

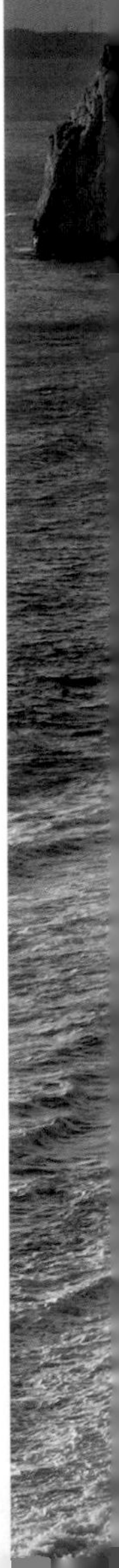

早在十八世紀晚期，就已經有很多好奇的旅行家探訪了多塞特與東德文；離去時都順手帶走了他們稱之為「蛇石」（snake stone）與「魔鬼手指」（devil's fingers）的紀念品——如今，你我都知道那是菊石和箭石。不過，這段海岸的特異之處可不只是化石而已，更由於約莫 1 億年前的地表劇烈運動，三疊紀、侏羅紀和白堊紀的連續岩層突地而起，形成非比尋常的景致；這也意味著當你走在名列世界自然遺產的那段海岸步道——從東德文艾克斯茅斯（Exmouth）附近的奧科姆突岩群（Orcombe Point）到東多塞特史沃尼奇（Swanage）附近的老哈利岩（Old Harry Rocks）——的時候，是名副其實地「回到過去」。

因為是從西往東走，所以英吉利海峽（English Channel）始終在你右手邊；你會先走過古色古香的濱海小鎮比爾（Beer），再到十八世紀時山崩造成的安德克里夫（Undercliff，「副崖」之意）觀賞豐富地質景觀，然後在途經萊姆里吉斯（Lyme Regis）的科伯港大壩（Cobb harbour wall）時搜尋化石的蹤影，接著登上金頂山（Golden Cap）——整個步道的最高點，海拔 191 公尺。從名為「白諾特」（White Nothe）的白堊岬走到天然岩石拱門「杜德爾門」（Durdle Door）的這段路上，你很可能會被沿途的某些瑰麗地景所震懾；其中最嘆為觀止的，應該是從趨近完美圓形的魯爾沃斯灣（Lulworth Cove）到「灣點」（Foreland Point）的「石峰」（Pinnacles）這一段，途中還有讓人目瞪口呆、恐龍曾經穿梭其間的古老柏樹森林。你還會經過一個鬼村——鐵器時代的山城堡，以及目睹多不勝數、紋路怪異到超乎想像的石頭。

右圖：侏羅紀海岸是化石與岩層的尋寶之旅。

11 巴倫步道
Burren Way

愛爾蘭，克萊爾郡
（County Clare）

巴倫（Burren）這個地名來自愛爾蘭語 boireann，原意是「多石地帶」，用來形容愛爾蘭西海岸這個充滿碳化石灰岩的地區可以說非常貼切。你所見到的任何一塊岩石，都有可能是 3 億 5000 萬年前還躺在熱帶海洋底部的沉積物；時至今日，它們不但全都成了陸地，也徹徹底底成為堅硬的石灰坑、岩溝、小丘、山谷，以及海膽與珊瑚的化石。步道總長 114 公里，起點在拉欣奇（Lahinch），終點位於科羅芬（Corofin），你會一路走過當地人稱之為 boreens 的古樸鄉村小徑、過往牲畜販子的慣用道路，要不就是林間小路。絕大多數的健行者都能在 5 天內走完全程，登上海拔 344 公尺的埃爾瓦山（Slieve Elva）峰頂，途經一些石器時代遺址、基督教甫興時的廢墟，以及愛爾蘭傳統音樂重鎮杜林（Doolin）。

---

12 龍蝦灣步道
Traversée de Charlevoix

加拿大，魁北克省（Québec）

約莫 3 億 5000 萬年前，有顆隕石墜落在魁北克的這個地區；總長 105 公里的這條步道，觀賞重點正是如今已是自然生態保護區的隕石坑。

停駐點

起點：霍巴斯

停駐點

棕櫚泉

桌山

四指岩

德國軍人
之墓

低水位橋

偽金角

野獸出沒區

魚河

艾艾斯溫泉

右圖：深入探訪蛇行於群山間的納米比亞魚河大峽谷步道。

13 魚河大峽谷步道
Fish River Canyon Trail

納米比亞（Namibia）南部

> 一路沿著這個蜿蜒的峽谷——據說是非
> 洲最大的峽谷——來趟健行吧，一路上
> 的千年巨岩，在在令人心醉神迷。

在納米比亞土著納馬人（Nama）的傳說裡，魚河大峽谷之所以彎來拐去，是因為遠古巨蛇 Koutein Kooru 受傷後的痛苦扭動所造成的；不過，科學家的說法則是，這道長達 161 公里的峽谷來自 18 億年前的巨岩裂解，它的片麻岩紋理，更早就在岡瓦納古陸——後來分解成如今的南美洲、非洲、南極洲、澳洲和阿拉伯半島的一部分——一分為三時就已形成，經過幾億年地球的高熱、地震、侵蝕，以及魚河自身的水流切割，才形成今天你我所見的景觀，也讓它得以自詡為僅次於美國亞歷桑納州大峽谷（Grand Canyon）的世界第二大峽谷——只不過，衣索比亞的藍尼羅河峽谷（Blue Nile Gorge）也一直自認為是世界第二。不管是不是世界第二，這兒都充滿了宛如迷宮的懸空崖壁、平頂孤丘，以及世界級的馬蹄形彎道。

要在這條步道上健行，就得忍受酷熱與沙塵的侵襲，因此這般，每年都只有 3,000 位步行家願意到此一遊。這麼說吧，才剛從霍巴斯（Hobas）往峽谷出發，你的膝蓋就會不時咔嗒作響；因為直到抵達終點艾艾斯溫泉（Ai-Ais Hot Springs Resort）之前，這 85 公里路途的地面全由細碎的鵝卵石構成，空中到處是沙塵。在文明世界突然從你眼前現身之前，你不但必須熬過好幾天的與世隔絕，還得一切靠自己。

不過，你得到的回報卻也不在少數：稍縱即逝的落日時分，眼前的懸岩峭壁彷彿都著了火；在冰涼的河水裡浸泡雙腳，不論是湍流還是淺溪（要看你造訪的是哪個季節）；一瞥蹄兔（rock hyrax）的可愛模樣；在你凝望夜裡星光熠熠的蒼穹時，耳邊還會傳來豺狼的嚎叫。

行前須知：

- 歷史關鍵時刻：6 億 5000 萬年前，峽谷生成之時
- 距離與費時：85 公里；4~5 天
- 難度：費力——地形崎嶇，位處偏遠，沒有輔助設施，也許會很熱
- 最佳月份：5 月、9 月
- 重點叮嚀：這條步道只在 5-9 月中旬開放通行

14 省立恐龍公園步道
Dinosaur Provincial Park

加拿大，亞伯達省（Alberta）

一系列短程的自助式步道，讓你一覽 7500 萬年前恐龍曾經自在漫步、後來的化石獵人增添珍藏的地方。

15 大陸分水嶺
山徑
Continental Divide Trail

美國

一言以蔽之，大陸分水嶺山徑（簡稱 CDT）就是一個「大」字。這條山徑起自鄰接加拿大的冰川國家公園（Glacier National Park），直到與墨西哥接壤的巨斧荒原（Big Hatchets Wilderness）為止，由上而下，貫穿整個美國，總長達 4,989 公里；你會一路走在 8000 萬年前開始形成的落磯山脈（Rocky Mountains）──區隔美國東、西二部的分水嶺──脊背上。總之，這條號稱「美國西部活博物館」的大陸分水嶺山徑，會引領你走過五個州，向你展現在地文化、拓荒遺跡，以及訴說不盡的自然輝煌景色。

16 肯亞低谷步道
Ol Njorowa Gorge

肯亞，地獄門國家公園
（Hell's Gate National Park）

只要用上一個白天，就能深入探索這個奈瓦沙湖（Lake Naivasha）湖水曾經由此流過的火山裂口，一覽奇形怪狀的岩石、溫泉和壯麗的瀑布。

17 虎跳峽登高
步道
Tiger Leaping Gorge High Trail

中國西南，麗江

虎跳峽非常狹窄──最窄的地方只有 30 公尺寬，所以曾經有老虎一躍而過，或者應該說：曾經有過這樣的傳聞。因為全長只有大約 16 公里，所以當然也不會是世界最長的峽谷；然而，它之所以名聞遐邇，縱深高達 3,900 公尺的玉龍山壁才是重點之一。這段峽谷的形成，是金沙江（中國人為長江上游另取的江名）約莫 1000 萬年來的切割所致，你可以從麗江搭乘巴士到步道起點橋頭鎮，然後開始為期兩天的登高健行，隨著地勢的升降，有時走的是極其狹窄的小徑，有時得走在梯田的田埂上，有時則是開滿花朵的斜坡，有些斜坡更是非常陡峭，讓你突然便來到湍流就從你腳下奔騰而過的峽谷極低處。

18 光明天使與北凱博布步道
Bright Angel and North Kaibab Trail

美國，亞歷桑納州大峽谷（Grand Canyon）

> 從世界最壯麗峽谷——花了地球 17 億
> 5000 萬年才形成今日風貌——的這個崖
> 邊走到那個崖邊，再到下一個、
> 更下一個崖邊。

行前須知：

· 歷史關鍵時刻：17 億 5000 萬年前，峽谷最古老岩石的歲數
· 距離與費時：34 公里；2~3 天
· 難度：費力——在陡峭的岩壁間忽上忽下，炎熱
· 最佳月份：5 月、9~10 月
· 重點叮嚀：必須先取得野外紮營過夜的許可證件

介紹步道之前，先來看些相關數據吧。大峽谷，是因為大自然不斷沖蝕科羅拉多高原（Colorado Plateau）而造成的，河谷總長 446 公里，最寬的地方兩岸相隔 29 公里，落差最大的地方深度超過 2 公里，底部的片岩年歲將近 20 億年。光看數據就很嚇人了，但就算看一百遍、一千遍數據，也比不上你第一次親眼見到這個名列世界七大自然遺產之一的峽谷時那樣驚心動魄。

極目所見，盡是令人由衷讚嘆的、層次分明的橘紅色疊疊岩層，在熟諳地質的人看來，可說是好大一本三度空間的教科書。每一位地質學家，都可以像查看月曆似地展讀每一層岩片和沉積物；而每一層岩片裡，也都留下了地球幾百萬年位移和建構的線索。但在業餘的觀察者眼中，大峽谷就只是大自然的鬼斧神工。

別人怎樣是別人的事，不管每年造訪大峽谷的五百多萬名遊客加起來有多少種心願，如果你真想認識大峽谷，還是得用你的兩條腿走上一遭。沒錯，只要登上峽頂四下瞭望，綿延不絕的臺地、孤丘、崖壁……就夠心曠神怡的了，但難免還是會有疏離感：境界太遼闊，美景太遙遠。除非你能從這個崖頂下到深谷，再攀上另一個崖頂，你就不可能當真沉浸於它以百萬年為單位的歷史之中。

光明天使步道的起點在大峽谷的南稜（South Rim），由此往下走；北凱博布步道則剛好相反，由北稜（North Rim）起程。這兩條步道會在谷底炎熱的河邊交會，你可以在這個交會點從先

上圖：只有親身走下峽谷，你才算真正上過最迷人的地理課。

前的步道轉往另一個步道，完成縱貫大峽谷的目標。

　　光明天使步道，雖說是 1,000 年前古普韋布洛人（Ancestral Puebloan）走出來的，但初次有人踏上這段路途的時間還要早上許多。起點是「凱巴灰岩層」（Kaibab Limestone cap，最「年輕」的岩層，歲數「只有」2 億 7000 萬年，但已然古遠到存留恐龍遺跡），沒走多遠，岩層就已轉換為「可可尼諾砂岩」（Coconino Sandstone）；由於富含石英岩，這個岩層有時還會在豔陽下閃閃發光。往谷底走上一段之後，你就會經過深紅色的「蘇派岩群」（Supai Group，3 億 1500 萬年），眼光夠銳利的人說不定會瞄到古普韋布洛人鏤刻在玫瑰色岩壁上的象形文字。接下來，步道轉向「紅牆石灰岩」（Redwall Limestone）構成的峭壁，過後你會邂逅「雅各的天梯」（Jacob's Ladder）——硬岩構成的 40 階之字形階梯，帶領你前往綠意盎然到讓你大出意外的「印地安花園」（Indian Garden）；直到 1920 年代被驅逐之前，原住民哈瓦蘇帕人（Havasupai）都還定居在這兒，種植了許多穀類作物。

　　接下來，你還會看到更多岩層與讓你合不攏嘴的美景：5 億 2500 萬年的「莫夫石灰岩」（Muav Limestone），「光明天使頁岩」（Bright Angel Shale），以及「塔辟砂岩」（Tapeats Sandstone）；後者還因為受到涓細溪流的溫和侵蝕，形成了「塔辟狹道」（Tapeats Narrows）。最後，你終於來到谷底：「毗濕奴片岩」（Vishnu Schist）構成的大峽谷宏偉花崗岩底部，形成年代更是久遠到 17 億 5000 萬年之前。在這兒，你連崖壁的頂端都看不到，堅忍卓絕地打造大峽谷驚人美景的科羅拉多河（Colorado River），如今依然在你眼前奔流不息。在棉白楊與柳樹的環繞

北凱博布步道起點

蘇派隧道

哮泉

泵房護林站

棉白楊

絲帶瀑布

北稜

光明天使溪

幻影牧場

光明天使

塔碎狹道

科羅拉多河

印地安花園

骷腰點

雅各的天梯

南稜

光明天使步道起點

大峽谷山莊

南凱博布步道起點

19 朝聖者歇息地健行步道
Blyderivierspoort Hiking Trail

南非，普馬蘭加省
（Mpumalanga）

這段總長 32 公里的健行步道，途中會穿越 6000 萬年前形成的布萊德河峽谷（Blyde River Canyon）。起點是人稱「上帝之窗」（God's Window）的德拉肯斯堡（Drakensberg）絕壁展望臺，一路上，你不但可以觀賞高聳的紅色峭壁，也能造訪苔蘚森林（Afromontane forest）。

20 古柯峽谷步道
Colca Canyon Trek

祕魯南部

這段從卡巴納孔德（Cabanaconde）走到安達瓜（Andagua）的步道，會帶領你穿越世界最深的峽谷之一。除了一路有禿鷹伴隨，你還會經過星羅棋佈的傳統聚落、登上海拔 5,090 公尺的塞拉尼隘口（Cerani Pass）。

下，不論你是在營帳裡過夜或是睡在「幻影牧場」（Phantom Ranch）的舒適床舖上（二者都必須事先申請），科羅拉多河都不會讓你耳根太清靜。

接上北凱博布步道後，你就會走上人跡較少的北稜；愈往上走，岩層年紀剛好倒反過來，從很古老到沒那麼古老。可喜的是，這段路好走得多，既沒那麼陡峭，也不像先前一路往下時那麼炎熱，這，正是我們建議你由南往北走的緣由。不過，因為北稜比南稜高，所以免不了要費點力氣往高處走。

在漸走漸高的這段路途中，最值得一看的景點之一就是分為上下兩層的「絲帶瀑布」（Ribbon Falls），更可以在「哮泉」（Roaring Springs）納涼，再盡情欣賞從你腳邊直切而下、由紅牆石灰岩構成的壯麗岩壁。等到終於登上北稜那海拔 2,438 公尺的最高點時，你應該已經汗流浹背、滿臉沙塵、精疲力竭──卻也不禁為自己能夠克服大自然的重重險阻而得意洋洋。

21 喜馬拉雅山脈大環行
Great Himalaya Trail

尼泊爾

{ 一段跨越整個尼泊爾喜馬拉雅山脈的
壯闊步程，山脈的壯麗和
高海拔的宜人風景盡入眼簾。 }

行前須知：
- 歷史關鍵時刻：5500 萬年前，山巖初始形成
- 距離與費時：1,706 公里；平均 150 天
- 難度：十分費力——路途漫長，海拔高
- 最佳月份：2-7 月
- 重點叮嚀：高標準的體能狀態、登山技巧，必須預先申請入山許可

這是一趟最引人入勝的徒步旅行——橫越世界最高山脈，一瞥高聳宏偉的連綿峰頂。確實，喜馬拉雅山脈高峰連綿，坐擁地球上十座最高主峰，包括珠穆瑪朗峰——最高處海拔 8,848 公尺，傲視全球。

喜馬拉雅——梵文是「雪域」之意——山脈弧形環繞南亞約 2,400 公里，從西邊巴基斯坦的南迦帕爾巴特峰（Nanga Parbat），一直伸展到東邊西藏的南迦巴瓦峰（Namcha Barwa），跨越印度、尼泊爾和不丹。

就整片連綿山脈來說，喜馬拉雅山脈地質還算年輕，是大約在 2000 萬到 5000 萬年前、因印度板塊和歐亞板塊的碰撞而形成的。由於印度板塊不斷地往北推移（以一年 6 公分的速度前進），每年喜馬拉雅山脈都會持續上升約 1 公分。但有時也會變矮，像是 2015 年間震度 7.8 級的地震時，就讓珠穆瑪朗峰下沉了大約 2.5 公分。

這些山岳中，美好的步道很多，但最讓人印象深刻的還是喜馬拉雅山脈大環行，也是唯一能夠全面飽覽它壯觀雪峰山野的路徑。雖然當其他許多越過喜馬拉雅山的步道還沒出現前，這一條山脈大環行路徑的構想早已存在，可是，直到 2011 年以前，就尼泊爾地區的 1,706 公里部分而言，並沒有任何官方正式聲明稱它為「喜馬拉雅山大環行」。

澳大利亞背包客羅賓·寶德（Robin Boustead）不但苦心繪製橫越整個國家的地圖，標出關鍵事項，像是水源和露營區，同時也為那些沒有 150 天空閒的步行者著想，將很大部分高海拔的穿越路線，分切成九條路程較短、也較容易掌控的區段步道。

上圖：喜馬拉雅大環行帶引你穿越所有位在尼泊爾的喜馬拉雅山脈。

但願不用等太久，喜馬拉雅大環行就能夠延展為從巴基斯坦直到西藏。

從東到西（如果你不想一路向陽，就得選擇這個走向），喜馬拉雅山大環行高海拔路線起始於世界第三高峰干城章嘉峰（Kanchenjunga）附近地區，終點位於西藏邊境的希薩（Hilsa）。沿途你可以盡覽尼泊爾最高山脈的旖旎風景，包括珠穆瑪朗峰、安納普那一號峰（Annapurna I）和刀拉吉利一號峰（Dhaulagiri I）。

這條路徑穿越高度 5,000 公尺以上的 21 條步道，達到挑戰人體呼吸極限的高度 6,500 公尺。途中必須越過高原、波光粼粼的湖泊、移動的冰河與蒼翠蔥籠的山谷。包括上坡和下坡在內，總路程共有 150 公里。強健的膝蓋是必需的，沒有登山經驗的人更最好別逞強。

雖然聽起來彷彿一部荒野求生記，但這條步道可不只是光為了滿足你我才出現的。喜馬拉雅山大環行高山路線的主要目標之一，就是要確保旅客的資金能夠到達偏遠部落，因為有很多地方，步行者確實很需要當地人士的協助。在這條步道上，背

包客必須仰賴那些偏遠的村落提供足夠的手抓飯（dal bhat，扁豆糊和白飯）、和善溫暖的笑容，還有對自然山林透徹的了解。你會看見很多佛教徒的修行處（僧院或寺廟）、犛牛群、飛舞的經幡和質樸親切的茶屋。

想要一口氣完成喜馬拉雅大環行徒步旅行的人，就先要做好後勤工作。儘管有散置的村落可以尋求協助，你仍須順道安排固定的補給，還得有挑夫和牲畜幫你載送裝備；除此之外，你也得考量當地的天候。建議在 2 月啟程，以確保高海拔地區的通道可以穿越。然而，這也意味著你會遇上 6-9 月之間的季節風雨。

但是，就算沒辦法走完整個大環行，你還是可以選擇一個區段走。假如你的時間有限，不妨考慮集中心力於帶有神祕色彩的上多爾普（Upper Dolpo）地區，那是西藏半遊牧文化的最後堡壘之一，終點是有著天藍色美麗湖面的佛克桑多湖（Phoksundo Lake）。

你也可以徒步走過令人發暈的懸崖和掛在山側的懸冰河，藉以到達海拔 8,473 公尺、名列世界第五高的馬卡魯峰（Mount Makalu）營地。總之，無論你選擇了哪一段喜馬拉雅大環行的步道，都可以保證不會錯失無與倫比的山區健行和名聞遐邇的美景。

22 欽波拉索登高
Chimborazo Ascent

厄瓜多（Ecuador）

接近赤道的欽波拉索山（Mount Chimborazo），是座海拔 6,268 公尺的層狀火山（stratovolcano），雖然不是世界最高峰，但由於地球並不是正圓體，所以在一連兩天的辛苦路途之後，你應該就能順利站在世界上距離地心最遙遠的地方。

23 班德拉步道
Bandera Trail

墨西哥，嘉帕斯州
（Chiapas）

埃爾特里溫福生態保護區（El Triunfo Biosphere Reserve）是冰河時期動植物的重要避難處，如果你想經由班德拉步道觀察這個生態保護區，就得攀上海拔 305 公尺的班德拉峰（Cerro Bandera），才能望盡這個雲霧繚繞的森林。

24 美魯山步道
Mount Meru

坦尚尼亞
（Tanzania）

你得用上 3~4 天，才能登上已有兩千年歷史的這座「裂谷」（Rift Valley）火山。如果你還有攀登非洲第一高峰吉力馬札羅山（Kilimanjaro）的打算，那麼，登上離它不遠的美魯山 4,556 公尺峰頂會讓你更添適應力。

25 仙境草原步道
Fairy Meadows

巴基斯坦，
吉爾吉特—巴爾蒂斯坦
（Gilgit-Baltistan）

這段避開巴基斯坦喀喇崑崙公路（Karakoram Highway）的 4 小時健行，會引領你到一個位在海拔 3,292 公尺、仙境一般的幽谷。這個草木蘊蘊的青翠高原，給了南迦帕爾巴特峰——順帶一提，就是電影《魔山傳奇》裡的那座「殺人峰」（Killer Mountain）——非常適合眺望聳立了 550 萬年的喜馬拉雅山的好地方。

26 波浪谷步道
Wave Trail

美國，
猶他州（Utah）
與亞歷桑納州

波浪谷步道雖然很短，總長只有 5 公里，卻可以觀賞到「狼丘」（Coyote Buttes）那兩億年砂岩所形成的漩渦狀紋坤。可別忘了，一定要到「岩頂」（Top Rock）的西南邊找尋「波浪」（Wave）——大自然雕塑出來的砂岩藝術作品；更別忘了，行前要先申請許可證。

27 韓松洞健行
Son Doong Cave Trek

越南，峰牙格邦國家公園（Phong Nha-Ke Bang National Park）

韓松洞的意譯，是「山水洞」（Mountain River Cave），大約有 300 萬年歷史——不過，直到 1991 年以前，還鮮少有人知曉它的存在。韓松洞是巳知世界最大洞穴，高 198 公尺，寬 149 公尺，長度更達 9 公里；因為實在太大了，洞穴內部甚至還有河流、叢林及自己的氣候形態。

徹底探索韓松洞是一件必須用上五天光陰的苦差事，從洞海市（Dong Hoi）近郊出發的這條步道總長 48 公里，還得用繩索垂降 79 公尺，因為這是進入洞穴的唯一途徑。更別說管制很嚴，一年之中，當地政府最多只肯准許幾百個人進入，而且洞穴內部大多數的地方並不開放；有幸進入其中的人，會發現自己造訪了一個神祕的國度。洞內的 U 形湖泊、天然石筍、珊瑚化石和怪異卻繁茂的樹種，更會讓你覺得既像是在地底，又像是來到了另一個世界。

28 阿帕拉契步道
Appalachian Trail

美國東部

> 與美國東海岸線並行，探索很可能是世界最古老的山脈——阿帕拉契山脈。

行前須知：

- 歷史關鍵時刻：4 億 8000 萬年前，山脈形成之時
- 距離與費時：3,524 公里；六個月
- 難度：中等／費力——有些路段很難走，路程漫長
- 最佳月份：3~4 月間出發
- 重點叮嚀：由南朝北走——自北而南會艱難許多

　　4 億 8000 萬年前誕生的阿帕拉契，是北美洲最古老的山脈；不過，也因為太早就形成，大自然的侵蝕力量使得這座山脈並沒有特別高聳。古早古早以前，阿帕拉契山脈還能和落磯山脈（最高的艾伯特峰〔Mount Elbert〕海拔 4,401 公尺）比肩，但今日再一較量，平均高度足足矮了 914 公尺。最高點還差更多，眼下阿帕拉契山脈的最高峰——位在北卡羅萊納州（North Carolina）的密契爾山（Mount Mitchell）——海拔只有 2,037 公尺。

　　但不高未必就不美，阿帕拉契山脈縱走就是個好例子。這條簡稱 AT、長達 3,524 公里的史詩級步道，從喬治亞州（Georgia）的斯普陵格山（Springer Mountain）一直延伸到緬因州（Maine）的卡塔丁山（Mount Katahdin），前後要踏過美國 14 個州，穿過世界上生機最蓬勃、氣候也最宜人的地區之一，更是糖楓、山月桂、麋鹿、河狸，及白頭鷹的家鄉。你會從大煙山脈（Great

卡塔丁山

緬因州

佛蒙特州

哈德遜河

白山
新罕布夏州

麻薩諸塞州

紐約州

康乃狄克州　羅德島州

加拿大

鷹山

賓夕法尼亞州

紐澤西州

美國

紐約市

馬里蘭州

德拉瓦州

俄亥俄州

雪南多河谷
西維吉尼亞州

肯塔基州

維吉尼亞州

大西洋

大煙山

北卡羅萊納州

密契爾山
查塔胡奇國家森林公園

田納西州

斯普陵格山

南卡羅萊納州

喬治亞州

29 石山走脊
Piatra Craiului Ridge

羅馬尼亞，
喀爾巴阡山脈
（Carpathians）

走個 25 公里，登上喀爾巴阡山少有人煙、侏羅紀砂岩構成的山肋。最高點的海拔，超過 2,195 公尺。

30 康塞普西翁火山
Volcano Concepción

尼加拉瓜，
奧美特匹島
（Ometepe Island）

位處尼加拉瓜湖（Lake Nicaragua）中的活火山康塞普西翁有 1,610 公尺高，所以這條要走上 10 小時的登頂步道相當累人；而且，由於是活火山，你也要有隨時都可能噴出煙塵的心理準備。

Smoky Mountains）走到雪南多河谷（Shenandoah Valley），從賓州（Pennsylvania）的鷹山（Hawk Mountain）走到哈德遜河（Hudson River）；除此之外，這條步道還會藉由緬因州的「百里荒原」——整條步道中最長的一段沒有人工鋪設路面的道路——而接上新罕布夏州（New Hampshire）壯麗非凡的白山山脈（White Mountains）。沿途共有 250 間小屋或三角形庇護所，讓你能避免露宿時受黑熊、響尾蛇的威脅；所有的路程共達 141,569 公尺，約略等於上、下珠穆朗瑪峰 16 次。至今為止，每四個挑戰的人只有一個能走完全程，名列受人敬重的「2,000 英里人」名冊，以及獲得一個彰顯成就的臂章。不過，很多人會只選其中一段，因為這更容易安排與達成，而且每一段都值回票價。

對頁： 阿帕契山脈縱走的北卡羅萊納州路段上，開滿了杜鵑花。

31 阿爾卑斯紅步道
Via Alpina Red Trail

歐洲，阿爾卑斯山脈（Alps）

{
穿越整個阿爾卑斯山脈，
一路行經八個不同的國度。
}

行前須知：
· 歷史關鍵時刻：2500 萬～
  3500 萬年前，阿爾卑斯山
  剛剛突出海平面之時
· 距離與費時：2,495 公里；
  四個月
· 難度：費力——有些路段
  非常陡峭難行
· 最佳月份：6-9 月
· 重點叮嚀：非歐盟國家人
  民需辦理有效期 90 天的
  申根簽證（Schengen visa）

幾千萬年的地殼變動，造就了今日阿爾卑斯山脈的風貌。先是史前歐亞大陸板塊分離，再歷經好幾個冰河時期和無數大自然的雕琢，這座山脈才有今日的非凡氣勢。山脈的弧圈從摩洛哥直到法國，總長 1,207 公里，橫跨義大利、瑞士、德國、列支敦斯登（Liechtenstein）、奧地利和斯洛維尼亞（Slovenia）；不用說，當然到處都有好步道，卻沒有另一條能和「阿爾卑斯紅步道」相提並論——從摩洛哥一直走到義大利的的里雅斯特（Trieste），總里程 2,495 公里，途經上述的八個國家，千年造山運動一覽無遺。

沿途所見無一不是罕有美景，當然也包括許多 A 級山峰，比如馬特洪峰（Matterhorn）和海拔 4,810 公尺的白朗峰（Mont

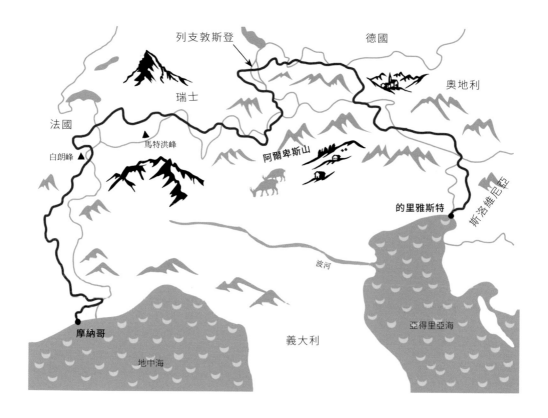

對頁：馬特洪峰，君臨阿爾卑斯山脈的山中王者。

Blanc）。山峰之外，還有多不勝數的湖泊、冰河、深谷與高原，但最讓人回味無窮的卻是濃郁的人情味；有幾百萬人生活於這些山峰之中，不論是野花遍地的草原，還是終年寒風刺骨的雪峰，到處都有勤懇的山民，他們打造了遠離文明、必須走過崎嶇難行的花崗岩壁才到達得了的農莊、葡萄園，甚至還有人來人往的城鎮。

整條步道中，到處都有設備齊全的小屋，不但供應舒適的通舖大床，還吃得到燉肉與馬鈴薯煎餅（potato rösti），而且就連接近山巔都不難發現小屋的蹤影。由於整段路途前前後後要跨越 44 次國界，在這趟精彩多樣的旅程裡，你絕對會飽嘗一頓豐盛的文化、習俗、美食、方言……組合而成的大拼盤；另一個好消息是，雖然非歐盟人士進出非歐盟國家必須申辦申根簽證，但主要的八個國家都隸屬於歐盟，所以簽證的問題不至於太麻煩。

32 環迴步道
Circuit Trail

智利，百內國家公園（Torres del Paine National Park）

深入巴塔哥尼亞（Patagonia），
環繞最狂暴的山嶺走上一圈。

行前須知：

- 歷史關鍵時刻：1200 萬年前，百內山（Paine Massif）誕生之時
- 距離與費時：150 公里；7~10 天
- 難度：中等——有些路段陡峭難行，可能會遇上風暴
- 最佳月份：11-3 月
- 重點叮嚀：行前必須備妥營帳、露營器具和飲食

環繞百內山的這條步道，最引人注目的就是冰河緩緩切磨山嶺的軌跡。百內山位在智利極南端的巴塔哥尼亞山脈（Patagonian range）中，已有 1200 萬年歲；冰河磨去較軟的沉積岩後，留下來的只剩遍地的堅硬尖石。

這趟當地人稱之為 El Circuito 或簡稱為「O 路線」的環迴步道，就全都在這些猙獰尖石的環繞之下奮勇前行。起點在百內國家公園的公園管理站（Laguna Amarga），步道本身並不怎麼崎嶇難行，最高點也僅有 1,201 公尺，但天氣卻很可能隨時變臉：寒氣逼人、冷雨澆身，同時狂風猛吹。不過，即使當真遇上了，也還是值得辛苦走一遭。

環迴路線以逆時鐘方向進行，先是沿著百內河（Rio Paine）走，再轉入智利櫻桃木林（lenga forest，南山毛櫸〔southern beech〕的一種，秋天時葉子會轉紅）；到這裡，就能近距離觀看冰河了，請別忘了好好欣賞冰河沉積而成的迪克森冰川湖（Lago Dickson）。接下來，通過「瓊加納隘口」（John Garner Pass）後就看得到格雷冰河（Grey Glacier），跟著往下走到格雷湖（Lago Grey）邊，再到亮如明鏡的裴魏湖（Lago Pehoe）畔觀賞翩翩野鳥與似錦繁花，也看看非常漂亮的法蘭西（French）和亞森欣（Ascensio）山谷，再往終點海拔 3,248 公尺、視野超棒的百內角（Cuernos del Paine）前進。

如果你時間有限，不妨選擇為期 6 天、沿途都設有小木屋的「W 路線」，雖然這條路線也納入了大多數「O 路線」的絕妙美景，但因為沒有進入山嶺闖蕩一番——也就是說遠離文明——比較體會不到身處荒野的難得感受。

對頁：百內山的「牛角」之下，就是綠意遍野的山谷。

迪克森
冰川湖

亞森欣山谷

百內三塔峰 ▲

瓊加納山口 ▲

格雷冰河

百內河

法蘭西山谷

格雷湖

百內牛角峰 ▲

Nordenskjold湖

公園管理站

裴魏湖

33 庇里牛斯
高地行
Pyrenean Haute Route

法國與西班牙

從大西洋岸到地中海邊，先是曲曲折折地通過法國、西班牙國界，再登上彷彿沒有盡頭的高聳主嶺，庇里牛斯高地行可以說既美妙又吃力。沿途的探索重點，在庇里牛斯山脈因為5億年前的岩層活動與5000萬年前的板塊撞擊而形成的花崗岩與片麻岩混疊的岩層。步道起點位於法國最西邊的大西洋省份昂代（Hendaye），終點也在法國，卻是最東邊的庇里牛斯省濱海班紐斯（Banyuls-sur-Mer），全程800公里；橫亙在這兩個城市之間的，除了又高又胖的庇里牛斯山脈──最高點是3,298公尺的維涅馬爾峰（Vignemale）──還有冰河所造成的冰斗和峽谷、許多松林，以及國家公園。徒步者都得經歷下述大自然的考驗：風暴、雨雪、充滿碎石的陡峭斜坡和少有路線標誌，每一種考驗都可能致命。然而，除了這條步道，你再也沒有別的造訪這條山脈中最具太古風味地帶的途徑。

34 京那峇魯山
Mount Kinabalu

婆羅洲，沙巴（Sabah）

　　這個為期兩天的徒步旅程，目標是 1500 萬年的火成岩大山京那峇魯山（譯註：又稱「神山」「中國寡婦山」）；這趟徒步之旅的一個亮點在於，如果你當真登上京那峇魯山頂，那麼，你就是挺立在喜馬拉雅山脈到紐幾內亞（New Guinea）之間的最高點。

　　矗立於同名國家公園中的京那峇魯山高 4,095 公尺，是座突出於馬來西亞婆羅洲這塊物種繁茂的蒼翠大地的巨大花崗岩體。事實上，你在這趟登山之旅的最低點——被設定為起點的丁波漢登山口（Timpohon Gate）——眼裡所見，就是滿眼青綠、十足異國風情的地方，不但有栗樹林、高山草原，還有多達 300 種的鳥類；過夜點是位在海拔 3,270 公尺的拉班拉塔（Laban Rata），如果想在山頂上看日出，別忘了把起床鬧鐘時間設在清晨兩點整。

35 恩內第步道
Ennedi Eternel

查德（Chad），恩內第高原（Ennedi Plateau）

　　步行穿越這個地處內陸、怪石遍佈的恩內第高原時，幾乎每個人都會覺得像是走在外星土地上。這是撒哈拉沙漠中最原始的地帶之一，而導致它變得如此乾旱的，是距今 5,000~10,000 年間戲劇性的氣候變遷。恩內第高原上的砂岩，千百年來被乾燥的氣候雕琢成滿佈尖塔、拱門、「城堡」和峽谷的迷宮，河床季節性的乾涸，更驅走了僅存的綠意；唯有群集的駱駝和古代的壁畫，才能讓人感覺得到生命的氣息。走一趟恩內第步道——請一定要聘個嚮導——是了解這個地區的最佳途徑，只要從查德中心城市法亞—拉熱（Faya-Largeau）開個五小時車到起點法達（Fada），你就可以看遍全程 142 公里的恩內第外星砂岩景觀了。

36 諾克盧福步道
Naukluft Trail

納米比亞，納米布─諾克盧福國家公園
(Namib-Naukluft National Park)

環遊世界最古老沙漠的邊緣地帶，
走訪怪誕的山峽。

行前須知：

- 歷史關鍵時刻：4500 萬～8000 萬年前，沙漠的年歲
- 距離與費時：120 公里；8 天
- 難度：中等／費力──有些路段陡峭難行，炎熱
- 最佳月份：3-10 月
- 重點叮嚀：必須預先申請，團體預訂限制在 3-12 人之間

諾克盧福步道走起來不但會讓你汗流浹背，還會口乾舌燥，但話說回來，這裡本來就是個又乾又熱的地方。很多人都說，納米比（Namib）應該是世界上最古老的沙漠，乾旱統治這個地區少說也有 4500 萬年，沒水可喝再正常也不過。時至今日，這塊土地一年的總雨量還是不會超過 13 毫米。

除了無比乾燥，納米比沙漠還很大，不只整整佔據了納米比亞長達 1,931 公里的大西洋海岸線，還向內陸擴展寬達 193 公里的地盤，直到非洲南邊的「大陡崖」（Great Escarpment）高原邊界。諾克盧福山脈（Naukluft Mountains）拔地而起的高聳斷崖，就在高原與沙漠接壤處，它的山腳，年歲甚至比沙漠還要老大，由花崗岩與火成岩合組而成的基底，形成至今已達 20 億年；上頭層層堆疊的沉積岩，也都有 5 億年以上的歷史，在歲月的推移中擠壓出充滿皺褶的獨特紋理。也因此，納米比亞人已把沙漠和山脈的一部分劃為納米布─諾克盧福國家公園。這個山巒起伏、綿延不絕的地方，充滿了當地人稱之為 kloof 的深邃幽谷、曲折山峽、甘涼水池，以及出人意表、種類繁多的野生鳥獸──剛好和咫尺之隔的死寂荒漠形成強烈的對比。

納米布─諾克盧福國家公園幾乎可以說全無人煙──空曠到就算以納米比亞那極低的人口密度標準來看，也還只能用「寥若晨星」來形容。極目所見，盡是突地而起的孤巒單峰；但是，隨處可見、迎風搖擺得有如卡通場景的小樹，不知怎的就是能在乾旱中存活，吱吱喳喳的非洲蹄兔也是，捕獵蹄兔的黑鷹更不用說了。地景的樣貌，也時時都有變化：日出時天空一片妊紫嫣紅，萬里無雲的正午時分則轉為金黃，到了黃昏時節才

上圖：走一趟諾克盧福步道，就能盡覽世界最古老沙漠的壯觀美景。

又逐漸染紅；因為全無光害，入夜後，遼闊的穹蒼只見熠熠星光。

　　這條環迴的諾克盧福步道全長 120 公里，雖然走起來相當辛苦，卻是探索這個零汙染自然地帶的絕佳途徑；因為很受歡迎卻又有管制，所以上路之前一定要事先申請。沿途是有一些小屋或石造遮蔽所，也都附有廁所和供給飲水，但也幾乎僅止於此；另外，由於南半球的夏天（11~2 月）實在太熱，氣溫超過 38℃是常有的事，所以步道只在 3~10 月間開放，這一點也請特別注意。

　　步道的走法，一般是從納米比亞首都文胡克（Windhoek）開車到公園入口，這趟路約需 3 小時；不少徒步者在走完步道後，都會在此地的「徒步者之屋」（Hiker's Haven）休息，並在棚屋中的牆上寫下此行的感想，所以很多有志走上一遭的人都會先到這兒瞧瞧，從中汲取靈感──或者先讓自己有個心理準備。

　　諾克盧福步道的第一天沒啥太難走的地方，只要沿著一條乾河床旁斑馬常走的路線，走著走著，登山的道路就會突然出現在你面前。第二天和第三天就會辛苦一些，必須橫越地勢起伏不定的高原，才能往下進入烏布西斯峽谷（Ubusis Kloof），但沒多久就又得再往山上爬；雖然辛苦，沿途的景色卻會讓你覺得不虛此行，包括有機會一瞥扭角林羚（kudu antelope）的身影。第四天的行程就會讓你感覺涼爽多了，除了邂逅動人心魄的冉斯河峽谷（Tsams River Gorge），你還會經過幾處泉水。到了第五

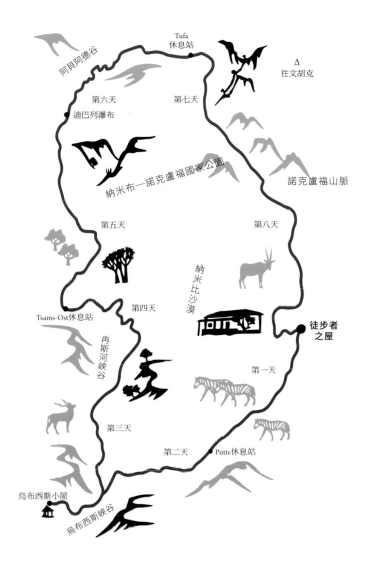

37 白色沙漠步道
White Desert Trek

埃及，西部沙漠
（Western Desert）

走訪白色沙漠，在白堊岩、砂岩被大自然侵蝕而成的超現實「雕像」間漫步。8000 萬年前，這些岩石都還是生活在海底的珊瑚和海洋生物呢。

38 庫爾斯沙嘴步道
Curonian Spit

立陶宛（Lithuania）

位在波羅的海岸邊，全長 98 公里的這個沙洲，遠看彷彿細長的藤蔓，因此得個「庫爾斯沙嘴」的名號；這狹長的半島形成至今可已有 5,000 年。今天你可以在這條不算長的步道上漫步，欣賞沙丘、潟湖和自然生態保護區。

天，旅程又變得艱辛難熬，可你會不斷看到一株又一株的辣木（moringa tree）身影。第六天，步道會經過迪巴列瀑布（Die Valle Waterfall），說是瀑布，你大概看不到一滴水；再往下走，就是阿貝阿德谷（Arbeit Adelt Valley）。第七天剛開始走就很嗆——你得靠鐵鍊的幫忙才得以攀上瀑布，不過上到高原後所見美景會讓你目瞪口呆。第八天，彷彿才剛開始就已經到了盡頭，順著一條吉普車道走不了多久，你就會來到諾克盧福河（Naukluft River）邊，納涼過後，沒走多遠便已回到起點的「徒步者之屋」。這一回，在牆上留下感言的變成你了。

39 卡拉拉烏步道
Kalalau Trail

美國，夏威夷考艾島（Kauai）

跟隨第一批來到此地的玻里尼西亞人的
腳步，緊貼著古老的納帕利海岸
絕美懸崖向前行。

行前須知：

- 時間點：510 萬年前（考艾島出現時）
- 距離與費時：去回各 18 公里；1-2 天
- 難度：中等——路途不長但難走，沒有輔助設施
- 最佳月份：5-10 月
- 重點叮嚀：如果想順道去看哈納卡皮艾（Hanakapi'ai）瀑布，就要預先申請

在夏威夷諸島中，考艾島最為古老。當太平洋板塊緩慢地向西北方漂移時，群島也在火山熱點上逐漸形成；每當這些熱點上的海底火山噴發，新一波岩漿就堆疊而起，讓夏威夷列島又多出一個成員。事實上，這串熱點之鏈就好像消散中的煙圈般藕斷絲連，考艾島是第一個冒出海面的，時間大約是在 510 萬年前，位在島鏈最東南方的夏威夷島，也有人就叫它「大島」（Big Island），則是最後一個誕生的，距今不到 50 萬年。

夏威夷群島的每個成員都有各自的魅力，但受到時間和潮汐侵襲最久的既是考艾島，造就的景觀也就最具戲劇性，而且，島上其他地區的景觀也都沒有納帕利海岸（Na Pali，其實就是「懸崖」的意思）那麼扣人心弦。這片寬達 27 公里的巨崖絕壁，有如大自然對萬里長城的回應——除了飛鳥與勇士，誰也別想跨越這道天然屏障。

最先踏上這座島嶼的，是西元 1200 年漂洋過海而來的玻里尼西亞人（Polynesian），靠的是獨具一格的雙船體獨木舟；這些拓荒者探索整座海島，足跡無所不至，最後才在從納帕利之外難以瞥見的山谷中安居落戶。最詳盡的地形測量告訴我們，早期的移民不但有天然堡壘，附近的海洋與河流更有捕撈不盡的魚兒，靠著灌溉懸谷，他們也能種植芋頭和麵包樹等穀物。當英國傳奇航海家詹姆士·庫克（James Cook）船長在 1778 年「發現」考艾島時，這個西方人眼中的化外之地早就有個健全的群落了。

早期的拓荒者如今已蹤影無存，取而代之的，是今日的徒步旅行家。你當然也可以搭直升機或乘船掠過納帕利岸邊，但若

上圖：即使已有許多人在此留下
足跡，卡拉拉烏步道的野性一
點也沒被馴服。

想真正體驗這一大片懸崖峭壁有多令人驚心動魄——某些地方海拔高達 1,219 公尺，你就得親自走一趟卡拉拉烏步道。在單程只有 18 公里的路途上，你只能利用原始路徑橫越五個山谷，時不時就得閃避太平洋的驚濤駭浪不說，還得撥荊穿棘，才能近距離欣賞美麗的海灘、觀看凹凸有致的峭壁細節。即便已有許多人走過，整段路途的野性依然一點也沒被馴服；跋涉其間時，你很可能會遇上山崩、落石、山洪，以及兇猛的浪濤，但話說回來，這正是卡拉拉烏步道才能提供給你的終極冒險。

卡拉拉烏步道起點所在的津耶海灘（Keʻe Beach），就在庫希奧公路（Kuhio Highway）底，前三公里都還只像是在逛風景勝地，但才一翻過滑溜的岩石，看過了名聞遐邇的火山花（ohia lehua）和石栗（candlenut，又稱燭果樹、鐵桐），你就來到了哈納卡皮艾谷（Hanakapiʻai Valley）邊；除非通過申請，否則不能進入這兒，所以這一帶經常人聲鼎沸；但如果你已經取得許可，也帶了該有的配備，那麼，你就可以擺脫人群，一探卡拉拉烏最讓人一見難忘的地帶。

經過哈納卡皮艾谷、再走個 7 公里路後，你會開始氣喘吁

太平洋

納帕利海岸

津耶海灘

太空岩

哈納卡皮艾谷

哈納郭谷

Waiahuakua瀑

哈納卡皮艾瀑布

卡拉拉烏海灘

卡拉拉烏谷

哈納郭溪

哈納卡皮艾溪

卡拉拉烏溪

考艾島

吁。因為你得一口氣攀過壯觀的 244 公尺岩層，才能來到這個「太空岩」（Space Rock）的最高點；然後，再跳過瀑布和一個迷你懸谷，來到名喚哈納郭（Hanakoa）的山谷。這裡有塊野營用地，不過，現在就紮營還太早，不如再趕點路，挑戰非常辛苦但也非常壯觀的路段——接下來的這 8 公里路，是整個卡拉拉烏步道中最狹窄也最陡峭的，你得在咖啡樹叢和朱蕉（ti plant，常用來編成夏威夷草裙）中掙扎前進，才有機會一覽納帕利懸崖（Na Pali cliff）的絕景。這裡的岩壁彷如教堂的尖塔般高聳，上頭卻又覆蓋著一層絨毛般的綠意，直瀉而下的瀑布沖得岩壁發出鈴鐺似的聲音，奔流到海不復還。

寬度差不多 1.68 公里、與世隔絕的卡拉拉烏海灘（Kalalau Beach），雖說是這條步道的「官方」終點，但你也可以在抵達前轉個彎，利用一條額外的步道一訪卡拉拉烏谷（Kalalau Valley）——玻里尼西亞先民的農耕地，如今已長滿番石榴和棕櫚樹。海灘上去一點有個露營用地，雖然依照規定你最多只能在這度過五個夜晚，但只要在這兒傾聽過海濤拍岸聲、凝望過絕美的懸崖，以及無處不在的野性呼喚，住上一兩天你就不難明白，為什麼那些玻里尼西亞人一來到這裡就捨不得離開。

40 渥許伯恩山
Mount Washburn

美國，懷俄明州（Wyoming）

只要攀登個 5 公里山路，你就能來到黃石公園山頂，一瞥黃石火山（Yellowstone Caldera）那巨大的火山口（譯註：72 公里長，55 公里寬）；距今 210 萬年前的一次大噴發所留下的遺跡。

41 GR R1 步道

GR R1

法屬留尼旺島（Réunion）

法國人有一條長程步道——法語叫做 Grande Randonnées，簡稱 GR ——的廣大網絡，但這條 R1 和其他長程步道都很不一樣。GR R1 步道位在遠離母國的海外屬地：印度洋中那青蔥翠綠的留尼旺島上，全長 60 公里，終點是大約 200 萬年前爆發後才突出海面、海拔 3,069 公尺的盾狀休火山內日峰（Piton des Neiges）峰頂。今天的內日峰，已是留尼旺島最著名的景點；而構成這條瑰麗環圈步道要點的錫拉奧（Cilaos）、薩拉濟（Salazie）與瑪法特（Mafate）冰斗，都是任性妄為的大自然所創造出來的圓形凹地，不但被許多峽谷分隔開來，還滿佈著瀑布、犬牙交錯的尖峰，以及只能靠雙腳才走得到的景點。

42 泰德峰步道

Mount Teide

西班牙，特內里費島（Tenerife）

你可以不必煩勞雙腿就直登西班牙第一高峰——從海拔 3,550 到 3,718 公尺這一段，泰德峰備有纜車。但是，那還有什麼成就感可言呢？與其擠搭纜車，不如從步道起點（很接近低處的纜車站）來個 5 小時的登山行；比起搭乘纜車，徒步可以讓你更親近這座層狀火山，好好觀賞 16 萬年前形成的火山口。路途中的景觀千奇百怪，你不但會看到橘紅色浮石（pumice）、黑色熔岩、易碎的火山渣、硫磺氣孔，還會遇見很多熔岩卵石（lava boulder）——當地人稱之為 Los Huevos del Teide，意思就是「泰德峰的蛋」（Teide's Eggs）的怪異岩層。為了保護奇特又易受損傷的山巔，登頂前的最後 92 公尺路必須預先申請許可。

43 吉力馬札羅山步道
Kilimanjaro

坦尚尼亞北境

{
攀上巨大的休火山，
俯瞰廣袤大地。
}

行前須知：

- 歷史關鍵時刻：75 萬年前，吉力馬札羅山初始形成時
- 距離與費時：全程 45 公里；6-10 天
- 難度：費力——高海拔地區
- 最佳月份：1-3 月，6-10 月
- 重點叮嚀：嚴禁獨自登山

以「非洲屋脊」聞名於世的吉力馬札羅山，是 75 萬年前東非大裂谷一次大噴發所形成的，相對來說算是座相當「年輕」的火山，峰頂卻也是非洲大陸的最高點，傲然獨自挺立在北坦尚尼亞平原上。這座火山實在是太高了，以至於雖然位在赤道南邊一點點，它那海拔 5,895 公尺的峰頂還是終年戴著頂白帽子。

1889 年德國地理學家漢斯・梅爾（Hans Meyer）首度攻頂後，不用說，後繼者不乏其人，時至今日，更是每年都有大約 35,000 人接踵而上，企圖把「吉力」（Kili）踩在腳底下，也確實有為數眾多的人成功登頂，所以，這條步道並沒有那麼難以克服或需要多少登山配備——登頂的最大困難，就只一個「高」字。今日的登山者有五條途徑可供選擇：最熱門、唯一設有登山小屋的馬蘭古（Marangu）路線；和馬蘭古幾乎一樣人眾化，也最多人說景色最美的馬切姆（Machame）路線；唯一從肯亞入山的隆蓋（Rongai）路線；路途最長，必須橫越高原的希拉／萊莫紹（Shira/Lemosho）路線；以及最艱難的溫貝（Umbwe）路線。

不論你選擇哪條路線（距離愈長愈容易克服高海拔的威脅），都得面對猿猴擺盪、綠意盎然的雲霧森林、高地沼澤，以及表面彷如月球般猙獰的陡峭斜坡；而最終的挑戰則是「子夜登頂」（summit night），也就是說，登山者必須在子夜時分就出發，pole pole（慢慢的，慢慢的）克服最後這段氧氣稀薄的陡坡，目標則是突破火口沿、抵達立有指示牌的烏魯峰頂（Uhuru Peak）——吉力馬札羅山的最高點——時，剛好迎接非洲大陸的旭日東昇。

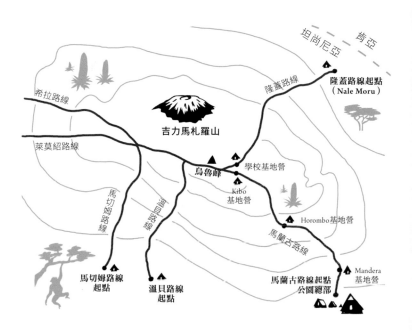

吉力馬札羅山

坦尚尼亞　肯亞

希拉路線

萊莫紹路線

隆蓋路線

隆蓋路線起點
（Nale Moru）

馬切姆路線

溫貝路線

烏魯峰

學校基地營

Kibo 基地營

Horombo 基地營

馬蘭古路線

馬切姆路線起點

溫貝路線起點

馬蘭古路線起點
公園總部

Mandera 基地營

44 帕瑪火山步道
Route of the Volcanoes

西班牙，帕瑪島（La Palma）

走上 18 公里路，看一看地熱遍佈的加那利群島（Canary island）190 萬年前形成的詭異火山地景；路途中，你會經過熔岩湖和許多奇形怪狀的坑洞。

45 那帕小徑
Napau Trail

美國，夏威夷大島

跨過熔岩河，走過火山渣野，這條全長 23 公里的步道就會帶領你到納帕火山口（Napau Crater），讓你瞧瞧 Pu'u 'O'o 火山錐打從 1983 年起就時有噴發的熊熊火焰。

左圖：攀登海拔 5,895 公尺的吉力馬札羅峰頂，會讓你的五感都受到極大的衝擊。

蘭德曼納勞卡

Hrafntinnusker棧屋

LAUFAFELL山

Álftavatn
棧屋

*Markarfljót*河

Emstrur棧屋

MYRDALSJÖKULL冰原

索斯莫克自然
生態保護區

埃亞菲亞德拉火山

右圖：冰島勞加維格步道沿途的岩層結構編織出來
的奇幻地景。

46 勞加維格步道
Laugavegur

冰島南部

> 走走冰島最受觀迎的步道，
> 看看這個國家地形最古怪的地域。

眾所皆知，冰島是個奇怪的地方。正好位在北極圈外緣、芳齡只有 2000 萬歲的這座年輕島嶼，地質變動依然非常——而且是肉眼可見的——活躍；到處都有冒出白煙的噴氣孔、間歇熱泉、不斷加深的裂隙，以及一長串精力充沛、動不動就上演煙火大秀的活火山。結果就是，地景就像還沒轉人人的小男孩一樣喧鬧不休、滿臉粉刺、說變臉就變臉。

勞加維格步道——最具冰島風味的步道——不但最能為你解說這片土地成長中所遭受的痛苦，還可以選擇獨走或聘用導遊。起點是遍佈地熱噴泉、溫泉與熔岩野地的蘭德曼納勞卡（Landmannalaugar）地區，由此向南走，目的地則是草木蔥蘢、瀑布沖潤的自然生態保護區索斯莫克（Thórsmörk，地名源自挪威「雷神」索爾〔Thor〕）。步道總長超過 55 公里，沿途常被滿佈流紋岩（rhyolite）的山嶺妝點得五彩繽紛，岩紋有紅、有紫、有黃，甚至還有綠的。你會行經發出呻吟聲的冰河與閃閃發光的冰洞，走過窄小的深谷、黑色的沙漠和翡翠般青綠的牧草地，說不定還能瞥見冰島小馬的蹤影；沿途有不少裝備完善的棧屋，全都供應床舖、淋浴間、廚房與廚具，以及暖人心肺的人情味。由於適合步行的季節很短，所以要有和一堆人同行、同住的心理準備。

大部分人都會用四天時光來走這條步道，但也有不少人特地多在這兒盤桓一天，一訪埃亞菲亞德拉火山（Eyjafjallajökull）——是的，正是那座 2010 年用它的火山塵讓整個歐洲灰頭土臉、航班大亂的火山。

行前須知：

- 歷史關鍵時刻：2000 萬年前，冰島剛剛誕生時
- 距離與費時：55 公里；4 天
- 難度：輕鬆／中等——端看你有沒有碰上壞天候
- 最佳月份：6 月下旬～9 月上旬
- 重點叮嚀：途中棧屋要確實事先預訂，並記得自備睡袋

47 大皮通山步道
Gros Piton

聖露西亞（St Lucia）

聖露西亞最著名也最尖聳的兩座山峰——大皮通和小皮通（Petit Piton）——都已經存在超過百萬年了；不僅如此，它們還是一座 1900 萬年前就已形成的島嶼的近親。大皮通山（海拔 771 公尺）雖然比較高，卻沒有小皮通山那麼陡，也就更容易攀爬，大約只需 4-6 小時就能登頂；不過，最好是先到 Fond Gens Libre（自由人之谷〔Valley of the Free People〕）聘個導遊，你才不會被七扭八彎的登山步道弄得迷路。步道會帶領你途經青翠濕潤的森林，再藉由陡峭的石梯往上爬；到了山頂後，你就可以盡情欣賞聖文森島（St Vincent）、馬提尼克島（Martinique），以及一望無際的湛藍海洋。

48 通加里羅穿山行
Tongariro Alpine Crossing

紐西蘭，北島，通加里羅國家公園（Tongariro National Park）

這條全長只有 19 公里的單行步道，據說是全世界最棒的一日路線；而且，早在電影《魔戒》選了它來當作「末日火山」的替身之前，這種說法就已經存在很久了。縱走的起點是芒加蒂波波谷（Mangatepopo Valley），你得從這個山谷踏上陡峭的「魔鬼階梯」（Devil's Staircase）往上爬，再走過月球表面似的火山「南口」（South Crater），才能抵達地勢最高的火山「紅口」（Red Crater）。到這裡後，視野便寬闊得多了，不但可以看到散發臭味的硫磺池，也能瞧見碧綠的漂亮湖泊，以及瑙魯荷埃（Ngauruhoe）和通加里羅這兩座火山。由此下山，便能抵達位在凱提塔希（Ketetahi）的步道終點；這段下坡路中，你還會看到被玷染成深紅色的泉水、碩大的紐西蘭羅漢松（totara），以及讀到許多毛利人（Maori）的傳說。

49 艾爾岡山步道
Mount Elgon

肯亞與烏干達（Uganda）

艾爾岡山橫跨肯亞與烏干達邊界，佔地非常廣大。這座誕生於 2400 萬年前、海拔高達 4,321 公尺的火山，擁有世界最大的完整火山口，同時也有覆蓋火山的緩坡和巨大的山梗菜（lobelia），到處都聽得到瀑布的琤琤聲，會吸引大象來舔鹽的熔岩管（lava tube）更隨處可見。相當難走、必須花上四天才完成得了的「莎莎步道」（Sasa Trail）位在烏干達這一邊，已經是登頂的最快途徑，起點在布達迪利（Budadiri）村，走過巴馬莎巴（BaMasaaba）農莊後，就會進入一片竹林，然後再從涼爽得多的高沼地斜坡一路登頂。火山的最高點是瓦加加伊峰（Wagagai Peak），但步道真正的標的是走下巨大的火山口內部，一探隱身其中的熱泉和不為人知的祕景。

50 諾福克海岸步道
Norfolk Coast Path

英國，諾福克郡（Norfolk）

諾福克海岸線之所以被稱為「歷史深厚的海岸」（Deep History Coast），可不是空口說白話。2013 年，考古學家在哈比斯堡（Happisburgh）岸邊鬆軟、不斷坍塌的懸崖邊，發現了非洲之外最早的人類遺骸；從泥淖中挖掘出來的化石年代超過 80 萬年。更別說，哈比斯堡只是這條從亨斯坦頓（Hunstanton）到保令海（Sea Palling）的 97 公里步道中的一站而已；步行途中，你還會經過宏偉的 19 世紀大宅候克漢廳（Holkham Hall）、克羅麥（Cromer）的維多利亞碼頭、被人稱呼為 Seahenge 的銅器時代水下巨石陣，一瞥「西朗頓象」（West Runton Elephant）── 60 萬年前猛獁象的骨骸──的模樣。除此之外，途中還有鳥類保護區、海豹庇護地，以及一長排爭奇鬥豔的海灘小屋可以一飽眼福。

51 穿行大裂谷步道
Trans Rift Trail

肯亞，大裂谷（Great Rift Valley）

> 很早很早以前，第一批人類
> 就已橫越過這個人類誕生之處——
> 而現代人也還在走。

行前須知：
- 歷史關鍵時刻：2500 萬～3000 萬年前，大裂谷初始形成
- 距離與費時：140 公里；6-8 天
- 難度：中等——時上時下，炎熱
- 最佳月份：7-9 月
- 重點叮嚀：最好先服用預防瘧疾的藥品

雖然速度很慢，但科學家很確信，東非大陸遲早會裂解。打從 3000 萬年前起，大地構造作用力（Tectonic forces）就一直在撕裂這片大陸，成果就是這個東非大裂谷。但還是要到 19 世紀末期，英國地質學家兼探險家約翰·華特·格列哥里（John Walter Gregory）才把這個大地構造作用力的成品命名為「大裂谷」；那麼，大裂谷有多「大」呢？從中東地區一直延伸到莫三比克（Mozambique），全長足足有 5,955 公里，寬度則大多在 48-64 公里之間。

這條大地的超級裂縫最壯觀的地方，則是東非大裂谷（East African Rift）的東部分枝；這條分枝不但由北到南地把肯亞切成兩半，還穿出肯亞國境之外，到處都是玄武岩與沉積岩打造而成的懸崖，最深處達 914 公尺，也「犁」出了青翠草木、湖泊、溫泉，養活了許多野生動物。

大裂谷也被稱為「人類的搖籃」（Cradle of Mankind），一些地球最早原始人類的骨骸（年歲超過 500 萬）就是在這一帶出土的；有些科學家甚至認為，大裂谷的地質動蕩所導致的氣候變遷，很有可能就是促發原始人類進化為以雙腳站立、發展更大腦部的臨門一腳。

來上一趟「穿行大裂谷」，你就會發現更多大裂谷在人類發展史上的顯著地位。這條直至 2011 年才正式開放的步道，全長不到 145 公里，起點在位於肯亞東部高地上的莫瓊果伊（Mochongoi），終點則是地處西部、也在高地上的丘羅吉特（Chororget），一如探索尼羅河的人類遺跡，很多早期的探險家

也都走過這一條路途——比如蘇格蘭地質學家約瑟夫·湯姆森（Joseph Thomson）與匈牙利伯爵山繆爾·泰萊基迪西克（Sámuel Teleki de Szék）。而且，這條往日商旅與牧人熙來攘往的路徑，在地人至今也還經常利用；這便意味著，早在它成為純粹的荒野健行路線之前，相對來說不那麼熱門的穿行大裂谷步道，就已經是深入觀察肯亞田園的好途徑。

你的大駕光臨所帶來的是雙贏：在你從文化互動中深獲其利時，你所付出的金錢也會讓當地人得益匪淺。事實上，步行途中你會發現，除了那些以稻草鋪成屋頂的簡樸農舍讓你深深著迷，你還會主動和牧羊人、種植玉米的農夫聊上幾句，直接從原木做成的蜂巢中取食蜂蜜，享用在地人當場烹煮的肯亞香料奶茶（chai tea）與薄煎玉米餅（chapattis）；說不定，你還會忍不住窺探走在你前面的人都做了些什麼，而且有樣學樣。這一帶，正是以盛產長跑健將聞名於世的、卡蘭津人（Kalenjin）的原鄉，許多世界頂尖的馬拉松跑者就在附近接受訓練，每一個都可能是未來之星。

同樣地，穿行大裂谷步道的自然景觀也不僅止於壯觀華麗。起點所在（光從肯亞首都奈洛比〔Nairobi〕搭車跨越赤道來到這裡，就得開上 6 小時）的萊基皮亞高原（Laikipia Plateau），就是個絕佳的範例。打從第一天走上山脊，你就會目不轉睛地凝望銀光閃耀、已被列為世界自然遺產的波哥里亞湖（Lake Bogoria）；到處都是間歇噴泉與溫泉不說，還有許多喊喊喳喳的快活野鳥，包括黑頸鸊鷉（black-necked grebe）、非洲琵鷺（African spoonbill）和黃嘴鸛鸛（yellow-billed stork）。除此之外，波哥里亞湖國立保護區還是小紅鸛（lesser flamingo）的主要棲息地，有時你可以看見成千上萬隻同時在此現身；雖然這兒其實不是傳統的野生動物棲息地，還是經常可以發現從斑馬到羚羊、甚至兇猛的狒狒等的身影。

下行到谷地，也就是克里奧峽谷（Kerio Valley）的谷地時，你便會立刻感受到野性非洲的粗獷面：有如波浪的岩石，紅色的沙塵，樹尖平整的金合歡，以及讓你汗出如漿的蒸騰熱氣。不過步道也很公平地提供了乘涼處所，從圖根丘陵（Tugen Hills）綠蔭遮天的森林，到站在古老的岩石上遠眺大地日落——百萬年來，這一切都沒有改變過。

52 黑猩猩步道
Chimp Trek

坦尚尼亞，岡貝溪（Gombe Stream）

前往坦加尼喀湖（Lake Tanganyika）的北岸森林，走一趟黑猩猩（chimpanzee）常用的步道。科學家認為，人類和黑猩猩都是從約莫 600 萬～ 700 萬年前的相同祖先繁衍而來。

53 史前環迴健行步道
Prehistoric Loop Hiking Trail

法國，萊塞濟（Les Eyzies）

來到史前遺產豐厚的多爾多涅省小鎮萊塞濟，走上一段已有 28,000 年歷史的 12 公里步道。考古學家，就是在這兒的某個懸岩裡發現了克羅馬儂人（Cro-Magnon）的骸骨。

54 蒂阿拉羅瓦步道
Te Araroa

紐西蘭

　　拜紐西蘭 7500 萬年前一次地質大變動之賜，才有今日的蒂阿拉羅瓦步道——有個「漫長的步道」（The Long Pathway）的封號——可供你我健行。這條起自北島（North Island）最高點的雷恩加角（Cape Reinga）、直抵南島（South Island）最南端城鎮布拉夫（Bluff）的步道究竟有多長呢？它貫穿了整個紐西蘭，全長 3,000 公里，但之所以引人入勝，並不只因為路途迢遙；現今的紐西蘭，地理上正好橫跨太平洋與澳洲大陸板塊的裂口，因此整個國家到處都是崇山峻嶺、深水湖泊、火山噴發、吱吱作響的噴氣孔，以及不斷冒泡的水池。你當然也可以由南往北走，不過，大多數的步行者都會在 11~12 月間從雷恩加角起程，北、南兩島各需約 50~80 天。

55 橫越瑟門山
Simien Mountains Traverse

衣索比亞

　　瑟門山上初次有人徒步走過，已經是 320 萬年前的事了；已被列入世界自然遺產的這座山嶺，也當真離古生物學家發現「露西」（Lucy）遺骸之處不遠。在迄今為止所發現的完整人類遺骨中，已經直立行走的阿法南猿（Australopithecus afarensis）中最「老」的還是露西，光是為了這一點，就很值得同為兩足動物的你我走上一趟，更別說，這條步道中還有寬廣的山谷、聳立的高原、古代火山留下的峰頂，以及數百年歷史的小徑可以盡情探索。傳統的走法，是從離德巴克（Debark）市集不遠的珊卡巴（Sankaber）出發，大約走個 5~8 天，直到抵達衣索比亞最高點的拉斯達善峰（Ras Dashen，海拔 4,550 公尺）為止。一路上你還會經過吉奇深淵（Geech Abyss）、懸崖絕壁、野生動物繁多的采奈開（Chenek）山，以及登上艾密勾勾（Imet Gogo）峰頂，一覽讓人目瞪口呆的瑟門山絕美山景。

56 北極圈步道
Arctic Circle Trail

西格陵蘭

{ 遠離塵世，行過太古荒原，你就走在氣候變遷最前線的這座冰封之島上。 }

行前須知：

- 歷史關鍵時刻：最少 11 萬年前，冰原的年齡
- 距離與費時：161 公里；9~11 天
- 難度：中等／費力——你得背負很多裝備，荒涼又偏遠
- 最佳月份：6 月下旬～9 月
- 重點叮嚀：連一小片垃圾都得和你一起離開

格陵蘭的英文 Greenland（綠地），恐怕很有引人誤解之嫌；因為你我都明白，這座世界最大的島嶼（總面積 2,165,512 平方公里）根本就是個綠地難尋的白色世界：島上百分之八十的土地上都覆蓋著永不消融的冰雪（很有反諷意味的是，鄰近的冰島 Iceland 差不多正好相反）。無所謂啦，世上的事物本就很多名不副實不是嗎？

格陵蘭是在大約 40 億年前開始形成的，一開始它位處南半球，後來才在板塊運動和大陸漂移的作用之下，一路推移到目前的北極圈內；不過，在距今 200 萬年前的一個冰河期中，格陵蘭還被掩埋在漂浮不定的一層冰漿之下，所以今日最厚處的冰帽可以深達 3,200 公尺，最古老的冰原（ice sheet，或譯冰層、冰被）更至少有 11 萬年的歷史。

這，就是格陵蘭百分之八十土地的命運。但是，為什麼內陸的冰原沒有不斷向外擴張，吞噬掉另外百分之二十的土地，也就是格陵蘭島緣？這小小的一圈外緣確實是「綠地」，除了拔地而起的陡峭高山、數不清的溪流，還有滿佈綠草、地衣和灌木叢的苔原，以及稀疏、零散的島民——格陵蘭島上為數不多的人類，只能在它不那麼拒人於千里之外的邊緣地帶過活。如果你當真走上這條簡稱 ACT 的北極圈步道，就會路過這樣的邊緣地帶。

這條全程 161 公里的步道，所經之處包括這個星球最原始的荒原，當然也會帶你探索格陵蘭的綠色地帶：島嶼的西南邊，有如腰帶的最窄處；步道會一路往西走，從峽灣頭小村康克魯斯瓦格（Kangerlussuaq，總人口只有 520）的海岸出發，走到房舍

上圖：探索格陵蘭——世界第一大島——上的萬古冰原與原始荒野。

五彩繽紛的老漁港西西繆特（Sisimiut，人口 6,000，已是格陵蘭第二大「城」），這地方，已經生生不息了 4,500 年。

那麼，這兩個熙熙攘攘的城鎮（所謂熙熙攘攘，當然用的是格陵蘭的標準）之間有些什麼呢？它們之間……啥也沒有。沒有任何出售食物飲料的地方，沒有可供淋浴的地方，也買不到報紙、看不到電視。能夠證明那裡還有文明存在的，是總共只有八間的休憩小屋，全都有屋頂、牆壁、床舖，有些還有爐子和廁所。沒辦法，在這條一整年下來只有約莫 3,000 人造訪的步道上，有時甚至很可能只有你踽踽獨行。

可這也正是樂趣所在——沿著狹窄的小徑穿行於苔原之間，沒有任何標誌現在是 21 世紀的事物。特別是每年的 6~8 月，島上的氣溫來到一年裡最溫暖（16℃）時，走來尤其舒暢；更別說，這時節島上的天空永遠是明亮的，一旦你來到北極圈內，保證一連好幾個星期都能見到子夜的太陽。

康克魯斯瓦格是個相當方便的步道起點，因為格陵蘭的國際機場就在附近，如果你很想看看冰原的邊緣地帶，不妨到康克魯斯瓦格東方 40 公里外的伊山瓜（Isunngua）走一遭，但別忘了，北極圈步道可是往西走的。一開始，你只要順著時而

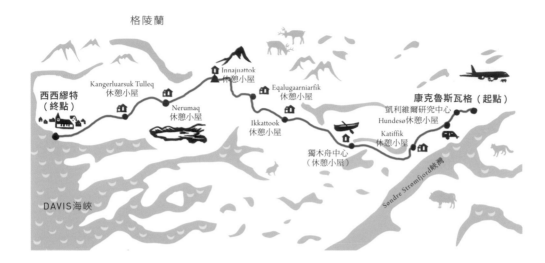

格陵蘭

Innajuattok
休憩小屋

Kangerluarsuk Tulleq
休憩小屋

西西繆特
（終點）

Nerumaq
休憩小屋

Eqalugaarniarfik
休憩小屋

Ikkattook
休憩小屋

獨木舟中心
（休憩小屋）

康克魯斯瓦格（起點）

凱利維爾研究中心
Hundesø休憩小屋

Katiffik
休憩小屋

DAVIS海峽

Sondre Stromfjord峽灣

瀝青、時而泥土的大路走，經過港口後，就可以來到凱利維爾（Kellyville）研究中心，之後，就只剩一條窄小的步道了。路途中的休憩小屋——都有在地名字：Hundesø、Katiffik，Canoe Centre（獨木舟中心）、Ikkattook、Eqalugaarniarfik、Innajuattok、Nerumaq和 Kangerluarsuk Tulleq ——基本上都不會有別人同屋共寢，但還是有些徒步者寧願睡在帳篷裡，因為那會更具機動性。另外，沿途到處有清澈的湖泊、小溪與河流，所以完全不必擔心沒水喝，你甚至可以考慮帶上釣竿，好讓晚餐多點新鮮菜色。

除了水中的魚兒，你應該還可以瞧見一些野生動物，包括馴鹿、北極狐（Arctic fox）、兔子、麝牛（musk oxen），以及許多鳥類。　路上還會有盛開的野花，有如五彩繽紛的斑點，為苔原這短暫卻壯觀的幾個月增添生機。不過，格陵蘭夏日的蚊子也像別處一樣惹人討厭，所以不妨考慮 8~9 月蚊蟲較少時再去。

步道本身其實不算難走，至少沒多少上坡路（全程的海拔大多在 152 公尺以下），但偶爾也還是得翻過 396 公尺高地；必須橫渡的溪河也不多，同樣地，愈晚去河水愈淺。真正的挑戰是你必須自給自足，以及在這個星球最荒僻的曠野常保身心安泰。

57 一號步道與二號步道
Trail 1 and Trail 2

克羅埃西亞，普利特維采
湖群國家公園（Plitvice
Lakes National Park）

結合克羅埃西亞的一號與
二號步道，來趟徒步 4 小
時的普利特維采（又稱為
十六湖）石灰岩地景涼爽
之旅。經過幾千年的溶蝕
後，步道中到處都是童話
裡才看得到的美麗湖泊、
洞穴和瀑布。

58 沿岸堤道
Causeway Coast Way

英國，北愛爾蘭，安特令郡（County Antrim）

　　根據當地傳說，這條壯麗的海岸堤道是北愛爾蘭巨人芬恩·馬庫爾（Finn MacCool）打造出來的，為的是越過北海海峽（North Channel）迎戰蘇格蘭巨人貝南德納（Benandonner）；不過，組成這條堤道的那四萬多根六角形石柱，其實是 5000 萬～6000 萬年前火山噴發後、熔岩逐漸冷卻而形成的，而且直到最近的一次冰河期才顯露出來。你愛信哪個都行，總之，所謂的「巨人堤道」（Giant's Causeway）就是這條全長 53 公里的沿岸堤道中的要角。步道兩頭，是斯圖爾特港（Portstewart）和巴利寨（Ballycastle），途中還會經過丹路斯堡（Dunluce Castle）、被西班牙「無敵艦隊」摧毀的聖戈班教堂（St Gobban's Church，全愛爾蘭最小的教堂）、卡里克（Carrick-a-Rede）吊橋，以及三不五時就會碰上的海灣、海灘、小島、石拱門、海蝕柱。

59 軍事路步道
Hærvejen

丹麥，日德蘭（Jutland）半島

　　在許多歷史記載中，都看得到「軍事路」的身影。這條橫跨日德蘭半島的步道，讓你一路沿著上個冰河期末尾形成的冰河嶺（glacial ridge）前進；因為步道位在高地上，完全無需渡河，算是非常容易行走的步道，所以打從史前時期就常有人行走，到了中世紀時期，牲口販子更是絡繹於途，目前則是起自希茨海爾斯（Hirtshals）或非德里港（Frederickshavn），呈 Y 字形朝南走、全長 500 公里的長程步道，兩種走法會在丹麥最古老城市之一的維堡（Viborg）交會，再一直朝南走到丹、德國界的帕德堡（Padborg）。路途上，你會經過石器時代的墓石、古維京遺址，也會走在往日馬拉貨車來往的小路上。

60 北冰河環形步道
Glacier North Circle

美國蒙大拿州，冰河國家公園（Glacier National Park）

> 紮紮實實地走一趟穿越太古冰原的寒涼
> 之旅——趁著冰河還沒消融……

行前須知：

- 歷史關鍵時刻：200萬年前，冰河國家公園在那次冰河期中初現冰河
- 距離與費時：105公里；7天
- 難度：中等——路途遙遠，夜裡很冷，必須提防蟲咬與熊襲
- 最佳月份：6-9月
- 重點叮嚀：野外露營必須事先申請許可

很遺憾地，蒙大拿州冰河國家公園恐怕就快沒冰河了。1910年公園剛剛設立時，山嶺中總共有150條閃亮的冰舌流下山谷；時至今日，已經只剩下25條冰河，根據部分專家的估計，也許2020年公園裡就再無冰河的蹤影。這真是難以言喻的悲劇——要是沒有往日的冰河，就不會有今天公園無以倫比的壯麗地景。200萬年前，這片山嶺上還覆蓋著1.6公里厚的冰層，不斷啃咬冰層下的岩石，直到12,000年前冰層逐漸融解，今日的地景才得以嶄露頭角。

北冰河環形步道（又稱「高腰線步道」〔Highline Trail〕或「雷鳥隧道環迴步道」〔Ptarmigan Tunnel Loop〕）便是探索這片荒原的最佳途徑，起點就在只要搭乘公共交通工具就能到達、大多數遊客都認定是公園心臟地帶的曼尼冰河（Many Glacier），由此出發，順時鐘而行，就會先是經過冷杉（fir）林、野花盛開的草原、冰河與小瀑布、藍得不像話的湖泊、淵深的冰蝕槽，以及櫛比鱗次的山峰。事實上，這裡也真的有座能望見五十座山峰的「五十山」（Fifty Mountain）。

這條步道，也提供了穿行雷鳥隧道的機會。雷鳥隧道全長76公尺，是用炸藥爆開海拔2,195公尺的「雷鳥山牆」（Ptarmigan Wall）才得以打通的。除此之外，這條步道上也很常出現敏捷的岩羊（mountain goat）、可愛的土撥鼠、大角麋（moose）、駝鹿（elk）、大角羊，以及棕熊。你甚至還能一路走進另外一個國家——大步往北走，從美國境內的山羊嶺（Goat Haunt）踏入瓦特頓湖國家公園（Waterton Lakes National Park）後，你就來到加拿大了。

右圖：造訪冰湖，同時盡情欣賞冰河時代雕塑出來的迎雪山壁與山洞。

61 卡斯姆自然與文化
步道
Käsmu Nature and
Culture Trail

愛沙尼亞，拉赫瑪國
家公園（Lahemaa
National Park）

悠然漫步於森林、沼澤
之間，見識一下本來身
在芬蘭、因為冰河時代
才遠渡波羅的海到來的
漂礫（boulder）。全長
只有 4 公里的卡斯姆步
道，會帶領你來到名喚
Matsikivi Erratic Boulder 的
這塊最大漂礫面前。

62 冰河時代步道
Ice Age Trail

美國，威斯康辛州

沿著威斯康辛冰河地景
蜿蜒而行的冰河時代步
道，全長 1,931 公里，
起點是州際州立公園
（Interstate State Park），
終點也是州立公園
——波塔瓦托米州立
公園（Potawatomi State
Park），途中的冰河時
代遺跡，全都保存得相
當完好。

63 比布蒙步道
Bibbulmun Track

澳大利亞西部

跟隨澳大利亞原民的腳步，
來趟美妙的長途跋涉。

行前須知：

- 歷史關鍵時刻：最少4萬5千年前，已知的原住民歷史起點
- 距離與費時：966公里；6-8週
- 難度：費力──旅程極長，所經之處偏遠又荒涼
- 最佳月份：4-11月
- 重點叮嚀：帶具汽化爐──任何野外營地都禁止生火

打從努加（Noongar）族人在澳大利亞西南角安居以來，至今最少也有45,000年了；考古學家在瑪格麗特河（Margaret River）附近的洞穴裡找到的證據顯示，這段歷史可能還得往前推移。努加人的習性是散居，平日各自生活，現今居住於澳大利亞大城伯斯（Perth）附近的努加人便以捕魚維生，而奧巴尼（Albany）城外的努加人則以烏龜為主食；至於因為廣大森林而群集於東南方的努加人，賴以維生的當然就是加利桉（karri，學名 *Eucalyptus diversicolor*，尤加利樹的一種）了。不過，有時他們也會聚在一起，走過幾百公里荒野買賣貨物並參與祭典。「比布蒙」（Bibbulmun）指的就是經常四處遊歷的努加人，這條澳大利亞西部最偉大的長距步道便以此為名，藉以彰顯這個原民部族。

比布蒙人的生存法則是與大地和諧相處，今天還在澳洲各地繁衍的原住民，也仍相信萬物彼此相屬，他們的創世故事與祖先的神靈，都深深與每種動物、每塊岩石、每顆星辰、每株樹木纏繞牽繫。比布蒙人早年的行走路線如今已不可考，我們只能透過今天的比布蒙步道，試著品嘗與大地合而為一的滋味。

毫無疑問，比布蒙步道會讓你接受荒野的洗禮。起點位在伯斯丘陵（Perth Hills）中的卡拉蒙達（Kalamunda），終點是966公里外的南方海岸城市奧巴尼，到處都有關於這條步道的專書、旅遊指南，一路上，更經常可以看到上頭畫著原住民夢幻時期（Aboriginal Dreaming）的彩虹神蛇（Waugal）的三角形黃色路標，告訴你沒有走錯路；除此之外，總共還有49個野營地可供步行者歇息、過夜。但這依然是條幾無外援的步道，比如說，你確實可以在途經一些聚落時補充糧草，但這種聚落既少，相隔也很遠。以起點卡拉蒙達為例，出發後，你就大約得走上12天，

上圖：澳大利亞西部的比布蒙步道，會帶領你走過托蒂拉普國家公園（Torndirrup National Park）美麗的海岸線。

才會抵達下一個城鎮德威林阿普（Dwellingup）。

　　即便如此，比布蒙依然是條很值得一走的步道。起點就在西澳首府伯斯東邊 24 公里之處，但沒走多遠你就會進入大令山脈（Darling Range），穿越混雜了紅柳桉（jarrah）、美葉桉（marri）與輮桉（wandoo）的森林，還有可以讓你登高望遠的瞭望臺；佇立於阿比西尼亞岩（Abyssinia Rock）上欣賞日落美景，更是讓人渾然忘我。通過德威林阿普之後是水質清涼的墨里河（Murray River）、群聚吱喳的黑鳳頭鸚鵡（black cockatoo），你只需輕鬆沿著往昔拖運木材的鐵道，就會來到可愛的城鎮柯利（Collie），緊接著，是更親切的蒙巴拉普森林小棧（Mumballup Forest Tavern，隨時等著你大駕光臨的小酒店），再來就是純樸的普雷斯頓谷（Preston Valley）。再走不遠，便可以在飯館林立的巴林阿普（Balingup）飽餐一頓——如果你受夠了野外的「自助餐」，很渴望換換口味的話。由此往南，當你邂逅高塔一般的加利桉時——全世界只有這裡看得到，就表示你已經到了步道的中點。

　　接下來，你得克服一些難走的路段，才能抵達位於敦納利河（Donnelly River）流域的木業老城；那兒很可能會有一些半馴服的鴯鶓（emu）、袋鼠與你擦肩而過。這個城市就叫「敦納利

卡拉蒙達
伯斯
印度洋
大令山脈
▲ 阿比西尼亞岩
▲ 庫克山
德威林阿普
墨里河
柯利
普雷斯頓河　蒙巴拉普森林小棧
巴林阿普
敦納利河
敦納利河城
潘柏頓
諾斯克里夫
沃波爾　丹麥　奧巴尼
大澳大利亞灣

64 與布希曼人同行
Walking with the Bushmen

波札那（Botswana），
喀拉哈里（Kalahari）

找個嚮導，到黃沙遍地
卻生氣盎然的喀拉哈
里沙漠走一遭。目前
已改稱「閃族」（San
people）的布希曼人，
不但已在沙漠中度過悠
長歲月，更比誰都了解
這塊金黃大地。

河」，從這兒起，步道便大致與真正的敦納利河並行，你會遇
上整條步道裡最具挑戰性的山丘，但也能從瀑布美景、鐵道歷
史中得到回報；如果時間是在 8~11 月間，更有漫山遍野的花朵
為你綻放。下一個你會遇上的城市潘柏頓（Pemberton），是材質
最好的加利桉大本營，往南從諾斯克里夫（Northcliffe）到沃波爾
（Walpole），就是一片彷彿沒有盡頭、貨真價實的荒野了，這是
你走了這麼多天之後第一次看見海。但這段路可不好走，就和
隨處可見的袋鼠一樣，你得走過石楠叢生的野地、海灘、「叮
喀」樹林（tingle tree，西澳西南方特產的巨大桉樹），才能來到
步調悠閒、與北歐國家同名的丹麥（Denmark）。然後，一直到
步道終點奧巴尼，路途就都是好走但景色迷人的岸邊道路了。

　　你大可不必一口氣走完整條比布蒙步道，不管是一日遊還是
一次走上幾天，有許多可以體會其中滋味的不同選擇。只要肯
到這兒來走上一段，你都能真實感受腳下的澳洲大地，遐想古
比布蒙人古早古早以前跋涉千里的艱辛情景。

65 尼安德蘭步道
Neanderlandsteig

德國，西伐利亞（Westphalia），北萊因（North Rhine）

　　甫於 2014 年開放、全長 235 公里的尼安德蘭步道，可不只是追尋古人的足跡而已。1856 年時在美特曼（Mettmann，位於尼安德谷〔Neander Valley〕）附近發現的化石，後來被證實是首次出土的尼安德塔人（Neanderthal）——生存於大約 4 萬年前、與近代人類極為相近的人種——遺骸。如果你也想看看這些老祖宗當時生息其間的地景，那就來趟總共分為十七個階段的環圈徒步吧。除了探索環繞埃爾克拉特（Erkrath）的蔥蘢林木、潺潺溪河，還可以參訪美特曼城裡的博物館與當年發現尼安德塔人骸骨化石的周邊地帶；除此之外，步道中還有被寫進童話故事的森林和遍佈木屋的古老市鎮。

66 漫步哥卓堤岸
Gozo Coastal Walk

馬爾他（Malta），哥卓島（Gozo）

　　位處地中海，面積不大、名氣也不響亮的哥卓島，不但是新石器時代文化興起之地，還是不少世界最古老建築——沙赫拉（Xaghra）已有 5,000 年歲的吉甘提亞（Ggantija）巨石神殿——的所在地，而最能全面理解那段歷史的探索途徑，就是走上一趟全程 55 公里的堤岸步道。這條步道，幾乎等於周遊哥卓島的崎嶇海岸，但也可以分解成四個區段，每一段都可以在 5~7 小時走完，時而走在石灰岩小徑上，時而踏入鄉間小路，探訪島上最值得一遊的景點。從姆賈爾港（Mgarr Harbour）出發後，你會邂逅岩石拱門、瞭望塔、盛開的野花、與世隔絕的海灘、古迦太基（Carthage）到羅馬時代的古蹟，以及一窺哥卓人的傳統生活樣貌。

67 捷布拉步道
Jatbula Trail

澳大利亞，北領地

沿著阿納姆懸崖（Arnhem Land Escarpment）西緣而行的捷布拉步道，本是澳洲原民周恩族（Jawoyn）代代相傳，用來聯結尼特米魯克（Nitmiluk，通稱「卡瑟林峽谷」〔Katherine Gorge〕）和雷林（Leliyn，也就是「艾迪斯瀑布」〔Edith Falls〕）的捷徑。沒錯，澳洲原民已經在這個地區繁衍生息了至少 4 萬年，即使如此，這地方感覺上都還和當年一樣原始、純樸、粗獷。從內陸城市卡瑟林（Katherine）搭一小段路車，坐上渡輪到十七哩溪（17 Mile Creek）東岸，就可以來到這條全長 63 公里的步道起點。接下的整整五天，你等於是在上一堂紮紮實實的內陸課：探視峽谷岩壁上的大自然岩雕作品，涉水行過冰涼的溪流，露宿全無光害、滿天繁星的原野。

68 奧法利步道
Offaly Way

愛爾蘭，奧法利郡
（County Offaly）

中石器時代的人類很喜歡泥塘（bog），因為這種富含泥炭的土地不但很適合儲存食物，還能提供燃料。最後一個冰河期後才出現的博拉沼地（Boora Bog）也不例外，而今天的你我，藉由全長 37 公里、從卡丹斯鎮（Cadamstown）到雷馬納格罕（Lemanaghan）的奧法利步道，不但都能走過博拉沼地，還可以造訪出土過黑燧石工具與千年歷史營火遺跡的古老人類聚居地。除此之外，這條相當好走的步道還會行經河堤與僻靜小路，讓你也瞧瞧其他年代的生活軌跡；舉例來說，你會看到 1601 年金沙爾之戰（Battle of Kinsale）時部隊走過的橋梁，以及雷馬納格罕的 7 世紀修道院遺址。

69 冰河遠足
Chadar Trek

印度，拉達克（Ladakh）

早在銅器時代，位處印度偏遠地帶的札斯卡谷（Zanskar Valley）就已經有人居住了。想走一趟這條全程 76 公里的遠足步道，就得趁著每年 11~3 月河流結成硬冰、你才走得過去的時節到訪。

70 科阿峽谷遠古大步道
Great Pedestrian Route of Vale do Côa

葡萄牙

這條相當好走的 26 公里步道，是從福什科阿新鎮（Vila Nova de Foz Côa）一路走到葡萄牙位在科阿谷（Côa Valley）的史前岩石藝術保存區，谷裡有座盧西塔尼人（Lusitanian）建造的城堡和一些巴洛克風宅第。

71 巨人之杯步道
Giant's Cup Trail

南非，龍山山脈
（Drakensberg Mountains）

打從南非的原住民閃族（San）人開始在岩壁上作畫，至今已超過 1 萬年。這條「巨人之杯」步道，便讓你既能觀賞他們的傑作，又可以到龍山山脈來趟美妙的漫步。步道是從撒尼山口路（Sani Pass road）走到布須曼納克（Bushman's Nek），總長 60 公里，費時 5 天，雖然不免得攀爬幾個陡坡，但每一晚都能住入配備床舖與浴廁的寬敞木屋。第一天的目的地，是景色宜人的斐里拉谷（Pholela Valley）；第二天要造訪的，便是留有閃族人壁畫的巴斯普拉格岩洞（Bathplug Cave）；第三天，深入奇力可蘭基池群（Killiecrankie Pools）；第四天，欣賞花園城堡（Garden Castle）的奇岩；最後，也就是第五天，你會走入姆濟芒德谷（Mzimunde Valley）觀賞更多閃族人的壁畫，為旅程畫下完美的句點。

左圖：深入龍山山脈，尋訪南非原民閃族人留下的壁畫。

72 巨石步道
Great Stones Way

英國，威爾特郡（Wiltshire）

走一趟新石器時代就存在的步道，
瞧瞧亞夫布里（Avebury）的巨石圈和
巨石陣（Stonehenge）。

行前須知：
- 歷史關鍵時刻：大約 5,000 年前，巨石陣的年歲
- 距離與費時：有 58 公里和 85 公里兩種走法；4-5 天
- 難度：輕鬆——大多是起伏不大的鄉間小路
- 最佳月份：4~10 月
- 重點叮嚀：斯文頓（Swindon）和索茲斯柏立（Salisbury）都有火車站，不少酒館和背包客棧都就開設在步道周邊

右圖： 白堊山壁上好大一匹「白馬」，地點就在亞夫布里巨石圈和巨石陣附近。

這段西英格蘭南部的步道中，至今仍有一些難解之謎。5,000 年前左右，由於某種不明需要，新石器時代的先祖決定把遠在威爾斯（Wales）普瑞斯里丘陵（Preseli Hills）裡的巨石搬運到現今的威爾特郡——路程足足有 258 公里。這些遠道而來的巨石，就被豎立起來圍成儀式性的圓圈；堤岸與溝渠、豎立岩石排成的直線、分室的墓穴和長條古墳等，出現的時間也都和巨石陣相當。

巨石步道納入了這些郊野，以斯文頓南邊一點的鐵器時代山堡巴伯里城堡（Barbury Castle）為起點，走到索茲斯柏立略北的舊沙魯姆（Old Sarum）為止。官方版的 58 公里步道途中，雖然滿佈銅器時代的墓塚、羅馬時代的道路、諾曼人（Norman）興建的教堂、中世紀的土木城堡（motte-and-bailey castle），以及 19 世紀時利用山壁草木下的白堊創作的白馬圖（參見右圖），卻沒有納入亞夫布里的巨石圈和巨石陣；如果你很希望看一眼大英帝國引以為傲的新石器經典地景，就得走全長 85 公里的民間版巨石步道。

巨石陣確實值得一看，但要有和觀光客摩肩擦踵的心理準備，也不能貼近石柱。亞夫布里的互動性就高得多了，你會看到，這裡有座村莊就以大上巨石陣許多的巨石圈為中心，逐漸向外擴展，最主要的巨石圈有兩層，呈同心圓排列，外圍那一圈往昔曾有 98 塊巨石（如今只存 27 塊），你不但可以自由徘徊其間，還可以伸手碰觸這些年華老大的石塊，同時觀察週遭的史前地景——包括人造土山希爾布利丘（Silbury Hill），再到當地的酒館點杯啤酒，一邊啜飲一邊回味。

斯文頓

巴伯里城堡

亞夫布里

希爾布利丘

ALTON BARNES

Avon河

瓦石陣

舊塞勒姆

索茲斯柏立

73 山外環行步道
Outer Mountain Loop

美國，德州，大彎國家公園
（Big Bend National Park）

在耐旱高手仙人掌和好些紅色峽谷間，
來個全程 48 公里的山外大環行；這條
步道，是探索奇瓦瓦沙漠（Chihuahuan
Desert）、體會美國原民先祖生活與過
往拓荒先鋒艱辛的極好途徑。

74 阿空加瓜山
Aconcagua

阿根廷，門多札
（Mendoza）

安第斯（Andean）山脈最高峰阿空加瓜山是頭猛獸，高度僅次於喜馬拉雅群峰，從阿根廷門多札省藤紋似的山谷中拔地而起，海拔高達 6,962 公尺；然而，撇開它怪獸級的這部分不談，其實是座很適合徒步旅行的山嶺。沒錯，它確實會讓你精疲力盡、呼吸困難，卻不需要多高檔的登山技巧。絕大多數的來客都從霍科內斯谷（Horcones Valley）爬起，你得穿上「雪靴」（nieve penitentes）才能對抗地上的冰雪，更要面對凍人的下坡風、極低的氣溫，以及削弱意志的飛落岩屑。然而，回報也絕對豐盛；一旦你登上峰頂，眼光掠過其他安第斯山的峰頂望向太平洋，一定會有「我站在世界之巔」的感受。

75 納瓦里諾之牙湖環迴步道
Los Dientes de Navarino Circuit

智利，火地島省（Tierra del Fuego）

這條崎嶇難行的 55 公里步道位在納瓦里諾島上。這座島嶼不但早在 1 萬年前就已經是智利原住民雅甘族（Yahgan）的家園，據說還是世界上考古遺址密度最高的地區。

76 里奇韋路步道
The Ridgeway

英國，南英格蘭

里奇韋路是英國最古老的道路，五千多年來不但有無數人──從軍隊、牲口販子到流浪者──行走其上，一度還延伸到 402 公里長，路頭在西南部的多塞特郡海岸，路尾在東部的諾福克（Norfolk）。今日的步道沒那麼長，只從巨石圈所在的亞夫布里走到艾溫霍燈塔（Ivinghoe Beacon），全程也只有 140 公里，但確實走的是英國老祖宗常走的高地道路；你會經過不少市鎮和村莊，偶爾還會和車水馬龍的大馬路交會，但絕大部分路段都荒僻到讓你想像不到。走完全程約需 6 天，先是前往新石器時代長塚（Neolithic long barrow）所在的西肯尼特（West Kennett），再走過一片丘陵牧野，然後就往泰晤士河（River Thames）前進，途中還會遇上隱密的山村、牛隻群聚的牧草綠地，以及奇爾特恩丘陵（Chiltern Hills）的山毛櫸樹林。

77 提斯卡利山步道
Monte Tiscali

義大利，薩丁尼亞島
（Sardinia）巨山山脈
（Supramonte Mountains）

到提斯卡利山步道走一遭，既是探索巨山山脈從中到東區域的最佳途徑，也能讓你更加理解薩丁尼亞原民努拉奇人（Nuragic）文化的迷人之處。來到這兒，你會遇上多達七千座、如今已經沒了頂部的錐形石塔。當地人稱之為 nuraghi 的這種蜂巢式石塔，年代據說可以追溯到公元前 1800 年，而且，時至今日，除了這兒全世界再也沒有別的地方發現過同樣的石塔。這條步道只需半天功夫就可以走完，從多爾加利鎮（Dorgali）出發，往拉奈圖谷（Lanaittu Valley）走。一路上都是石灰岩地景，所以到處都是岩洞和水坑；過了拉奈圖谷後，步道由於必須走過一段峽谷而變窄，接著往上走到終點提斯卡利山村（Tiscali village）——非常接近提斯卡利峰頂的一個努拉奇聚落。聚落裡，還殘存著幾間古老的圓形房舍。

78 國王步道
Kungsleden

瑞典，拉普蘭區
（Lapland）

瑞典的拉普蘭區，是歐洲僅存的少數荒原中最大的一塊，整體來看，是個有著許多冰斗、鼓丘（drumlin）、河流、濕地和樺木（birch）森林的 U 形原始山谷；打從遠古時期起，薩米人（Sami）就已經來到這兒，以放牧大群馴鹿維生。對徒步者來說，這條全程 439 公里的「國王步道」，正是探索這片荒原的最佳路徑；起點在步道南端的亞必斯科（Abisko），由此往北，走到位在北極圈內的赫馬凡（Hemavan）。大致說來，約莫隔個 10~20 公里就會有　間山中小屋，濕地與溪流上也都有鋪木或小橋；遇上湖泊時，即使沒有渡船也會提供小舟，讓你自己划到對岸。儘管聽來沒有多「原始」，拉普蘭依然是片美妙的荒原。

79 阿加夫步道
Algarve Way

葡萄牙南部

全長 257 公里，起自葡、西邊界的阿考汀（Alcoutim），終點位在歐洲最西南的聖維森特角（Cabo de São Vicente）。走得愈遠愈能明白，為什麼打從新石器時代起這裡就是個神聖的區域。

80 瑪士撒拉環迴步道
Methuselah Loop Trail

美國，加州

　　既短又陡，走來卻很甜美。總長只有 7 公里的瑪士撒拉環迴步道，會引領你邂逅全世界最老的神木。這棵廣受議論的樹「瑪士撒拉」（譯註：《聖經》所載最長壽的人類）是「大盆地」（Great Basin）特產的針毬松（bristlecone pine，或譯狐尾松、刺果松），既是美國西部的原生樹種，更以壽命極長聞名於世。就以「瑪士撒拉」而論，樹齡已經接近 5,000 歲，生長於印約國家森林（Inyo National Forest）內的白山山脈（White Mountains）之中。印約國家森林佔地 8,000 平方公里，擁有許多山巔、湖泊與溪流可供野生動物悠遊；舒曼林遊客中心（Schulman Grove Visitor Center）既是起點也是終點，一出發就得攀爬個 61 公尺，到得山邊，就會看到有好幾株針毬松傲然矗立的瑪士撒拉林（Methuselah Grove）；為了保護神木，「瑪士撒拉」本尊所在至今仍是祕密——你只能從長相推估到底哪一株最像快要 5,000 歲了。

---

81 尼哥洛聖靈島群步道
Whitsunday Ngaro Sea Trail

澳大利亞，聖靈群島
（Whitsunday Islands）

位在澳大利亞大堡礁（Great Barrier Reef）中的聖靈群島，9,000 年來一直是尼哥洛人的家園。這個網絡式的島群步道（長度從 1~11 公里），會帶領你造訪一些對晚近尼哥洛人來說意義非凡的遺跡。

82 聖瑞斯環圈步道
Saint-Just Circuit

法國，布列塔尼區
（Brittany）

布列塔尼的這塊區域，還殘留著許多巨石（abound）遺跡。只要從聖瑞斯的村莊出發，走個 13 公里路回到原地，你就可以瞧見不少豎石紀念碑、「多爾門」（dolmen），甚至還有史前時期的「月曆」呢。

83 托拉查步道
Torajaland

印尼，蘇拉威西
（Sulawesi）

蘇拉威西有好幾條短步道，都能引領你一探布吉人（Bugis，荷蘭殖民時期認定的托拉查人〔Toraja〕）特異的喪葬儀式；布吉人又是打哪兒來的呢？一般認為，是銅器時期從越南漂洋過海而來的。

對頁：走一趟尼哥洛聖靈島群步道，一探尼哥洛人的歷史。

經由毗鄰的蒙塔納布蘭卡（Montaña Blanca）山脈，辛苦5個小時登上特內費島（Tenerife）上的泰德峰（Mount Teide，西班牙最高峰），你就能與這座層狀火山及它周邊的國家公園來場親密接觸（45頁）。

第二章
古代世界

{ 跟隨人類先祖的腳步，揭開文明
初露曙光到公元 600 年間的古老
信仰、神話與奇蹟。 }

84 耶穌步道
Jesus Trail

以色列，加利利（Galilee）

{ 就如耶穌基督當年，從拿撒勒（Nazareth）一直走到加利利海（Sea of Galilee）。 }

行前須知：

- 歷史關鍵時刻：公元前 7 ～公元 33 年，傳說中耶穌在世的時間
- 距離與費時：64 公里；3-5 天
- 難度：中等——炎熱，有些地帶崎嶇難行
- 最佳月份：10-11 月
- 重點叮嚀：由西（拿撒勒）向東（加利利）走比較容易，因為大多是下坡路

　　這條位於聖地（Holy Land）中的 64 公里步道，有許多和耶穌基督關聯匪淺的地方，雖然路途難免崎嶇，卻也不乏加利利出人意表的美景，使得這場性靈之旅增添了堪與匹敵的賞景風味。

　　如果你由西向東走，起點就是拿撒勒，傳聞中耶穌的故鄉。就是在這裡，聖母瑪利說天使加百利（Angel Gabriel）向她顯身，並對她說，她會生下上帝之子，你可以造訪傳說中「天使報喜」（Annunciation）的聖母泉（Mary's Well）。除此之外，拿撒勒據信也是耶穌開始傳教生涯的地方；現今的會堂教堂（Synagogue Church），據說就蓋在祂當年佈道的廟宇舊址之上。如果你還想多感受點往昔氛圍，不妨多走幾步路，繞到拿撒勒村（Nazareth Village）佇留一會。這個村莊現今已是個重現一世紀形貌的露天博物館，隨處都有漫遊的山羊、《聖經》中的場景，以及穿著別致衣裳的牧羊人。

　　出了拿撒勒後，步道轉朝東北，走向西弗利斯（Sepphoris，也叫 Zippori）；這座古城曾是一世紀時加利利的行政首都，有些學者認為聖母瑪利亞就出生在這兒，而耶穌的養父約瑟（Joseph）當年也是在這裡當木匠。西弗利斯如今已是個國立公園，擁有豐富的考古遺址——不論是希臘人、猶太人、羅馬人、拜占庭人、回教徒、十字軍，還是阿拉伯人或鄂圖曼人（Ottoman），這裡都找得到遺跡。

　　再往前走，你就會來到傳說中耶穌第一次行神蹟的迦拿（Cana，另稱 Kfar Kana）。現今的這座城鎮，是從當年耶穌化水

上圖：起自拿撒勒的「耶穌步道」，是一場性靈與美景兼具的饗宴。

為酒的那場婚宴遺址興築起來的。接下來到伊拉尼亞（Ilaniya，意思是「樹」）的這段路途，就變得綠陰處處了，你會在橡樹林中穿行、走在野花盛開的草原上，還會經過一些保養得很不錯的農舍；另外，這段路也會帶你經過「羅馬路」（Roman road）──耶穌當年從拿撒勒走到迦百農（Capernaum）時，很可能走的就是這條路──至今還留存的遺跡。

繼續往西南方走，經過一段起伏不定的地勢後，便會來到雙峰山「哈丁之角」（Horns of Hattin）；它的兩隻角其實是古代的火山，而哈丁這個地方，正是當年見證統領了埃及與敘利亞的薩拉丁（Saladin）所領導的伊斯蘭軍團擊退十字軍（來自西歐的羅馬天主教基督徒）、繼而征服大半個巴勒斯坦的所在；從這個地點──大約是中點──極目四顧，整條耶穌步道的燦爛全景盡入眼簾，當然也包括終於可以從步道上望見加利利海。

靜靜躺在哈丁的兩隻角底下的，是又一個聖地杰斯羅墓（Nebi Shu'eib）。目前這棟複合式的建築，是 19 世紀時人們特別為德魯茲（Druze）教派先知杰斯羅（Jethro，摩西的岳父）建造的；只要你穿著得宜，就可以進入參訪。步道的下一站，是位在阿貝爾山（Mount Arbel）石灰岩峭壁邊、海拔 213 公尺的阿貝爾谷（Arbel Valley，或「鴿之谷」〔Valley of the Doves〕），谷中到處都是結實纍纍的橄欖園、活蹦亂跳的山瞪羚（mountain gazelle），

以及已然荒蕪破敗的村莊。當然了，如果耶穌真的走過這兒，也絕不會有方便攀爬者登上陡峭斜坡的金屬階梯。

走到米格達爾（Migdal）後，徒步者就很接近海岸了，這裡也是耶穌追隨者「抹大拉的瑪麗亞」（Mary Magdalene）的故鄉，所以有抹大拉的考古遺址。下一個城鎮是塔布加（Tabgha）了，也就是耶穌行神蹟的「五餅二魚堂」（Church of the Multiplication of Loaves and Fishes）所在之處，教堂裡除了繪有傳說中的場景，也有拜占庭時期的彩繪馬賽克。最後，步道終於來到安寧靜謐、綠樹成蔭的八福山（Mount of Beatitudes），傳說中，耶穌就是在這裡宣講了祂的「登山寶訓」（Sermon on the Mount，或譯「山上聖訓」）。

步道的終點迦百農，是耶穌在加利利地區傳教時的根據地，也是耶穌曾經斥責過人信心不堅的三個城市之一，祂說：「而你，迦百農啊，你將被高舉到天上嗎？不，你將下到陰間。」（〈馬太福音 11：23〉）一如祂的預言，這座城市確實在 17 世紀時遭到遺棄，到 1800 年代更只剩下碎瓦殘垣。如今，除了廢墟你還可以參觀博物館，並且瞧瞧羅馬時代刻寫在古城牆上的——比如「主」（Lord）和「彌賽亞」（Messiah）——的塗鴉。

85 朝聖者之路
Pilgrim's Way

英國，威爾斯

這趟全程 209 公里的性靈之旅，是從巴辛沃克（Basingwerk）走到巴德西島（Bardsey Island）的聖所，途中除了有 16 世紀聖徒所建的一些教堂，也可欣賞不少山丘、谷地和海洋的美景。

86 克羅派屈克山步道
Croagh Patrick

愛爾蘭，梅歐郡（County Mayo）

　　海拔只有 764 公尺的克羅派屈克山，雖然不是愛爾蘭最高大的山嶺，卻是最神聖的。根據傳說，公元 441 年時，後來成為郡守護神的聖派屈克（St Patrick）就在這座山的峰頂絕食 40 天，趕走所有來自翡翠島（Emerald Isle）的蛇；時至今日，每年都會有百萬人次登上這座被愛爾蘭人暱稱為「臭佬」（the Reek）的聖山。登山步道起點在位於克路灣（Clew Bay）的威斯特波特（Westport）附近，經過 1920 年代為這位聖者創作的雕像後，便得一路攀爬陡峭、多岩的山坡，才能抵達位於山頂的教堂，大致得花上兩個小時；如果你是那些發願赤腳登山的虔誠信徒之一，難免就得花上更長的時間。

87 聖凱文之路
St. Kevin's Way

愛爾蘭，威克洛郡（County Wicklow）

　　這位 16 世紀時的慈悲聖徒，大概不會贊同你跟隨他的步履。凱文是位自律甚深的苦行者，早年遠離塵世、獨自在格倫達洛（Glendalough）的僻靜山谷中修行；然而，在愈來愈多僧侶進駐此地後，當年的深山幽谷，如今已成為愛爾蘭最重要的修行聖地，也是全長 30 公里的「聖凱文之路」的終點。至於起點，則是名喚「聖林」（Hollywood，又名 Cillín Chaoimhín 或暱稱為凱文的小教堂）的山村，由此往東走，過了威克洛山脈（Wicklow Mountains）後，再穿越海拔 478 公尺、常有大風吹刮的威克洛峽道（Wicklow Gap），便一路沿著格林達珊河（Glendasan River）而行，直到進入冰河峽谷格倫達洛後，就很接近修道院遺址了。路途中的某些地段，如今還看得到當年朝聖者走過的石板路。

88 西奈山步道
Mount Sinai

埃及，西奈

{ 來趟破曉登高，
看看摩西說他遇見上帝的地方。 }

行前須知：

· 歷史關鍵時刻：公元 548
年，聖凱薩琳修道院（St
Catherine's Monastery）興建
之時
· 距離與費時：來回 7 公里
；5 小時
· 難度：中等——陡峭但路
途不長
· 最佳月份：4-6 月
· 重點叮嚀：西奈地區很不
安寧，出行前得先探查當
地局勢

這真的是摩西收受「十誡」（Ten Commandments）的地方嗎？
他和他的以色列同胞，真的一如〈出埃及記〉（Exodus）所言，
為了聆聽上帝的話而聚集在這裡嗎？各種論說始終相互矛盾。
有些神學家斷言，《聖經》中所說的西奈山，其實是位在沙烏
地阿拉伯的亞爾勞茲山（Mount Al-Lawz）；也有專家認為，真正
的西奈山地處以色列南部。不論真相如何，至今為止，這座位
在埃及、海拔 2,285 公尺的西奈山（Mount Sinai 或 Jebel Musa，也
有人叫它摩西之山）還是最受青睞。

科普特正教徒（Coptic Christians）尤其深信不疑。4 世紀時，
這個教派發現了西奈山上的一所教堂，地點就在傳說中上帝從
燃燒的荊棘裡顯身對摩西說話之處；公元 548 年，這所教堂擴
建為聖凱薩琳修道院，不但是神聖的教堂，也被公認為探尋往
日神蹟之旅的最佳起點。

大多數的步行者會在清晨兩點時自聖凱薩琳村（St Catherine's
Village）開始這段約需 3 小時的朝聖之旅，以便在日出前抵達山
頂；這意味著，你必須摸黑走過崎嶇的沙漠地帶。相對地，你
也可以在下午兩點時出發，趕在日落之前登上西奈山。

「駱駝小徑」（Camel Path）就好走多了，順著它的緩坡，很
快就能抵達以利亞池（Elijah's Basin）。高原上有棵樹，據說就是
先知以利亞聽見上帝對他說話的地方；過了這裡，便是通往山
頂的 750 階山道了。越過黃沙之海、滿佈深谷的山嶺所看到的
日出，很有《聖經》的氛圍。下山的路和上山不一樣，你得邊
往下看著古修道院邊走下相對而言陡得多——階數也更多，超
過 3,000 階——的「懺悔之階」（Steps of Penitence）。

右圖：踏上直通西奈山頂的石
階，迎接充滿《聖經》氛圍的日
出。

89 亞拉拉特山步道
Mount Ararat

東土耳其

聳立於亞美尼亞高原（Armenian Plateau）上、海拔達 5,165 公尺的亞拉拉特山，是高山健行者心目中的天堂，也是少數無需專業技巧就能攀登的塔形尖峰（其實是休火山）之一；只要身體夠壯又能適應高山氣候，你就能在 4~5 天內上山再下山。從土耳其國境邊界小城多烏貝亞茲特（Dogubeyazit）出發後，你就只能在山坡中紮營過夜，也許會遇上遊牧其間的庫德人（Kurdish），更可能得在風雪中一鼓作氣登上頂峰。

無論如何，亞拉拉特山都不只是座雪峰，據說還是洪水過後挪亞方舟歇息的地方，所以不但適合放進「遺願清單」（bucket-list）之中，還兼有《聖經》的傳說可以追尋。

90 愛奧納島步道
Isle of Iona

英國，蘇格蘭，內赫布里底群島（Inner Hebrides）

公元 563 年，愛爾蘭籍的修道院院長聖高隆（Columba）來到愛奧納時，也為這座小島帶來了基督教；總長只有 5 公里、寬度只有 2.5 公里的赫布里底群島，因而成為蘇格蘭的基督教發源地，同時也是學習基督教義的著名地點——蘇格蘭的修士就在這裡創作了經典之作〈凱爾書卷〉（Book of Kells，或譯〈凱爾經〉）。如今的愛奧納島依然不流於俗，島上沒有半輛汽車，但要是你從渡船碼頭開步走，也只需要幾個小時，就能造訪存留至今（起造於公元 1200 年）的近代修道院，看看孤立於山丘之上的修行小屋，參觀大理石採集場，再到聖高隆灣（Columba's Bay）赤腳走走白色沙灘—— 1,500 年前，聖徒就從這裡踏上小島。

91 受難苦路
Via Dolorosa

以色列，耶路撒冷（Jerusalem）

多勒羅沙之路（Via Dolorosa），或說受難苦路（Way of Suffering），全程只有 1 公里長，卻帶有無比巨大的歷史意義。這條穿越舊耶路撒冷的曲折步道，據說就是耶穌被釘死在十字架上之前最後走過的道路；據說耶穌一路上共停留了 14 次，因此後來就被區分成如今我們所熟知的「苦路 14 站」（Stations of the Cross）。起點在當年羅馬總督彼拉多（Pilate）判處耶穌釘刑的地方（今奧馬里耶小學），然後穿過名為「瞧！就是此人！」（Ecce Homo）的羅馬拱門，再經過幾所紀念教堂，包括耶穌當年第一次仆倒之處的波蘭小教堂，以及建在祂撫慰哀傷婦人之處的聖謝拉林寶斯修道院（Monastery of St Charalambos）。最後四站都在今日的聖墓教堂（Church of the Holy Sepulchre）之內，做為終站的那個小房間，一般認為，就是耶穌的墓塚所在。

92 亞伯拉罕小徑
Abraham Path

土耳其、約旦、巴勒斯坦與以色列

　　說是「小徑」，其實是《聖經》人物橫跨好幾個國家、長達 970 公里的漫長旅程，而且不只是歷史的尋根行走，還是今日此時的友誼之手。一如《聖經》所言，亞伯拉罕以好客聞名於世，因此，這場徒步之旅的目標之一，就是為動盪不安的中東打造相近相親的精神；步道本身，也拆解成穿越十五個不同區域的不連續路段，起點是土耳其南部的內姆魯特山（Mount Nemrut），由此通過以色列和巴勒斯坦——取道伯利恆（Bethlehem）、烏爾法（Urfa）、內蓋夫沙漠（Negev Desert）——往約旦的佩特拉（Petra）邁進。其中的希伯崙（Hebron）段離亞伯拉罕最近，據說，他就長眠於城裡高地上的一個洞穴裡。

93 以色列國家步道
Israel National Trail

以色列

　　全長 1,000 公里的以色列國家步道，不管是你是行經波光燦閃的加利利海，還是亙古以來全無綠意的內蓋大沙漠，沿途的優美景色，都可以說和《聖經》氛圍旗鼓相當。步道起點在鄰近黎巴嫩的達恩（Dan），終點則是位在紅海北岸的埃拉特（Eilat），途中會經過耶穌受洗的約旦河（Jordan River），再前往瀕臨地中海、離特拉維夫（Tel Aviv）不遠的塔波爾山（Mount Tabor），也就是巴拉（Barak）率領 1 萬名以色列人擊退來犯的迦南人（Canaanites）的地方。登上迦密山（Mount Carmel）後，就完全是另外一種風情了——野花怒放的草原，努比亞山羊（Nubian ibex），染色櫟（gall oak），以及在平野上漫遊的貝都因（Bedouin）半遊牧人。

94 聖保羅步道
St Paul Trail

土耳其，西安納托力亞（Western Anatolia）

{ 跟隨使徒聖保羅的腳步，漫步於充滿粗獷之美的老小亞細亞（Asia Minor）。 }

行前須知：

- 歷史關鍵時刻：公元 5-67 年，聖保羅在世的年代
- 距離與費時：500 公里；24-27 天
- 難度：中等／費力——路途漫長，地勢崎嶇
- 最佳月份：9-10 月
- 重點叮嚀：大多可以借宿村屋或住旅館，但有些路段只能露營

---

95 朝聖路徑
Cosán na Naomh

以色列，布蘭敦山
（Mount Brandon）

沿著朝聖小徑（pilgrim's path）爬上海拔 953 公尺、因「航海家聖布蘭敦」（St Brendan the Navigator）而得名的布蘭敦山，眺望海岸外的大西洋海景。

創立基督教的也許是耶穌，但福音卻是保羅——公元 5 年左右出生於土耳其中部的塔爾蘇斯（Tarsus，又譯大數）——為祂傳播的。在基督復活、向他顯現神蹟後，保羅便開始傳教，起先只在大馬士革（敘利亞），但不久後便走向今日的賽浦勒斯（Cyprus）、土耳其、希臘、義大利，而且能傳多遠就走多遠；也就是說，真正讓耶穌的福音走出聖地的，其實是聖保羅。

全長 500 公里的聖保羅步道，會帶領你從地中海邊的安塔利亞（Antalya）——佩爾格（Perge）或阿斯班多斯（Aspendos）亦可——往內陸走，先往埃伊爾迪爾湖（Lake Egirdir）東北方的亞瓦奇（Yalvaç），也就是使徒初次前往小亞細亞的大致走法，步道中有羅馬道路、林間小徑，也有老舊的人行道，你會行經僻遠的村莊、橡樹林與雪松（cedar）林，見識到會讓你目瞪口呆的深峻峽谷和高大的托魯斯山脈（Taurus Mountains）；途中不但有羅馬時期的引水渠和露天競技場、拜占庭古鎮、鄂圖曼街道，還有許多甚至連名字都沒有的廢墟。儘管你在步道中不會碰到多少同好，可絕不會懷疑千年來一直有人行走其上，因為一路上都是他們留下的證據。

重要的景點也遍佈步道：你會造訪塞爾格（Selge）的山頂遺跡，發現有座小村就位在許多羅馬廢墟之間；你會追隨使徒的腳步，穿行過「橋峽谷」（Köprülü Canyon）或佇立高處往下凝視冉迪爾峽谷（Çandir Canyon）；你會搭漁船渡過埃伊爾迪爾湖，你會一路沿著古羅馬引水渠走到亞爾瓦奇……。但真正教人窩心的，是在小村、旅舍、民宿裡讓你感到賓至入歸的土耳其民眾。

塞爾格的山頂遺跡，只是
聖保羅步道沿途的重要景
點之一。

亞瓦奇

埃伊爾迪爾湖

埃伊爾
迪爾

西托魯斯山脈

冉迪爾
峽谷

塞爾格

橋峽谷

Aksu河

安塔利亞　佩爾格

阿斯班多斯

地中海

96 黎巴嫩山道
Lebanon Mountain Trail

黎巴嫩

從庫拜亞特（Qbaiyat）跋涉 440 公里，
前往邁爾季歐雲（Marjaayoun）——這不
但是一條充滿《聖經》典故的山道，還
擁有許多希臘、羅馬、鄂圖曼與拜占庭
的文化遺產。

達納自然生態
保護區

達納

費南旱谷

阿爾馬拉加
旱谷

阿拉巴谷

阿爾費德岬

小佩特拉

佩特拉

那巴泰修道院

97 先知步道
The Prophet's Trail

約旦，阿傑隆（Ajloun）

穿越由橡樹、梨樹、東方草莓樹組
成的阿傑隆森林保護區（Ajloun Forest
Reserve），直到抵達以利亞之山（Mar
Elias，譯註：以利亞是《聖經》中常被
提及的先知），全程約9公里；是約旦
最古老的教堂之一。

右圖：造訪佩特拉古城最好的方法，就是步行。

98 達納─佩特拉步道
Dana-Petra Trek

約旦

{ 想造訪這座不可思議的古老石城、
又不想和如織遊客爭道的話，
最好走貝都因步道（Bedouin Trails）。 }

這條步道又稱為「中東的印加步道」（Inca Trail of the Middle East），的確名副其實；雖然這一帶和祕魯安地斯山脈天差地遠，但辛苦穿越荒涼沙漠後，你看到的卻是非常相像的地標。

位在西約旦的佩特拉古城，是在大約 2,000 年前由岩石雕刻而成的，創造者則是神祕的納巴泰人（Nabateans）：因貿易絲綢、香料和寶石而致富的閃族（Semitic）文明締造者。來到佩特拉後，納巴泰人不但建造了巨大的陵墓、有廊柱的街道、祭壇、廟宇，還在玫瑰紅的峽谷裡切雕了這座鬼斧神工的石城。直到公元 363 年被地震侵襲之前，佩特拉都還十分興旺；這場地震加上貿易路線的改變，使得佩特拉逐漸式微。17 世紀中葉，除了在地的貝都因人，佩特拉更是明顯地已然自文明世界中「失落」了──直到 1812 年瑞士探險家布爾克哈特（Jean Louis Burckhardt）再發現它。

即便到了今日，探訪佩特拉古城的最佳途徑仍然是布爾克哈特的老方法：步行。達納─佩特拉步道結合了過往的獵人小徑和驛車路，從達納自然生態保護區（Dana Nature Reserve）一直走到已經列入世界遺產的佩特拉，費時 4~6 天；途中你可以睡在貝都因式的帳篷裡，當然也可以就睡在星空下。

達納自然保護區中，有著形貌各異的砂岩懸崖、深邃谷地、繁茂植物，還有罕見的野生動物，包括羱羊（ibex）、山瞪羚（mountain gazelle）。很多步行者會選擇從費南旱谷（Wadi Feinan，譯註：Wadi 應是只有雨季才有河水流經的河谷）出發，走南向小徑往多岩沙漠前進，穿越險峻峽谷，進入青翠山谷，再登上視野遼闊的瞭望臺。最後你會經由巨大的那巴泰修道院（Nabatean Monastery）遺址的「後門」，終於來到佩特拉古城。

行前須知：

- 歷史關鍵時刻：公元前 100 年～公元 100 年，佩特拉古城最興旺時期
- 距離與費時：45 公里；4~6 天
- 難度：輕鬆／中等──地勢崎嶇，夜裡只能露營
- 最佳月份：2~4 月，10~12 月
- 重點叮嚀：穿越多石沙漠時，要穿上夠結實的鞋

---

99 阿克森北石柱群遺址
Aksum Northern Stelae Field

衣索比亞

在阿克森帝國的遺跡中來場短程的漫遊吧。建造於公元 300~500 年間的這片石柱群，時至今日只剩 120 根精心雕琢過的灰花崗岩方尖碑（obelisk）；沒有人知道，當初阿克森帝國為什麼要建造這些方尖碑。

100 伊拉哈山隘

Ihlara Gorge

土耳其，卡帕多恰（Cappadocia）

　　卡帕多恰給人的感覺，就像是童話裡才有的地方；至少對 14 世紀時第一批來到此處山洞避難的使徒來說，這種也許旁人看來有點怪異、到處是蜂蜜色軟凝灰岩（tuff rock）的景觀的確給了他們夢幻般的感受，所以使徒們就在位於地下的教堂裡繼續宣揚基督教。從伊哈拉到塞利姆（Selime）、沿著伊哈拉谷地的深紅色岩牆走的這條 16 公里步道，可以說是一堂既豐富又怪異的地質課、植物課和動物課（從獵鷹到青蛙），更充滿了拜占庭的幕後故事。路途中，你還會走下約莫 360 級石階，造訪一間又一間的地下教堂，雖然有些已經年久失修，但也還有不少至今看來仍然很生動的古代壁畫。

101 聖奧古斯丁步道

San Agustin Trail

哥倫比亞南部

　　聖奧古斯丁的古代聚落到底對當地文明起過什麼作用，至今還難有定論。我們只知道，這地方在公元 100~800 年間十分繁榮，留給後代大量墓塚、墓碑，以及奇形怪狀的石雕；而這一切，都零零散散地分佈在安地斯山脈的東邊山麓。只要在聖奧古斯丁考古公園（San Agustín Archaeological Park）裡走上一遭，你就會邂逅這一百多件詭異的雕塑品；主步道之外還有不少副步道，比如：走個 3 公里小徑到查奇拉（La Chaquira），就能俯瞰馬達雷納河谷（Magdalena Valley）的瑰麗景色；走個 8 公里到皮洛塔（La Pelota），就能欣賞到全由大自然上色妝點的石雕。

102 長城步道
Great Wall walk

中國

{ 只需走過長城某些坍毀的小區域，
就感受得到它曾經是多麼龐大的
防禦工事。 }

先來段免責聲明：走過整座長城是不可能的事。為什麼？因為沒有人能確定哪兒還有沒被發現的區段。長城不是一大道城牆，而是許多許多道城牆的總稱，是好幾個朝代前後花了兩千年，這裡一段、那裡一段築造起來阻擋「蠻族」從國境北方入侵的防禦工事，打從戰國時期就開始興建，一直到 17 世紀的明朝才算告一段落。

照理說，長城的總長應該有 5,000 公里左右，但這並不是實際丈量的結果，而是源自它的暱稱：萬里長城。古代中國的一里約當今日的半公里，所以呢，「萬里」也就應該有 5,000 公里長才名副其實。

不過呢，因為打從它被稱為「萬里」長城後，各朝各代還都在不斷加建，所以，2012 年時，在一場為期五年的仔細堪測之後，中國的國家文物局（State Administration of Cultural Heritage）宣稱，長城其實不只萬里，實際上有 21,196.18 公里長。但也有人認為這個數字有灌水之嫌，因為有些後來新築的長城只是直接蓋在舊址上，文物局的測量卻計算了兩次（譯按：中國國家文物局的官方說法是「歷代」長城總長度——但確實還是有玩文字遊戲之嫌）；另外，有些獨立存在的防禦工事其實和長城無關——所以不能硬說是長城的一部分——但也都被國家文物局納入計算。

不過，也許你只需要知道長城真的很長，非常之長，從很西邊很西邊的嘉峪關一直到渤海邊的山海關。一開始只是堆起土石當屏障，當然還能存留到今天的已經少得可憐；如今還看得出來城牆面貌的長城主體（也並沒有多長），幾乎都是明朝的

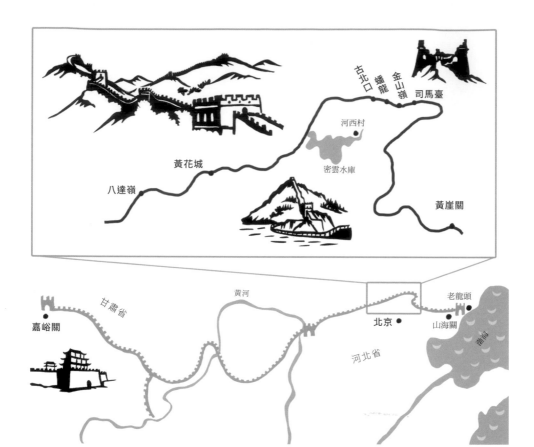

土木工程大師建造的，由於必須加蓋標誌性的瞭望塔——兼有傳遞訊息與儲藏軍備的功能，在整個明朝時期（公元 1368~1644 年），這些土木工程大師便以耐久石材陸續堆疊起高達 8 公尺、寬達 7 公尺的超大牆體，每座瞭望塔還都設置了兩處射箭孔，禦敵時才能面面俱到。

　　真正能走完（或說宣稱走完）整條長城的人少之又少，但那不應該是你的目標，選擇其中一段來走才是明智之舉。某些保存良好的牆段距離北京很近，比如八達嶺，從北京往北走個 69 公里就到了，所以是最熱門、遊人也最多的牆段，經過改建，看起來簡直有點像主題公園；但不管怎麼看，從壯闊的灰色城牆一直到走過綠色森林山丘的這個蜿蜒路段，總之就是讓人印象深刻。

　　對你而言，說不定金山嶺到司馬臺這一段（北京北方 110 公里）更好，全程只有 11 公里，都是真正沒經過重建的坍壞石

對頁：蜿蜒綿長的中國萬里長城，任何季節到此一遊都會讓你嘆為觀止。

牆，還殘留著東一片、西一片的牆垣和橢圓形的瞭望塔，雖然走起來既陡峭又崎嶇，但只要穿著恰常、注意腳下，人人都應該能在 3 小時內走完這段步道。要不然，也可以選擇人跡較少的黃花城段（北京上方 60 公里），這條城牆已大多崩毀但並不是很荒蕪的 12 公里步道，是從黃樺路（Huanghua Road）走到第八個瞭望臺。

如果想走得再遠一點也可以，比如雖然殘破但氣氛很好的古北口到蟠龍這一段。每走一段，都可以到河西村住上一晚，隔天再走另一段。

想看一眼長城的起點也行。從山海關到老龍頭只有 4 公里，總之就是走到長城入海處，當然也是最東邊。

再不然，跑一趟西邊的甘肅省也是不錯的選擇，景觀與其說中國風，還不如說是中亞風，因為這裡是很多說土耳其話的維吾爾族人聚居之處。逛逛長城西邊重鎮嘉峪關——號稱「天下第一雄關」（Impregnable Defile Under Heaven）——的城樓，佇立其上，你可以看見逐漸往內地擴張的沙漠，以及讓中國皇帝惴惴不安了兩千年、只想將其阻擋在長城外的，所有令人畏懼的未知事物。

103 靈渠步道
Ling Canal

中國，桂林

靈渠是世界上最古老的運河之一，而且遠在公元前 214 年的秦朝就已築成（步道只佔堤邊的一部分）；現今運河邊的步道上都鋪了石板，很有古中國的風味。

104 奧林帕斯山步道
Mount Olympus

希臘，馬其頓省（Macedonia）

{
與古代希臘神祇比肩，
佇立於蘊育許多神話的奧林帕斯山頂
──真正的神之國度。
}

行前須知：

- 歷史關鍵時刻：公元前 500 年～前 300 年，希臘古典時代（Classical era）
- 距離與費時：22 公里；2~3 天
- 難度：中等／費力──地處偏遠，天氣變幻無常，懸崖險峻
- 最佳月份：6-10 月
- 重點叮嚀：避難所（旅舍）應該及早預訂

　　奧林帕斯山可不是什麼阿貓阿狗山──這座聳立於愛琴海（Aegean Sea）中、海拔 2,917 公尺的山峰，可是傳說中古希臘神祇的家園。根據神話所述，打從公元前 1680 年左右起，眾神就住在山頂上了，起因則是宙斯（Zeus）和另外十一位年輕的神祇決定起身對抗老一輩的泰坦（Titan）神族；那時泰坦族由克羅諾斯（Kronos）領導、居住於低矮一些的奧特律斯山（Mount Othrys）中，統治著眾神。慘烈的戰爭持續多年後，宙斯和祂的夥伴才終於獲得勝利，並把王座擺在奧林帕斯的主峰米蒂卡斯（Mytikas）上；在這兒，一同對抗泰坦神族的「十二神」（Dodekatheon）──也就是「奧林帕斯十二神」，包括波賽頓（Poseidon，海神）、阿芙蘿黛蒂（Aphrodite，愛神）、赫拉（Hera，天后）──都各有各的宮殿，成天享用醇酒美食，忙著結交其他神族朋友，再決定終日辛勞的渺小凡人可以有什麼樣的人生。

　　故事本身很有趣，而且是古往今來最偉大文明之一的遺產。在最繁盛的公元前 500～前 300 年間──如今我們稱之為「希臘古典時代」──這個文明誕生了我們難以超越的藝術、建築、文學與數學偉人，諸如希波克拉底（Hippocrates）與蘇格拉底（Socrates）、亞里斯多德（Aristotle）與柏拉圖（Plato）；正是因為這些賢哲在那兩個世紀中的創作、發明與突破，今天的我們，才會認為古希臘是西方文明的開創者。

　　時移事往，今日的奧林帕斯山與其說是神祇的家園，恐怕還更像是徒步者的天堂。包圍著這座希臘最高峰的，是稠密的綠

上圖：奧林帕斯山是希臘最高峰，據說也是眾神的家園。

林、怒放的野花組成的彩毯，光是植物就超過 1,700 種，佔全希臘植物品類的四分之一，野生動物也不少：狼、豺、狐狸、金鷹之外，還有翩然飛舞的無數蝴蝶；這一切，你全都能在奧林帕斯國家公園（Mount Olympus National Park）中尋訪得到。然而，真正的酬報還是駐足山巔、與遠古眾神同在──雖然只是心靈上的同在。

順著環山步道一路往上，應該 2~3 天內就能登頂。你可以先前往位於山峰東邊、不大可能讓你驚豔的利托霍羅（Litohoro），再從這兒搭計程車到 18 公里外的普利歐尼亞（Prionia，海拔 1,040 公尺），這個風景優美的林中登山小站，一抬眼就能看見令人

望而生畏的陡峭懸崖。山路以順時鐘方向往上盤升，你會先經過山毛櫸與南歐黑松（black pine）的林地，順便欣賞馬若隆哥斯深谷（Mavrolongos ravine）的絕美景色，約莫 3 小時後，應該就會抵達 A 休憩點（Refuge A），不但可以飽餐一頓熱食、烤烤身子，還有一張好床和滿天星斗在這兒等待著你。

隔天不妨起個大早，瞧瞧愛琴海波光璀璨的日出美景，讓新的一天有個完美的起點。中午時分，這座山峰通常不是雲霧繚繞就是雷鳴電閃，最安全的走法是先到會讓你頭昏眼花、雙腿虛浮的卡基史卡拉谷（Kaki Skala valley），再接著走前往峰頂的山脊。一般來說，從 A 休憩點出發後約莫兩個小時，你大概就可以來到奧林帕斯山最高峰的米蒂卡斯了；不過，你大概會有點兒失望──放眼望去，你只會在巨石之間看到一面旗幟和神話中萬神殿所在的對應點，而不是一座古奧林帕斯城堡。

你可以就從這兒原路下山，但想來趟環山行的人也有別的選項。取道羅基峽谷（Loúki Couloir），有點像是踏向稀薄的大氣之中，下到形貌駭人的斯特凡尼峰（Stefani，號稱「宙斯的御座」〔Throne of Zeus〕），再傍貼著冥想高原（Plateau of the Muses）走，來到名為 Giosos Apostolidis 的休憩站（2.5 小時左右），你可以就在這兒過夜、多給自己一天與眾神同在的時光，當然也可以打起精神、一口氣走到步道的終點迪阿卡拉霍西（Dhiakladhosi）；不過這段路有 11 公里長，途中還會經過斯庫爾塔（Skourta）綠油油的草丘。從這兒起，你就會再遇上樹木和野花──也從此返回凡人的世界。

105 基達帕萬步道
Kidapawan Trail

菲律賓，阿波火山
（Mount Apo）

巴戈博（Bagobos）人相信，菲律賓第一高峰阿波火山（海拔 2,954 公尺）上住著許多神祇；走完整條步道，也就是登上山頂──途中有湖泊、間歇噴泉、充滿異國情調的植物──約須 3 天。

106 阿芙蘿黛蒂步道
Aphrodite Trail

賽浦勒斯，亞卡馬斯半島（Akamas Peninsula）

　　全長 8 公里的阿芙蘿黛蒂步道，沒錯，就是根據傳說中的神話人物阿芙蘿黛蒂——希臘神話中代表愛情、美麗與性慾的女神——和她的情人阿多尼斯（Adonis）走過的道路而設定的。根據希臘神話，阿芙蘿黛蒂不但就在賽浦勒斯外的海浪泡沫中誕生，後來也再回到亞卡馬斯半島西邊的一個浴池裡為自己淨身。步道就從這個傳說中的浴池上方走起，穿行於岩塊與野生灌木叢之間，走到位在皇后城堡（Pyrgos tis Regainas）的中古時代修道院遺址後，便轉往更高一些、但同樣滿佈岩塊的高原；從高原上望去，阿納奧提斯角（Cape Arnaoutis）與帕福斯森林（Paphos Forest）組成的美景，確實很能與這位女神的華麗傳說相得益彰。對你來說，這也會是一條浪漫的步道。

107 阿貢火山步道
Mount Agung

印尼，峇里島（Bali）

　　印度教（Hinduism）傳到印尼時，是公元 600 年間，這也意味著——如果你相信傳說——阿貢火山也是在那時誕生的。根據傳說，這座海拔 3,148 公尺的層狀火山，是從須彌山（Mount Meru，宇宙的中心）分裂出來，被世上第一個印度人（Hindus）帶到峇里島上來的。島上最大、信徒也最多的廟宇百沙基廟（Pura Besakih），就蓋在阿貢火山 914 公尺的邊坡上，既是印度教的聖地之一，也是這條充滿挑戰性的 5 小時登頂步道的起點。大多數步行者都會半夜就出發，好在日出前便能抵達山頂，趁著曙光初露時俯瞰整座峇里島。

108 阿馬托拉步道
Amathole Trail

南非，東開普省（Eastern Cape）

> 前往科薩人（Xhosa）的主要聚居地，
> 走在瀑布、野花之間，說不定還會碰上
> 一兩個哈比人（hobbit）。

行前須知：

- 歷史關鍵時刻：公元 100~500 年，科薩人由非洲中部遷往南部的時間
- 距離與費時：100 公里；6 天
- 難度：中等／費力——多山地帶，必須自給自足
- 最佳月份：3-5 月，9-11 月
- 重點叮嚀：路途中的小屋都是空屋，必須自備睡袋、烹煮工具和食物

右圖：踏上阿馬托拉步道，從皮里森林一直走到霍格斯巴克的童話村。

大致說來，阿馬托拉步道都會名列「南非最難走的步道」之一。起點就在傳教士於威廉王城（King William's Town）興建的聚落附近，終點則是位於霍格斯巴克（Hogsback）的一座童話村，不但海拔高達 1,300 公尺，苔綠處處的景致更好像是從電影《魔戒》中搬移出來的；在起點與終點之間，你得在一堆山丘、嶺脊、原生森林和數不清的瀑布間爬上爬下。只不過，在現代徒步者看來或許崎嶇難行的這條步道，千年以來卻已不知道有多少科薩人往來其上。

科薩人是恩古尼（Nguni）移民的一支，兩千年前就已經在非洲中部到南部間放牧牲口；19 世紀殖民者與科薩人的爭戰中，威廉王城本來是座軍事基地，現今更有一座很棒的博物館；另外，路途中也可以瞧見科薩茅屋（rondavels，圓形茅草小屋）與放牧的牛群。

步道從物種繁多的皮里森林（Pirie Forest）開始走起，經過巨大的平緩土丘和年代久遠的鋸木廠遺址，然後沿著一座山谷的邊脊走，再從翁鬱樹蔭走進滿是灌木叢、野花的草地，途中還會經過幾處瀑布。從結舉峰（Geju Peak，海拔 1,850 公尺）上望去，阿馬托拉山脈（Amathole Range）盡入眼簾，接著，步道下到一處峽谷之後，就會再度往上攀爬，但在抵達霍格斯巴克山脈（Hogsback Mountains）奇妙的森林地帶之前，會先經過一些水池和小瀑布（不少處都可以沖涼）。托爾金（J.R.R. Tolkien，譯註：《魔戒》一書的作者）確實有來過這個地方，你也真的會有每棵樹後都躲著哈比人的感覺。

109 海灘行者步道
Strandloper Trail

南非，東開普省

打算來走這條步道的人，一定得先知道 Strandloper 的意思——這是南非公用荷蘭語，指的是「海灘行者」（Beach Walkers）；最初是荷蘭移民用來稱呼南非原民庫伊人（Khoi people）中的某個族群。早在荷蘭人踏上南非之前，庫伊人就在這兒捕魚、採集維生了。全長 59 公里、必須走上 4 天的海灘行者步道，正好穿過庫伊人居住地的心臟地帶，從開茅斯（Kei Mouth）市中心一直走到古努比（Gonubie）的小鎮，路途中有高聳的懸崖、鳥類繁多的森林、很有挑戰性的海岬、海邊的小村莊，以及時而可見海豚身影的巨浪。這一帶的近海常見失事的沉船（包括一艘 1593 年時失蹤、後來在這兒發現的葡萄牙大帆船）；除此之外，還有東一處、西一處的古代貝塚——沒錯，正是幾百年前在這兒生活的海灘行者和狩獵—採集者丟棄的廚餘。

110 托布卡勒峰環行
Toubkal Circuit

摩洛哥，高亞特拉斯山脈（High Atlas Mountains）

{ 深入柏柏爾人（Berber）的領域，
一探北非最高峰。 }

行前須知：

- 歷史關鍵時刻：公元前 1300 年～前 200 年（柏柏爾人來到此地的時間）
- 距離與費時：72 公里；4-6 天
- 難度：中等／費力——炎熱，高海拔
- 最佳月份：4-5 月，9 月
- 重點叮嚀：冬季（11-2 月）也還可以攀爬，但一定要穿釘鞋、帶冰斧

海拔 4,167 公尺的托布卡勒峰，不但是摩洛哥亞特拉斯山脈的主峰，也是北非第一高峰。根據官方說法，要到很近代的 1923 年 6 月，熱愛冒險的法國人里內・德・瑟貢札克侯爵（Marquis René de Segonzac）才首度成功攀登峰頂；然而，很難讓人相信在他之前沒有別人登上過托布卡勒峰頂。

位處大西洋與埃及間的馬格雷布（Maghreb），一萬多年來始終是游牧民族的家園，由於撒哈拉的沙漠化，游牧民族只好不斷往北移；而大多被稱為柏柏爾人的阿馬茲格人（Amazigh），毫無疑問，公元前 1300 年就已經來到這個地區了。個性強悍獨立、很能自力更生的柏柏爾人討厭外來的管控，更不把山脈和沙漠的險阻看在眼裡；因此，雖然不是全無可能，但要說 1923 年前柏柏爾人從來沒登上托布卡勒峰，還是不大可能。

攀上這座山峰再環行一圈，除了像是考察峰頂，也是一場柏柏爾人文化的深入探索。起點是位於馬拉喀什（Marrakech）南方 60 公里、伊姆利勒谷（Imlil Valley）裡的高地山莊。此處本來就是農民的家，所以有很多傳統柏柏爾房舍、胡桃樹、櫻桃樹，如今又新添了旅遊產業；在山莊的主街上，你可以找到供應薄荷茶給穿著防水風衣的徒步者的咖啡館、販賣食物和衛生紙的商家，及遊客資訊中心（Bureau des Guides），大概還會遇上拉生意的趕驟人，極力說服你僱用牲口載運行李。此外，伊姆利勒還有托布卡勒的卡斯巴古堡（Kasbah du Toubkal）——以前確實是座城堡，但如今已是如假包換的高檔旅館。

你得先在伊姆利勒僱個導遊，再以順時鐘方向往東邊開始環

對頁：僱個導遊，讓他帶引你登上有著角錐形標誌的托布卡勒峰頂。

馬拉喀什

Tizi n'Tamatert隘口

塔徹切蒂爾特

伊姆利勒

Tizi Likemt隘口

Ouarzane山谷

阿濟布塔門濟夫特

尼爾特保護區

▲ 托布卡勒峰

塔祖哈特高原

Tizi n'Ouanoums隘口

伊夫尼湖

安索瑟提

行。第一個你會碰上的挑戰，是得曲曲折折地沿著一條極長的山路，攀爬到海拔 2,286 公尺的 Tizi n'Tamatert 隘口，途中會經過一塊小臺地和幾間泥磚屋。隘口的風景很有看頭，你可以越過山脊和平整的原野望見塔徹切蒂爾特（Tacheddirt）的村莊。隘口有間休憩小屋，但你也可以就近搭營夜宿。

接下來的那幾天路程，就都狂放又美妙了。首先是踩著山谷的草地前進到海拔 3,554 公尺的 Tizi Likemt 隘口，然後會經過幾個緊貼著山邊斜坡的柏柏爾小村、零星的放牧人遮風避雨的小屋（azibs），以及少數叫賣溫汽水的在地人。如果你很有冒險犯難的精神（又或者純粹只是受不了滿身泥濘），阿濟布塔門濟夫特（Azib Tamenzift）這地方就有條小路，會帶領你到一個被瀑布傾瀉而下的冰水所注滿的池子。

從安索瑟提（Amsouzerte）的隱密山谷小村起，步道就轉向西行，往伊夫尼湖（Lac d'Ifni）而去。接下來的這段步道，一路和有著灌溉渠道、與貧瘠陡坡和火山岩塊恰成強烈對比的整潔臺地並行；你會先經過一座清真寺和盼你光顧的咖啡店，才終於抵達湖邊一處可以紮營的小湖灘。

111 莫貢古地塊環行
M'Goun Massif Circuit

摩洛哥

花個四或五天，一邊欣賞充滿柏柏爾文化的地景，一邊從艾特波哥梅茲（Aït Bougoumez）山谷走到海拔 4,071 公尺、北非第二高峰的杰貝勒莫貢（Jebel M'Goun）山。

現在，托布卡勒峰已經離你不遠了——雖然還隔著一個崎嶇難行的峽谷和三不五時就有亂石擋路的平野，而且，攀爬到海拔 3,663 公尺的 Tizi n'Ouanoums 隘口這段路途尤其艱辛；不過，只要來到尼爾特保護區（Neltner Refuge）——托布卡勒基地營——托布卡勒峰也就在眼前了。到了尼爾特就要早點歇息、睡個好覺，才能一大早就往北非屋頂邁進。大多數登山者愛走的南坳（South Col）路徑經常寒風刺骨，還得和碎石、大卵石搏鬥約莫 3 小時，才可能一睹那個角錐形的峰頂標誌；然而，不論從峰頂望向哪一邊，美景都會讓你覺得不虛此行。

你還得走回起點的伊姆利勒才算完成環行，但接下來就好走多了。雖然還是忽上忽下，但途中既有零星散佈的牧人小屋，也有不少被風吹得東倒西歪的刺柏（juniper），更可以隨時回首凝望托布卡勒峰的雄偉風姿，以及享受歐瓦札尼（Ouarzane）山谷和塔祖哈特高原（Tazughart Plateau）懸崖的美景。總的來說，這趟場景時而淒涼卻始終壯觀的環行雖然辛苦，卻也不難安排；另外，即使這片大地總讓人覺得還是個化外之地，但你一定體會得到，柏柏爾人確實有他們自己的生存之道。

112 珊瑚灣步道
Reef Bay Trail

美屬維京群島（Virgin Islands），聖約翰島（St John）

沿著位在深谷的 5 公里步道，一路走到海灘邊的糖廠遺址；途中還可以轉個小彎，順便看看古泰諾人（Taino，譯註：隸屬阿拉瓦克人〔Arawak〕，加勒比地區的主要原住民）留下的石雕。

113 曼科姆納多印第安人村落步道
Pueblos Mancomunados

墨西哥，奧薩卡省（Oaxaca Province）

曼科姆納多印第安人村落位於墨西哥奧薩卡省的森林高原上，總共八個小村，不但都坐落海拔 2,200 公尺高處，更以一條 100 公里的網絡式步道彼此聯結。這個村落群，是桀波特克（Zapotec）人的領域；而這個在地文明，是約莫公元前 700 ～前 500 年間突然興起的，而且一直持續到今日。游走於這個地區——接連成串的峽谷、洞穴、松林和瀑布讓人目不暇給——就有如為自己打了一扇體察舊時生活的窗戶。當你走在那鋸齒狀的山脊上時，記得找尋一下腳邊有無蘑菇，遠處是不是有蜘蛛猴（spider monkey）的形影；回到村子裡時，更別忘了來個墨西哥式蒸氣浴（temazcal），再塞幾塊玉米粉餅祭五臟廟、躺進搖晃的吊床、聆聽村裡的驢叫聲。

114 哈德良長城步道
Hadrian's Wall Path

英國，北英格蘭

> 到英國的長城上走一遭，瞧瞧兩千年前為了阻擋海灣中的野蠻人，羅馬皇帝哈德良打造了什麼樣的屏障。

行前須知：

- 歷史關鍵時刻：公元 122 年，哈德良長城起造時
- 距離與費時：135 公里；6~7 天
- 難度：輕鬆／中等——只有幾小段上、下坡路
- 最佳月份：5~10 月
- 重點叮嚀：別攀爬到磚石牆上行走

哈德良，是史家筆下的羅馬「五賢君」（Five Good Emperors）之一；給了他這個榮銜的更非閒雜人等，而是 1503 年時的義大利政治理論家馬基維利（Niccolò Machiavelli）。除了身為皇帝，哈德良同時也是精明的軍事策略家，更幾乎由東到西地走遍了他所統轄的每一塊土地；然而，他也是個人道主義者、藝術收藏家，以及建築愛好者（羅馬的「萬神廟」〔Pantheon〕就是他的手筆之一）。

總的來說，哈德良雖然只在位 21 年，也就是公元 117~138 年，對羅馬帝國來說卻是少見的穩定又和平的 21 年。

想要維持穩定和平，就不能不保衛邊境，因此哈德良來到了 Britannia（大不列顛的古拉丁文）。這個帝國的前哨基地，雖然羅馬早已在公元 43 年時就佔領了，但直到當時都還沒完全征服，尤其是大不列顛南方，更幾乎完全不受羅馬管控；那麼，北方的蠻族又該怎麼辦呢？多年來，帝國的軍團經常陷入當時的卡多尼亞人（Caledonian，古蘇格蘭人）發起的小規模戰爭之中，所以，哈德良一登帝位就決定不再征戰蘇格蘭高地；取而代之的，是在地面拉出一條真正的「防線」，既藉此畫出帝國的邊界，也築造了強大的防禦工事與哨站。有了這道圍牆，哈德良就能緊盯那些麻煩製造者皮克特族（Pict tribes）的動靜。

「哈德良長城」東起泰因河（River Tyne）與東海岸間比較狹窄的地段——如今新堡市（Newcastle）所在之處——西至索爾威河口灣（Solway Firth），兩地之間有許多或高或低的山丘，還有泰因谷（Tyne Valley）的嶙峋斷崖、光禿到幾近寸草不生的荒野、

上圖：哈德良建長城，是為了監看不受管轄的皮克特族。

綠油油的牧草地、波光瀲灩的湖泊、綻放的野花，以及野生動物群集的鹽沼（salt marsh）。他，可真是會挑景點啊。

興建之初，這道長城只能說是土石參半的擋牆；既是為了防禦之用，平均也只有 5 公尺高，大多地方都還得在城牆兩邊都挖個壕溝（vallum）。選擇興建在高地，也讓防守的軍隊可以居高臨下；因此，這道古路障如今不但是讓人「走入歷史」的步道，也從頭到尾——下接本寧山脈（Pennines）、上臨蘇格蘭，兩頭直抵海岸——都提供了良好的視野。尤其是位在黑石岩床（Whin Sill）、海拔 345 公尺的「擋風岩山」（Windshields Crags），更是絕佳的望野所在。

這道長城，當初是用 15,000 名軍士、花了六年多才建成的，還在重要地點蓋了 16 座碉堡。位在沃爾森（Wallsend）的賽格杜納羅馬碉堡（Segedunum Roman Fort），是這條如今緊隨哈德良邊

疆、總長 135 公里國家步道的最東端。後來費了很多心力才挖掘出來的賽格杜納碉堡，可以看出當年兵營所在與指揮官的居所，更看得見奢侈的羅馬浴池，以及一片往日的城牆。

然而，這不過是起點。雖說昔日的長城如今已多有崩壞，步道卻因羅馬軍團的遺韻而更添風采；焦點之一，便是華爾頓岩山（Walltown Crags）。這段跨坐於諾森伯蘭丘陵（Northumberland Hills）之上、高度只有 2 公尺的蜿蜒石牆，很像是中國萬里長城的低調版，上頭仍可見到兩座炮塔和兩座碉堡——當時每隔 1 英里就蓋上一座的小碉堡，既是軍事設施，也扮演著南北商旅往來的出入口。

保存良好的豪士戴德斯（Housesteads）碉堡——又名佛科維辛姆（Vercovicium）或（對羅馬人而言的）「好戰士之地」（Place of Good Fighters）——至今仍維持著碉堡的外觀，糧倉與公廁也都還能辨識，這一帶的城牆也特別壯觀，有如盤踞於青翠山脊、遊身於羊群中的龍背；位於博多史沃（Birdoswald）的要塞，更不只在貢獻壯闊的美景上扮演要角，如果你正需要稍作歇息，它也是個很方便的好地方。小而美的廢墟也所在多有，愈是在這條步道上走得遠，你就會愈明白，一路上你所見到的綠地、土丘和溝渠，很可能都不是大自然的手筆，而是人類遺留下來的古代土木工程。

就算沒有路途上的美景，這樣一道已列入世界遺產的綿長建築也難得一見；因此，步行者一定要放輕腳步、遵守規定——比如說，整條步道中只有一處是准許走在城牆上的。如果大家都能珍惜，也許哈德良長城還可以讓人走上兩千年。

115 赫爾曼高地步道
Hermannshöhen Trail

德國

這條總長 226 公里、途中得穿越條頓堡森林（Teutoburg Forest）的步道，起自萊因（Rheine），止於馬爾斯貝格（Marsberg）。一路上，你會彷如走入公元 9 年時日耳曼人大勝羅馬軍團的那段時光。

116 古炮臺步道
Fort Ancient

美國，俄亥俄州（Ohio）

步道本身並不長，卻能帶領你走一圈美國原民蓋在廣闊山丘上的土木工程——打造這個古炮臺的，是公元前 100 年～公元 500 年間的霍普韋爾人（Hopewell people）。

117 九龍溪勝景步道
Nine Dragon Stream Scenic Area

中國，德夯（Dehang）

漫步於充滿詩歌風味的鄉間美景中，盡情品嘗已在這兒生活了兩千年左右的苗人文化；別忘了多花個一小時，到流沙瀑布的背後走一遭。

118 西臺步道群
Hittite Trails

土耳其，楚侖（Corum）

由 17 條步道組成，總長 385 公里，連結了博阿茲柯伊－哈圖沙（Bogazkoy-Hattusa）、阿拉伽土丘（Alacahoyuk）和沙披努瓦（Sapinuva）。每一條都是公元前 1600 年時土耳其的超級強權古西臺人（Hittites）和他們的篷車走過的道路。

119 海濱大道
The Corniche

埃及，亞歷山卓（Alexandria）

漫步在這條 26 公里長的海濱區步道上時，請記得，它所懷抱的可是古代世界第二重要的城市——亞歷山卓曾是法洛斯燈塔（Pharos lighthouse）和「大圖書館」（Great Library）所在地，以及「埃及豔后」克麗奧佩脫拉（Cleopatra）的居所。

120 利西亞之路
Lycian Way

南土耳其

　　全長 540 公里的「利西亞之路」，雖說是 1999 年才頒佈的第一條土耳其官方步道，然而，步道的由來可早得多。早在公元前 3000 年時，重民主卻又好鬥成性的利西亞人就已經在提基亞半島（Tekke Peninsula）上生活和經商了。亞歷山大大帝征伐到這地方時，是公元前 334 年的事；而今的徒步者，跟循的就是他的人馬和騾子走過的道途，外加羅馬統治者後來增闢的新路。走在起於歐魯旦尼斯（Oludeniz）、止於安塔利亞（Antalya）的利西亞之路時，你經常會遇上嶙峋的懸崖、蔚藍的海岸，也往往就在長角豆、草莓和刺柏樹林裡納涼；有時，你也會碰到躲藏在隱蔽處的歷史遺跡，也許是羅馬時代的廢墟，也可能是拜占庭時的修道院、陷沒的城市，或者利西亞人的古墳。

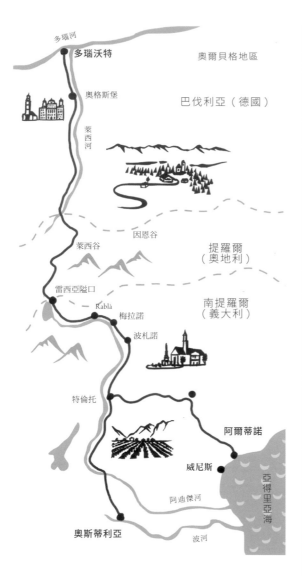

多瑙河

多瑙沃特

奧格斯堡

萊西河

奧爾貝格地區

巴伐利亞（德國）

因恩谷

萊西谷

提羅爾
（奧地利）

雷西亞隘口

Rablà

梅拉諾

波札諾

南提羅爾
（義大利）

特倫托

阿爾蒂諾

威尼斯

亞得里亞海

阿迪傑河

奧斯蒂利亞

波河

右圖：踏上克勞迪亞・奧古斯塔之路，探索阿爾卑斯山脈的羅馬人行跡。

121 克勞迪亞‧奧古斯塔之路
Via Claudia Augusta

德國、奧地利與義大利

{ 跟隨羅馬軍團的步履，走過提羅爾（Tyrol），走過阿爾卑斯，再走過巴伐利亞（Bavaria）。 }

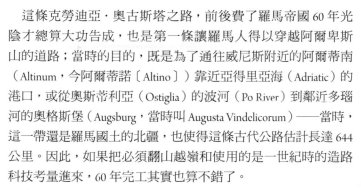

　　這條克勞迪亞‧奧古斯塔之路，前後費了羅馬帝國60年光陰才總算大功告成，也是第一條讓羅馬人得以穿越阿爾卑斯山的道路；當時的目的，既是為了通往威尼斯附近的阿爾蒂南（Altinum，今阿爾蒂諾〔Altino〕）靠近亞得里亞海（Adriatic）的港口，或從奧斯蒂利亞（Ostiglia）的波河（Po River）到鄰近多瑙河的奧格斯堡（Augsburg，當時叫 Augusta Vindelicorum）——當時，這一帶還是羅馬國土的北疆，也使得這條古代公路估計長達644公里。因此，如果把必須翻山越嶺和使用的是一世紀時的造路科技考量進來，60年完工其實也算不錯了。

　　真正讓義大利人深感不解的，是在拉布拉（Rablà）和切西奧馬喬里（Cesiomaggiore）發現的兩塊罕見的羅馬里程碑。兩塊紀念碑都記載了克勞迪亞‧奧古斯塔之路的種種資訊：它的名字，它的長度，何時完工（公元46~47年），以及竣工者是誰。唯一的不同之處在於，兩塊紀念碑刻上的終點不一樣。然而，歷史學家確實也都同意，此路北起特倫托（Trento），途經南提羅爾（以及美麗的波爾察諾〔Bolzano〕和美拉諾〔Merano〕），越過海拔1,504公尺的雷西亞隘口（Resia Pass），再進入奧地利綠意遍地、山丘起伏的列赫（Lech）和因恩（Inn）山谷，最後來到多瑙河畔的巴伐利亞城市多瑙沃特（Donauwörth）。

　　羅馬人幾乎靠雙腳行遍天下，所以每隔一日行程就設有休息站；今日的徒步者也可以分成29天，每天走個4-6小時，既可悠遊於美景中，又能從容地接受文化薰陶，包括祥和平靜的奧爾貝格（Auerberg）地區（打從羅馬時期就有人居）、雪景蒼茫的提羅爾，以及葡萄園漫山遍野的阿迪及（Adige）河流域。

行前須知：

- 歷史關鍵時刻：公元46-47年，克勞迪亞‧奧古斯塔完成築路工程
- 距離與費時：600公里；29天
- 難度：輕鬆／中等——地勢多樣
- 最佳月份：5-10月
- 重點叮嚀：南提羅爾區講德語和義大利語，大多數地方都有兩個名字（一是德文，一是義大利文）

---

122 孔林步道
Confucius Forest

中國，曲阜（Qufu）

走訪中國哲人孔夫子的故鄉，只要花個20分鐘，你就能從祭祀他的孔廟走到公元前479年時他下葬的墓園。

123 卡拉什谷
Kalasha Valleys

巴基斯坦，契特拉區
（Chitral）

在北巴基斯坦契特拉區的偏遠山谷中，住著沒多少人聽說過的卡拉什（Kalasha）族人；而這些白皮膚、金頭髮的谷民，據說是公元前4世紀、亞歷山大大帝率軍越過興都庫什（Hindu Kush）山脈時，軍中士兵所留下的子孫。只要兩天時光，你就能從巴崔克（Batrik）走到巴拉格魯（Balaguru）；全程雖只有11公里，但你得越過唐森隘口（Donson Pass），才走得到邦波里特（Bumboret）和侖布（Rumbur）的卡拉什谷。半路上，你會經過幾處雪松林和牧草地，更能遠眺提里赤米爾峰（Tirich Mir）和諾沙克峰（Noshaq）的雪白峰頂，當然也會造訪神祕的卡拉什人的居所。

124 佩達斯步道
Peddars Way

英國，英格蘭，諾福克

公元60~61年間，堪稱早期女權典範的布狄卡女王（Queen Boudicca，古艾西尼〔Iceni〕部落的統治者），奮勇領導族人對抗侵佔她領地的羅馬人；雖然最後她還是打了敗仗，但仍然把羅馬皇帝嚇出一身冷汗，趕緊開闢了一條直通艾西尼地區的道路——他們得看緊這些造反者。這條道路，就是如今的佩達斯步道，全長74公里，起點是薩弗克郡（Suffolk）的奈提歇爾荒原（Knettishall Heath），終點在諾福克郡位於海岸的海前霍姆（Holme-next-the-Sea），一路都沒什麼高山陡坡，而且會經過河谷、荒野、少見的圓形冰河時代膨丘（pingo）池塘、一座諾曼（Norman）城堡，以及如今已荒無人煙的中世紀村莊。

---

125 加利安步道
Carian Trail

土耳其西南部

探索公元前1100年左右興起的加利安文明影跡，這條長達820公里的步道接山連海，四處可見古代廢墟和小而美的山村。

---

126 奧里略城牆步道
Aurelian Walls

義大利，羅馬

公元270年，奧里略皇帝（Emperor Aurelius）決定用壯觀的磚造城牆來保護羅馬城，便蓋了總長19公里的6.5公尺的高大圍牆。今天的你，不妨到羅馬來瞧瞧雖已傾覆大半，但依然讓人印象深刻的城牆遺跡。

127 亞壁古道
Via Appia

義大利，羅馬

公元前 250 年時，從羅馬通往布林迪西（Brindisi）港、近乎筆直的亞壁古道（羅馬最早的道路之一），全長有 560 公里。今天，這條古道路的前 16 公里路就由亞壁安提卡公園（Appia Antica Park）保護著，也很容易從義大利首都到此一遊，尤其是公園被劃為行人徒步區的星期天。根據官方版本，亞壁古道的起點是在卡佩納門（Porta Capena），行經奧里略城牆後，前往弗拉特基（Frattocchie，凱撒〔Julius Caesar〕先祖的定居地）；走在這條陳舊的玄武岩石鋪路上時，你會與羅馬宅第遺跡、引水渠、基督徒墓地擦身而過，也會瞧見主之行跡教堂（Domine Quo Vadis Church，譯註：相傳彼得〔Peter〕逃離羅馬時遇見耶穌，問祂「主，您往哪裡去？」〔Domine, Quo Vadis？〕），彼得宣稱遇見耶穌的地方，現今也作了標示。

---

129 沙賓丘步道
Sabine Hills

中義大利

沙賓丘曾是個聲名狼藉的地方，公元前 750 年羅馬人在此強搶許多古沙賓族女子為妻為妾。不過，這個地勢起伏有致的郊野卻很適合徒步者走個幾天，也出產醇酒與質優的橄欖油。

---

128 亞里斯多德步道
Aristotle's Walk

南希臘，哈爾基迪基
（Halkidiki）

從物理到戲劇，從動物學到走路的道理，偉大的希臘哲學家亞里斯多德什麼都探索。他是公元前 384 年出生的，出生地是史塔基拉（Stagira），很可能就在哈爾基迪基半島（Halkidiki Peninsula）思索出許多偉大的哲理。這條以亞里斯多德為名的 32 公里步道，走過的正是他年輕時終日所見的地景，以小港口奧林匹亞達（Olympiada）為起點，途中會經過古城史塔基拉的遺址——如今還可見古老房舍的斷垣殘壁和聚會場所（agora）。終點是史塔基拉的現代村莊，但在此之前，你會先通過長滿香草的小丘、栗子樹，更會望見波光瀲灩的愛琴海。

---

130 寇迪克拉皮爾步道
Col de Clapier Pass

法國與義大利

想追尋迦太基名將漢尼拔（Hannibal）的大象軍團足跡嗎？這條位在薩沃伊（Savoy）和皮厄蒙（Piedmont）間、全長只有 2,491 公尺的步道，很可能就是公元前 218 年漢尼拔進軍羅馬、越過阿爾卑斯山時走的。

131 內瓦赫─托多斯桑多斯步道
Nebaj-Todos Santos

瓜地馬拉,庫楚馬塔內斯山脈(Cuchumatanes Mountains)

如果你很希望品味真正的瓜地馬拉的馬雅人(Mayan)文化,就應該徒步橫越庫楚馬塔內斯山脈(Sierra de los Cuchumatanes)。這群山峰全都高聳入雲、迢遙難至,使得西班牙征服者幾乎不曾染指,就算後來天主教總算稍有成績,傳統馬雅文化仍保存得相當完好。一般費時 4 天的這條 58 公里步道,起自內瓦赫(Nebaj),止於托多斯桑多斯(Todos Santos,萬聖鎮),途中不乏蓊鬱森林、牧牛草地,以及幾乎寸草不生、地貌宛如外星球的高原(altiplano);你可以在民宿裡或村落車站和在地人寒暄幾句,同時,在攀登上海拔 3,870 公尺的拉托瑞峰(La Torre)──中美洲最高的非火山──時,一覽周遭讓你驚嘆連連的美景。

132 恆河源頭朝聖步道
Pilgrimage to the Source of the Ganges

印度，上阿坎德邦（Uttarakhand）

> 沿著印度人最崇敬的河流走，
> 深入喜瑪拉雅山脈。

印度教的起源眾說紛紜，然而，做為經典的《奧義書》——寫成於公元前 500 年——不但是印度教興起的關鍵，也推升了創造與毀滅之神濕婆（Shiva）的角色。濕婆是印度教三大主神之一，地位只在女神剛迦（Ganga，譯註：人格化後的恆河，亦稱「恆河女神」）之下；而剛迦——那時還是銀河女神——降下人間時，威力強大到足以淹沒整個國家，因此濕婆說服剛迦，請她先落到他的頭髮再流下人間，這才把威力無匹的銀河分成好多股不那麼強大的水流，而先落入喜馬拉雅山再流向大地的，就是恆河。對科學的信奉者來說，恆河的源頭分明就是喜馬拉雅山脈的干哥垂冰河（Gangotri Glacier），可不管他們怎麼說，印度教徒還是把走上干哥垂源頭當成朝聖之路。

步道起點位於干哥垂的市鎮（海拔 3,046 公尺）：朝聖者起程前都要參訪的剛迦聖地。先順著河流穿過一片森林，往更前方的山谷——遠遠就看得到五彩繽紛的餐館（dhabas）——邁進；接下來，步道會先經過恰巴沙（Chirbasa），再到波吉巴薩（Bhojbasa，譯註：「宴會之屋」），也就是山谷高處最西邊，這裡可以遠眺帕吉勒提群峰（Bhagirathi Peaks）。再往前走不久，也許你就會開始發現河流中有載浮載沉的冰塊，表示位在高穆克（Gaumukh，海拔 3,969 公尺）的冰河口鼻部已離你不遠；勇氣可嘉或信仰虔誠的徒步者會在此浸浸冰冷的河水。最後，你就會來到步道的終點塔博萬（Tapovan，海拔 4,463 公尺），站在由此聳入雲霄 6,543 公尺的西夫凌峰（Shivling Peak）——濕婆的陽具（lingam）——腳邊，親自向這位神祇致上敬意。

行前須知：
· 歷史關鍵時刻：公元前 500 年，《奧義書》（Upanishads）問世時
· 距離與費時：45 公里環行；4-5 天
· 難度：輕鬆／中等——高海拔
· 最佳月份：9-10 月，5~6 月
· 重點叮嚀：從烏塔卡希（Uttarkashi）開到十哥垂（Gangotri）的巴士，是從哈里德瓦（Haridwar）開過來的

對頁：跟隨神聖的剛迦，從干哥垂走到西夫凌峰。

133 艾格那田大道
Via Egnatia

阿爾巴尼亞、馬其頓共和國與希臘

古羅馬帝國酷愛築路，艾格那田大道便是那時的傑作之一，連結了當時濱臨亞得里亞海的都拉基烏姆（Dyrrachium，今阿爾巴尼亞的杜勒斯〔Durrës〕）和昔日大城拜占庭（Byzantium，今伊斯坦堡〔Istanbul〕）；這條古代公路如今還有部分路段存留（位在拉多茲達〔Radozda〕和卡瓦拉〔Kavala〕），雖然艾格那田大道的正確路徑已難以考證，但根據較可靠的推測，有心人已為徒步者制定出全長 475 公里、從杜勒斯穿越巴爾幹半島到塞薩洛尼基（Thessaloniki）的步道。路程確實迢遙得讓人吃不消，但回報你的卻是史詩級的旅途，包括奧赫里德湖（Lake Ohrid）、鄂圖曼城市佩今（Peqin）、希臘古城赫拉克利亞林克斯提斯（Heraclea Lyncestis），以及亞歷山大大帝的誕生地佩拉（Pella）；當然了，你也會與許多高山、深谷、山村和市場不期而遇。

---

134 安東尼步道
Antonine Way

英國，蘇格蘭

築成於公元 142 年的安東尼長城（Antonine Wall），為當時的羅馬帝國畫出最北疆；走在這條從博內斯（Bo'ness）到舊基爾帕特里克（Old Kilpatrick）的 60 公里步道上，你還能偶爾看見城牆的遺跡。

---

135 盧戈羅馬城牆步道
The Roman Walls of Lugo

西班牙，加里西亞（Galicia）

雖然只有約莫 2 公里長，卻擠滿了 71 座石堡；這道 13 世紀時就圍繞著盧戈的城牆，是至今為止世上保存最良好的羅馬城牆，甚至經得起我們在上頭悠哉行走。

---

136 羅馬道路
Roman Way

英國，英格蘭

全長 280 公里的這條三角形步道，三個尖頂分別是：牛津郡（Oxfordshire）的赤斯特頓（Chesterton）、格洛斯特郡（Gloucestershire）的西侖塞斯特（Cirencester）和罕布夏郡（Hampshire）有羅馬城牆的西爾切斯特（Silchester）。

---

137 泰山步道
Tai Shan

中國，山東省

根據民間傳說，如果你登上過海拔 1,545 公尺的泰山——中國最神聖的「五嶽」之首——峰頂，就可以長命百歲。不論傳言可不可信，一試無妨；但要知道，山路途中共有 6,660 階，走完全程大約要花 8 小時。

138 錫吉里耶步道
Sigiriya

斯里蘭卡，中央高地（Central Highlands）

　　當你凝望這個突出於叢林之外、高達 180 公尺、因岩漿灌注而形成的地標時，一定忍不住要敬佩卡薩伯王（King Kassapa，公元 477~495 年斯里蘭卡統治者），竟然決定在它上頭興建一座堡壘。從底下走到最上頭得經過 1,200 階石階，約 50~80 分鐘，才能真正站上「獅子岩」（Sigiriya）。步道起點是附屬於宮殿的巨礫庭園（Boulder Gardens），你得從這裡一階一階、曲曲折折而上，才能來到岩石雕成、名喚「鏡牆」（Mirror Wall）的藝廊；藉由現今的螺旋形鐵梯，你可以近距離地欣賞牆上那些兒童不宜的壁畫。最後的階梯會引領你通過「獅子門房」（Lion Gatehouse），有如巨大獅爪的岩石，既守護著最頂層的聖所，也給了你遠眺美景的好地方。

139 華山步道
Huashan

中國，陝西省

　　根據中國傳說，公元前 6 世紀時創立道教的老子，經常在華山之巔──海拔 2,154 公尺的華山南峰──講道。不管傳說是真是假，這座秦嶺中的巨無霸都是中國五嶽與道教聖山之一，即使山路很窄、山壁隨時可能崩塌、常有落石，千年來還是有很多人鼓勇登峰。傳統的登山路線是從玉泉院（Jade Spring Temple）出發，得先經過伶牙利齒的紀念品販售者和「山路十八彎」（Eighteen Bends）的考驗，才能來到北峰；上到北峰後，就順著蒼龍嶺（Green Dragon Ridge）環行其他四座尖峰。全程約需 8 小時，有懼高問題的人千萬別上山。

140 亞當峰步道
Adam's Peak

斯里蘭卡，中央高地

{
加入川流不息、懷著各種不同宗教
信仰的朝聖者，在午夜時分攀登到
神聖的足印地。
}

行前須知：

- 歷史關鍵時刻：公元前
  563～前483，佛陀的一生
- 距離與費時：7-11公里；
  單程3-7小時
- 難度：容易／中等——有
  些地方很陡峭，可能遇上
  壞天氣
- 最佳月份：12-5月初
- 重點叮嚀：頂峰可能寒冷
  又多風——千萬別穿太少

亞當峰（同時也叫聖足山〔Sri Pada〕）標高2,244公尺，是斯里蘭卡第五高峰，因為從葉綠林深的丘陵區（Hill Country）往上竄出，十分引人入勝，但登山的意義卻因人而異。對很多斯里蘭卡人來說，亞當峰既是名勝、也是最重要的朝聖目的地，峰頂那個長173公分、寬79公分大的凹痕——或說「足印」（神聖腳印），長久以來，始終賦予各種宗教的信仰者各取所需的意義。

根據印度教徒的說法，這個腳印是舞王濕婆神在祂曼妙絕倫的創世之舞中留下來的。基督徒則相信，按照推測，那是第一個把他們的宗教信仰帶到斯里蘭卡的聖湯瑪士（St Thomas）留下來的足跡。穆斯林（和許多猶太教徒與基督教徒）則認為，那是他們的先知亞當留下來的印記，他因為被逐出伊甸園而單腳站立此地1,000年。然而，沒有一種能比佛教徒的說法更震撼人心。

佛教徒說，那個腳印，是悉達多· 喬達摩（Siddhartha Gautama，後來的釋迦牟尼）在公元前5世紀第三度拜訪這個國家時留在這頂峰上的。另一個說法更驚人：左腳還踩在聖足山頂端的祂，跨出一大步，右腳就直接越過孟加拉灣（Bay of Bengal）到祂要去的泰國。

雖然不算長途的攀登，朝聖者還是得花上遠遠超過千年前的一個腳步才能登頂。第一個發現足印的人，據說是被放逐的國王帕拉克瑪巴忽（King Valagambahu，公元前104～前76），而且是被以雄鹿示現的神引導到那兒。從此上自貴族下至農民，還有傳奇的旅行家伊本·巴圖塔（Ibn Battuta）和馬可·波羅（Marco

Polo），都曾到這神聖的景點一遊。

攻頂的路線很多，以短程的 7 公里哈頓路線（Hatton Route）來說，是從距離首都可倫坡（Colombo）大約 150 公里的達霍西（Dalhousie）村莊一路往上。大多數的朝聖者選擇在清晨 3 點左右出發，如此就趕得上山頂的日出美景，可以看到緩緩昇起的朝陽，將雄偉山峰的影子投射在下方雲霧彌漫的平原上。就因為太多人都摸黑啟程，如今沿途都有路燈照明——從之前的燈籠到後來成串的電燈泡；不過，也只有在傳統的朝聖季節（12~5 月）期間，才會讓整條路線徹夜燈火通明。要是其他月份你還半夜上路，沿途可是一片漆黑，別忘了帶上照明器具。

剛開始攀登時，是先平緩溫和地通過一座茶園，再路經幾座佛教神殿，雖然進入野生動物自然保護區後，地形就愈來愈陡峭險峻，但這個路段也設有階梯和扶手欄杆。幸好，走累時你可以停下來稍事休息——路途中到處都有歇息處（madam）和整

可倫坡

哈頓路線

Seetha Gangula

達霍西

亞當峰（聖足山）

拉特納普勒路線

丘陵區

希里巴加馬

晚開放的茶舖，提供信徒大眾印度香料茶。這段路程通常人多擁擠，而且一路上迴盪著徒步者的吟誦和熱鬧哄哄的閒談，不但不會減損健行的樂趣，反倒更添興味。

最艱難的考驗就是「大攀岩」（Mahagiridamba），最後的向上奮進，不過它的最終高潮是──優美的景致和可以向為了供奉足印而設的小寺廟表達你衷心的敬意。初次攀登者或是朝聖者（當地人口中的 *kodu karayo*）應該帶一塊純白的碎布來，在禮拜之前將它覆蓋在足印之上。與此同時，朝聖者也要敲響兩口吊鐘的其中一座，讓神明知道你來過了。

想累積更多福報，就選擇更長也更具挑戰性的拉特納普勒路線（Ratnapura route，11公里），又稱為「經典」（Classic）或是「父親的路徑」（Father's Path），起點在拉特納普勒（Ratnapura）村附近的希里巴加馬（Siripagama）。這條荒野路徑一開始就很陡峭，必須先通過拔地參天、枝繁葉茂的林木，再進入彷彿戴著頭紗、滿是自在嬉鬧的蝴蝶和鳥兒的雲霧森林。你在這條路徑途中所遇到的崎嶇不平石階，有些甚至可以回溯到11世紀。記得，如果選擇了這條步道，你就得前後攀登七座高峰；是的，第七座頂峰就是雄偉莊嚴的聖足山本峰。

141 巴巴吉之洞
Babaji's Cave

印度，北阿坎德邦
（Uttarakhand）

有人說，上師巴巴吉（Guru Babaji）出生於公元 203 年；也有人說，他至今都還活在人間。不論真假，你都可以從庫庫奇納（Kukuchina）──據說他往昔傳授克里亞瑜伽（Kriya yoga）的地方──走 3 公里造訪這個山洞。

142 峨眉山
Emei Shan

中國，四川省

　　早在公元 1 世紀，峨眉山頂——海拔 3,099 公尺，中國四大佛教名山之一——就有了中國史上第一座佛教廟宇。如今，峨眉山頭的森林中、峭壁上已經足足有 30 座——有些年代非常久遠——各據一方的廟宇，更增添了信徒的攀登興致。從報國寺（Declare Nation Temple）往上，你會先經過萬年寺（Long Life Monastery）和洗象池（Elephant Bathing Pool），才能抵達最上方的金頂（Golden Summit Temple），全程大約 39 公里。下山時走的是另一條步道，其實差不了多少，但有人說比上山的路更有味道。如果打算徒步上、下山，最好給自己 3~4 天，夜宿時，當然也可以選擇條件普通但氛圍較好的寺院。

143 德馬溫峰步道
Mount Damavand

伊朗，阿勒布爾茲山脈（Alborz Mountains）

　　德馬溫峰是座休眠火山，也是伊朗最高峰，更是傳說中三頭龍的家——別擔心，直到世界末日到臨前牠都會被鏈鎖在這兒。這個傳說，源自已在伊朗創教 3,500 年、而且在公元前 600 年～650 年時還是波斯（Persia）國教的祆教（Zoroastrianism）；如果這頭巨龍沒來找你麻煩，只要花個 3~5 天，你就能從起點——位在德黑蘭（Tehran）東邊的賈登—沙爾（Gardeneh-Sar）——登上海拔 5,671 公尺的德馬溫峰頂。攀登德馬溫峰不需要有登山家的本事，但這樣的高度卻一定會讓你呼吸困難，你也得有和積雪奮戰的心理準備；不過，只要一登上峰頂，北方的叢林、德黑蘭雜亂的市容和裏海（Caspian Sea）的美景就全在眼前了。

144 金岩朝拜路線
Golden Rock Pilgrim Path

緬甸東南部

> 山頂上那閃閃發亮又見似搖搖欲墜
> 的大圓石，據說裡面存放著來自
> 佛陀的一根頭髮。

行前須知：

- 歷史關鍵時刻：公元前 563 ～ 前 483 年，佛陀的一生
- 距離：11 公里；4~5 小時
- 難度：中等——短程，陡峭
- 最佳月份：10-4 月
- 重點叮嚀：健行者的著裝必須謹慎，腳部和肩膀更不能裸露在外

佛陀就是有如此超自然的能力：只需一根頭髮，便可以阻止巨大圓石的墜落。在高度 1,100 公尺吉諦瑜山（Mount Kyaiktiyo）上，一顆巨大的、鍍金的石頭，在頂峰的邊緣晃盪，（據說）僅僅由峰頂寶塔裡的一根細髮絲，就能讓它達到這種完美的平衡。

這根頭髮，是 11 世紀時某名修道士帶來的，從那時起，朝聖者便開始成群結隊地來到這個動亂頻仍的危險地區。你可以自由選擇達到頂峰的路線，比方從位在半山腰的亞特埃陶恩格（Yathetaung）出發，雖然距離頂峰只有 1.6 公里遠，但路途上不斷有往來亞特埃陶恩格的卡車呼嘯而過。更傳統的選擇，是從欽榜村（Kinpun）出發、徒步 11 公里的朝聖路線。

這條路線不大可能走錯，一開始往山上走沒多久，你就會見到佛塔（神廟）、賣飲料和椰子的攤位，以及正在上山或下山、身著紅袍的僧侶和赤足行走的朝聖者。這是條費力、艱難的路線，然而慈悲的行道樹會在大部分的路段上提供你陰涼的遮陽處。路線回報給你的禮物，則包括一覽彷彿沒有盡頭似的、無限向前延伸的成簇小樹叢山丘合組而成的壯闊景色。

吉諦瑜峰上盡立著很多神廟，在朝聖季節的高峰季節（11~3 月），人潮只能用洶湧二字形容，既有幫人解惑釋疑的僧侶，更有前來上香祭拜、靜坐，供奉米飯等各式各樣的人群。男人可以過橋到達金岩處，甚至可以購買幾片金葉貼在閃亮的石頭表面，女人則必須停留在後方稍遠處。隨著黃昏到來，峰頂也會呈現一種特殊的氣氛——夕陽只存餘暉、暗黑夜幕漸降之時，在朝聖者和搖曳閃爍燭光之外，連綿起伏的峰巒更顯得韻味無窮。

右圖：依著朝聖者路線往上到吉諦瑜山，前往緬甸最神的佛教聖地之一。

吉諦瑜山／金岩

Kkin Mon川

亞特埃陶恩格

跋巳旅途

欽榜

145 巴拿威水稻梯田
Banaue Rice Terraces

菲律賓，呂宋島（Luzon）

悠哉行走於科迪勒拉山坡（cordilleras）
上，由伊富高（Ifugao）族人墾闢出來
的、充滿田園風味的層層梯田間。早在
兩千多年前，伊富高人就已經開始經營
這一大片梯田了。

146 埃爾米拉多步道
El Mirador

瓜地馬拉，馬雅自然生態保護區（Maya Biosphere Reserve）

{ 走入叢林深處，沿著稀疏散落於隱密城市間的步道向前行。 }

行前須知：
- 歷史關鍵時刻：公元前 300 年～ 150 年，馬雅前古典時代晚期
- 距離與費時：60 公里；5 天
- 難度：中等／費勁——偏遠，叢林地帶，潮濕
- 最佳月份：2-6 月
- 重點叮嚀：雇請一位合格的嚮導

談到瓜地馬拉，最能攫取人們注意力的就是提卡爾（Tikal）裡的馬雅古城了。馬雅文化在它出現後的 600~900 年間發展到顛峰，提卡爾更是古老中美洲文明（Mesoamerican civilisation）最有權勢的首都之一，也是馬雅砌石技術達到最高峰的代表階段，由此延伸的領域非常廣大，包括龐大的階梯金字塔、廣場、球場、神廟、墳墓和祭壇。如此宏偉的景觀與可直達遺址的觀光巴士相互結合，便意味著並不是只有你和巨嘴鳥（toucan）才能到此一遊。如今的提卡爾，根本就是個人山人海的風景名勝區。

但是，你還有別的選擇。在提卡爾躍升顯著地位之前的幾百年，另一座馬雅城埃爾米拉多也在北方繁榮壯大；黃金年代（公元前 300 年～ 150 年間）時的埃爾米拉多，領地更有提卡爾的兩倍大，居住人口很可能超過 10 萬人，72 公尺高的旦達（La Danta）金字塔則是這座城市的最重要地標。在整個馬雅文明期間，旦達金字塔都是最高的金字塔，然而，隨著時光的推移，昔日君臨天下的金字塔如今已然頹圮廢棄、漸漸地被叢林吞噬，直到 1930 年代才被飛行員「重新發現」。如今的它，謐靜地坐落隱蔽蔭翳的拉蒙果樹（ramón，譯註：一種飽食木，學名 *Brosimum alicastrum*）、桃花心木和雪松組成的天蓬下。目前僅有 20% 的遺址發掘出來，離重見天日還有一段漫長的路要走。

除非你租用直升機，否則造訪埃爾米拉多的唯一途徑就只有徒步。這是一段荒野的環行——為期 5 天，得經過蓬亂的藤本植物區、季節性沼澤區、令人討厭的車臣樹（chechen tree，汁液有毒），旅遊指南提到的野生動物還包括美洲豹和毒性很強的

對頁：深入瓜地馬拉叢林，探索「失落的城市」埃爾米拉多。

矛頭蝮（fer-de-lance snake）。氣候可能炎熱有濕氣，夜晚會感到寒冷或是非常潮濕，蟲子可能傾巢而出；然而，一旦你身處古老的馬雅文明之中，這也才是最切身且令人驚羨的方式。

卡梅利塔（Carmelita）是最多人選擇的步道起點。你可以在這兒僱請當地協力合作的正式導遊，還有趕騾人（arrieros）用馱獸幫你載運必需用品。必備品包括幾加侖的水、幾袋米、豆子罐頭、玉米粉、帳蓬設備和吊床等等。光是從這兒到所謂的佛羅里達（La Florida）遺址，就得走上 3 小時。這個遺址和提卡爾幾乎同樣古老，你可以在村裡見到有兩千年悠久歷史的陶器，而且晚上就在這裡搭營，靜心聆聽森林萬物合奏的小夜曲。

第二天的要務，是努力越過森林。在前往納克貝（Nakbé）途中，不妨尋找（或說傾聽）一下吼猴（howler monkey）的尖聲喊叫。當初就是因為埃爾米拉多位於斷崖邊緣，提供更有利的地理位置，納克貝這座城市才會被取而代之、逐漸荒廢。但如今的納克貝是一個迷人的探險之地，有著幾近土崩瓦解的階梯平臺、神廟、瓶狀的洞穴（chultún，有貯存的功能）。同時你也會發現馬雅文化中覆蓋灰泥的「白路」（sacbe），其中一條用作「緊急通道」的白路還突出地面好幾英尺，寬度更是超過 20 公尺。從「白路」再往前推進 12 公里，就會到達埃爾米拉多了。

只要沿著這條古老的白堊色的大路走，第二天你便會來到如今已灌木叢生的廢棄遺址，見到佈滿神殿、通道、巨大的頭部雕刻石像和位在高處的露天看臺。看過這一切後，再稍微往東走，就是旦達金字塔了。一般認為，這座金字塔的用途是舉行加冕典禮和特殊的宗教儀式。專家也估計，這種規模的金字塔約需耗費 1500 萬工作日的勞力才建造得起來。往上攀登到頂端時，不但很陡峻還危機四伏，但是，放眼麥廣無垠的叢林景觀，你就會不禁想問：到底還有多少「失落的城市」可能靜靜躺臥某處？

在為研究員搭建的住處（考古學家 5~9 月的雨季時的住處）附近搭營度過一夜後，第二天再走上 19 公里，就能來到庭達爾（El Tintal）了——再一次，又是沿著「緊急通道」前進。庭達爾是一座巨大的馬雅遺址，面積之大僅次於埃爾米拉多，不但有一座廣大的球場，由紅砂岩圓柱石（stela）搭建而成，還有一座 49 公尺高的金字塔。在隔天步行回到卡梅利塔享受文明生活之前，這裡，也是一個遙望夕陽最終沒入一片綠色海洋之下的最佳景點。

147 E4 步道克里特段
E4

希臘，克里特島（Crete）

起自庇里牛斯山的歐洲登山步道 E4，終點就在克里特島上。在這裡，E4 的最後一段 320 公里路橫貫了克里特島，讓你看遍它動人的海岸風情、嶙峋的山嶺，以及米諾人（Minoan）留下的遺跡。

148 魯文卓里山環行
Rwenzori Circuit

烏干達

托勒密（Ptolmey）在公元 150 年寫成的《地理學》（*Geographia*），是世上第一本指出尼羅河源頭位在盧尼山脈（Lunae Montes，托勒密取的名字）；雖然到底這山脈在哪裡他根本沒說清楚，卻令人信之不疑了好幾世紀。烏干達的魯文卓里山脈（傳說中的「月亮山」），由於山脈的冰河挹注了尼羅河盆地，所以始終排在候選名單的最上頭，也因而相當吸引徒步者。環行起點位於尼阿卡蘭吉加（Nyakalengija），全長 48 公里，一路走過湖泊、山峰、沼澤，以及一系列的氣候帶。總的來說，這是一段充滿巨大半邊蓮（lobelia）、濃密森林、疣猴（colobus monkey）和 290 種鳥類的旅程；但上路前，建議你僱個當地的嚮導和巴康荷（Bakonzo）族挑夫。

149 維森提納步道
Rota Vicentina

葡萄牙，阿倫德如（Alentejo）

居民大半務農的阿倫德如區，總面積超過三分之一個葡萄牙，人口卻只佔全國的 4%；此外，比起位在地中海附近的阿加夫（Algarve）區，飽受大西洋巨浪捶打的阿倫德如海岸也比較不受遊客青睞。但是，它的野性、美景和少有人跡反而讓徒步者趨之若鶩。分成好幾個區段的維森提納步道，其中幾段都會穿過維森提納海岸自然公園（Sudoeste Alentejano e Costa Vicentina Nature Reserve），取道險峻的懸崖、不受時光干擾的山村，以及古老的軟木橡樹（cork）森林——打從羅馬時代以來，軟木就是最重要的葡萄酒瓶塞材料。建議你選擇「歷史路徑」（Historical Way）這一段，從聖文森角（Cape St Vincent）朝內陸而去，一直走到聖地牙哥杜卡森（Santiago do Cacém）。

150 地獄谷步道
Valle Dell'inferno

義大利，維蘇威火山（Mount Vesuvius）

{ 攀登曾經吞噬整座城市、
世界最危險火山之一的維蘇威。 }

行前須知：
- 歷史關鍵時刻：公元 79 年，維蘇威火山大爆發，掩埋龐貝城（Pompeii）
- 距離與費時：10 公里；4-5 小時
- 難度：中等／費勁——地形崎嶇，險峻
- 最佳月份：3~6 月，9~10 月
- 重點叮嚀：從那不勒斯（Naples）搭火車到埃爾科拉諾（Ercolano），再乘公車到維蘇威國家公園（Vesuvius National Park）

右圖：從九條健行路線中，選擇一條攀上維蘇威火山——外加巨大破火山口環行路線——的步道。

　　維蘇威火山可不是前人留下的歷史遺跡，而是海拔 1,282 公尺、在那不勒斯灣（Bay of Naples）上熠熠生輝的層狀火山。它最為世人知曉的事蹟，是公元 79 年製造的罕見大災難。當時的維蘇威火山徹底大爆發，噴出高達 32 公里、直衝天際的火山灰，流出大量熔岩，讓周遭萬物都籠罩於焰火高熱之中，致命的火山碎屑流，更無情地摧毀了龐貝和赫庫蘭尼姆（Herculaneum）這兩座羅馬古城。

　　無論悲劇已經發生多久，如今的維蘇威活火山仍舊是個不可忽視的威脅。打從 1 世紀以來，維蘇威火山已經爆發了至少 35 次（最近一次出現在 1944 年），而且很可能隨時噴發。令人不能不憂慮的是，現在約莫還有 300 萬人口居住在它的火線上。

　　不可否認的，這個事實也會引發這條火山路線的徒步者心中某種情緒的波動。但如果你還是很想冒險前往維蘇威國家公園，現今有很多健行路線可供選擇。總長 54 公里的探險步道共分切為九條；其中，路線 1——地獄谷路線——全程 10 公里：從火山東邊側翼向上奮進，前往索馬山（Mount Somma）和維蘇威火山之間的山谷；沒錯，正是 1944 年被岩漿淹沒的地區。這條健行路線從奧塔維亞諾（Ottaviano）出發，攀登過程中會路經松樹林和一連串的髮夾彎，才能來到一個開闊地區，如今已是佈滿火山碎屑的沉積床。接下來，步道會與馬特隆小路（Strada Matrone）會合；1920 年代，沿著這條小徑走就能直達頂峰。在到達蒼涼蕭瑟、焦炙、有著奇特景觀的頂峰之後，回到安全地帶之前，你也可以繞到 Gran Cono——巨大的環形破火山口，再小小環行個 4 公里。

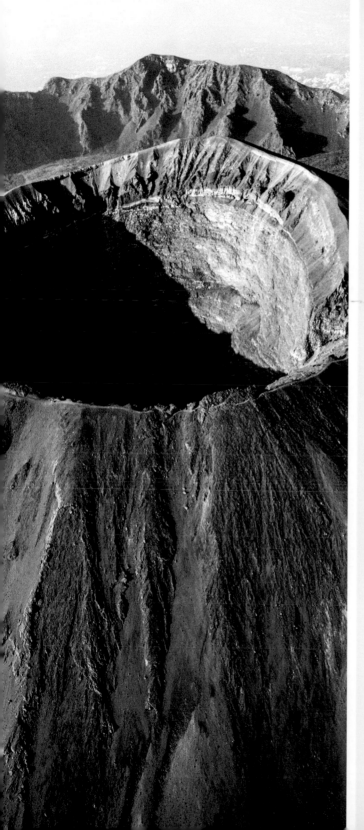

151 撒馬利亞峽谷
Samaria Gorge

希臘，克里特島

克里特島，是歐洲最早發軔文明所在：打從公元前 2000 年就生活在這座島上的米諾人創建的、當時最先進的文明；不僅如此，米諾人也繼承了島上的撒馬利亞峽谷，也就是那道 16 公里長，一路往南切開大地，穿過白山山脈（White Mountains），直到地中海的大地裂縫。米諾人，就在這個峽谷的開口處建造了塔拉（Tarrha）這座城市；而如果你想走一趟這道峽谷，就得花上 4-6 個小時，從位在內陸的艾克斯羅斯卡羅（Xyloskalo）走到海岸邊的阿吉亞努美利（Agia Roumeli）。一路上，你會經過一些小而美的教堂、松樹林，要是你夠幸運，還會撞上克里特長角野山羊（Cretan ibex）。一開始，步道還很寬闊，但在走過一個荒廢的小山村後，步道就變窄了，「鐵門」（Sidiroportes）這裡更只有 3.5 公尺寬，兩邊則是高聳的岩壁；過了這兒，你就可以滿心期待終點那兒等著你的海景了。

152 莫瑟爾步道
Moselsteig

德國，莫瑟爾河（Moselle River）

> 走在河流最是曲折的地方，為一路上
> 飄送的酒香向羅馬人舉杯致敬。

行前須知：

- 歷史關鍵時刻：公元前16年，西羅馬興建奧古斯塔特里奧魯（Augusta Treverorum）
- 距離與費時：365公里；24天
- 難度：輕鬆／中等——大多路段都很好走，沿途設施絕佳
- 最佳月份：4~10月
- 重點叮嚀：24個步道節點中，16個有摩澤塔班（Moseltalbahn）鐵道的車站

讓我們一起舉杯，向古羅馬人致上敬意——要是沒有那時的羅馬人，萊因地（Rhineland）不可能像今天這樣走到哪裡都聞得著酒香。沒錯，把栽培葡萄的技術帶進莫瑟爾谷的，正是兩千年前酷愛葡萄酒的羅馬人；因為他們相信，上至皇帝下至農民，葡萄酒是生活中每天都不可或缺的必需品，所以，當公元16年羅馬帝國把北疆拓展到那時的日耳曼（Germania）領地，興建人城奧古斯塔特里奧魯（今特里爾〔Trier〕）時，羅馬將軍認為，第一要務就是確保葡萄酒供應無虞。可要是每瓶酒都得從遠方運來，成本未免太高；因此，最可行的方案便是就地生產、自給自足。

這一來，葡萄種植勢不可擋。兩千年後的現在，整個莫瑟爾谷幾乎全都被這種青綠色的植物覆蓋得密不透風，就連最陡峭的斜坡都墾為葡萄園——以就在布雷姆（Bremm）外圍的卡爾蒙（Calmont）為例，竟然連仰角65度的山坡都開墾，成為世界第一陡峭的葡萄園。因此之故，不適合栽種葡萄的河岸地帶便塞滿了市鎮、村莊，全都忙著販賣美酒、提供試喝、進出酒窖；當然了，也忙著享受自家人生產的香醇葡萄酒。

因為這樣，莫瑟爾步道便不言可喻地成了世上最不可能讓人口渴的步道。這條全長365公里的酒鄉之旅，是由南往北，從位於德國／法國／盧森堡交界處的佩爾（Perl）一直走到科布連茲（Koblenz）的莫瑟爾河與萊因河交口，一路沿著莫瑟爾河畔向前行。事實上，路途中你很少有看不見莫瑟爾河的時候。

你也可以說，這根本就是一條「醉鬼步道」，因為莫瑟爾河

上圖：月影婆娑時分，漫步在莫瑟爾村的科赫姆城堡下。

中游的河道流向確實歪七扭八，有如就連它也被自己生產的美酒灌醉了。比如說，從伯恩卡斯特奎（Bernkastel-Kues）走到特拉本—特拉爾巴赫（Traben-Trarbach）是 34 公里，但其實，兩地直線距離只有約莫 7 公里。

但要是都走捷徑，那還有什麼樂趣可言呢？走在這條路標明確、幾乎每一里路風景都很優美的步道上，就好像品嘗一瓶平易近人、清爽可口的麗絲玲（Riesling）葡萄酒。整條步道現在已經被分切成 24 個階段，距離各在 11~24 公里間，每個階段的起點，更都有方便的公車可資利用，所經之處也都有各式各樣的歷史地標。

想多感受點羅馬遺韻，選第四和第五段；第四段由康茨（Konz）——瓦倫提尼安皇帝（Emperor Valentinian）有一年曾到這兒避暑——走起，終點的特里爾有尼格拉城門（Porta Negra，有「大黑門」的暱稱）可看，還有為了向城市建造者致敬而興建的古圓形競技場。第五段的標的是史瓦屈（Schweich），途中會接上 Römische Weinstrasse——穿行於森林、野地與葡萄園之間的古代貿易路徑。要是不想走這兩條，建議你選擇從埃迪格爾—埃萊爾（Ediger-Eller）走到拜斯坦（Beilstein）的第十七段，因為這一段會繞過內倫（Nehren）的羅馬墓地。

不管對誰來說，拜斯坦都是個暫時落腳的好地方——整個莫

古代世界　　129

科布連茲

圖朗特城堡

萊茵河

科赫姆城堡

拜斯坦

埃迪格爾—埃萊爾

布雷姆

內倫羅馬墓地

特拉本—特拉爾巴赫

伯恩卡斯特奎

艾菲爾山脈

盧森堡

史瓦屈

特里爾

康茨

德國

薩爾河

莫瑟爾河

佩爾

瑟爾步道裡，就數這個村莊最有童話氛圍，中世紀風的半木造房屋櫛比鱗次地擠挨在一起，就像來到格林兄弟（Brothers Grimm）的老家。話說回來，打從 12 世紀起，這裡也真的是如今已成古蹟的科赫姆城堡（Cochem's Castle）所在之處。

事實上，從位在圖朗特（Thurant）的雙塔棱堡（bastion），到 19 世紀時重建後才再現壯麗宏偉的科赫姆城堡，莫瑟爾河流域每隔一段距離就有一座傾圮多年的城堡；位在特拉本—特拉爾巴赫上方的葛里凡伯城堡（Grevenberg Castle）毀壞得尤其嚴重，罪過最大的破壞者是 18 世紀入侵的法國軍隊，不過，如今已改建為咖啡館了。

走累了就找地方歇歇腳，喝杯咖啡或品嘗店家提供試喝的當季葡萄酒，也是行走這條步道的最大樂趣之一；除此之外，增添許多葡萄酒的知識也讓人不虛此行。在多不勝數的葡萄間行走，更能觀察葡萄是怎麼種植、成長的；你會看到，佈滿田野的泥盆紀（Devonian）頁岩如何為土壤保存更多熱能，葡萄樹又是以哪種傳統方式呵護，才會在柱子上圈成心形。所有的技藝都源遠流長、代代相傳，好讓我們這些徒步者得以品嘗到最香醇的好酒。

153 安房與大株步道
Anbo and Okabu Trails

日本，屋久町
（Yakushima）

屋久島（Yakushima Island）上的珍貴森林，是徒步的好地方；全長 10.5 公里的安房與大株步道，不但會帶你走過著名的夫妻樹（Meotosugi）——兩棵長在一起的雪松，還會讓你一睹日本最老的神木繩文杉（Jomonsugi）。

154 眾神之路
Sentiero degli Dei

義大利，坎佩尼亞政區
（Campania）

幾百年來，造訪陡峭的阿瑪菲（Amalfi）崖岸都只有一種方法——徒步。這條全長 12 公里、緊貼懸崖而行的步道，直至今日，也都還是探索「眾神之路」（Walk of the Gods）的不二途徑。

155 旅人步道
Il Sentiero del Viandante

義大利，科莫湖
（Lake Como）

從阿巴迪亞拉里亞納（Abbadia Lariana）走到科利柯（Colico）的這條「旅人步道」（The Wayfarer's Trail），全長 45 公里，一路沿著科莫湖的東岸前行。幾世紀前，這條步道就已經是貿易商、走路人和朝聖者的常用道路了。

156 奧利弗卡爾科姆步道
Arif Karkom Trek

以色列，內蓋夫沙漠
（Negev Desert）

公元前 3 世紀左右，拿巴天（Nabatean）人便以這條全長 61 公里的步道從事貿易了。走在步道上時，請多留意周遭的岩雕藝術、沙漠聖陵、石拱、坑洞、古井和羚羊。

157 斯通波利步道
Stromboli

義大利，艾奧利群島
（Aeolian Islands）

兩千多年來，斯通波利這座火山的心情都不是很平靜；打從基督降生以來，動不動就噴發、咆哮、冒煙。明明它就坐落蔚藍的地中海裡，卻光禿禿地、黑灰夾雜地突出海平面 924 公尺。可讓人驚嘆的是，不管這座火山有多過動，人們還是來到島上定居，還是絡繹不絕地攀上山頂。旅遊指南的建議是：要不就午後晚點才出發，好在落日時分抵達山巔；要不就天黑了再啟程，才能在夜空下觀賞斯通波利火山的煙火秀。記得，別忘了凝視它湧出的岩漿、嗅聞它的硫磺味兒，以及好好感受腳下地面那預示不祥的震顫。

158 塔什拉巴特路徑
Tash Rabat Pass

吉爾吉斯，天山山脈（Tian Shan Mountains）

{
來到遙遠的中亞細亞，
從群山環繞的商隊旅店出發，
一探古絲路的這個路段。
}

行前須知：
- 歷史關鍵時刻：公元前 200 年，絲路形成初時
- 距離與費時：8~10 小時
- 難度：費力——偏遠，荒涼，陡峭
- 最佳月份：6-8 月
- 重點叮嚀：塔什拉巴特遠在比斯凱克（Bishkek）520 公里之外，更完全沒有公共運輸系統可供利用

絲路有很多段落。這條起始於東方的長安（西安）、止於歐洲邊境君士坦丁堡（Constantinople，今伊斯坦堡），往來輸送珍貴貨物與理念的古代商貿路線，其實不是「一條」道路，而是許多公路組成的網絡。國界兩邊的商貿早就開始了，但還是等到公元前 200 年中國開始與西方接觸之後，絲路才真正形成。

徒步走完整條絲路——約莫 8,000 公里——當然是個不切實際的念頭，然而，光是攀越吉爾吉斯的塔什拉巴特路徑，就能讓你體驗得到往昔商旅面對何等挑戰的氛圍。這條位於天山（西方人稱之為「天國山脈」〔Celestial Mountains〕）的塔什拉巴特路徑，很接近出入中國的吐朵特隘口（Torugart Pass）；許多來自或送往喀什（Kashgar）大市場的商品，都得經過這個隘口。

這趟約需 8 小時的徒步之旅，做為起點的塔什拉巴特 15 世紀商隊旅店，便是絲路如何以許多中途站彼此連結的好例子；旅店中有各式各樣的房間，好讓商人充分休息或趁機補給所需。啟程後，路徑便沿著河邊的篷車路展開，先是經過一片搭著零落牧人帳篷的牧草地，然後山谷漸漸縮窄，你會經過一些河流渡口和幾處懸崖，才能抵達阿特—巴希山脈（At-Bashy Range）。來到海拔 3,968 公尺的塔什拉巴特路徑最高點時，就能好好欣賞雪花蓋頂的天山、天堂湖（Lake Chatyr-Kol）與塔克拉瑪干沙漠（Taklamakan Desert）的美景。以現今的標準來看，當然是壯麗無比的遠眺；但看在古代商旅眼中，卻無疑是令人望而生畏的險阻。

右圖：走一回塔什拉巴特路徑，跟隨古代商旅的步履穿越天山山脈。

159 GR7 步道

西班牙，安達魯西亞
（Andalusia）

　　GR7 步道，只是全長將近 10,500 公里、以克里特島為終點的 E4 步道的一部分；然而，先走一趟這個「只有」700 公里長的區段，卻也是很容易安排的好的開始。步道起點，是位在直布羅陀海峽（Straits of Gibraltar）北岸的塔里法（Tarifa），等到走過這個西班牙南方省份的另一個小鎮普埃夫拉德東法德里克（Puebla de don Fadrique）後，就可以接上古羅馬人常用的商貿道路了；不過，由於安達魯西亞是歐洲與非洲的自然、文化疆界交會處，行走其間常會被雙方的影響和遺跡弄得不知身在何處，尤其是才剛離開摩爾人（Moorish，譯註：歷史上主要指在伊比利半島的伊斯蘭征服者）的市鎮，就突然來到阿爾普哈拉斯（Alpujarras）的柏柏爾人白色山村時，感覺更是突兀。這段步道，也因此是理解這些文化的最佳途徑。

160 蓋米隘口
Gemmi Pass

瑞士，伯恩阿爾卑斯山脈（Bernese Alps）

　　凝望坐落於阿爾卑斯山民村莊洛伊克巴德（Leukerbad）之後的險峻岩牆時，你一定會覺得前無去路、到此為止；但是，打從羅馬時代──說不定還更早，大無畏的旅人、商人、軍隊和朝聖者，就已知曉穿越這些山嶺的缺口何在。蓋米隘口海拔 2,270 公尺，你必須不屈不撓地頂著寒風攀爬 1,000 公尺，才能來到隘口和它充滿嶙峋山石與岩屑的可怕高原、渾濁的湖泊，以及一座往昔聲名顯赫、歹徒最愛留宿的客棧。通過這個以前盜賊盤踞的地方後，你才能下到牛隻啃草的綠地，再迅速地通過松樹林，來到坎德河谷（Kander Valley）。總的來說，這一趟翻山越嶺得走上 19 公里的坎坷山路。

波蘭

克拉克夫

Wisla 河

維利奇卡
鹽礦

Vah 河

塔特拉山脈

Vlkolínec

斯洛伐克

班斯卡史提
亞夫尼查

多瑙河舊河

艾斯特根

布達佩斯

匈牙利

161 琥珀步道
Amber Trail

波蘭、斯洛伐克與匈牙利

{
踏上「北方之金」（gold of the north）
步道，橫越中歐。
}

久遠的公元前 17 世紀時，琥珀這玩意可是一門大生意。這種蜂蜜色澤的樹脂化石，不但是當時珠寶和裝飾的要角，古埃及人甚至相信，琥珀有保護木乃伊的功能；因此，為了供應暴君之類的人物所需，琥珀就必須從它的產地——波羅的海國家——輸送到歐洲內陸或更遠的地方。一如絲路，琥珀之路（Amber Road）指的也不是哪條特定的道路，而是貿易路線交織而成的輸送網絡；最直接的路線，一般認為是從波羅的海東岸到亞得里亞海，也就是從波蘭的格但斯克（Gdansk）到克羅埃西亞（Croatia）的普拉（Pula）。

這條往日珍寶之路的其中一段——起自波蘭的克拉科夫（Kraków），止於匈牙利的布達佩斯（Budapest）——最近已整治為全長 307 公里的林蔭大道，只是路標還很需要補強。你得先往波蘭的維利奇卡鹽礦（Wieliczka Salt Mine）走，去瞧瞧位在鹽礦地底的小教堂，再朝城裡還留有幾座木造斯洛伐克教堂的金礦城班斯卡史提亞夫尼查（Banská Štiavnica）前進；接下來，你就會來到波匈邊界，路過匈牙利最古老城市之一的艾斯特根（Esztergom）了。路途中，不管是牧場還是牧草地、高聳入雲的塔特拉山脈（Tatras Mountains）或美妙的多瑙河灣部（Danube Bend），有些鄉野還是一派天然田園風味。這是一段既值得細嚼慢嚥的步道，而且千萬別錯過路途中的傳統城鎮和山村——這些地方的藝品市集至今都還在販售以「北方之金」製作而成的小飾物。

行前須知：

· 歷史關鍵時刻：公元前 1800 年，琥珀交易興起
· 距離與費時：307 公里；15~18 天
· 難度：中等——變數多，路標不夠清楚
· 最佳月份：4~10 月
· 重點叮嚀：非歐盟國家需有申根簽證才能入境

---

162 塞爾馬高原步道
Selma Plateau

阿曼（Oman），東哈杰爾山脈（Eastern Hajar Mountains）

這趟兩天的路途，你會先攀行班尼哈利得旱谷（Wadi Bani Khalid）中的山峽，上到乾旱的塞爾馬高原後，再往下走到涼爽的提威旱谷（Wadi Tiwi）、向哈杰爾山脈的心臟地帶邁進。千年以來，有很多商旅越過了這些山峰。

造訪公元 1 世紀就已建成，高
踞峨眉山頂的中國第一座佛寺；
深入峨眉山的密林與懸崖，探尋
三十幾座隱藏其間的廟宇，讓辛
苦爬上山頂的你心靈更加豐厚
（119 頁）。

第三章
中世紀時期

{ 探索公元 600~1500 年間，由朝聖、衝突、征服和十字軍交織而成的「黑暗」時期。 }

163 岡仁波濟峰轉山
Mount Kailash Kora

中國，西藏

{ 踏上全球最神聖的山峰，
繞行宏偉無匹的岡仁波濟峰。 }

行前須知：

- 歷史關鍵時刻：公元 650 年，佛教傳入西藏
- 距離與費時：53 公里；3~4 天
- 難度：中等／費力——高海拔，地處偏遠
- 最佳月份：5~6 月，9~10 月
- 重點叮嚀：只能在很陽春的朝聖者休息屋裡過夜或露營

「這是喜瑪拉雅山脈裡最能讓人感受無盡幸福的地方。」噶舉派上師密勒日巴（Milarepa）如是描述壯麗的岡仁波濟峰。不管是從大自然或精神上來看，毋庸置疑，這座山峰都絕對是西藏西部群峰中的金字塔；獨立於蒼穹之下，6,714 公尺高的岡仁波濟峰不只身形巨大，更是四種不同信仰的共同重量級聖山。

印度教徒崇信的掌管創造與毀滅的濕婆，就居住在這兒；對耆那教（Jains）的信眾來說，岡仁波濟峰是先知接獲啟迪的地方；苯教（Bon，亦稱本教、缽教，佛教尚未傳入前藏人的萬物有靈信仰）的崇信者則認為，這座「九重萬字山」（Nine-story Swastika Mountain）是宇宙所有靈力的中心。然而，岡仁波濟峰還是以佛教聖山最為世人所知；雖然佛教要到公元 650 年左右才傳入西藏，但傳說早在公元前 5 世紀時，悉達多・喬達摩（也就是佛陀）便已造訪過岡仁波濟峰。

而且，據說也就是在這座神聖山峰上，佛陀以佛教取代了藏人原本信奉的苯教。然而，直到晚近的 11 世紀，前文提到的佛教高僧密勒日巴才向苯教大師那羅─班丘（Naro-Bonchung）提出挑戰，看誰能率先登上岡仁波濟峰頂。起先，那羅─班丘站在一面神鼓上往山頂飛去，把密勒日巴遠拋在後頭；然而，眼看那羅─班丘就要抵達山頂時，密勒日巴卻乘著第一縷照下山頭的陽光瞬間飛升而上，越過那羅─班丘，早一步落腳峰頂。

如今的我們這些凡人，當然沒有這種捷徑可以一步登山。事實上，別說攻頂了，眼下這座神聖的山峰已然嚴禁攀登，只准許我們來趟轉山（kora）；朝聖者也都期望，這麼做可以增添福

上圖：環繞西藏聖山岡仁波濟峰，走上一圈名喚「轉山」的基底繞行。

報。據說，只要環繞岡仁波濟基底走上一圈（全長 53 公里）就能消去之前人生積累的業障；然而，如果你想去除所有前世業障，那麼就得環行 108 次。虔誠信徒會在一天之內走完，但如果你是懷抱極大心願而來的信徒，就根本不用雙腳了，而是一路趴著——用雙手和雙膝「走」——來完成繞行；這不但得費上整整四星期時光，還要有極其堅實的信念。外國徒步者大多不會這麼折騰自己，一般都用 2~4 天來完成這場基底環行。

　　光是來到岡仁波濟峰的山腳下，就已經是一大挑戰了。這趟轉山的起點，是位在塔欽（Darchen，海拔 4,600 公尺）的一個村落；要是你從西藏首府拉薩（Lhasa）前往，就算開車也得費時 4 天。但無論有多辛苦，這趟旅程都值回票價；你不但會經過歷史文化名城江孜鎮（Gyangtse），也可以一睹聖湖瑪旁雍錯（Lake Manasarovar）的綺麗風光。來到塔欽後，你可以偏頭氂牛、買些基本補給，在啟程前推推轉經輪，祈求此行平安順利。

　　朝聖者都以順時鐘方向繞行聖山。離開塔欽不久，你就會經過嘛呢堆（mani walls，疊滿寫上經文的石塊或石板），走向一片散佈羊群、牛隻和牧民帳篷的寬廣平原；經過拉曲河谷（Lha Chu Valley）的嶙峋紅牆時，就可以望見岡仁波濟山巔了。接下來就沿著河岸走，一路行經令人望而生畏的峽谷峭壁、滿佈怪異綠斑的地景，以及光禿到超乎想像的山坡；後來的路，要不是碎石遍野就是亂石溝，但這也是攀上經幡（prayer-flag，或稱天馬旗、嘛呢旗）迎風飄揚、這趟環行步道最高點（海拔 5,660 公尺）的卓瑪拉隘口（Drolma-la pass）必經路徑。通過隘口之後，步道就陡斜往下了；先是途經一座聖湖，再來到一處可愛的狹長谷地，既從此回到平原的懷抱，塔欽也已在不遠之處等著你的歸來。一路走來，盡是粗獷、不利行

止熱寺

卓瑪拉隘口

佛足石

歡布湖

佛足石

拉曲曲河

伏跪點2

伏跪點3

岡仁波濟峰

曲古寺

佛足石

伏跪點1

塔欽

伏跪點4

瑪旁雍錯聖湖

走和讓人氣喘如牛的路途，但每走到一個新地點時，雖然岡仁波濟峰始終位在環行步道的中心，但在步行者眼中，它的面貌卻不斷有出人意表的小小變化。

但話說回來，到岡仁波濟轉山的人大多也不是來看風景的；說到底，這終究是個人心嚮往的步道，而且不分信仰都能在此和諧地走在一起。路途上有不少寺廟，比如位於山側的曲古寺（Chuku），即是瑜伽行者古倉巴（Gotsangpo）於 13 世紀時所建，古倉巴也因探尋出如今的轉山步道而名留青史；再如環繞當年古倉巴修行的山洞而建的止熱寺（Driraphuk），既可以一睹岡仁波濟白雪皚皚的北峰，也是不想露營的人可以夜宿的地方。

除了寺廟，途中還有一些神聖地點，比如四個讓信徒暫停祈禱後再走的伏跪點（*chaktsel gang*），以及三塊佛足石（*shabje*，傳說留有佛陀足印的岩石）。整條轉山步道都像是對大自然的禮贊——朝聖者絡繹於途，藍、白、紅、綠、黃的經幡點綴得山道一片五彩繽紛；小夜曲似的誦經聲，更是經常莊嚴、悠揚地在山野之間隨風飄盪。

164 轉經路
Lingkhor

中國，拉薩

這條位在西藏首府拉薩的 8 公里環圈步道，千年以來已經不知有多少人走過了。只要走上一圈，你就會經過布達拉宮（Potala Palace）、藥王山（Chakpori）和大昭（Jokhang）寺。

165 聖卡斯伯特步道
St Cuthbert's Way

英國，蘇格蘭與英格蘭

全長 100 公里，從位在蘇格蘭邊區（Scottish Borders，公元 7 世紀時聖卡斯伯特開啟傳教生涯之處）的麥洛斯（Melrose）走起，終點則是鄰近諾森伯蘭郡（Northumberland）海岸的聖島（Holy Island）：聖卡斯伯特安息之處。

166 黃山步道
Huangshan

中國，安徽省

　　雲霧繚繞、古松盤屈、花崗岩崢嶸突懸的黃山，是一座可以在中國無數名家山水畫中看到的夢幻山峰。早在公元 8 世紀，當世上開始流傳山上有「不死靈丹」（elixir of immortality）時，黃山就已攫取了天下人的心靈；上山的步道有兩條：東線（譯按：中國人稱「後山」）由雲谷寺（Cloud Valley Temple）出發，7.5 公里，有點難走；西線（「前山」）則從「飛來石」出發，是更難走的 15 公里。但如果走西線，就能欣賞到黃山最讓人嘆為觀止的景點「一線天」，並且來到海拔 1,873 公尺的「蓮花峰」；一旦來到這裡，你就不難明白，為什麼黃山會是「中國人最愛的山峰」。

167 婆羅浮屠朝聖步道
Borobudur Pilgrimage

印尼，爪哇島（Java）

　　一般來說，佛教徒只會在浴佛節（Waisak）——佛陀的生日——才會到公元 9 世紀存留至今的婆羅浮屠佛塔頂朝聖。這一天，數以千計的信眾都會穿上藏紅花色的長袍，從梅都佛塔（Mendut Temple）走起，經過巴翁佛塔（Pawon Temple），最後走到婆羅浮屠佛塔，一共 3 公里路。這三座佛塔裡，以梅都佛塔的年代最為久遠，但狀態保存良好，供奉著由兩尊菩薩護衛的佛陀；小一些的巴翁佛塔，據說裡頭埋葬著一位爪哇國王，也是信眾前往婆羅浮屠佛塔前最後淨身的地方。體積最大、構造也最繁複的婆羅浮屠佛塔，可以粗略分為塔基、塔身和塔頂三部分；塔頂是個紀念碑式的佛塔，飾有 672 片立體掛屏和 504 座佛陀雕像。總的來說，這是全世界最大的佛塔，很值得你到此一遊。

168 八十八箇所遍路
88 Temple Pilgrimage

日本，四國（Shikoku）

> 追隨佛教弘法大師的腳步，
> 走遍整座四國島的 88 所寺院。

行前須知：

- 歷史關鍵時刻：公元 774~835 年，空海大師（Kobo Daishi）生卒年
- 距離與費時：1,100 公里；40~50 天
- 難度：中等——山路不少，路程很長
- 最佳月份：3~5 月，9~11 月
- 重點叮嚀：步道大多是柏油路——舒適的鞋子很重要

空海大師很喜歡走路。生於 774 年的這位高僧，打從在高知縣受到啟迪之後，足跡便踏遍了整個四國島——日本第四大島，緊接著又開創了真言宗；所以，總長 1,100 公里的四國島八十八箇所遍路（簡稱「四國遍路」），不啻是對空海大師恰到好處的致敬。許多「遍路人」（henro-san，日本的朝聖者）都會先到關西向日本的聖山之一高野山致敬，因為這座山是空海大師創建第一座佛寺的地方；致敬過後，這些遍路人才會過海來到四國島，開始真正的遍路之旅，目標當然是走遍島上八十八座寺院——象徵真言宗所描述的八十八位惡魔。起點並不重要，只要確實走訪這八十八所寺院就行；不過，大多數的遍路人還是會從靈山寺走起，因為這座寺院的編號是 1 號。另外，大多數人也以順時鐘方向環島。

遍路人的外貌很容易辨認。傳統上會穿著白衣白褲、白襪白鞋，肩揹白色袋包、頭帶斗笠，而且斗笠上通常寫有「同行二人」的字樣（譯註：有「雖然一人參拜，空海大師隨行」的意涵）。這些日本朝聖者也幾乎全都帶著手杖，除了是另一種「空海同行」的象徵，當然也對上、下坡多少有些幫助。

寺院本身（有些也提供住宿）都是單純、樸實的建築，有時一連好幾天都沒見到一所寺院，有時一天就碰上好幾所；寺院周遭的風景也大異其趣，從很難走到的山裡到農家的田野間，從地景單調、幾無人煙的海岸，到前不巴村、後不著店的荒郊野外，你都可能找得到這八十八所寺院。然而，這趟步行也確實不是為了欣賞風景，甚至和參拜寺院關係不大——重點是走，循著空海大師的足跡走。

對頁：善通寺（編號第 75）是四國島上規模最大的廟宇。

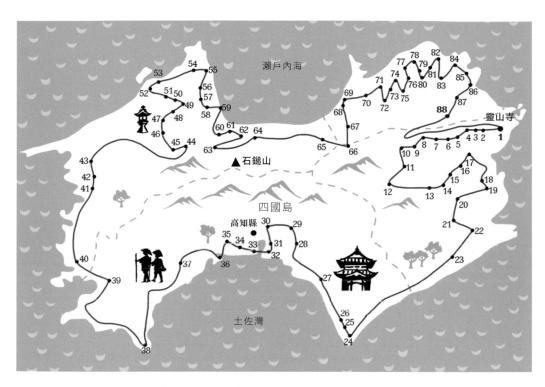

169 聖地牙哥朝聖之路
Camino de Santiago

法國與西班牙

{ 追隨幾世紀以來的朝聖者腳步，一探基督教世界最神聖的陵墓——更可以一直走到「世界盡頭」（End of the World）。 }

行前須知：

- 歷史關鍵時刻：公元 830 年，聖地牙哥大教堂（Santiago Cathedral）現址首度興建教堂之時
- 距離與費時：780 公里；30 天
- 難度：中等——路途漫長，無需特殊裝備，跨越多重地域
- 最佳月份：5-10 月
- 重點叮嚀：入住路途中的朝聖者旅舍時，需有認證（credencial，亦即「朝聖護照」）

即使不是個朝聖者（peregrinos），你也可以找到很多走一趟「聖地牙哥朝聖之路」（譯註：「聖雅各之路」之一，參見 180 頁）的理由。這條從法國南部小鎮聖讓—皮耶德波特（St Jean Pied de Port，「聖徒讓的山口」）走起，直到西班牙西北方加里西亞（Galicia）省聖地牙哥康波斯特拉（Santiago de Compostela）教堂為止的步道，吸引著形形色色、國籍與動機互異的徒步者——而且已經延續了好幾世紀。

不過，步道的源起卻真的只有一個——使徒雅各（James the Apostle）。根據傳說，這位耶穌在加里西亞佈道時的跟隨者，公元 1 世紀緊跟著耶穌殉道後，遺骨不知如何回到了西班牙，但安葬他神聖遺骨的第一座教堂，卻直到公元 830 年左右才興建；之後不到一百年，朝聖者開始慕名而來，不到三百年，聖地牙哥康波斯特拉教堂已成了中世紀歐洲最重要的朝聖地。

但是，這些來自世界各地（而且看不出有減少的跡象）的朝聖者，走的並不是同一條特定的道路（camino），而是有如蜘蛛網般，分別從葡萄牙、德國、挪威……往這個蜘蛛網的中心輻輳；即便如此，由庇里牛斯區小鎮聖讓—皮耶德波特走向聖地牙哥的這條步道——更精確的說法應是「法蘭西之路」（Camino Frances）——還是最多人的選擇。

沿途的風景，也以這一條最優美。以金黃色扇貝殼（聖雅各的基督徒象徵）為路標，步道一開始就攀越庇里牛斯山；快速進入西班牙國境後，徒步者大多會在先在龍塞斯瓦耶斯（Roncesvalles）歇腳——這是很小的一座村莊，卻有好大一間教

對頁：根據傳說，聖雅各的遺骨就葬在聖地牙哥康波斯特拉這座巴洛克風的大教堂裡。

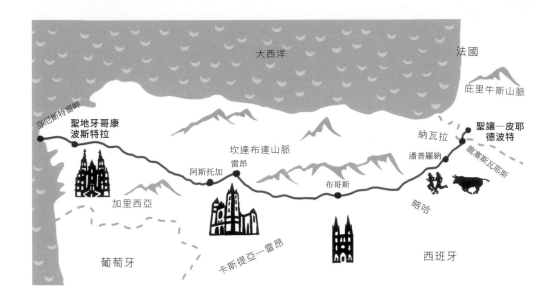

堂，每天晚上八點準時舉行彌撒。步道接著轉往西行，接連穿過納瓦拉（Navarra）和略哈（La Rioja）兩個行省，放眼望去都是條紋狀的石灰岩山，也到處都是整齊有致的葡萄園；接下來，步道就會在兩個鋸齒狀山脊之中穿行，來到卡斯提亞─雷昂（Castile and León）看來彷彿無窮無盡的 meseta ──既高又大的高原，麥田有如波浪隨風款擺。高原之後，還得越過坎達布連山脈（Cordillera Cantábrica），才能來到青翠（也就是多雨）的加里西亞山谷。

路途上，有很多城市值得你暫停腳步：以奔牛節聞名於世的潘普羅納（Pamplona）；存留眾多歷史建築、典型西班牙餐館林立的布哥斯（Burgos）；擁有壯麗哥德式教堂的雷昂（León）；城牆環繞、還有羅馬遺址錦上添花中世紀市鎮阿斯托加（Astorga）。當然了，身為旅程終站的聖地牙哥康波斯特拉更是不容錯過。來到這座名列世界文化遺產的城市時，只要別在迷宮也似的鵝卵石街道中迷路，你就會來到富麗堂皇的巴洛克風大教堂；根據傳說，這兒便是聖雅各的安息之所。每一天的正午時分，教堂都會為遠道而來、疲憊不堪的新一批朝聖者舉行彌撒。

換個角度看，「法蘭西之路」也充滿了旅遊之樂。你在路途上遇見的每一名徒步者，臉上都洋溢著歡樂氣息，都會和你分享旅途中的趣事、手上的麵包、腳底起泡的快速療法；個人情

緒愈低落，社群的相互打氣就愈見成效。這不是那種你但願能「千山我獨行」的旅程——雖然冬季時確實比較不受干擾。

這一種同志情誼，最常出現在所謂的朝聖者專用旅舍（*albergues*，路途中你隨時可以自由入住）之中。這些為朝聖者提供簡便住處的旅舍，通常也都是男女合用的住宿之處；不過，如果你有入住的打算，就得事先申辦認證（朝聖者護照），讓沿途的這些旅舍幫你蓋上圖章。要是還想取得朝聖者心儀的走完整條步道證書（*compostela*），到達終點時，你就必須出示蓋有許多旅舍圖章的朝聖者護照，以茲證明你最少走過步道最後的 100 公里路。

當然了，如果意猶未盡，你也可以再往下走。雖然聖雅各的墳墓和喜氣洋洋的聖地牙哥康波斯特拉很適合做為旅程的終點，你的步履卻未必就得到此為止。接下來，你還可以從奧布拉多羅廣場（Plaza de Obradoiro）——聖地牙哥康波斯特拉大教堂正前方——往西方走，踏上另一段目標芬尼斯特雷岬（Cape Finisterre）——號稱「世界盡頭」——的 90 公里旅程。一旦來到這兒，整個歐洲盡在身後，眼前只剩一望無際的大西洋；朝聖者就算還想再走，也已經前無去路。

170 蘇菲步道
Sufi Path

土耳其

追尋創立蘇菲教派的神祕主義詩人魯米（Rumi）腳步，這條步道全長 100 公里，由土耳其南方的卡拉曼省（Karaman）一路往北，一直走到 1273 年安葬魯米的康雅（Konya）。

171 古德布蘭茲谷步道
Gudbrandsdalen Path

挪威

在民間傳說裡，奧拉夫二世（King Olaf II）是名暴君；然而，他也是挪威基督教化的重要人物，1031 年戰死後，他的陵墓更引發了許多顯聖的傳說。一個世紀之後，奧拉夫二世被封為聖人，陵墓所在的尼達洛斯（Nidaros，今特隆赫姆〔Trondheim〕）也成了朝聖的重要所在。長達 643 公里的古德布蘭茲谷步道，本身就是由奧斯陸（Oslo）前往特隆赫姆的主要路徑，朝聖者的腳步直到如今也還不斷留下印跡；你會先經過一片古代森林消失後留下的荒野、幾無人煙的山嶺，穿越早已毀壞的 sælehus（往昔讓朝聖者留宿的小屋）和一些挪威人稱為 Olavskilder 的溫泉（據說有醫療效果）。除此之外，你也能一睹諸如龐史尼斯（Bønsnes）的中世紀教堂遺跡和早期基督徒刻寫的「格蘭納沃蘭符石」（Granavollen Runestone）樣貌。

172 法蘭奇納古道
Via Francigena

英國、法國、瑞士與義大利

{
從坎特伯里大教堂（Canterbury Cathedral）
出發，踏上前往遙遠羅馬聖彼得大教堂
（St Peter's Basilica）的朝聖之路。
}

行前須知：

- 歷史關鍵時刻：公元 990 年，西格里克（Sigeric）大主教踏上法蘭奇納古道的那一年
- 距離與費時：1,700 公里；80 天
- 難度：中等／費力——跨越多重地域，常有崇山峻嶺
- 最佳月份：4-10 月
- 重點叮嚀：需有認證（朝聖護照）表明你是個朝聖者，才可能得到某些旅舍的證章或接受你入住

公元 990 年，西格里克大主教從坎特伯里出發，踏上了他名留青史的徒步朝聖之旅；不但一路走到當時英格蘭的信仰中心，甚至走到天主教堂重鎮的羅馬，遠遠超過之前的每一位朝聖者。早在羅馬時代，法蘭奇納古道就已經是從羅馬帝國都城到北海的捷徑；不過，要是沒有西格里克留下來的精確記錄，再勤奮的徒步者也很難在一千多年後走對路線。

一從坎特伯里的巨大教堂啟程，徒步者的標的就是穿越肯特（Kent）郡——號稱「英格蘭的花園」，再從多佛港（Dover）的「白崖」（White Cliffs）渡海橫越英吉利海峽。進入法國境內後便往南走，先經過拿破崙與第一次世界大戰的戰場、香檳區（Champagne）的葡萄園，前往瑞士。一到瑞士，步道便往侏羅山脈（Jura Mountains）行進，然後繞過日內瓦湖（Lake Geneva）、穿越阿爾卑斯山脈進入義大利。此後，步道便一路往下，陸續經過屢見城堡的奧斯塔山谷（Aosta Valley）、亞平寧山脈（Apennines）、以及浪漫氣息濃厚的托斯卡尼丘陵地（Tuscan hills）之後，羅馬也就不遠了。

17 世紀時，法蘭奇納古道（由法國走起這一段）的光芒一度轉黯，卻在進入 21 世紀後重獲朝聖者青睞。2004 年，歐洲理事會（Council of Europe）宣布，它是一條「重要文化步道」（Major Cultural Route）；當時，它的路標設置還差了「聖地牙哥朝聖之路」一大截，但現在已有大幅改善，義大利境內這一段更增設了許多 spedales（朝聖者旅舍）。這就意味著，晚生了快五百年的你，也能和西格里克大主教走過同樣的道路。

左圖：法蘭奇納古道會帶引你經過許多地標，比如義大利西北方蒙塔爾托多拉（Montalto Dora）的城堡。

173 修士之路
Klosterrute

丹麥

貫穿丹麥、往昔朝聖者常走的「丹麥修士之路」（Danish Monastic Route），是從赫爾辛基（Helsingør）走到非德里港（Frederikshavn），全長達 1,800 公里，途中有很多中世紀留存至今的修道院。

174 德格湖朝聖
Lough Derg Pilgrimage

愛爾蘭，多尼哥
（Donegal）

打從 12 世紀起，愛爾蘭的朝聖者就經常造訪這條 12 公里的「聖派崔克淨獄之路」（St Patrick's Purgatory）了；因為根據傳說，基督曾經告訴愛爾蘭的主保聖人（patron saint），只要在德格湖聖站島（Station Island）的一個坑洞裡待上一夜，就能洗淨身上的罪孽。時至今日，雖然聖站島上的修道院大多禁止入內，朝聖者還是沿著舊時步道踵踵而來。從接待中心出發後，步道會先帶引你走過「聖布姬德之井」（St Brigid's Well），再一直走到小島另一邊的湖畔。在這裡，往昔接引教徒前去除罪的橋墩還清楚可見。

175 聖殿步道
Templar Trail

法國到以色列

1096 年，虔誠的法國十字軍領袖哥弗雷（Godfrey of Bouillon）開啟了第一次十字軍東征；在教皇的請求下，他集結了一支軍隊由法國往東走，立志驅逐當時佔領耶路撒冷的穆斯林，讓這個聖地再次歸屬基督教徒。這確實是場遠征，因為這支軍隊費了四年功夫、整整走了 4,023 公里路。現今的這條聖殿步道，是 2006 年時兩位健行者一步一腳印地走出來的，目的也就在追隨哥弗雷的腳步；起點在法國的第戎（Dijon），但在抵達以位在色列的聖地前，你得一路走過瑞士、德國、奧地利、斯洛伐克、匈牙利、塞爾維亞、保加利亞、土耳其、賽普勒斯的羅馬時代古道路。

---

176 中邊路
Nakahechi

日本，和歌山（Wakayama）

公元 900 年時，中邊路——熊野古道（Imperial Route to Kumano）——就已經很受日本參拜者的青睞了。全長 30 公里的中邊路要從瀧尻王子宮（Takijiri Oji）走起，一直走到位在熊野山脊上的本宮大社（Hongu），整段路途都很有歷史風味。

177 達蘭沙拉步道
Dharamsala

印度，希馬喬邦（Himachal Pradesh）

一直以來，有很多條步道的終點，都是這個位在坎格拉谷（Kangra Valley）高坡上的「喜馬拉雅天堂」（Himalayan haven）。打從 13 世紀以來，達蘭沙拉就是達賴喇嘛的流亡政府所在地。

178 神聖之路
Via Sacra

下奧地利（Lower Austria）

為了向聖母瑪麗亞致敬，因而從維也納走到美麗城市瑪麗亞采爾（Mariazell）的 Via Sacra，是奧地利人心目中的「聖路」。1157 年時，本篤會（Benedictine）修道士馬格努斯（Magnus）在施蒂利亞（Styria）的森林中被巨石擋住去路時，對著他的小聖母雕像祈禱後，那塊巨石就應聲裂開，後來就在那裡興建了一所小教堂，從此吸引信徒前往朝聖。全程 120 公里的「神聖之路」，至今仍很值得一遊；你會走過覆滿葡萄園的維也納林山（Wienerwald）、民情保守的山谷、佔地寬廣的樹林，和就建在路旁的聖壇。此外，步道還會經過神聖的安納伯格山（Annaberg Mountain），以及位於海利根克羅伊茨（Heiligenkreuz）、柯勒恩—瑪麗亞采爾（Klein-Mariazell）與利林菲爾德（Lilienfeld）的修道院。

---

180 梅里雪山大環外轉
Kawa Karpo Pilgrimage

中國，雲南

不但有 240 公里長，走起來還很辛苦的這條佛教徒參拜步道，是順時鐘環行整座梅里雪山；你既必須攀走和阿爾卑斯山一般高的山路，還得通過幾個海拔很高的隘口。

---

179 聖米歇爾山步道
Sentier Du Mont Saint-Michel

法國北部

聖米歇爾山位在諾曼第（Normandy）海岸附近的一座陸連島（tidal island，譯註：退潮時與大陸相連，漲潮時變成島嶼）上，長得有點像結婚蛋糕，山頂矗立著本篤會的大教堂；早在公元 709 年就已興建了第一座複合式教堂，很快就吸引來 miquelot（朝聖者）。總長 250 公里的聖米歇爾山步道，便是從巴黎一直走到這座聖本篤大教堂；起點是巴黎聖母院（Notre Dame Cathedral），先往西走，與凡爾賽宮（Versailles）的路易十四（Louis XIV）宮殿擦身而過後，繼續往阿夫赫谷（Avre Valley）前進，然後走向青翠又種滿了果樹（但也留有戰爭遺跡）的諾曼第；最後再走到阿夫杭士（Avranches）海邊，便可以從新建的海堤直接走上小島了。

---

181 普勒梅雷步道
Pulemelei Trail

薩摩亞（Samoa），薩瓦伊島（Savai'i Island）

在勒托羅（Letolo）的棕櫚樹間走個大約 5 公里路，一探植被蔓生又神祕兮兮的普勒梅雷。這是玻里尼西亞規模最大的古墓所在地，估計是公元 1100~1400 年間遺留下來的。

182 虎穴寺步道
Tiger's Nest Monastery

不丹，帕羅谷（Paro Valley）

{
攀上乍看似乎不可能存在的廟宇，
和佛教宗師來場親密的交談。
}

行前須知：

- 歷史關鍵時刻：公元700年代，蓮花生大士（Guru Rinpoche）第一次在不丹講道
- 距離與費時：10公里；3小時
- 難度：中等——山路陡峭，路程不長
- 最佳月份：9-11月
- 重點叮嚀：任何前往不丹的旅客，都必須透過政府許可接待外國人的旅行社，而且每天繳交旅遊稅，更不能獨自前往

比起徒步，前往「虎穴」（Taktshang Goemba）還有輕鬆得多的方法——如果你是蓮花生大士的話。根據傳說，8世紀時把佛教傳入不丹的蓮花生大士，是坐在一頭雌虎背上飛躍到這個奇絕懸崖邊的，而且就在一個山洞裡閉關修行了三個月；後人為了紀念他，便在這兒蓋了虎穴寺。

不管是真是假，總之只要你沒養著一頭會飛的貓科動物，就只能和別人一樣乖乖爬山。

只要從帕羅鎮（Paro）開車經過一小段翠綠山谷，就能來到步道的起點。這裡的海拔已有2,600公尺，但才一出發，你就得再往上攀爬過一片由橡樹林、宛如老人垂鬚的喬松（blue pine）和迎風飄揚的五彩經幡合組而成的險峻山路，之後，再轉回有著一間茶館——可以喝茶、喝咖啡，也是眺望虎穴寺的絕佳地點——的山脊，然後是更陡峭的向上攀爬，等到經過一處山泉和一個洞穴之後，就到了海拔3,140公尺的觀景臺。

站在這觀景臺上，最後的登山階梯、白壁紅頂的虎穴寺看來似乎伸手可及——然而，它和觀景臺之間還有個崢嶸的峽谷隔開彼此。

如果你已獲得許可，就可以涉險走下峽谷，再從另一頭懸崖邊的長石階走上虎穴寺；進入佛寺後你就可以造訪主殿，以及神聖的Dubkhang——蓮花生大士生前曾在此修行的山洞。

183 亞陀斯山步道
Mount Athos

北希臘

位在這多丘半島上的修士自治州（Autonomous Monastic State），打從1054年起就是希臘東正教（Orthodox）的精神中心；登上這座聖山的步道也有好幾條──不過，每一條都只准男性通行。

184 梅特歐拉步道
Meteora

希臘

六座公元1050年以來興建的拜占庭修道院（以及更多遺址），各據一方地盤踞色薩利平原（Plain of Thessaly）突兀聳立的高大山岩上；它們之間，便以一個古代步道網絡相互聯結。

左圖：在松林間攀爬而上，一睹建在懸崖邊的虎穴寺風采。

185 聖吉爾斯朝聖之路
Régordane Way

法國

全長 211 公里，從羅亞爾（Loire）河畔的皮昂瓦來（Puy-en-Velay）走起，直到地中海邊的聖吉爾斯（St Gilles），是一條 9 世紀時朝聖者成群結隊地向吉爾斯的遺蹟致敬時，所流傳下來的步道。

186 阿西西朝聖之路
Cammino di Assisi

義大利中部

跟隨著「萬世巨星」聖方濟（saint Francis, 1182~1226）的腳步，走一趟充滿宗教氛圍和遺跡、全長 300 公里的朝聖之旅。步道起點位在艾米利亞—羅馬涅省（Emilia-Romagna）中市鎮多瓦朵拉（Dovadola）的修道院，一直走到他的出生地：翁布里亞省（Umbria）的阿西西。

187 順天灣參拜步道
Cheonnyeon Bulsim-gil Trail

南韓，順天市（Suncheon）

全長 12 公里，沿著生態豐富的順天灣（Suncheon Bay）岸走向兩座廟宇：有著美麗石橋（譯註：應是指彩虹造型的「昇仙橋」）的仙巖寺（Seonamsa），和禪宗大師 1190 年擴建的松廣寺（Songgwangsa，譯註：當時還叫吉祥寺，1208 年改名）。

188 哈蒙峽谷步道
Hammond Canyon Trail

美國，猶他州

這段 15 公里長，在曼泰拉薩爾國家森林（Manti-La Sal National Forest）裡往回一趟的步道中，充滿了考古遺跡，包括「三指遺跡」（Three Fingers Ruin）：一處 900~1200 年間古普韋布洛人（Ancestral Puebloan）蓋在懸崖邊的住所。

189 東麥凱特步道
East Meket Trek

衣索比亞北部

12 世紀晚期，只因崇信東正教的國王想要自己打造一座「新耶路撒冷」（New Jerusalem），衣索比亞人便費盡千辛萬苦，在拉利貝拉（Lalibela）鑿出 11 座岩石教堂；八百多年後的今天再看，你只會覺得這一帶幾乎沒有什麼變化。待在衣索比亞北部沃洛高地（Wollo Highlands）上的居民，過的彷彿也都還是中世紀的生活，時間的魔掌似乎完全沒伸向那些山谷、高原和光禿禿的峭壁，到處都還看得到牛車和名喚 tukul 的圓頂茅屋；然而，現代旅遊組織卻還是能在這一切裡推展了風景優美、關注原民、一村走過一村的健行路線。崎嶇難行、費時三天的東麥凱特步道既是其中之一，也是條好步道，路途中既有獨特的石鑿教堂、高大石楠、卵石道路、獅尾狒狒（gelada baboon），更有機會和當地人分享帶有酸味的海綿狀軟薄餅因傑拉（injera）。

190 荔枝山步道
Phnom Kulen Trek

柬埔寨，暹粒市（Siem Reap）

摩醯因陀山（Mahendraparvata）是公元 802 年時，古高棉帝國（Khmer Empire）皇帝闍耶跋摩二世（Jayavarman II）興建於聖山荔枝山腰上的都城；然而，不過一個多世紀，它宏偉的廟宇和石雕卻就全都被廣袤的叢林所吞噬，直到 2012 年，考古學家才探測出失落百年的摩醯因陀山遺址精確地點。走在這條步道上的人，大概都會覺得自己就像電影《法櫃奇兵》裡的印第安那・瓊斯（Indiana Jones）吧。總之，這是必須費時兩天的旅程，從暹粒市走起，進入熱帶叢林尋訪城樓和佛塔、砂岩雕出的石象、一座臥佛的蹤影，以及有著一千個林伽（lingas，印度教創造之神濕婆的象徵）石雕的河床。

191 蒲甘步道
Bagan

緬甸中部

光是在蒲甘平原上，緬甸人就蓋了超過 4,000 座寺廟。11-13 世紀，這個傍依著伊洛瓦底江（Irrawaddy River）的地方不但是古蒲甘王國的皇都，更是當時全世界人口最多的大城之一；時至今日，此地已杳無人煙，也並沒有所謂的「步道」，但既然方圓 40 平方公里中就有許多遺址，便很適合徒步者趴趴走。你可以試試從神聖的阿難陀寺（Ananda Pahto）走到錯落有致的明嘎拉塔寺（Mingalazedi，祈福的佛骨塔），再走到很多人都愛來這裡看落日的瑞山陀佛塔（Shwesandaw Pagoda）。你也可以向南走，到明卡巴村（Myinkaba）去看古佛塔；或者向東走，到敏南達村（Minnanthu）瞧瞧別具風味的荒廢寺廟。

192 復活節島北岸步道
North Coast Trail

智利，復活節島（Easter Island）

> 漫步在充滿神祕氣息的摩艾（moai）石像之間。這些引人入勝的大頭石像，是由玻里尼西亞文明所呈現的雕刻工藝。

行前須知：

- 歷史關鍵時刻：公元 700~1200 年間，玻里尼西亞人登島居住
- 距離與費時：18 公里；5-7 小時
- 難度：容易——大部分是平地，短程
- 最佳月份：11-2 月
- 重點叮嚀：請不要用腳踩踏祭壇（ahu）——這是缺乏尊重的舉止

　　位於拉帕努伊島（Rapa Nui，當地人對復活節島的稱呼）的這條徒步路線，說不上是最長的健行步道，卻很可能比其他步道都更具神祕氣息。怎會有人類漂流到太平洋上與世隔絕的島上生活？這是一件超乎想像的事。海底火山突出地表而形成的拉帕努伊島，不但遠離南美洲大陸約 3,700 公里，就算離它最近的、有點人煙的皮特凱恩島（Pitcairn Island），也還在 1,900 公里之外。然而，就是有些人真的曾經在此落地生根。一般認為，最先在這個島嶼定居的是玻里尼西亞人，他們應該是在公元 700~1200 年間、乘著雙體獨木舟（double-hulled canoes）前來；時間說不定還更早，只是沒有人能確定。

　　那已經夠奇怪了，可經過幾個世紀的時光遞嬗之後，這些先驅島民的作為更是讓人猜想不透。在全然被世人遺忘、遙遠小島上的社會發展歷程裡，拉帕努伊的人民不知怎的開始雕刻起石像來；他們充分利用島上火山提供的種種材料，使用堅實的玄武岩和鋒利的黑曜石當工具，在質地柔軟得多的凝灰岩（tuff，火山灰形成的石塊）上展露手藝。在這些透水的多孔岩層上，他們先雕刻出祭壇（ahu）的範圍和摩艾石像（巨大的頭部）；至今尚存的石像中，有些甚至高達 20 公尺。更教人詫異的是，這些用來鑿成巨石像的凝灰岩，竟都是從位在島上東南方拉諾拉拉庫（Rano Raraku）火山口採集的，而且是雕成巨石像後再運送到沿岸。雖然復活節島不大——面積只有 117 平方公里，但無論從哪個角度看，在缺乏大型器械的社會裡，那都是令人瞠目結舌的成就，而且是由某種奇特的目標所驅使。

上圖：觀賞復活節島的摩艾巨石人像最好的方法，就是選擇其中一條步道來趟健行。

　　一如早先那些「工程師」，拉帕努伊島的有限規模，對今日健行者而言也是優點；輕易能徒步橫越島嶼，許多路徑通向最引人入勝的遺址。例如，其中有一條景象壯觀、總長僅 5 公里的步道，可以從首府漢加洛（Hanga Roa）走到拉諾考烏（Rano Kau）火山口湖泊，還經過舉行小島奇特鳥人祭（Birdman cult）的奧龍戈（Orongo）祭祀村。另外一條 8 公里的步道，讓你從少數矗立著面海的摩伊石像（大部分石像都面向內陸）的亞基維祭壇（Ahu Akivi），來到本島最高點、海拔 511 公尺的孟加特雷瓦卡（Maunga Terevaka）山頂。

　　但要說最壯觀的路線，應該是從美麗的阿拿克納海灘（Anakena Beach）走到舉行祭禮的塔海（Tahai）遺址——位在漢格羅阿（Hanga Roa）的外圍。這是一條能沿路探索荒野和未開發北部海岸的步道。這裡的計程車只沿著島上少數道路之一行駛，從首府到安娜肯納（Anakena）。這條步道的起點在白色沙灘的後面，一般認為那是傳說中第一批玻里尼西亞移民的國王霍圖馬圖阿（Hotu Matua）定居之地。根據傳說，那時他就住在海灣的洞穴之中；這裡也有一尊大型摩艾石像，雖然以前被敵對部落推倒過，但早又重新豎立了。你也會碰見瑙瑙祭壇（Ahu Naunau）——七座雕像成列佇立，其中四尊頭上戴著普卡奧（pukao，紅色

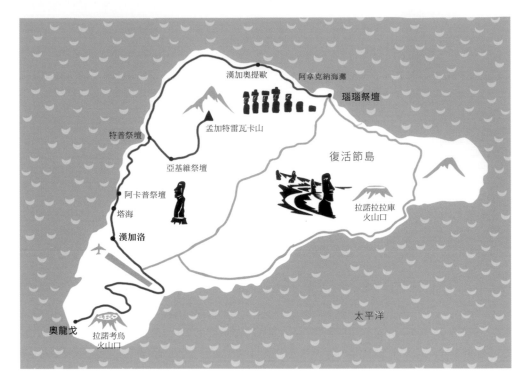

火山石做成的頭飾）。這七座雕像是後來增添的作品，原因也頗
令人好奇。

　　沿著海岸步道，右邊是氣勢恢宏的海洋，左邊則是有牛隻點
綴的翠綠曠野，長草迎風起伏。走個 3 公里之後，你會來到一座
廢棄的村落漢加奧提歐（Hanga o Teo）。再往前有處墓地，恐怖
陰森的溝渠裡如今還散落一地骨骸。

　　接下來緊貼著海岸走，景色依舊壯麗，往上看，是孟加特雷
瓦卡山，往外遠眺，可以看到莫托突阿塔拉（Motu Tuatara）小
島；在一段平穩的下坡路後，步道接到一條靜謐小徑。沿途景
致引人入勝：特普祭壇（Ahu Tepu）的聚落遺址中，可見到兼具
防風與儲水功能的小坑菜園子馬納維（manavai，外頭是一圈圈用
石塊圍砌的矮牆），頹圮的屋舍，以及有如倒臥屍體般散落各處
的摩艾巨石像殘軀。阿卡普祭壇（Ahu Akapu）雖只有一座高大巨
石人像，卻是最古老的石像遺址之一，也很靠近塔海。塔海包
含三座祭壇，其中柯特里庫（Ko Te Riku）的眼睛已回復往日的黑
白分明；塔海也是拍攝日落的最佳地點，有愈近愈是深沉的闇
黑海域和氣象萬千、火燒天邊般的天際。

193 基里尼亞山步道
Kyrenia Mountain Trail

土耳其，北賽普勒斯
（North Cyprus）

沿著基里尼亞山的山
脊，這條 230 公里長的
山道會帶你一路走到
粗獷的卡爾帕斯半島
（Karpaz Peninsula）；路
途中，你會經過三座十
字軍東征時，先鋒部隊
蓋在懸崖上的城堡。

194 吳哥窟步道
Angkor Wat

柬埔寨，暹粒市

　　以五座寶塔、精美浮雕聞名於世的吳哥窟——吳哥王朝的國王蘇利耶跋摩二世（Suryavarman II）建於 12 世紀——其實只是龐大的吳哥考古公園（Angkor Archaeological Park）的主角，這座位在暹粒市郊茂密叢林裡的公園中，還隱藏著數以百計公元 900~1500 年間興建的寺廟。你可以依逆時鐘方向，先沿著吳哥窟的護城河走上 5 公里，再從巨大的西邊入口往北，走過兩旁矗立魔鬼——和女神——石雕的堤岸，才能進入大吳哥城（Angkor Thom）。這座壯麗的廢墟，是吳哥王朝的最後一座都城，也是三層式建築的巴普昂寺（Baphuon Temple）和上頭刻有巴戎（Bayon）面帶奇異微笑浮雕塔林的所在。從大吳哥城的東口出去，還可以走到幾乎已被樹木吞噬的塔普倫寺（Ta Prohm）。

195 萊里格林地步道
Lairig Ghru

英國，蘇格蘭，肯哥姆山（Cairngorms）

　　第一次有牲口販子穿越萊里格林地這個裂開的冰河口的官方記錄，是 1359 年的事；話雖如此，這條穿越肯哥姆山、連結迪賽（Deeside）與斯佩賽（Speyside）的 30 公里捷徑，無庸置疑，在更早上幾世紀前就一定有人走過了。可別因為這樣就以為這條步道不會有多難走，因為這可是個荒蕪又一路毫無遮蔽處所的地帶，冬季時更是暴雪紛飛，還得攀爬過海拔 843 公尺高的山嶺，更不用說有多遠離現代城鎮了。不過，你可能得到的回報也很可觀，因為這可是一趟最具蘇格蘭風味的徒步之旅，除了經過幾處崩壞的懸崖、秀美的幽谷、波光瀲灩的小濱海湖（lochan）、淙淙奔流的溪河，還可以見到野鹿與老鷹。

196 萊因步道
Rheinsteig

德國，萊因河

{
一覽盛名遠播的萊因河風光，
四處尋訪輝煌猶存的中世紀城堡。
}

行前須知：
· 歷史關鍵時刻：1100 年代
，馬克斯堡（Marksburg）
興建期間
· 距離與費時：320 公里；
21~23 天
· 難度：中等——路標清楚
，有些陡峭路段，地形起
伏不定
· 最佳月份：4-10 月
· 重點叮嚀：路標很容易辨
認，但一看到藍底、白 R
字的標誌時，就得「熊出
沒注意」了

萊因河不但是世界上最偉大的河流之一，而且早在史前時期就已是人類的高速公路；萊因步道，則意味今天的走路人也可以沿著它的河道來場曲曲折折的徒步之旅。就以萊因河水勢澎湃的右岸來說，光是德國的維斯巴登（Wiesbaden）和波昂（Bonn）這兩座城市之間，堤道便蜿蜒了 320 公里長。

但真正讓這條步道扣人心弦的，其實不只是奔流不息的河水、中世紀村莊和爬滿葡萄藤的青綠山坡，更是童話氛圍無以倫比的城堡。中世紀時期，管轄這個區域的可不是一個國家，而是由不是偏執就是好鬥的暴躁君王所統領的許多邦國，也因而誕生了許多難攻不破的雄偉城堡；萊因河上游，尤其是丙根（Bingen）和科布連茲（Koblenz）之間，城堡更是星羅棋佈。

萊因步道上的城堡，如今大多已成浪漫的廢墟，比如說：巴查拉赫（Bacharach）的十二世紀史塔萊克（Stahleck）堡，便蓋在羅蕾萊河谷（Lorelei Valley）之上；1806 年被拿破崙砲轟過的貓堡（Burg Katz），如今還挺立在山腰上；雄踞山頭的萊因岩（Rheinfels）堡，是整個萊因河流域最大的一座城堡；由一對「鬩牆兄弟」分別建造的利本斯坦堡（Liebenstein）和史泰倫柏堡（Sterrenberg），中間只隔著一道城牆。每一座城堡都有故事、有看頭，但最吸睛的，還是興建於 1100 年、位在布勞巴赫（Braubach）的馬克斯堡了，不但有獨立式的防禦塔樓（bergfried）、角塔狀防禦土牆、哥德式外觀，更是萊因河沿岸唯一沒被攻破過的城堡，已經在山頂上巍然矗立了八百多年。

波昂
Godesberg溫泉
Niederdollendorf
SIEBENGEBIRGE山
Honnef溫泉
Unkel
Hönningen溫泉
萊因河
WESTERWALD
Leutesdorf
Bendorf-Sayn
KOBLENZ
Ems溫泉
布勞巴赫
HUNSRÜCK山
Kestert
▲ 羅蕾萊岩
TAUNUS山
萊因岩堡
Kaub
史塔萊克堡
RHEINGAU
凱德里希
Schlangenbad
丙根
Mainz
維斯巴登

199 皮庫島步道
Vinhas da Criação Velha Trail

葡萄牙，亞速群島（Azores），皮庫島（Pico）

　　亞速群島的 9 座島嶼散佈在中大西洋裡，最近的也離母國葡萄牙有 1,360 公里遠；每一座島嶼，更都是火山爆發所生成的，也因此，皮庫島上的居民都很能善用地利，打從 15 世紀起就在肥沃的熔岩土壤上種植葡萄，而且為了防禦大西洋海風傷及嬌嫩的葡萄，更築起長而又長的圍牆。這條皮庫島步道，是從波爾圖杜卡豪（Porto do Calhau）一直走到阿瑞亞拉爾加（Areia Larga），全長 6.5 公里，途中就有名列世界遺產的葡萄栽植地景；你會走過一個由許多矩形地塊（currais）組成、以黑石牆區隔開來的迷人區域，不遠處，就是波濤洶湧的大西洋。

---

197 里拉山脈步道
Rila Mountains

保加利亞

湖泊處處的里拉山脈（保加利亞最高峰所在）有很多條步道，但終點幾乎都是那座漂亮到讓人目不轉睛的里拉修道院（Rila Monastery）：由後來被尊稱為「里拉的伊凡」（Ivan of Rila，又名「里拉的約翰」）的 10 世紀修士所建。

---

198 波巴山步道
Mount Popa

緬甸中部

你得一連踏過陡峭的 777 道石階，才能抵達蓋在波巴山頂的唐卡拉寺（Taungkalat Monastery）。這座坐落火山頸上的寺院，是 11 世紀時興建給納茲（Nats，37 位緬甸神靈的統稱）住的。

200 倫蓋火山步道
Ol Doinyo Lengai

北坦尚尼亞

{ 奮勇登上馬賽人（Maasai）心目中的
「神山」最高峰。 }

行前須知：
- 歷史關鍵時刻：公元 1400 年，馬賽人到此定居
- 距離與費時：10 公里；7~10 小時
- 難度：費力——炎熱，山道陡峭又滑溜
- 最佳月份：5-9 月
- 重點叮嚀：這是一座活火山——攀登前請先問問在地人有無爆發跡象

對頁：年輕的錐形倫蓋火山，是非洲少數如今還在噴發的火山之一。

說倫蓋火山是座「神山」，無法領會的人應該少之又少。每當它的山口開始面紅耳赤、七竅生煙、怒不可遏地吐出亮黑的熔岩時，怎麼看都像山頂上有個法力無邊的神祇。根據馬賽人的傳說，創造之神恩蓋（Engai）就住在倫蓋火山的峰頂，火山的煙火大秀則是祂表達憤怒的方式。

暫且撇開神話色彩，來看看現實狀態吧。原本屬於蘇丹尼羅河部族之一的傲骨馬賽人，15 世紀前後開始往南遷移，先是到大裂谷四處為珍愛的牲口尋找更好的牧草地；沒過多久，海拔 2,962 公尺、橫亙於北坦尚尼亞大平原上的倫蓋火山就得到了他們的青睞。

上山過活的念頭一點也不足為奇。這座錐形的年輕火山不但是那時非洲少數還在噴發火山之一，而且，它的爆發（或神祇的咆哮，端看你從哪個角度來理解）還三不五時就來上一回，更是全球唯一會噴出碳酸熔岩（natrocarbonatite）的火山。這種火成熔岩既含有很能肥沃土壤的養分，也因為特異的化學成分而使得岩漿流動性極強——幾乎和石油沒有兩樣——而且很快就會冷卻為白色的粉狀物，讓倫蓋火山本來就怪異得有如外星的頂峰，看起來就好像還有雪花蓋頂一般。

比較難以想像的是，只要你肯聘個嚮導，這座地熱處處的火山就不至於有多難攀登；但是，如果沒人幫忙，不但高高在上的火山口遙不可及，就連山腰的陡坡，也滑溜得隨時都可能讓你一失足成千古恨；更別說熱氣蒸騰的噴氣孔、熔岩形成的峽谷和凹凸不平、碎石遍佈的地面等，有多讓初次造訪的人步步

驚魂了。

倫蓋火山北有火鶴（flamingo）棲地納特隆湖（Lake Natron），南有恩戈隆戈羅火山口（Ngorongoro Crater）──東非的自然生態保護區之一。來到倫蓋火山的山腳之前，你會先經過因格魯卡（Engaruka）和恩加塞洛（Ngare Sero）這兩個大裂谷村落，而且最好就在附近紮營，因為你得趕早──子夜時分到凌晨兩點之間──啟程，才能一來避開炎陽的曝曬、二來趕在日出之前登頂。如果能選在月圓之夜，氣氛更是棒到沒話說。

山腳四周都長滿了高達 2 公尺的象草（elephant grass，狼尾草屬），但只要你動作快一點，很快就能擺脫糾纏；可迎接你的，卻是由塵土、碎石組成，走起來滑腳得令人沮喪的路途，似乎每往前走個兩步就得滑回一步。既深又軟的斜坡裂縫不但一樣煩人，還得步步為營才不會出事；直到本來就夠陡的斜坡仰角大到 45 度左右時，步道才會轉為由岩面和石塊組成的堅硬地面，不過，走起來還是危機四伏。除了注意腳下，你還得時時提防怪異的氣旋：褐色的塵埃只是看起來可怕，其實大多不傷身體，但如果噴口出現白色的氣泡，那就很可能是火山即將噴發的預兆，千萬別掉以輕心，必須立刻回頭下山。

等到你穿過「珍珠門」（Pearly Gates）──遠古時期火山噴發遺留下來的兩座高大白色熔岩塔──後，就會有個斜坡可以讓你走上火山口的外緣。峰頂有兩個火山口，南邊的那個是休火山口，北邊才是活火山口。總的來說，這是一段另人毛骨悚然、如訪陰間的路途：空氣中淨是腐壞雞蛋的味道，崎嶇不平的地面一會兒漆黑如墨，一會兒半灰半白，一會兒又黃棕夾雜，有時更像鋪上了一層雪白的蘇打粉；小熔岩滴丘（hornitos）不但會刺穿火山壁，有時還會像噴泉一般，猛然噴出火燙蒸氣，外加獨特的、泥濘也似的碳酸熔岩，如果你遇上時還沒天亮，就能清楚地看見它那火焰般的光芒。感覺起來，你會覺得自己來到了另一個星球。

但是，如果你在峰頂舉目四顧，就會知道自己並沒有離開地球。日出時分，大裂谷就在你腳下往遠方伸展，平原上，恩戈隆戈羅陡崖（Ngorongoro Escarpment）、納特隆湖、吉賴山（Mount Gelai）和基通內貝山（Mount Kitumbeine）更全在你眼前各展風姿；雖然下山的路也沒多好走，但這些景致已足以讓你回味無窮。

203 太陽嶺步道
La Arista del Sol

墨西哥，伊斯塔西瓦特爾火山（Iztaccíhuatl）

　　根據阿茲特克人（Aztecs）——1200~1500 年統治墨西哥的民族——的說法，公主伊斯塔西瓦特爾因為深愛戰士波波卡特佩特（Popocatépetl），在聽聞了他戰死的消息後便不想獨活，自殺身亡；原本平安無事的波波卡特佩特，又為了讓公主復活而真的喪生。天上的神，於是把這一對不幸的戀人變成兩座火山，而且就擺放在墨西哥市（Mexico City）附近。海拔 5,230 公尺的死火山伊斯塔西瓦特爾，就是因此而被稱為「沉睡的女人」；我們則可以花上 6 小時走一走這條「太陽嶺步道」，登上伊斯塔西瓦特爾火山峰頂。步道起點位在拉荷亞（La Joya），先往上走過一座較矮的嶙峋山頭——據說就是這位沉睡女士的「腳背」；因此，接下來就是繼續往上走到她的「膝蓋」，然後才是「胸部」。從這裡到峰頂的路上你都可以清楚望見，至今還沒休眠的波波卡特佩特火山依然不斷吐出煙塵。

204 婆羅摩火山步道
Mount Bromo

印尼，爪哇島

　　如果你能早早起床，快快走完這條 3 公里步道，那麼，你就能在日出前登上婆羅摩火山 2,329 公尺最高峰，享受第一道陽光照上騰格爾火山口（Tengger Crater）的迷人光景。你會看到，火山塵依舊湧出的塞美魯火山（Gunung Semeru）就在不遠處。要是碰巧見到有人往還在冒煙的婆羅摩火山裡丟東西，可別大驚小怪；15 世紀時，始終膝下無兒的塞格爾國王（King Seger）和安騰皇后（Queen Anteng）向天神求助，希望能有子嗣，天神答應了，但有一個條件：他們的第 25 個孩子必須當成祭品丟入火山——要不然，天神就會讓火山大爆發。正因如此，一到每年的卡薩達節（Kasada festival）這一天，爪哇人都會以奉獻祭品來安撫婆羅摩火山。

205 巨人之鄉步道
Besseggenturen

挪威，約屯黑門（Jotunheim）

{ 前往北歐神話中的「巨人之鄉」，
來場過癮的山脊健行。 }

行前須知：

- 歷史關鍵時刻：公元 1220 年，《小愛達經》（*Prose Edda*）寫成，北歐神話開始流傳
- 距離與費時：17 公里；5~7 小時
- 難度：中等——有陡降坡，部分地帶崎嶇難行
- 最佳月份：7-8 月
- 重點叮嚀：可以從法格內斯（Fagernes）搭公車到延德斯海姆（Gjendesheim）

　　北歐神話之所以能代代流傳，史洛里・斯圖拉松（Snorri Sturluson）1220 年寫成的《小愛達經》功不可沒。在這本史詩著作裡，斯圖拉松創造了「北歐九世界」（Nine Norse Worlds），其中之一的「巨人之鄉」，是個風雪從不停歇的化外之地，冷到就連岩石都凍結，到處都是高聳入雲的山峰和不見天日的黑暗森林。

　　挪威的國家公園之所以會取個約屯黑門（Jotunheim，「巨人之國」）這樣的名字，就是因為挪威人都很熟悉這個字眼；不過，公園裡當然沒有嚇人的巨人（*jotuns*），只有很多冰河、尖峰，以及太古荒原。

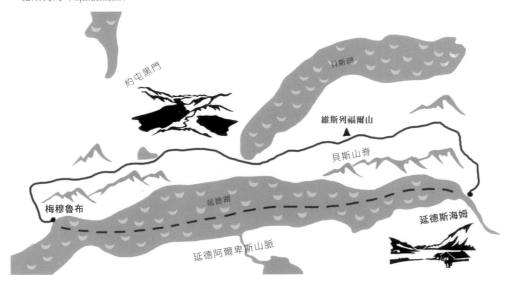

約屯黑門

貝斯湖

維斯列福爾山 ▲

貝斯山脊

梅穆魯布

延德湖

延德斯海姆

延德阿爾卑斯山脈

上圖：好好跟著路標向前行，步道就會帶引你走向北歐巨人的家鄉。

　　這座位在挪威中西部的國家公園裡有很多條健行步道，最值得一走的，便是「巨人之鄉步道」。你得走在延德斯海姆和梅穆魯布（Memurubu）之間的 17 公里貝斯山脊（Besseggen Ridge）上，劇作家易卜生（Henrik Ibsen）曾經用「像被一把超大鐮刀砍過」來描寫這條山脊；他說得沒錯，遠遠看去，山脊確實陡峭、狹窄得讓人心生恐懼，但其實最窄的地方也都在 10 公尺以上。說是這樣說，朝湖泊陡降而下的那段路大概還是會讓你心驚膽戰。

　　大眾化一點的走法，是先搭渡輪到梅穆魯布，再一路往回走到延德斯海姆的棚屋。這一來，你就會先攀爬有點陡的山路，再走一段平路後，才會往下走向兩座湖泊──海軍藍的貝斯湖（Lake Bessvatn）和翡翠綠的延德湖（Lake Gjende）──之間。接下來，就得再往上攀爬了，而且是愈爬路愈窄，直到抵達海拔 1,743 公尺、這條步道最高點的維斯列福爾山（Mount Veslefjell）頂峰。佇立山頭，盡情眺望綿延無盡的延德阿爾卑斯山脈（Gjende Alps）後，你就可以一路下坡到終點了──除非下山途中不幸遇上攔路的巨人……

206 失落之城步道
Ciudad Perdida

哥倫比亞，內華達山脈（Sierra Nevada）

{ 穿越霧氣氤氳的叢林，
尋訪古泰羅納（Tayrona）族人
遺留下來的「失落之城」。 }

行前須知：

- 歷史關鍵時刻：公元 800 年，泰悠納城（Teyuna）興建之時
- 距離與費時：45 公里；5 天
- 難度：中等——氣候濕熱，有些路段必須攀爬
- 最佳月份：12~3 月
- 重點叮嚀：得從卡塔赫納（Cartagena）搭 4 小時公車，才能到內華達山脈的入口聖瑪塔（Santa Marta）

207 賈維古爾步道
Kjalvegur

冰島

只要順著維京人留下的古馬車道走，這條 44 公里步道就會帶你穿越中世紀時極其排斥外來人士的冰島內陸地帶。即便是今日，據說維京人的鬼魂也還經常騷擾遊客呢。

正如隱藏在安地斯山脈中的印加古城馬丘比丘（Machu Picchu），泰羅納人不但也在哥倫比亞的加勒比海岸叢林裡興建了佩爾迪達城（Ciudad Perdida），更比馬丘比丘還早了大約 600 年——位在內華達山（譯註：Nevada 是「雪」的意思，有人就稱它為「雪山」）裡的泰羅納人聚居地，也就是許多人口中的「泰悠納城」，是公元 800 年左右時興建的。檢視了遺址的房屋、宮殿、階梯和祭壇的規模後，專家認為當時居民可能接近 1 萬人；不過，隨著西班牙征服者的入侵，泰悠納城被遺棄、淡忘，再度回到叢林的懷抱裡，1970 年代重見天日後，又因為反政府游擊隊的威脅，近年才開始准許走路人進入這片叢林。

你得先在聖瑪塔搭車，顛簸好一段路後，才到得了「失落之城步道」的起點馬契特佩拉（Machete Pelao）小鎮。踏上旅程之後，步道就會愈來愈遠離文明，曲曲折折地穿過一些小農場、咖啡園、幾段很費腳力的斜坡，以及鳥語呢喃其間的小樹林；除此之外，你還得對付很多溪河——有些擺置了踏腳石，有些只能涉水而過或甚至必須游到對岸。你也很可能會遇上一些韋瓦（Wiwa）族或科吉（Kogui）族的原住民，他們都生活在這片炎熱的山丘上，很願意提供水果給你我之類的徒步者。

接下來，你就都得傍著布里塔卡河（Buritaca River）走，直到那長滿苔蘚、通往古城的 1,200 階石梯出現在你眼前。這些環山而上的石階，會帶引氣喘吁吁的你來到海拔 1,300 公尺的山頂上；是的，泰羅納人早就遠走他鄉了，但你很快就會發現，有許多荷槍實彈的阿兵哥守護著今日的徒步者。

對頁：深入哥倫比亞密林，探訪「失落之城」。

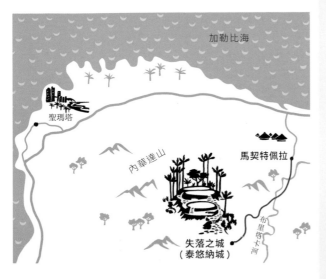

加勒比海

聖瑪塔

內華達山

馬契特佩拉

失落之城
（泰悠納城）

布里塔卡河

208 GR221
乾砌石步道
GR221：Dry Stone Route

西班牙，馬約卡島
（Mallorca）

馬約卡島的北脊，特拉蒙塔納山脈（Serra de´Tramuntana），除了是一片引人入勝的山嶺，地景更充滿中世紀的地中海文化氛圍；在它的山脊和陡峭山巔之間，有個由小農莊、果園和橄欖樹編織而成的網絡，區隔它們的，則是年代久遠的石牆和灌溉水道。13世紀左右，摩爾人才一來到這兒，便以他們結合了基督徒土地管理和耕作技藝的兩項長處，徹底改變了馬約卡島傳承已久的務農方式。總長135公里的GR221乾砌石步道（Ruta de Pedra en Sec，譯按：GR是「長程步道」的法語簡稱），是從西南方的安德賴奇港（Port d´Andratx）走到西北方的波連薩（Pollença），既有一段鵝卵石鋪設的路面，也會經過許多農家附近的乾砌石牆，更有不少會令你不禁駐足讚嘆的天然美景。

209 拉奇烏拉步道
Rakiura Track

紐西蘭，史都華島（Stewart Island）

> 在島嶼南邊來場環行，走走鳥兒啁啾
> 的國家森林，探索毛利人的歷史。

行前須知：

- 歷史關鍵時刻：公元 1200 年，玻里尼西亞人首度登上史都華島
- 距離與費時：32 公里；3 天
- 難度：輕鬆／中等──路況良好，有些木鋪小道，多種氣候形態
- 最佳月份：11~3 月
- 重點叮嚀：不管是借宿小屋或露營，都得事先申請

當墨西哥的托爾特克帝國（Toltec Empire）土崩瓦解、日本武士家族攻伐不休、成吉思汗一統蒙古部族時，杳無人煙的紐西蘭才只迎來它的第一批住民。斯時隱身浩瀚太平洋西南邊、遠離文明的迢遙島群，已成為地球上最後一處可以容納眾多住民的所在，而划著獨木舟漂洋過海、具有大無畏精神的玻里尼西亞人，也終於在 1200 年左右發現了這些遺世獨立的島嶼。

這也意味著，紐西蘭有很長一段時間只能自求多福。它的所有島嶼，5 億 4000 萬年前都還是超級大陸「岡瓦納古陸」的一部分；不過，根據後來才到臨的毛利人的傳說，紐西蘭可不是這麼誕生的。毛利人相信，南島本來是毛伊（Maui）這位半人半神勇士的獨木舟，北島則是毛伊從海裡拉出來的大魚，史都華島呢，只是毛伊在拉出這條大魚時用來穩住獨木舟的錨。

撇開傳說不談，面積 1,680 平方公里的史都華島比南島還南；精確地說，距離南島的最南端 30 公里。也因此，打從第一批先民登陸紐西蘭以來，史都華島也許是改變得最少的地方；不管是曼努卡（manuka，桃金孃科）樹叢、泥濘的沼澤，還是滿佈羅漢松（podocarp）與硬木（hardwood）的森林，直至今日都保存得相當良好。當初吸引了毛利人來此定居的花草樹木、魚類和鳥類，現在也還多不勝數；就算史都華島都已被發現了有 800 年之久，以此為家的仍然只有不到 400 人。

島上的徒步，因此多了點時光之旅的味道，富含自然與文化的歷史氛圍；費時 3 天、標誌清楚的拉奇烏拉步道，更是其中最單純的一條。這趟環行的起點，是島上最重要的城鎮奧班

上圖：到史都華島走一趟拉奇烏拉步道，造訪古毛利人的居住地。

（Oban），由此走向空曠的海岸、原始灌木叢，探尋早期住民的點點滴滴——步道中有幾段路會經過古毛利人的住地。為什麼步道名為拉奇烏拉呢？因為這是毛利人為這座小島所取的名字，囉嗦一點翻譯的話，差不多是「燦爛天空下的土地」的意思；猜想起來，也許是初來者對詭麗的南極光（Aurora Australis，亦即 Southern Lights）的回應，因為即便到了今日，有時他們還會在星空下載歌載舞。

小巧、靜謐的奧班鎮，也常被稱為半月灣（Halfmoon Bay），不管是從南島搭機或乘船都很方便又快速。拉奇烏拉步道的官方起點黎灣（Lee Bay），從鎮中心走個個把小時就能到達；啟程後，你得先穿過一片灌木叢，然後橫渡一條就叫「小河」（Little River）的小河，再往下走到沙白如雪的毛利海灘（Maori Beach），這片海灘如今還留有早期毛利村落的遺跡，以及 1913 年時為了利用陸均松（rimu tree）而興建的鋸木廠（現在還看得到已然鏽蝕的蒸汽鍋爐），也有露營用地，不過，如果你並不太累，最好還是繼續前行、翻過小丘，到瑪格內蒂克海灘（Magnetic Beach）入宿威廉港小屋（Port William Hut），因為這裡的景致好過毛利海灘。毛利人曾在這兒打造了個凱卡（*kaika*，狩獵營地），後來帕·華卡塔卡（Pa Whakataka，譯註：應該是曾經在這裡接受毛利長老十年教導的紐西蘭雕刻家 Matahi Whakataka-Brightwell 的暱稱）也曾在此定居；19 世紀時，海豹和鯨魚經常以這裡為避風港，海岸外也曾有人經營牡蠣養殖場。

中世紀時期　　173

FOVEAUX海峽

史都華島

威廉港小屋
瑪格內蒂克
海灘

威廉港

Wooding灣

毛利海
灘

小河

黎灣

馬蹄灣

拉奇拉烏國家公園

奧班

半月灣

北臂小屋

木屑灣

凱皮皮灣

普萊斯狹灣

帕特森灣

Ulva島

210 羅賓漢步道
Robin Hood Way

英國，英格蘭

從諾丁漢（Nottingham）開步走，鑽進社塢林（Sherwood Forest）、賊窩林地（Thieves Wood），再走過羅賓漢之丘（Robin Hood Hills）；是的，這條總長 172 公里的步道，就是要帶你造訪這位中世紀傳奇盜賊的活躍地帶。

211 奧爾洪島步道
Olkhon Island Trail

俄羅斯，貝加爾湖（Lake Baikal）

來到西伯利亞，走一趟貝加爾湖中這座小島的西北岸。全長 75 公里的這條步道上，處處都是布里亞族（Buryat）遺留下來的薩滿人（shamanistic）文化遺跡，最久遠的可以上溯到 13 世紀。

　　第二天，先是回頭走一段來時路，再轉往西走、朝內陸前進。你會先在爬上一些山丘時經過蕨類遍地的羅漢松林，再沿著昔日運送木材的道路走上一會兒；當年沒被採伐的樹木，如今已成眾多本地鳥兒的天堂，包括小型山雀（tomtit）、鳴聲嘹亮的綠色長尾小鸚鵡（parakeet）、當地人稱之為卡卡（kaka）的大號鸚鵡，以及名喚皮皮瓦奧羅亞（pipiwharauroa）的漂亮布穀鳥。這一晚的住宿地北臂小屋（North Arm Hut），是最適合欣賞派特森灣（Paterson Inlet）怡人海景的好地方，毛利人稱之為 Whaka a Te Wera ——既有神聖意義，也有感謝大自然恩賞的意涵。

　　第三天的行程，是先緊靠著木屑灣（Sawdust Bay）岸而行，到處都看得到附著在岩石上的綠唇海蚌和戲水的海鳥；過了狹灣後，步道轉而朝向蔥綠的原生森林而去，接著走向凱皮皮灣（Kaipipi Bay），這兒有座 1860 年代鋸木廠的遺跡，而且幾乎只要沿著老集材道路向前行，你就能一路走回奧班，在南海飯店（South Sea Hotel）享受一頓牡蠣大餐，為旅程劃下完美的句點。

212 珠穆拉里雪峰行
Jhomolhari Trek

不丹西部

　　這是為時 9 天，深入位在喜馬拉雅山脈中心的經典健行，目標是海拔 7,314 公尺，橫跨西藏、不丹邊界的珠穆拉里峰。在民間傳說裡，女神珠穆（Jomo，這個藏語，本身就是「女神」的意思）就住在這座山峰上；而她之所以住在這兒，是因為 8 世紀時，佛陀的尊師蓮花生大士請她照護這塊大地和生息其上的凡人。如果你恰巧遇上晴朗的日子，遠從步道起點杜克耶堡（Drukgyel Dzong）就看得見珠穆拉里峰；可真正開步走後，你得整整花上 3 天，才走得到珠穆拉里峰的基地營詹哥善（Jangothang，海拔 4,080 公尺）。不過，詹哥善確實是很方便攻頂的起點，接下來的 6 天，你不但會走過原始森林、氂牛牧草地、高山隘口，也一定能看盡崇山峻嶺連綿不絕的美景。

213 五漁村高地步道
Cinque Terre High Trail

義大利，利古里亞政區（Liguria）

　　打從峭壁林立的這地方多了五個漁村以來，至今已一千多年過去了。這五個漁村，分別為蒙泰羅索阿爾馬雷（Monterosso al Mare，由來最久，成村於公元 643 年）、韋爾納札（Vernazza）、馬納羅拉（Manarola）、科尼利亞（Corniglia）和利歐馬喬雷（Riomaggiore），不知怎的，就是能在同一個利古里亞海濱各據一方卻又和平共存——建築物的造型、用色也都不落俗套，組成了一幅讓人耳目一新的奇特景觀。全長 12 公里的「藍線步道」（Blue Trail）最好走，一路沿著海岸的百年小徑向前邁步，就能一一造訪這五個漁村。難走一些但也僻靜得多的「高地步道」（High Trail）路途便長得多，全程 40 公里，從位在韋內雷港（Portovenere）的村落走到五漁村的南邊，再由岸海崖往北走到勒凡托（Levanto）；在路途中，當你走到普塔麥森可（Punta Mesco）時，別忘了低頭凝望、把五個漁村盡收眼簾。

214 卡特里小徑
Sentier Cathare

法國南部

{ 城堡櫛比鱗次的這條步道，往昔曾有一群「異教徒」由此逃離迫害。 }

行前須知：

- 歷史關鍵時刻：公元 1100~1300 年，淨化派（Cathar）興起到衰亡
- 距離與費時：250 公里；12 天
- 難度：中等／費力——地形變化大，時有陡峭路段，基礎設施良好
- 最佳月份：5-10 月
- 重點叮嚀：由東朝西走（從拉努韋勒港〔Port-la-Nouvelle〕走到法克斯〔Foix〕）會輕鬆許多

215 牛車歷史古道
Historic Oxen Trail

德國北部

全長 500 公里，起點位在德國大城漢堡（Hamburg）附近的韋德爾（Wedel），終點則是丹麥的維堡（Viborg）；串連起這條迢遙步道的，是古代商貿道路和朝聖路徑。

　　天主教的教堂都不歡迎淨化派（亦稱卡特爾派）信徒，因為這個教派竟敢質疑羅馬神學，當然興起沒多久就被認定成一群異教徒；也因此，在一次名列史上最殘忍的基督教肅清活動中，教皇英諾森三世（Pope Innocent III）下令徹底剷除這個教派。

　　淨化派的巔峰時期是 12 世紀左右，思想開明的法國隆格多克（Languedoc）一帶尤其興盛；但在天主教十字軍一展開追殺行動之下，淨化派教徒只好紛紛逃往庇里牛斯山腳下的城堡，期望能保住教派的一線生機。只可惜事與願違，到了 14 世紀晚期，淨化派實際上已被連根拔起，從此灰飛煙滅。

　　這是個殘酷的歷史故事，但一如卡特里小徑（亦稱「淨化派之路」〔Cathar Way〕）的明證，淨化派教徒也留給了我們一條法國最壯麗的鄉野步道。卡特里小徑是由 12 個分段連接而成，總長 250 公里，從地中海濱的拉努韋勒港一直到高地城鎮法克斯；行走其間時，你得穿行獨自兀立於路途上的石灰岩、遍植葡萄樹的丘陵、高山牧草地和高原，以及幽深又嶙峋的峽谷，始終聳立在你背後的，則是雪花蓋頂的庇里牛斯山。你也會一而再、再而三地經過當年淨化派教徒的藏匿處，包括不可思議地蓋在山峰頂上的克里比城堡（Quéribus Castle）遺跡、坐落懸崖邊卻固若金湯的羅曲埃菲克薩德（Roquefixade）城堡（雖是 14 世紀的建築，但原址本是淨化派教徒的避難所），以及形貌宛如船頭的佩雷佩圖斯（Peyrepertuse）堡壘——從未遭到十字軍的攻擊卻還是主動開城投降。位處山頂的蒙特塞居城堡（Montségur Castle），則是淨化派教徒最後據點的遺跡——公元 1244 年，在圍城 10 個月之後，他們才終於放棄最後一絲希望。

法國

法克斯
羅曲埃菲克薩德
蒙特塞居城堡
Puivert
庇里牛斯山脈
Quillan
Axat
Puylaurens
Bugarach
佩雷佩圖斯
克里比城堡
Tuchan
Durban-Corbières
拉努韋勒港
地中海

探訪當年淨化派教徒藏匿過的城堡，比如這座佩雷佩圖斯。

斯洛伐克

阿克特來克鐘乳石洞　　**霍洛哈佐**

奧地利

北中脊山脈

克塞格山脈

▲克凱什峰

小匈牙利平原

多瑙河灣部

多瑙河

布達佩斯

Köszeg

伊羅特科山

多瑙山區中脊山脈

多瑙河

巴拉頓湖

匈牙利

走一趟匈牙利國家藍線步道，一覽巴拉頓湖——歐洲最大湖泊——的絕妙風光。

216 國家藍線步道
National Blue Trail

匈牙利

{
效法馬札兒人（Magyar）的游牧精神，
走過一整個匈牙利。
}

了解一個國家最好的方法，就是從這一頭走到另一頭；想了解匈牙利呢？那就走一趟匈牙利國家藍線步道囉。「這一頭」位在西邊國境、鄰近奧地利的伊羅特科山（Irottko Mountain），然後橫度整個匈牙利，一直走到「另一頭」：東邊與斯洛伐克接壤的霍洛哈佐（Hollohaza）村，整條步道全長 1,128 公里。這個內陸國目前的國土範圍，是直到 1920 年才清楚界定出來的，但國家的誕生早上很多年；名叫「匈牙利」的這個國家早在 895 年就存在了，創建它的，則是在阿帕德王子（Prince Arpad）率領下從東方世界來到這兒，並決定在此定居的游牧民族馬札兒人。

藍線步道——歐洲最「資深」的長程步道——的地景，很快就會讓你明白，為什麼馬札兒人會對這裡一見鍾情。一開始，你會經過位在克塞格山脈（Köszeg Mountains）腳下、已有 700 年歷史的同名小村，建築風格是哥德、文藝復興和巴洛克爭奇鬥豔；步道接著轉向小匈牙利平原（Little Hungarian Plain）、掠過巴拉頓湖（Lake Balaton），再往多瑙山區中脊山脈（Transdanubian Mid-Range Mountains）而去，來到中點左右的多瑙河畔的布達佩斯。

掠過這個匈牙利的首都之後，步道便轉而朝北，先是在多瑙河灣部渡過這條大河，再往北中脊山脈（Northern Mid-Range Mountains）而去，攀上標高 1,014 公尺的克凱什峰（Mount Kékes）——匈牙利最高峰——之後，繼續走到阿克特來克（Aggtelek）鐘乳石洞。過了石洞後，終點霍洛哈佐（Hollohaza）——阿帕德時期（Arpad-era）就已存在的聚落——也就差不多到了。路途中，徒步者可以在 147 個檢查站收集紀念戳章；當然了，也只有在小筆記本上蓋滿 147 個戳章，才能證明你確實走完過整條藍線步道。

行前須知：

- 歷史關鍵時刻：公元 895 年，馬札兒族從東方來到匈牙利
- 距離與費時：1,128 公里；55-60 天
- 難度：中等——必須面對多種地形
- 最佳月份：6-10 月
- 重點叮嚀：帶上小筆記本和袖珍印泥，一路收集景點印章

217 老鹽道
Old Salt Road

義大利，利古里亞政區

這條義大利人稱之為「拉維爾塞爾」（La Via del Sale）的步道，全長 129 公里，橫貫亞平寧山脈與肥沃的倫巴底平原（Lombardy Plains）；早在 1,000 年前，載運食鹽的騾子就在這條步道上來來去去了。

218 雅各比步道
Via Jacobi

瑞士

穿越歐洲、前往聖地牙康波斯特拉的「聖雅各之路」（Ways of St James）有很多條（參見 169「聖地牙哥朝聖之路」，146 頁），這是從瑞士走起的其中一條；打從 11 世紀起，就有很多外國朝聖者路過歐洲、前往西班牙的聖雅各安眠之處，要是朝聖者是從北歐或德國前來，便會在進入瑞士後踏上這條步道。雅各比步道起自位在做為瑞士與德國、奧地利邊界的博登湖（Lake Constance，亦稱康士坦茲湖），全長 350 公里，終點在鄰近奧、法邊境的日內瓦；一路上的景致，都不出乎你對瑞士這個國家的想像：路標一絲不苟，沿途盡是阿爾卑斯山脈的高峰、湖泊、原野，以及諸如聖加侖（St Gallen）、因特拉肯（Interlaken）、施皮茲（Spiez）等等的美麗市鎮。當然了，優質的乳酪和巧克力更是不愁買不到。

---

220 威卡雷莫亞納湖步道
Lake Waikaremoana Track

紐西蘭，尤瑞瓦拉（Te Urewera）

全長 46 公里，紐西蘭三條「偉大步道」（Great Walk）之一，帶你探索遊客較少的尤瑞瓦拉國家公園（Te Urewera National Park）。步道沿著威卡雷莫亞納湖西岸走，既能穿行於美麗的森林之間，也可以讓你更了解毛利人的歷史。

---

219 厄瓜多印加古道
Camino Del Inca

厄瓜多，中央高地
（Central Highlands）

印加古道（參見 181 頁）可不是祕魯的專利，這個古文明帝國的疆界遠遠大過祕魯。這條位在厄瓜多、從阿恰帕拉斯（Acchupallas）到印加皮爾卡（Ingapirca）的 40 公里步道，沿用了部分曾經用來連結庫斯科（Cusco）與基多（Quito）的「印加皇道」（Incan Royal Road）路段，雖然得攀越安地斯山區的 páramo（荒山野嶺），但一點也不難走。步道最高點的海拔 4,800 公尺，因此才讓這條步道多了點挑戰性。終點印加皮爾卡可以說是印加古城馬丘比丘的厄瓜多版，也許沒那麼壯觀，但遺跡保存狀態良好，不只太陽廟還很完整，更可以看到 acllahuasi（太陽神貞女院）廢墟——很久很久以前，被印加帝國選來侍奉太陽神的處女都住在這兒。

---

221 理查三世步道
Richard III Trail

英國，英格蘭，列斯特（Leicester）

漫步列斯特周遭，造訪和駝背的英王理查三世有關的古蹟。雖然理查三世早在 1485 年就已死在戰場上，但是，他的遺骨卻直到 2012 年才在一處停車場底下被發現。

222 祕魯印加古道
Inca Trail

祕魯，庫斯科地區（Cusco Region）

{
踏上這名聞遐邇的 4 天路徑，讓它帶你
通過安地斯山脈，找到依山建築的
「失落」城市馬丘比丘。
}

行前須知：

- 歷史關鍵時刻：公元 1200-1550 年，印加文明存在期間
- 距離與費時：45 公里；4 天
- 難度：中等／費勁——高海拔，多陡斜路段
- 最佳月份：5-9 月
- 重點叮嚀：每年 2 月步道關閉

　　雖然壽命不長，印加帝國的「一生」卻很美好。這個南美文明至今仍不知究竟打哪兒來，但似乎是在 1200 年左右興起（也就是王國締造者曼可·喀巴科〔Manco Cápac〕傳說誕生於的的喀喀湖〔Lake Titicaca〕之後）。接下來的三百多年，它不斷茁壯擴張，成了南美大陸前所未見的最強大帝國。從北到南，國土延展大約 5,500 公里，在精心設計下建造大量的道路、神廟和梯田。然而，由於 16 世紀中葉西班牙征服者的燒殺擄掠全無節制，偌大的印加帝國竟然從此灰飛煙滅。

　　他們是被摧毀了，可並沒有被遺忘。印加民族遺留下來的傲人傳奇、大師級的高超石藝，至今仍在祕魯的聖谷（Sacred Valley）具有難以取代的重要地位；他們鋪設的小道依然伸向四面八方，橫越整個谷地。沒錯，不管是在祕魯或其他更遠的地方，現在到處還都有你可以好好徒步一番的多式各樣「印加古道」；然而，如果只針對列為世界歷史遺產的馬丘比丘來說，卻沒有哪一條步道能與「經典印加古道」（the Classic Inca Trail）媲美。雖然誰也無法證明，但是，這條長 45 公里的健行步道也許曾經是前往神聖城堡的朝聖路線。行走其中的你當然也會感到彷彿腳下踩踏的是塊神聖之地。

　　這條路線受歡迎的程度也超乎想像。比較乾爽的月份（5-9 月）是最好的上路時機，但當地政府不允許獨來獨往，而且行前一定要取得許可證（很可能在旅遊旺季前就已銷售一空），而且步道上的流量也限定一天 500 人；別忘了，其中可還包括導遊和挑夫。就算祭出這些嚴格的限制，途中的露營地仍舊經常人滿為患。儘管如此，祕魯版的印加古道依然是世界上最燦爛耀眼的

上圖：經過一連幾天的辛苦跋涉，你終於來到「失落的城市」馬丘比丘。

步道——這一條永遠誘人的健行路線，會帶你越過崇山峻嶺和深谷，前往一座「失落」了幾世紀的古城。

　　從傳統的步道起點 KM88（火車在庫斯科到阿瓜斯卡連特斯〔Aguas Calientes〕之間的停靠站）開始，這條步道便在安地斯山脈的高山間迂迴穿行。一路上，你會迎來翻騰奔流的烏魯班巴河（Urubamba River）、雲霧繚繞的森林和展翅高飛的禿鷹。有些路段走起來確實比較費勁，包括攀上海拔 4,200 公尺的 Abra de Warmiwañusca ——大多數人稱之為「亡婦隘口」（Dead Woman's Pass）。

　　美景之外，令人驚豔的遺址也會接連不斷的出現，就像是通往馬丘比丘的一個又一個踏腳石：橢圓形隘口朗庫拉凱（Runcu Raccay）是一個觀景點，也是當年的 chasqui（接力跑腿的信使）休息站，這些信差，往昔得日復一日地在龐大的印加帝國間傳遞訊息；至於薩亞卡馬卡（Sayacmarca，意指「難近之城」），則是一座絕壁環繞的警戒基地。除此之外，步道中還有寬廣的梯田、細緻精巧的石工，和舉行宗教儀式前沐浴的惠奈瓦伊那（Huinay Huayna，意指「永保青春」）遺址。

　　接下來，便是終場的行程了。經過幾天的健行，你不但已經翻山越嶺、行經峭壁的雲霧

森林才到達石造的太陽門（Intipunku），及時觀賞太陽從鄰近馬丘比丘的山巒間冉冉昇起，還可以看到守護峰瓦伊那比丘（Huayna Picchu，意指「年輕的山峰」）靜默地聳立在後方。神祕的氛圍，依然籠罩這座「失落之城」：究竟它是古柯葉（coca）的集貨中心呢？還是防衛軍隊的駐守之處？或是童貞女的庇護所？有些人，就只當它是個神聖的場域來看待。學者已經證明，馬丘比丘太陽神廟的用途是禮敬至日（solstice，夏至或冬至），但不管興建的目的到底是什麼，它都像是打從 1450 年起就被遺棄的遙遠城堡，那個時候，比起對抗西班牙的烽火爭戰，城堡的保養與維護工作不但已淪為次要，就算想做也無暇顧及。

西班牙征服者這一邊，則從來沒發現過馬丘比丘的存在。在他們離開很久之後的 1911 年，美國探險家海勒姆·賓厄姆（Hiram Bingham）才意外地「找到」它（他要找的其實是比爾卡班巴〔Vilcabamba〕這座城鎮），讓它重見天日、擄獲世人驚豔的目光。

這一群依傍在安地斯山腰的荒廢倉庫、衛兵室和神殿，在 2007 年被評選為世界新七大奇景（New Seven Wonders of the World）之一，目前已有火車從靠近庫斯科的波羅伊區（Poroy）開往這裡，好讓更多人能到此一遊，但是，最好的、最能感受到氛圍、最能令人心滿意足的到訪方式，還是印加民族前往此處的老辦法——走路。

223 聖女貞德環行步道
Circuit Jeanne d'Arc

法國，洛林省
（Lorraine）

總長 80 公里，串連起幾處與法國女英雄聖女貞德（Joan of Arc, 1412~31）相關的遺址，包括她出生的房子和從軍報國的市鎮沃庫勒爾（Vaucouleurs）。

224 利坎卡伯火山步道
Licancabur Volcano

智利與玻利維亞

要歷經 8 小時辛苦跋涉，你才到得了位在利坎卡伯的火山湖——標高 5,900 公尺，是世界最高的湖泊之一。印加帝國曾在此處祭祀天地，遺址也還不難找到。

225 水晶少女步道
Crystal Maiden Trek

貝里斯，水晶少女洞穴（Actun Tunichil Muknal）

{ 健行、攀爬再加上游泳，你才到得了
這個存有少女遺骨的馬雅洞穴。 }

行前須知：

- 歷史關鍵時刻：公元 700~900 年，「水晶少女」被當成祭品的估計年代
- 距離與費時：8 公里；1 天
- 難度：中等——短程。地勢崎嶇，必須攀爬
- 最佳月份：11~5 月
- 重點叮嚀：放些替換衣物在防水包裡——你得下水游泳

226 小庫斯科步道
Huchuy Qosqo Trek

祕魯，聖谷

步道總長 17 公里，費時 2 天，從譚博馬凱（Tambomachay）走到拉邁（Lamay），路途會穿越聖谷，也會走在部分當年連結庫斯科與皮薩克（Pisac）的古印加道路上。

深入這個水晶少女洞穴時的感覺，就好像進入 Xibalbá——馬雅地下世界——的中心地帶。由於位在叢林覆蓋、山洞多不勝數的塔皮耳山自然生態保護區（Tapir Mountain Nature Reserve）之中，特別隱密的這個「石墓之洞」（Cave of the Stone Sepulchre），因此直到幾十年前才被發現；然而，洞裡潛藏的卻是一段異常殘酷的過去。馬雅人使用這種洞穴時通常有幾種原因：儲存飲水、食物或避難——要不就是犧牲祭祀。很遺憾地，「水晶少女洞穴」的功能似乎就是後者。

光是從最接近的地方前往洞穴入口，就得走上一小段路和渡過三條河，還有個水池擋在前頭。沒關係：划水快一點的話，三兩下就到對岸——也就是入口。水晶少女洞穴雖然潛藏在山嶺裡，卻也有 8 公里長，想看到水晶少女的遺骸，不但得時時攀過障礙，還常常必須蹲低著走，才不會撞個頭破血流。

來到入口以後，你一定要小心翼翼地沿著指示路線走，免得踩上散佈四處的破陶罐（馬雅人認為摔碎陶罐才能讓祖先的神靈重獲自由）；下一階段則是來到充滿回聲的「座堂」（cathedral），一個地上滿是石筍、牆上滿是方解石（calcite）的大廳。最後，等你終於走到一道石階跟前，往下擠過狹窄的通道，才總算來到一個小小的石室，見到了水晶少女：一副十幾歲少女的骨骸。早在一千多年前她就被當成祭品而犧牲了，但如今，她的骨頭因為沾附了方解石，靜靜地在暗黑的石洞裡閃耀光芒。

右圖：擠過狹窄的通道、進入小石室，看看水晶少女在她犧牲的小房間裡閃耀光芒。

227 塔可息古道
Takesi Trail

玻利維亞西部

塔可息古道可以說是玻利維亞版的印加古道，更是巨大的古印加安地斯山區道路系統（Qhapaq Ñan Andean Road System）——從哥倫比亞到智利，聯結印加帝國各角落的交通網絡——的一部分，總長 40 公里，起點在拉巴斯（La Paz）東邊一點的芬提拉（Ventilla），路線大致遵循古哥倫比亞大道，終點則是央葛斯（Yungas）谷地中的亞那卡奇（Yanacachi）。芬提拉的海拔高度已有 3,200 公尺，但出發後還得再往高處走，前往一個標高 4,600 公尺、周遭景物一覽無遺的山口，之後，步道就幾乎一路往下了；你會穿過高聳山峰之間、駱馬（llama）群集的草地和愈來愈濕熱的叢林，途中會經過一些傳統村落，也偶爾會走在狀態依然良好的古印加石鋪路上。

228 丘羅步道
Choro Trail

玻利維亞

全長 70 公里，幾乎全都是下坡路，沿著古西班牙步道（Hispanic trails）走，從拉康布里（La Cumbre）出發，穿過科塔帕塔國家公園（Cotapata National Park）中的雲霧森林。路途中，你會遇上不少印加遺址。

229 米斯蒂火山步道
El Misti

祕魯，阿雷奎帕（Arequipa）

這是條說好走是好走，卻會讓你喘不過氣來的步道——因為你得爬上海拔 5,822 公尺的米斯蒂峰頂。1998 年時，有人在火山口內發現了六具印加木乃伊。

230 維京步道
Viking Way

英國，英格蘭

維京人第一次入侵英國，是公元 793 年時的事。這條從林肯郡（Lincolnshire）到拉特蘭（Rutland）、總長 237 公里的步道，走的便是當年維京人踩踏過的地面；你不但會經過因他們而得名的丹麥區（Danelaw），也會看到不少維京人留下的遺跡。

231 提珀雷利遺產步道
Tipperary Heritage Way

愛爾蘭，提珀雷利

早期的愛爾蘭移民——包括維京人（公元 800 年代）和諾曼人（公元 1100 年代）——都沿著蘇爾河（River Suir）尋找愛爾蘭最肥美的農地。這條從諾克米爾當山脈（Knockmealdown Mountains）到卡瑟爾（Cashel）岩堡的步道，走的也是同一條路徑。

232 不兒罕合勒敦山步道
Burkhan Khaldun

蒙古，肯特省（Khentii）

成吉思汗——蒙古帝國的創建者，也可能是世界史上最惡名昭著的戰士——就誕生於不兒罕合勒敦山，成年後，他也經常到這兒來尋求上蒼的指引；1227 年過世後，蒙古人更把他安葬在海拔 2,354 公尺峰頂的巨大石塚中。雖然這很可能只是個傳說，但不管有沒有證據，蒙古人都還是把不兒罕合勒敦山當成他們的聖山。登山之路——或者說朝聖之路——並不艱難，穿過松林、越過多石高原，一天之內就能走完。真正艱難的，是怎麼前往這條步道：起點所在之處不但離蒙古首都烏蘭巴托（Ulaanbaatar）有 200 公里遠，而且只能開車或騎馬才到得了。

233 紅鬍子步道
Barbarossa Trail

德國，赫森邦（Hessen）與圖林根邦（Thuringia）

　　傳說是這樣講的：神聖羅馬帝國（Holy Roman Emperor）的菲特烈一世（Frederick I）——以「紅鬍子」（Redbeard 或 Barbarossa）的綽號名聞於世——並沒有真的在 1190 年過世（譯註：據說為了證明過河不難，他在自己統領的十字軍面前一躍入河，不幸溺斃）；也有人說，他安葬的地點是在基弗豪瑟山脈（Kyffhäuser Mountains）的一個山洞裡。你可以自己走一趟這條步道，看看能不能找到蛛絲馬跡；但也要有心理準備，因為「紅鬍子步道」長達 330 公里，得從柯爾巴赫（Korbach）走入赫森邦，再從赫森邦走到位於圖林根邦的蒂勒達（Tilleda）村——就在神祕兮兮的基弗豪瑟山腳下。使用的路段有些是古代皇家道路，有些是商貿道路，所以你既會走過德國既富饒又很有文化氣息的地景，也會邂逅宏偉山嶺、皇家城堡和許多德國先祖的遺產，更能在路途中欣賞到 150 件現代藝術作品。

234 杜布洛尼古城牆步道
Dubrovnik Wall Walk

克羅埃西亞，達爾馬提亞（Dalmatia）

　　打從 12 世紀興建以來，這堵圍繞杜布洛尼的城牆已經歷過兩次重創。這座將近有 2.4 公里長、25 公尺高，附有塔樓的城牆，當初是為了抵禦土耳其而建造的，可誰也猜想不到，最大的災難卻是來自 1667 年的一場大地震和 1990 年代巴爾幹半島的動亂。不過，讓人更意想不到的是，大部分的城牆都保住了原先的面貌。徒步者大多從派勒門（Pile Gate）出發，漫步過 15 世紀時加蓋的明闕塔碉堡（Minceta Fortress）後，在普洛查門（Ploce Gate）稍事停留，欣賞一會兒港口風光、圓形塔樓，以及杜布洛尼舊城區那些挨擠在一起、幾乎全都有赤褐色屋頂的老房子。

235 奧法之堤路徑
Offa's Dyke Path

英國，威爾斯與英格蘭

{
一路跟循鮮為人知的國王所留下來
的古代土木防禦工事，穿梭於荒蕪
的國境邊區。
}

行前須知：

- 歷史關鍵時刻：公元 757~796 年，奧法王統領麥西亞（Mercia）王國期間
- 距離與費時：285 公里；12~14 天
- 難度：中等——天氣說變就變，地勢起伏不定
- 最佳月份：4~10 月
- 重點叮嚀：路標很清楚——只要跟著橡實標誌走就行

---

236 希菲步道
Heaphy Track

紐西蘭，卡胡朗吉國家公園（Kahurangi National Park）

位在紐西蘭南島、全長 78 公里的希菲步道，最早的使用者是毛利族的翡翠（毛利語 pounamu）搜尋者。藉由這條步道，他們一路走過蘊藏翡翠的黃金海岸（Golden Bay）和韋斯特蘭（Westland）。

　　在位時期，奧法王的威猛無庸置疑。打從公元 757 年當上麥西亞王國——當時英格蘭七大王國之首——的君主起，這個好鬥成性的盎格魯—撒克遜人就一直努力擴張國土，終於統領了大部分英格蘭地區；威爾斯呢，可就沒那麼好對付了。奧法王不但努力過，而且兩度興兵攻打這些頑強不屈的塞爾特人，只不過都以失敗收場，最後只好沿著英格蘭、威爾斯邊境築起一道圍牆，阻隔威爾斯人的騷擾。

　　和羅馬皇帝哈德良（參見 114 哈德良長城步道，104 頁）——建造長城防範北境的蘇格蘭——不一樣的是，奧法王的圍牆並非石造，而是先挖壕溝後再堆土丘，後人稱之為「奧法之堤」。根據專家的估計，當年的壕溝有 20 公尺寬，緊貼著壕溝的土丘則有 2.5 公尺高。有人說土丘上還有再添另一層保障之用的柵欄，可考古學家怎麼也找不著可信的證據；還有人說，當時的威爾斯人會絞死圍欄那一邊的每一個英格蘭人，而只要英格蘭人發現圍欄這一頭有個威爾斯人，就會割掉他的兩隻耳朵。幸運的是，不論傳聞是真是假，今天的你都不會因為越過邊界而受罰；這一點可重要著呢，因為這條長達 285 公里的步道，基本上都沿著那時的土木防禦工事走，途中會往回英格蘭和威爾斯二十幾次。

　　不幸的是，因為奧法之堤只是土丘，經不起歲月的摧殘，儘管某些地段還看得到相當完整的土堤，有部分土堤已蕩然無存；話雖如此，一路上的視野遼闊和地景的天然輪廓，還是很能讓人理解為何當時要在這兒築造土堤。

上圖：沿著「奧法之堤步道」，從塞德伯里懸崖一直走到愛爾蘭海濱的威爾斯度假聖地普利斯坦。

　　奧法之堤步道由南朝北走，做為起點的塞德伯里懸崖（Sedbury Cliffs）不只位在塞汶河（River Severn）邊，更幾乎就在 11 世紀時興建於契普斯多（Chepstow）的城堡陰影下，終點則是愛爾蘭海（Irish Sea）濱的威爾斯度假聖地普利斯坦（Prestatyn）；你會走過有著深谷的壯麗邊境、已然坍塌的軍事要塞、汨汨作響的溪河、荒僻的山嶺，以及羊群遍野、彷彿沒有盡頭的山丘。

　　值得一訪的景點，首推熙篤會（Cistercian）修士 1131 年興建於威河谷（Wye Valley）隱密地帶的丁騰修道院（Tintern Abbey）；矗立於石楠遍生原野之外的，則是黑山山脈（Black Mountains）：徒步者便一邊沿著裸露的岩脊走，一邊尋找蘭托尼修道院（Llanthony Priory）的遺址（如今已改建為很有特色的旅館），再往下走到可愛的小鎮「瓦伊的威」（Hay-on-Wye，以文學氣息濃厚知名，有「威爾斯書都」的美稱）。接下來，步道便沿著威河走，然後攀上赫吉斯特嶺（Hergest Ridge）飽覽四下風光與至今仍保存良好的土堤；再走到奈頓（Knighton）的市集小鎮（威爾斯人叫它 Tref-y-Clawdd，意思是「堤上之鎮」）；過了這個小鎮，步道就回頭穿越士羅普夏丘陵（Shropshire Hills），其中的蘭費丘（Llanfair Hill）既是整條步道的最高點所在——海拔 408 公尺，丘上的土堤也保存得最完善。等到抵達克倫的新堡（Newcastle on

地圖標示：
普利斯坦、英格蘭、愛爾蘭海、克盧伊迪恩嶺、格威瑟懸崖、史諾多尼亞、龐特斯爾特渠、奇克城堡、莫立德丘、拉納馬內赫、蒙哥馬利郡峽谷、CARDIGAN灣、士羅普夏丘陵、克倫的新堡、奈頓、蘭費丘、赫吉斯特嶺、塞汶河、威河、瓦伊的威、黑山山脈、威爾斯、蘭托尼修道院、威河谷、丁騰修道院、契普斯多城堡、塞德伯里懸崖、契普斯多

237 1066 鄉野步道
1066 Country Walk

英國，英格蘭，東索克斯郡（East Sussex）

這一回，你跟隨的王者腳步換成了「征服者威廉」（William the Conqueror）——他在1066年的哈斯汀戰爭（Battle of Hastings）中擊敗了當時的英格蘭王哈羅德（King Harold）。全長50公里的這條鄉野步道中，不但有許多村莊、風車、城堡，還有當年那場戰役的遺址。

238 貢珀爾格爾堡城牆
Kumbhalgarh Fort Walls

印度，拉加斯坦邦（Rajasthan）

這道15世紀時興築的印度古城牆總長36公里，放眼全球，比它長的只有中國的萬里長城；建造的原因，則是為了保護阿拉瓦利丘陵（Aravalli Hills）內的300座寺廟。

Clun）時，就意味著你來到了步道的中點。

過了中點後，步道有陣子平緩許多，而且不斷跨過英格蘭和威爾斯的交界線；然後，在經過蒙哥馬利郡峽谷（Montgomeryshire Canal）和塞汶河後，你就會來到拉納馬內赫（Llanymynech）的市鎮——英格蘭與威爾斯的分界線，剛好穿過小鎮高處的街道。出了小鎮，步道便又遇上丘陵地帶，當你走到最高的莫立德丘（Moelydd Hill）上時，別忘了三百六十度地掃描一下周遭的土丘。接下來，步道會先遇上克盧伊迪恩山脈（Clwydian Range）、路經奇克城堡（Chirk Castle）、橫越38公尺高的龐特斯爾特渠（Pontcysyllte Aqueduct）——1805年時根據湯瑪斯·泰爾福（Thomas Telford）的設計所建造，直到如今還堪稱工程奇蹟。

在邂逅艾格威瑟懸崖（Eglwyseg Crags）後，步道就會陸續經過一片荒野和一座森林，才會真正走上克盧伊迪恩山脊，途經鐵器、銅器時代的山堡遺址；到了山嶺上後，往西邊的史諾多尼亞（Snowdonia）高處遠眺，你會發現景色十分宜人。終於，山啊嶺啊丘啊都逐漸退出舞臺，步道一路往下，帶你來到終點的普利斯坦（Prestatyn）；根據傳統，來到這兒的徒步者一到這裡就會脫下鞋子，把歷經了一段時光之旅的疲憊雙腳浸泡到海水裡。

239 西安城牆
Xi'an City Walls

中國，陝西省

{
走一圈明朝時興築的宏偉城牆，
見識這個古絲路大城如今的風貌。
}

行前須知：
- 歷史關鍵時刻：1370 年代，明朝興築西安城牆
- 距離與費時：14 公里；3~4 小時
- 難度：輕鬆——沒有上下坡，容易到達
- 最佳月份：9~10 月
- 重點叮嚀：進入前要先買門票

　　圍繞西安城的明代城牆，確實有令人一見難忘的魅力；雖然興建的時間是 1370 年代，卻直至今日都保存得相當完好。城牆總長 14 公里、高 12 公尺、寬 14 公尺，唯一能把它比下去的，大概也只有更早興建、但後來被明朝拆除重建的唐代城牆了——當時的規模，足足有後來明代城牆的三倍大。

　　現存的明代城牆，是開國皇帝朱元璋下令興建的，底層用石灰、泥土與糯米混合夯打後，再加上一層黃土強固，以當時的標準來看，可以說十分堅實；不過，後人還是又加上了磚塊。城牆外緣一路都有垛口，內側還有一道矮一些的護牆，總計 98 座的哨塔各有四個方形窗口，可以同時向各方來敵發射弓箭。

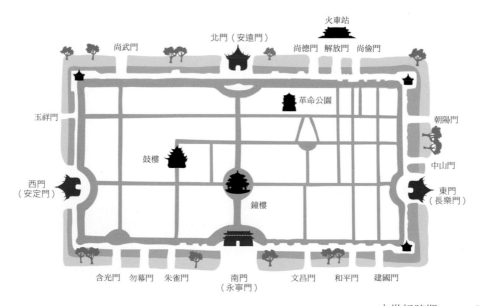

西安城牆上，每走上一段路就
會碰上一個這樣的城門。

步道沒有所謂的起點和終點，四個主要出入口——北門（安遠門）、南門（永寧門）、東門（長樂門）、西門（安定門）——都可以進出城牆，其中以南門最受尊崇；除了四座大城門外還有許多小城門，包括最適合觀賞日出的朝陽門，以及很特別的文昌門——城牆上建有魁星樓，是整個西安城上唯一的非軍事設施。

城牆外還有一圈護城河，在 20 世紀種植了許多樹木後（環城林），如今已成為環城公園，每天都有人在這裡演奏、跳舞、打網球，前來遛狗或遛鳥的市民更是絡繹不絕；不過，也許登上城牆最有趣的一件事都不是這一切，而是站在城牆上細看現代中國——你佇立的這個地方充滿了古磚石、紅燈籠、斜屋頂，眼裡所見卻是摩天大樓林立、都市廢氣瀰漫、人潮熙熙攘攘的 21 世紀景觀。

240 阿維拉城牆
City Walls of Ávila

西班牙，卡斯提亞一雷昂（Castile and León）

為了抵禦摩爾人的侵襲，西班牙在 11 世紀時建造了這道城牆，如今，你可以在上頭悠哉行走。總長 2.5 公里的阿維拉城牆有 87 座塔樓和 9 個城門，保存狀態堪稱世界第一。

241 路普康步道
Roopkund Trek

印度，北阿坎德邦（Uttarakhand）

印度喜馬拉雅山脈裡的這條步道，說起來有點可怕。到此一遊的焦點，是位在特里蘇爾峰（Trisul Massif，標高 7,120 公尺）邊、海拔也有 4,800 公尺高的小湖路普康。1940 年代，有名護林員在這兒發現了兩百多具漂浮於湖水中的人類骨骸，全都是因為融冰才得以重見天日。專家檢測之後，證實他們死亡的時間是公元 850 年左右，推估起來應該是朝聖者，致死的原因——令人難以置信——則可能是受到巨大冰雹的襲擊。但是，你可別因此就打退堂鼓，因為這條必須走上七天的步道不但會讓你身心愉悅，而且景觀之多變更會讓你大飽眼福；步道從羅哈強（Lohajung）走起後，會先經過安棲許多鳥兒的橡樹與杜鵑花森林、青翠草原、偏遠村落，而且，在終於抵達這個「人骨湖」之前，你還能眺望雪花蓋頂的綿延山峰。

242 林賈尼火山步道
Mount Rinjani

印尼，龍目島（Lombok）

1257 年時，地球經受了一次七千多年來最猛烈的火山爆發，不只全世界的氣候都產生巨變，甚至差點就開啟了一場小冰河期；然而，到底「肇事」的火山是哪一座卻誰也說不準。如今，科學家大致同意，當時的禍首很可能就是位在龍目島、海拔 3,726 公尺的林賈尼火山這頭巨獸。眼下的林賈尼火山還是非常兇猛，所以到這兒徒步 2~4 天必須先做好最壞的打算；步道的起點和終點可以是塞那魯（Senaru），也可以是塞姆博倫拉旺（Sembalun Lawang），任君挑選，都是往上攀行，穿過濃密的森林前往火山緣。這裡的溫泉具有醫療功能，周遭滿是傷痕累累、此起彼落的尖峰，但就在一個聲勢驚人新生火山錐不遠處，卻有個蔚藍動人的火山口湖。

243 白頭大幹山脈步道
Baekdu Daegan Trail

南韓

走一趟寺廟林立的崎嶇山脊，認識
一下這座南韓精神象徵的山嶺。

行前須知：
· 歷史關鍵時刻：公元
826~898 年，道詵國師（
Doseon Guksa）在世期間
· 距離與費時：735 公里；
60~65 天
· 難度：費力——翻山越嶺
，地處偏遠，路途漫長
· 最佳月份：5~6 月，9~10
月
· 重點叮嚀：有些位在步道
山坡下的佛寺可以入宿

　　白頭大幹不只是一座山脈。它不但「白頭」（White Head），而且「巨嶺」（Great Ridge），總長 1,700 公里的這座山脈，從位在北韓、中國邊境上的神聖白頭山（Baekdu-san）一直綿延到南韓南部的天王峰（Cheonwangbong），可以說是整個朝鮮半島的生靈脊柱。

　　9 世紀時，佛教禪宗大師道詵開創了風水地理（Pungsu-jiri）學說，講的是地形地物如何影響人類的狀態，而道詵學說當中的關鍵，就是把白頭大幹山脈比做中樞神經，它所產生的「氣」（生活的能量），日復一日地透過由山谷、溝渠、河川與溪流組成的網絡散發到國家各處；而它的山脊，這位國師認為，不但是朝鮮半島的分水嶺，更是整個亞洲的棟梁和命脈所在。崇信這個學說的道詵國師信徒，因此不分宗派——包括薩滿教（Shamanism）、道教和佛教——也不分那時和現在，都在山上蓋起了自家的寺廟。

　　除了推崇白頭大幹山脈，道詵國師還依氣尋源，發現整個韓國的「氣」都出自海拔 2,744 公尺，整座半島最高也最神聖、更與開國神話息息相關的白頭山。遺憾的是，到神祕的北韓長程徒步是一件不可能實現的夢想，所以這條白頭大幹山脈步道只能納入位在南韓這一邊的山嶺，也就是從標高 1,915 公尺的天王峰到陳富嶺（Jinburyeong）的隘口，已經很接近南北韓非軍事區（Korean Demilitarized Zone, DMZ），既是沿著半島 38 度線畫出來、把朝鮮半島分切成南韓與北韓的緩衝區，也是今日徒步者可以自在造訪朝鮮半島的最北界。

對頁：走一遭縱貫南韓的精神步道，感受沿途地景的「氣」。

雖然只能走到這兒，使得步道「只有」735公里長，但還是一條景色壯觀、靈氣充沛、路標清楚的步道，途中光是國家級公園就有七個，看得到的高峰更有好幾百座，古色古香的廟宇更是數也數不完。不過，因為一次走完整條白頭大幹步道艱苦萬分，所以大多數的徒步者都分段完成；一般而言，週末時的步道最擁擠，但換個角度來看，能在路途上邂逅韓國徒步旅行家、僧侶和薩滿法師也是樂事一樁。

　　要是你從非軍事區出發的話，步道當然是一路往南，先是進入雪嶽山（Seoraksan）國家公園，一個滿佈花崗岩、片麻岩的地方，卻又繁花遍野、動物群聚；在大多是松樹或橡樹的森林裡，你可能會瞥見亞洲黑熊、麝香鹿、水獺或鼯鼠的身影。接下來的五臺山（Odaesan，因五座山峰擠挨在一起而得名）地形起伏就少一點了，森林也換成落葉林，同時也是17世紀興建至今的月精寺（Woljeongsa）所在之處，主殿前有座八角九層石塔。過了五臺山後，步道便一路沿著東岸朝神聖的太白山（Taebaeksan）而去，點綴這一段路風情的，也換成了多瘤的紫杉（yew）、佛教寺廟和薩滿教的祭壇。

　　從這兒起，白頭大幹山脈步道轉而向西、朝著南韓地理中心地帶而去，而且很快就進入小白山（Sobaeksan）國家公園。這一帶，不是樹木稠密的森林就是草木鮮綠的山谷，而你會走到毘盧峰（Birobong）海拔1,439公尺的平頂上。這個峰頂不但草木蔥蘢，夏季時還漫山遍野都是爭奇鬥豔的杜鵑花。

　　一柱擎天的月岳山（Woraksan）又是另一種風情，不但有懸崖飛瀑，還可看得到四處漫遊的罕見長尾斑羚（long tailed goral）；接下來，步道便會來到位處南韓中心的俗離山（Songnisan），在這個與世隔絕、樹木叢生的花崗岩山區裡，有一座藏身其中的16世紀寺廟法住寺（Beopjusa），寺前的那尊金身佛雕高達33公尺，還有一口當年曾經用來為3,000名僧侶煮食的巨鍋。

　　然後，步道再一次折而向南，來到有個驚人深谷的德裕山（Deogyusan）；這裡有許多清澈的池子與溪流，很有小伊甸園的味道。最後，步道終於來到終點、同時也是南韓最大國家公園所在的智異山（Jirisan）；層巒疊嶂之外，還有萬古長青的原始森林、眾多香火鼎盛的寺廟，以及官方認證的「智異山十景」，更是天王峰所在之處。根據民間傳說，只要能在山峰上站得夠久，就連傻子也會變聰明──當然還有待證明，但無可否認的，白頭大幹山脈確實有它的正能量。

白頭山 ▲

中國

白頭大幹山脈

日本海

北韓

南北韓非
軍事區

雪嶽山 ▲
陳富嶺隘口
　　　　五臺山 ▲
　　　月精寺

南韓

太白山 ▲

月岳山 　小白山
▲　　　昆盧峰

俗離山 ▲
　　法住寺

黃海

德裕山 ▲

智異山 ▲

天王峰

244 礦工嶺與詹姆士・厄文環行
Miners' Ridge and James Irvine Loop

美國，加州

總長 17 公里，位在紅木國家公園（Redwood National Park）的這條步道，會帶你去尋訪超過 700 歲的參天巨樹、彷彿打從太古就存活至今的蕨類，終點則是驚濤拍岸的金色懸崖海灘。

245 橫越基洛托拉火山
Quilotoa Traverse

厄瓜多，中央高地

聯結星散各處的安地斯山村落和火山群集地區，步道總長 35 公里，從西格喬斯（Sigchos）走到基洛托拉火山，終點則是 800 年前就已誕生、藍光燦閃的基洛托拉火山口湖。

246 英格蘭朝聖之路
Pilgrims Way

英國，英格蘭

中世紀時的英格蘭朝聖之風很興盛，當時的溫徹斯特（Winchester），也就是聖史威辛（St Swithun）埋骨之處，則是最主要的朝聖標的。不過，當坎特伯里大主教（Archbishop of Canterbury）湯瑪斯・貝克特（Thomas Becket）1170 年在坎特伯里大教堂遇刺身亡之後，這裡便成了新起的朝聖重地；很多虔誠的朝聖者，更是從此就在這兩個聖地之間來回走，形成了今日的這條「朝聖者之路」。兩地之間相隔 193 公里，行走的都是打從遠古時期就存在的路徑，先是行經忙碌的英格蘭南方一些很有田園風味的小農地，包括罕布夏郡的伊特辰谷（Itchen Valley）、威爾德（Weald）林木茂密的山丘，以及北唐區（North Downs）的白堊懸崖；路途中的某些地點甚至可以遠眺倫敦。終點當然就是坎特伯里大教堂了，雖然貝克特早就連骨骸都已不在這兒（他的墳墓 1538 年時被摧毀），但遺址還夜以繼日地點著蠟燭。

247 橫越太陽島
Isla del Sol Traverse

玻利維亞，的的喀喀湖

故事得從很早很早以前講起：據說，太陽島不但是曼可・喀巴科——印加帝國的締造者——出生的地方，還是太陽神派遣他到人間來開創文明的。這個看似懸浮於的的喀喀湖中的小島，別說沒有汽車了，就連馬路也找不到半條；唯一能讓人盡情探索這座小島的，就只有這條 15 公里長、從這一頭海岸邊的尤瑪尼（Yumani）走到另一頭查拉潘帕（Challapampa）的步道了。一路上，你會經過清爽的臺地原野、一個小小的古哥倫比亞廢墟，以及據說喀巴科降生的「獅岩」（Puma Rock）。

248 漢薩維格步道
Hansaweg

德國西北部

全長 75 公里，連結了中世紀時漢薩同盟（Hanseatic League）最重要的幾個城市。沿著步道走就會一路經過赫福（Herford）、列姆哥（Lemgo）和哈美恩（Hamelin，《格林童話》中彩衣吹笛人誘走孩子的那個村莊），也會造訪溫泉鄉和條頓堡森林（Teutoburg Forest）。

249 泥丘步道
Wad- en Wierdenpad

荷蘭

看不懂標題嗎？那麼先來解釋一下：wad 是「泥灘」（mud flat）的意思，wierde 是「人造山丘」（artificial hill）；兩個加起來想像，你就會比較明白荷蘭北方地帶的個性所在。這個地帶可以說是「人定勝天」的最佳範例，打從 12 世紀起，荷蘭人就開始與天爭地了——透過抽乾沼澤地的水和挖溝築堤，他們向瓦登海（Wadden Sea）要來一塊又一塊的土地。全長 123 公里的泥丘步道，便是沿著這些堤岸，從位在海濱的羅維蘇格（Lauwersoog）一直走到荷、德邊境的溫泉鄉紐威史強斯（Nieuweschans）；伴你前行的，是一望無垠的蒼穹、迎風搖擺的蘆葦、鳥兒群聚的沼澤，當然了，還有一座又一座的風車。

---

251 大聖伯納隘口
Great St Bernard Pass

瑞士，瓦來州（Valais）

11 世紀時，馬松的聖伯納（St Bernard de Menthon）在這個海拔 2,066 公尺的阿爾卑斯山隘口建造了一家旅舍。想看看這家旅舍的話，雖然得從瑞士的聖皮埃爾堡（Bourg-St-Pierre）走到義大利的聖雷米（St-Rhémy）；雖然橫跨兩國，但走完全程也只需一天功夫。

---

250 辛格韋德利環行
Thingvellir Circuit

冰島西南部

辛格韋德利是個狂野、荒涼的地方，本身已是又窄又皸裂的地塊，更位在北美洲與歐洲大陸因板塊運動而分離時，單獨被遺留下來的冰島一處裂谷中；然而，公元 930 年，維京人卻也就在這兒建立了阿爾庭（Althing）——人類史上第一個民主議會。雖然沒有多少遺址可供撫今追昔，卻還是感受得出那時的氛圍。這條環行步道不但很好走，總共也只有 10 公里；起點是遊客資訊中心，路上的岩石要不是鋪滿了青苔，就是嶙峋的火山岩。你會看到史廓賈科特（Skógarkot）存留小圓丘上的農場廢墟和古老的辛格韋德利教堂，然後再過河到位於阿爾曼納（Almannagjá）的懸崖。陡崖之下，便是維京人當年定居並制訂法律的地方。

如果能選在 9 月下旬去走辛格韋德利環行步道，你就會見到樹葉正逐漸由黃轉紅的美好秋色，而且峰頂已然一片白雪。昔日的維京人，就在這兒創建了人類史上上第一個民主議會（199頁）。

第四章
近代世界

{ 公元 1500~1800 年的這三百年，
是屬於探索、革命、文藝復興
和啟蒙運動的時代。 }

252 海中山步道
Hoerikwaggo Trail

南非，桌山國家公園（Table Mountain National Park）

> 借用庫伊人（Khoi people）的步道，
> 在好望角（Cape of Good Hope）上繞著
> 桌山來趟健行。

行前須知：

・歷史關鍵時刻：公元 1652
年，第一批移民在好望角
上定居

・距離與費時：75 公里；5
天

・難度：中等──部分地段
相當陡峭

・最佳月份：11-3 月

・重點叮嚀：過去有幾次林
帶火災都使得步道必須
暫時封閉──出發前請先
確認步道有否開放

　　庫伊人已經繞著桌山山腳走了將近 1,500 年了，他們叫這座山 Hoerikwaggo，意思是「海裡的山」（Mountain in the Sea）。他們留在桌山腳的古老足跡，即包括了今日的「海中山健行步道」（Hoerikwaggo Hiking Trail）、桌山腳下的長程環行漫步、與之齊名的國家公園，也包括山脈與公園所在的荒涼半島。

　　15 世紀時，葡萄牙人把這塊突出於南方海域的地岬取名為「好望角」；話雖如此，他們可沒當真留在這兒等待好運降臨，只是繞岬而過，繼續前往商貿利益豐厚的東非和更遠的地方。直到 1650 年代，才真的有外來者到此定居──沒錯，就是急著與葡萄牙人一爭短長的荷蘭人。

　　為了取得這片海域的統治權，荷蘭人在 1652 年締造了第一個開普殖民地（Cape Colony），既是日後南非大城 Kaapstad（開普敦〔Cape Town〕）的由來，也是庫伊人傳統生活方式從此走入歷史的開端。庫伊人，因此成了第一批深受白人殖民者迫害的非洲原住民，不過短短幾百年，他們就要不是變成了白人的僕役、被驅離自己的土地，就是喪生於來自歐洲的疾病或槍炮下。

　　儘管幕後故事如此令人心酸，可別因此就排斥這條景色瑰麗的步道。桌山本身就是一座極其壯觀的平頂山，標高雖只有 1,086 公尺，山頂卻經常雲霧繚繞，翡翠色澤的山腰上更有多達 2,200 種植物，從芳香的沼澤雛菊到巨大的帝王花（king protea）──南非的國花。群花綻放，動物當然也不在少數，包括長得很像兔子的蹄兔、伊蘭羚羊（eland antelopes）、乳黃鸕鶿

開普敦
桌山
孤絕之谷
迪薩峽谷
橘谷營地
十二使徒岩
君士坦蒂亞堡
豪特灣
黑焦峽谷
銀礦營地
查普曼峰
銀礦嶺
Noordhoek Beach
卡海村
史朗科普營地
法爾斯灣
西蒙鎮
博德斯海灘
大西洋
好望角
史密茲溫克爾營地
開普角

上圖：踏上海中山步道，享受一場環繞桌山的漫步。

（Verreaux's eagle）和熊狒（chacma baboon）。

全長 75 公里的海中山步道，不但是探索好望角的極佳途徑，還不勞你自帶營帳，因為路途中早就貼心地為你準備了永久性的住宿處，而且全都供應熱水、好床、公用廁浴和配備齊全的廚房。

步道由南朝北走，起點在開普角（Cape Point）燈塔停車場，啟程不久便會抵達瘦長又陡峭的岬角尖端，四周淨是竟日拍岸的洶湧浪濤。也就從這裡起，海中山步道開始緊貼著讓人頭暈目眩的懸崖邊朝北走，對面則是矮一些的山峰和茂密的凡波斯（fynbos）──南非特有的天然「精緻灌木」（fine bush）。第一個夜宿營地所在，淳樸的村落史密茲溫克爾（Smitswinkel），就

在法爾斯灣（False Bay）懷抱裡，步道旁盡是開滿花朵的樹膠園，很適合來場在地的 braai（戶外燒烤）。

第二天的路途很輕鬆，從西蒙鎮（Simonstown）——你可以從鎮裡走到博德斯海灘（Boulders Beach）的企鵝聚居地再回來接續後面的旅程——一直走到史朗科普燈塔（Slangkop Lighthouse）。這裡的史朗科普營地（Slankop Camp）不只身在一大片牛奶樹（milkwood tree）之間，還緊鄰著大西洋；要是你剛好需要補給，不遠處就有個科梅村（Kommetjie）。

第三天的行程，可就是一場體力和意志的大考驗了；光是一開始沿著北角海灘（Noordhoek Beach）前行，就可能讓你走到「鐵腿」，更別說接下來還得面對像利劍般斜插入海的查普曼峰（Chapman's Peak）。不過，峰頂的視野一定會讓你覺得不虛此行。接下來，在你抵達下一個留宿點「銀礦營地」（Silvermine Camp）之前，步道還會再一次先下後上，帶引你走過銀礦嶺（Silvermine Ridge）；在營地的水壩來一場泅泳，會讓你洗去所有疲憊。

離開銀礦谷（Silvermine Valley）往上走，在黑焦峽谷（Blackburn Ravine）欣賞更多美景之後，步道開始曲曲折折地沿著高地路徑走，而且在走上君士坦蒂亞堡（Constantiaberg）的鯨背丘之前，你都會覺得自己隨時可能墜入豪特灣（Hout Bay）。隱藏在非洲山地森林（Afromontane forest）中的橘谷（Orangekloof），距開普敦只有 12 分鐘車程，也是今晚你的過夜處。最後一天的行程，是如假包換的「來到最高點」，先是經過迪薩峽谷（Disa Ravine，因盛產大紅迪薩蘭〔disa orchid〕而得名），然後再穿越「孤絕之谷」（Valley of Isolation）、由桌山西側上山。來到終點的山頂之後，你很快就會發現，大地、海洋和繁榮不息的南非大城開普敦已全都在你腳下。

253 貨郎健行步道
Voyageur Hiking Trail

加拿大，安大略省
（Ontario）

貨郎（Voyageurs）指的是 17 世紀時用獨木舟運載貨物到加拿大販售的歐洲人；這條長達 600 公里，從薩德柏立（Sudbury）直到雷灣（Thunder Bay）、途中會經過蘇必略湖（Lake Superior）的步道，命名來由便是為了彰顯這些貨郎的先驅精神。

254 夫羅瓦角步道
Cape Froward

智利，馬達雷納島（Magdalena Island）

　　這條位在夫羅瓦角的曠野步道，會帶領你一直走到南美洲的最南端。為什麼很多人都說這個地區拒人於千里之外呢？答案就在它的名字裡："Froward" 的意思就是「艱難」，而把這個綽號封給馬達雷納島這個最尖端地帶的，則是 1587 年的英國海盜（不過，最先來到這裡的歐洲人是 1520 年時的葡萄牙人）。沒錯，這趟徒步之旅真的很艱難：從布藍茲維半島（Brunswick Peninsula）到馬達雷納海峽（Magellan Straits），這條 42 公里步道的天候通常都很狂暴，不能沒有嚮導；但話說回來，在經過荒涼海灘、泥炭沼澤、原生森林和搖頭晃腦的企鵝之後，步道便會來到夫羅瓦角的轉捩點——至少表面上看來不再那麼讓人望而生畏。

255 加州皇家步道
El Camino Real

美國，加州

　　1769 年起，西班牙人才開始把今日的加州當回事看。雖然這些探險家和天主教傳教士之所以能逐步深入境內，借用的很可能還是美洲原住民幾百年前就已走出來的步道，但大家還是以「皇家步道」來稱呼這條西班牙人使用的路徑。時至今日，這條非官方、沒路標的步道，根據的仍只是 1812 年時繪製的一張地圖，全長 1,285 公里，由南邊位在索拉諾（Solano）的舊金山索拉諾修道院（Mission San Francisco Solano）走起，一直到鄰近美墨邊界的聖地牙哥修道院（Mission San Diego）；你會走過太平洋岸的懸崖峭壁、宛如波濤起伏的山丘、軍事基地，以及舊金山的金門大橋（Golden Gate Bridge），是一趟融合永恆自然美景與 21 世紀喧囂都市氛圍的徒步之旅。

右圖：「裂蘋果岩」（Split Apple Rock）只不過是亞伯·塔斯曼國家公園的著名地景之一。

256 亞伯・塔斯曼海岸步道
Abel Tasman Coast Track

紐西蘭，南島

探訪毛利人和「新世界」（New World）
探險者曾經行走其間的壯麗海岸。

　　時光來到 17 世紀，毛利人已經在紐西蘭南島北岸來來去去了四百年左右，然而，有幸讓這個地區以他為名的，則是雖然遲至 1642 年 12 月才登島，卻是歐洲第一個發現紐西蘭的荷蘭航海家亞伯・塔斯曼——如今看來，此人真是何其有幸。亞伯・塔斯曼國家公園（Abel Tasman National Park）景色絕美，不但有黃金沙灘、大理石與花崗岩懸崖、清澈見底的溪流，更有波光瀲灩的蔚藍海洋；放眼望去，鐘雀（bellbird）和蜜雀（tui）迴翔林間，小企鵝嬉泳海岸，海狗懶洋洋地趴在岩石上。

　　亞伯・塔斯曼海岸步道全程 51 公里，從小村瑪拉豪（Marahau）一直走到懷努伊灣（Wainui Bay），經過的全是公園最佳路段。你會先走過沙灘和一些麥盧卡茶樹（manuka）、卡努卡茶樹（kanuka），繼而沿著苔蘚處處的河谷一直走到河口，踏過鵝卵石路面後，左搖右擺地走吊橋過河，再沿著白色沙灘向前行，朝高聳的山嶺前進。

　　路途上，你可能還會有意外的收穫。舉例來說，如果你在中途脫離步道、溜去皮特岬（Pitt Head）逛逛，就能在上頭鳥瞰宛如一彎新月的美麗蒂普卡提灣（Te Pukatea Bay）、見到一座古老的毛利碉堡（pa）遺跡；或者在走到激流灣（Torrent Bay）時暫且離開海岸，去瀑河（Falls River）瞧瞧那些水花飛濺的小瀑布。

　　任何時候都很容易回到步道，一路上完全沒有難走的路段，而且經常一轉彎就又是另外一幅美景。如果亞伯・塔斯曼還在世上，一定會深以這條步道為傲。

行前須知：

・歷史關鍵時刻：公元 1642 年，亞伯・塔斯曼首度登上南島
・距離與費時：51 公里；3~5 天
・難度：輕鬆——路標清楚，陡坡不多
・最佳月份：10~4 月
・重點叮嚀：渡過河口前請先查看潮汐表

257 米西伊波蒂吉步道
Methye Portage Trail

加拿大，薩斯克徹溫省（Saskatchewan）

1778 年時，藉由「第一民族」（First Nations，譯註：加拿大境內幾個北美原住民族以此自稱）的協助，探險家彼得・龐德（Peter Pond）走上這條 20.5 公里的步道，從此開啟了北加拿大的貿易路線。

258 雪梨大海岸步道
Sydney Great Coasta Walk

澳大利亞，新南威爾斯州（New South Wales）

{ 來到東澳大利亞白浪滔滔的
優美海岸，尋訪最吸引庫克船長
（Captain Cook）的地方。 }

行前須知：

- 歷史關鍵時刻：公元 1770 年，庫克船長在植物灣（Botany Bay）登岸
- 距離與費時：94 公里；7~8 天
- 難度：輕鬆／中等——設施完備，地形起伏
- 最佳月份：10-4 月
- 重點叮嚀：公共運輸網絡健全，包括渡船；很多地方都設有服務站

打從 1770 年庫克船長率領的船隊在此下錨，兩百多年來，植物灣及其周邊其實並沒有多大的改變。是的，當時這片海岸荒還是原住民蓋亞美蓋爾（Gayamaygal）族人的家園，如今卻已被澳大利亞最繁華的雪梨劃入城市領域，但岩頭崢嶸的岬角和豔陽高照的沙灘還是美麗如昔，只多出防護意外的救生員、時髦的咖啡店，以及供人快速來往市中心的道路、辨識率全球數一數二的海港和冷氣機吹送的涼風。

雪梨海岸步道並沒有刻意避開哪個被城市化（卻依舊美麗動人）的水岸，步道全長 94 公里，起點是北邊的巴倫喬伊海灘（Barrenjoey Beach），終點是有金黃沙灘的克羅諾拉（Cronulla）；步道會經過市中心，帶你走過名聞遐邇的雪梨港灣大橋（Sydney Harbour Bridge），還會讓你邂逅各式海灘：乏人問津的，比如比爾戈拉（Bilgola）與邦根（Bungan）；海灘很長的，像納拉賓（Narrabeen）和科勒羅伊（Collaroy）；適合親友同遊的，譬如布朗特（Bronte）；沖浪勝地邦迪（Bondi）；以及恬謐安祥、岸邊不遠就有兩艘沉船的馬拉巴（Malabar）。此外，你還會走過狂風終日吹拂的瞭望臺、波紋變幻不定的沙丘、古蓋亞美蓋爾人留下的雕作。當然，你也會光臨舉世知名的環形碼頭（Circular Quay，雪梨歌劇院所在之處）；早在 1788 年，英國人就在這裡闢建了第一個澳大利亞殖民地。

最南端的幾英里路，最能感受歷史氛圍。克羅諾拉海灘稍北的卡梅植物灣國家公園（Kamay Botany Bay National Park），不但立有「庫克船長登陸點」紀念碑，還保存了三十幾處原民遺址；澳大利亞原住民與殖民者的遺蹟就肩並肩地安坐在這兒。

巴倫喬伊海灘

比爾戈拉
海灘

邦根海灘

納拉賓海灘

科勒羅伊
海灘

雪梨

雪梨港灣
大橋

環形碼頭

雪梨歌劇院

邦迪海灘

布朗特海灘

馬拉巴海灘

塔斯曼海

植物灣

卡梅植物灣
國家公園

克羅諾拉

左圖：想要探索雪梨週邊區域自然美景與歷史源流？雪梨大海岸步道是絕佳途徑。

259 鳳凰徑
Lantau Trail

中國，香港

16世紀早期，葡萄牙人就在香港的大嶼山（Lantau Island）打造了通商口岸；然而，隨著時間的推移，覬覦這塊地區的國族——包括英國人、荷蘭人、法國人，當然還有中國人——愈來愈多，絕大多數也都由此前往或乾脆移居珠江三角洲的其他商貿前哨站。當位在它東邊10公里外的香港島已然是個摩天大樓林立的繁華都市時，大嶼山卻相對地安寧又少有開發，反而給了愛好徒步者一個絕好的健行地點。環行大嶼山的「鳳凰徑」全長70公里，先是沿著南岸走，再往山攀越山脊，一路走到最高點、海拔935公尺的鳳凰山（Lantau Peak），然後往下走過幾個老漁村、隱而不顯的海灘，以及寶蓮禪寺（Po Lin Monastery）33公尺高的天壇大佛。另外，估計已有幾千年歷史的石圓環也值得一看。

260 萊斯·盧普斯步道
Les Loups Trail

加拿大，魁北克省

這條往回共11公里的步道，會帶領你走向雅克－卡地亞國家公園（Jacques-Cartier National Park）裡的勞倫欽山脈（Laurentian Mountains），一覽公園美景。步道名「萊斯·盧普斯」，則是為了紀念1534年深入探索山區的這位法國人。

261 穆特拉步道
Mutrah Trail

阿曼，馬斯喀特（Muscat）

1515年，葡萄牙佔領了穆特拉（現今馬斯喀特的部分地區）。這段翻越哈杰爾山脈（Hajar Mountains）的2.5公里步道，不但是當時的商貿要道，而且是通往阿拉伯半島的唯一陸路。

262 夏洛特皇后步道
Queen Charlotte Track

紐西蘭，南島

由船灣（Ship Cove）出發的這條步道，一路上都走在馬爾波羅峽灣（Marlborough Sounds）裡。這個峽灣，正是1770年代庫克船長登上南島後、首度遭遇毛利人襲擊的地方。

263 詹姆士·庫克遺跡巡禮
James Cook Heritage Trails

澳大利亞，昆士蘭

庫克鎮（Cooktown）的鎮名，不言可喻，是來自1770年在此登陸的庫克船長；這條14.5公里的步道，就從位在鎮中心的庫克船長雕像前走起，一直走到庫克山國家公園（Mount Cook National Park）的雨林。

264 自由之路
Freedom Trail

美國，波士頓

> 沿著地上的紅線走，一邊探索波士頓，一邊感受美國史上最有生命力的早期年代。

行前須知：

- 歷史關鍵時刻：1775~83 年美國獨立戰爭時期
- 距離與費時：4 公里；2~3 小時
- 難度：輕鬆 一路程短，路面平緩
- 最佳月份：4~10 月
- 重點叮嚀：最好同時參看特別為步道製作的地圖（遊客中心裡就有）或加入導賞團

265 亞歷山大·麥肯錫歷史步道
Alexander Mackenzie Heritage Trail

加拿大，卑詩省（British Columbia）

以第一位於 1793 年橫越北美的歐洲人亞歷山大·麥肯錫命名的這條步道，從奎斯內爾（Quesnel）附近的黑水河（Blackwater River）直入具庫拉谷（Bella Coola Valley），全程 450 公里。

美國獨立戰爭，也就是身為殖民地的美國反抗宗主國英國的戰爭，正式說法是從 1775 年打到 1783 年，然而，北美洲殖民地對英國的不滿，其實更早就瀰漫於波士頓的大街小巷。這個麻薩諸塞州（Massachusetts）的首府，是英國清教徒（Puritans）在 1630 年建立的，不但是美國年歲最大的城市之一，也擁有最悠長的叛逆歷史。18 世紀中葉的政治家山姆·亞當斯（Sam Adams），就是在這座城市裡以愛國之名贏得群眾擁戴；許多美國獨立戰爭的導火線，也都發生在這座城市裡，比如 1770 年的「波士頓慘案」（Boston Massacre，英國士兵在大街上槍殺了五名波士頓市民），再如 1773 年的「波士頓茶黨事件」（Boston Tea Party，反抗英國政府增稅）。

短而美的「自由之路」，總共連結了 16 個與美國歷史息息相關的地段，而且一路上都畫了紅線，全程更只有 4 公里。步道從綠蔭處處的波士頓公園（Boston Common）走起，穿越商業區和常被暱稱為「小義大利區」的北角（North End）後，再走過查爾斯河（Charles River）到美國獨立憲章號（USS Constitution）船艦所在。波士頓公園的遊客中心裡有免費提供的地圖，公園本身的故事也不少：不但是美國最古老的公園，也是早期移民聚集牲口的地方，更見證了許多重要的政治集會和公開絞刑；更別說，英軍在 1775 年發動、激發美國獨立戰爭的「列辛頓與康科」（Lexington and Concord）戰役，集結點也就在波士頓公園。

「自由之路」會先穿過公園北角，來到有個圓形金頂的老州議會大廈（Old State House）；這是 1798 年特別為了紀念美國獨立而在燈塔丘（Beacon Hill）上興建的，鍍金圓頂則是保羅·列

1. 波士頓公園
2. 州議會大廈
3. 公園街教堂
4. 老穀倉墓地
5. 國王禮拜堂
6. 波士頓拉丁學校
7. 老街角書店
8. 老南聚會所
9. 老州議會大廈
10. 波士頓慘案遺址
11. 法尼爾廳市場
12. 保羅·列維爾故居
13. 老北教堂
14. 考普山墓地
15. 邦克丘紀念碑
16. 美國獨立憲章號

維爾（Paul Revere，譯註：也以英軍發動「列辛頓與康科戰役」前夜飛騎警告民兵英軍即將來襲而名留青史）的作品。步道由此經過公園街教堂（Park Street Church），前往老穀倉墓地（Granary Burying Ground）——亞當斯和列維爾長眠之處，也特別為波士頓慘案的受害者立了標誌；接下來，你便會邂逅莊嚴肅穆、喬治亞風的國王禮拜堂（King's Chapel），以及就在近旁的墓地。

接下來，步道會通過波士頓拉丁學校（Boston Latin School，美國最古老的公立學校），五位曾經簽署美國獨立宣言、包括班傑明·富蘭克林（Benjamin Franklin）在內的人物雕像，就豎立在學校門口；然後是建造於 1718 年的老街角書店（Old Corner Bookstore），但這個一度是波士頓最受尊崇的文學標誌建築，如今已成了一家速食餐廳。老南聚會所（Old South Meeting House）的命運就沒那麼坎坷，你甚至還可以走進裡頭，瞧瞧這個 1773 年時 5,000 名移民（包括亞當斯）群聚討論如何料理那艘茶船的會議場所。1713 年為殖民政府興建的老州議會大廈——促發獨立戰爭的那場關鍵事件的震央——如今依然不減宏偉；《美國獨立宣言》就是 1776 年在它的陽臺公開宣讀的——直至今日，每年的 7 月 4 日都會再宣讀一次。

從議會街（Congress Street）往上走，下一站就是到法尼爾廳（Faneuil Hall）前看看波士頓

慘案遺址；1741 年為了商業目的而興建的法尼爾廳，現在周遭已成為法尼爾廳市場（Faneuil Hall Marketplace），聚集了許多商家，生意興隆，而深具歷史意義的法尼爾廳也有了個暱稱：「自由的搖籃」。

之後步道稍微變窄，離下一個地標也有點距離，你得穿行「蘿絲・甘迺迪綠廊」（Rose Kennedy Greenway，也叫「綠道公園」），再走過北角專賣 cannoli（義式甜點）、披薩的店家，才能來到保羅・列維爾故居（Paul Revere's House）；這是波士頓商業區裡最古老的建築物，如今也已改造成博物館。

靜靜佇立在街角上的，是老北教堂（Old North Church）。1775年 4 月 18 日那一晚（列維爾飛騎警告民兵英軍來襲之夜），教堂那 58 公尺高的尖塔上便懸掛了兩盞燈籠，傳送英軍將從海路出擊的訊息（譯按：如果英軍從陸路進攻，就只掛一盞）。考普山墓地（Copp's Hill Burying Ground）是自由之路打查爾斯頓橋（Charlestown Bridge）過河前的最後一站，過河後的下一站則是邦克丘（Bunker Hill），上頭有個紀念美國獨立戰爭第一場大戰役（1775 年）的方尖碑，1797 年才開始服役的美國獨立憲章號當然無緣參與這場戰役，卻沒有錯過一次大戰，而且直至今日還每年都在 7 月 4 日這一天開進波士頓港，參與獨立日的紀念活動。

266 特洛伊—溫莎步道
Troy-Windsor Trail

牙買加（Jamaica）

英國軍隊的火炬，曾經在 18 世紀的馬隆戰爭（Maroon Wars，起因是捕捉逃跑的黑奴）中照亮過這條 10 公里的步道；另外，這也是快速穿越洞穴遍佈的石灰岩溶坑地區（Cockpit Country）的捷徑。

267 GR20 步道
GR20

法國，科西嘉島（Corsica）

進入地中海，來趟艱苦卻令人心甘
情願的跨島徒步。

行前須知：

- 歷史關鍵時刻：公元
  1755~1769 年，科西嘉島
  曾經獨立的一小段時間
- 距離與費時：170 公里；
  10-12 天
- 難度：費力——不斷上下
  陡坡
- 最佳月份：6-10 月
- 重點叮嚀：可以搭機飛到
  卡維（Calvi）南方 15 公里
  的卡隆札納（Calenzana）

出發前記得先幫自己打足勇氣。橫跨地中海內島嶼科西嘉的
20 號長程步道（Grande Randonnée 20，簡稱 GR20）之所以公認為
歐洲最難以征服的步道，很大一部分原因出在它那多山又紊亂
的地形，使得徒步者總是面臨「一坡未平，一坡又起」的考驗。
通算起來，在走完這條 170 公里的步道前，你必須上、下的坡
路高達 19,000 公尺；然而，正因為不是上山就是下山，才使得
這條步道有那麼多紛至沓來的美景。一般說來，如果不穿登山
釘鞋，你幾乎不可能完成這趟徒步。

看似難以企及的科西嘉島中央山區，長久以來也最讓人想一
探究竟。科西嘉人經常掛在嘴邊的「要躲就躲到那個灌木叢生
的地帶」（*Prendre le maquis*），也確實是 18 世紀科西嘉游擊隊員
向熱那亞人（Genoese）爭取獨立時的作戰之道，而且真的因此
在 1755 年贏得獨立，只可惜只開心了四年又在 1769 年被法國人
征服。

除了難走，GR20 還有可能讓你在山嶺之中迷失方向。它的
路徑，部分是採用季節性的牲畜遷移小道，部分是沿著山脊走
——起自栽種橄欖的山村卡隆札納（1732 年的民族主義興起之
處），由西北朝東南斜行到孔卡（Conca）村；步道的最高點，
則是海拔 2,225 公尺的卡比特洛隘口（Brèche de Capitello），總共
分切成 16 段，每段之間也大多有過夜小屋，裡頭備有公用廚
房，也販售價格昂貴的必需品。

路途雖然崎嶇難行，但你見到的冰河湖、白頭峰頂和罕見的
摩弗侖羊（mouflon，又稱歐洲磐羊，瀕臨滅絕），都會讓你深
感不虛此行。

對頁：GR20 是歐洲最艱難的徒
步旅程之一，卻很值得挑戰——
山嶺上的視野就是回報之一。

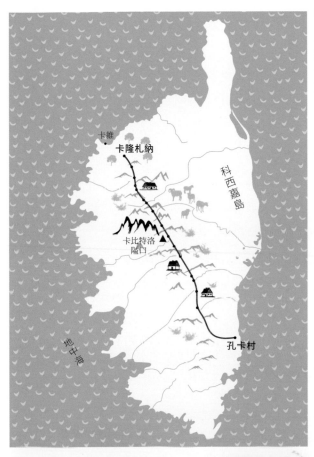

地中海

卡維

卡隆札納

科西嘉島

卡比特洛隘口

孔卡村

268 碉堡步道
Fort Trails

印度，馬哈拉什特拉邦（Maharashtra）

　　到底馬拉塔國王西瓦吉（Chhatrapati Shivaji Maharaj）只是個佔山為王的大盜，還是印度國族主義的英雄？這位戰士國王的評價就是這麼兩極化。西瓦吉（印度人都這麼稱呼他）不但在 1674 年締造了馬拉塔帝國（Maratha Empire），而且就在馬哈拉什特拉丘堡（Raigad Hill Fort）中統領國事；事實證明，西瓦吉也真是個碉堡的愛好者，在位期間不但擄奪了許多軍事要塞，還自己加建了不少。最後，他所擁有的碉堡總數超過 350 座，有一些就位在離孟買（Mumbai）不遠的西高止山脈（Western Ghats range）上；如果有當地嚮導帶路，你就可能尋訪得到這些碉堡——比如說，你可以從種滿果樹的普拉巴爾馬齊（Prabalmachi）村上山尋找普拉巴爾嘉德堡（Prabalgad）。這些早就只剩斷垣殘壁的遺址，如今駐守的不是猿猴就是野鳥，棲息在突出於諸多平頂山頭間幾座令人印象深刻的尖峰之上。

269 上木斯唐步道
Upper Mustang Trek

尼泊爾，喜瑪拉雅山，木斯唐（Mustang）

{ 設法取得許可，走一趟永恆的、現代世界氣息無法沾染的山嶺「王國」。 }

行前須知：

- 歷史關鍵時刻：公元 1790 年，木斯唐被尼泊爾合併
- 距離與費時：10 天
- 難度：中等／費力——地處偏遠，高海拔
- 最佳月份：3~5 月，9~11 月
- 重點叮嚀：進入木斯唐健行需要申請許可證

木斯唐，一塊有如神話般存在的土地。首先，它是個美好的遙遠國度，原本佔有尼泊爾喜馬拉雅山系突入西藏之內的一個遼闊飛地（enclave，譯註：本國境內隸屬他國的地域），而這個歷史背景的迷人之處，是它曾經身為握有權勢的獨立王國。事實上，直到 1992 年以前，外國旅客還禁止進入這個地區；正是多虧了長久以來的與世隔絕，才使得濃郁的傳統西藏文化特色得以在這兒保存下來。一切的一切，都讓木斯唐（尤其是上木斯唐）成為旅行者難以抗拒的追尋標的，更是我們這個現實世界中的世外桃源、香格里拉。

能夠來到這裡的人，全都得歷經長途跋涉。古早以前，木斯唐曾是印度和中亞之間的喜馬拉雅山最便捷的商貿路線要衝，也因為後來又成為運送食鹽、犛牛毛織物、穀物和香料的要道而逐漸繁榮興盛。但當貿易路線一改變，木斯唐的盛景也就跟著沒落了；1970 年，原本獨立自主的王國更被尼泊爾併吞。雖然擁有群山綠林的庇護，卻躲不掉來自南方印度半島歐洲殖民主義國家的衝擊，也避不開北邊中國的同化危機，可想而知，木斯唐王國的命運就是從世界地圖上消失。

但對今日的旅行家來說，木斯唐王國長久以來不受青睞的這個事實，反而是它最吸引人的亮點；或者應該這麼說：至少對那些拿得到極其有限的許可證、因而能夠親歷其境的人而言，木斯唐絕對魅力無限。沒錯，只有少數的幸運兒進入過這個不受現代化干擾的純淨世界，得以一窺它不可思議的瑰麗奇景。現今的木斯唐，依舊是一處不食人間煙火的國度，含有紅色、

黃色、棕色和藍色化石的沉積岩，被流域廣大的卡里甘達基河
（Kali Gandaki）沖刷、雕琢出許多巍峨的峽谷。光是卡里甘達基
河本身，就是天然、荒涼又景色迷人的流域。

前往上木斯唐的入口是卡貝尼（Kagbeni）村，而你得從位在
地區行政中心北部、擁有一座飛機場的江森（Jomsom）前來，
是的，步行兩個小時。卡貝尼村群集著許多土造房子、佛教寶
塔（Buddhist chortens），相對來說有些突兀的綠地梯田則隱藏在
2,840 公尺高處。這裡沒有任何檢查哨，所以你只管邁開大步往
北走。但來到卡貝尼村的邊界時，你就會碰上一個「管制區」
（Restricted Area）檢查站，得在那兒接受相關文件的查驗，而他
們會為你標出古時候商隊行走的相同路線，界定你如何上到羅
馬丹（Lo Manthang）村、又必須走哪條路線回來。

這條路線也的確令人印象深刻。部分步道要不是是沿著卡里
甘達基峽谷（Kali Gandaki Gorge）前進，就是穿越從主要河流引水
而來的田埂。岩壁矗立四面八方，上頭的條紋色澤看起來不像
是真的，雪花蓋頂的安納普那山脈（Annapurna Range）和海拔 8,167
公尺的刀拉吉利峰，則若隱若現地高聳岩壁後方。一路上，經
常會發現人類居住的跡象，更有很多通道都掛滿迎風飄揚的經
幡。漆成白、紅、黑相間顏色的佛塔，妝點著整片綠色平原，是
這地區典型的特色。蜂蜜色調的山崖擠滿了神祕的、人工的居
住洞穴，有些說不定已有數千年的歷史。巷弄交錯的村莊坐落

西藏

上木斯唐

羅馬丹

德喜

察朗村

Ghami村

Geling村

Samar村

Chusang村

木斯唐

喜馬拉雅山脈

卡利甘達基河

卡貝尼村

汪森

安納普那山脈

刀拉吉利峰

安納普那峰

尼泊爾

270 自由之子步道
Sons of Liberty Trail

美國，麻薩諸塞州

想像你是個英國步兵，正大踏步走在列辛頓草原（Lexington Green）和康科德（Concord）之間這 16 公里的步道上，時間是 1775 年 4 月 19 日，美國獨立戰爭正要在這一天開打。

271 比拉─布里芬尼之路
Beara-Breifne Way

愛爾蘭

全長 500 公里，採用的是 1603 年歐蘇利文·貝亞里（O'Sullivan Beare）──西南愛爾蘭最後一位偉大的酋長──的行軍路線；南起比拉半島（Beara Peninsula）的科克郡（County Cork），北抵利特林郡（County Leitrim）的布里芬尼（Breifne）。

之處經常令人意想不到，還設有提供茶點和款待親切的店舖。屋宇都漆上明亮的色調，很多人家更以羊角裝飾門面，還掛著枝椏交叉、以細線纏繞，似乎是用來擭捕惡靈的 Zor。

步道上還有無數的古蹟建築，像察朗村（Tsarang）這個大規模的 dzong（譯註：雖是喜馬拉雅山地區守護地方的堡壘，卻也是一種佛教傳統風格的建築）和德喜（Dhi）古老的廟宇。不管怎麼說，羅馬丹都是真正值得一探的重點城市；1380 年，這座城鎮曾經發展成木斯唐王國的首都，15~17 世紀之間尤其繁榮，那時的王國也掌有至高權力。現今，長度 750 公尺的粉牆依舊圍繞著羅馬丹擁擠的小巷窄弄、充滿活力的屋宇和四座神廟；其中，最古老的建築可追溯到 1440 年代。傲視群倫的拉迦宮殿（Raja's Palace）也很值得一看，先前曾是木斯唐國王的居所，但在 2008 年尼泊爾廢除君主制、成為聯邦共和國之後，國王的頭銜已經不復存在。然而，對上木斯唐而言，幾世紀以來唯一稱得上的改變，大概也只有這個民主政體的轉移了。

272 畫家之路
Painter's Way

德國，易北河砂岩山脈（Elbe Sandstone Mountains）

　　德國東南部的易北河流域高地，是名副其實的「一幅美景」。大自然的侵蝕作用特別眷顧這個地區，把軟質的山壁都雕塑成極富美感的懸崖、峽谷、石柱和山澗；而這些地景，也真的激發了各式各樣藝術家的靈感。第一位用作品推銷這地方的，是風景畫家蒂勒（Johann Alexander Thiele, 1685~1752）；接下來，畫家卡納雷托（Canaletto）、作曲家理察·華格納（Richard Wagner）和作家瑪麗·雪萊（Mary Shelley）也都描繪過這兒。這條112公里的「畫家之路」步道，也就是要帶領徒步者去看看吸引了藝術家的諸多美景；起點在萊貝惢勒格倫德（Liebethaler Grund）村，終點是古老小鎮皮爾納（Pirna），途經國王岩堡壘（Königstein Fortress）、施拉姆斯泰（Schrammsteine）山脊，以及巴斯泰（Bastei）石林。記得帶上相機──或者畫架。

273 五月谷步道
Vallée de Mai

塞席爾共和國（Seychelles），普拉斯林島（Praslin）

　　詩情畫意的印度洋群島國家塞席爾，最不缺的就是耀眼的沙灘和湛藍的海洋，更生長著你可能聽都沒聽過的海椰子（coco de mer）樹──很特別的棕櫚樹，產出的堅果看起來就像女性的臀部；這種有傷風化的果核，往昔常被浪潮沖到遙遠的海灘上，讓人完全猜想不到它從何而來。這個謎題，直到1768年法國探險家馬里翁·杜·弗倫（Marion du Fresne）發現了生長在塞席爾的普拉斯林島上的海椰子樹後，總算真相大白。現在，這種棕櫚樹已經極其稀少了，如果你願意到島上走個3~4小時，就不但能看盡五月谷伊甸園也似的森林，也有機會一窺海椰子的樣貌。

274 馬查比森林步道
Macchabee Trail

模里西斯，黑河谷國家公園（Black River Gorges National Park）

> 穿越印度洋島嶼上的熱帶森林，
> 尋訪棲息林中的稀有鳥類——別指望
> 能發現渡渡鳥（dodo）。

行前須知：

- 歷史關鍵時刻：公元 1662 年，最後一次有人聲稱看到渡渡鳥
- 距離與費時：10 公里；3 小時
- 難度：輕鬆——某些路段有點陡峭
- 最佳月份：5~11 月
- 重點叮嚀：5~11 月的下雨機率最低，但花季卻是 9~1 月

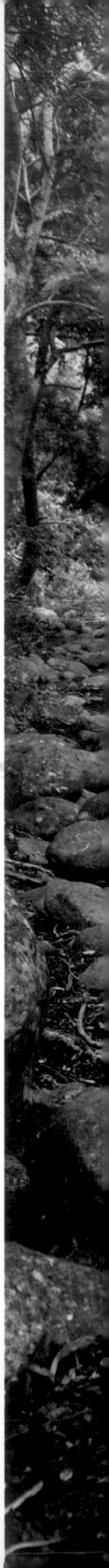

右圖：幸運的話，你可以在馬查比森林步道遇上九種罕見鳥類；不幸的是，其中再也不會有任何一隻是渡渡鳥。

位在印度洋中的模里西斯，一般認為就是世上第一個生態保護區誕生的地方。島上特有的渡渡鳥——和鴿子有近親關係，體型巨大但不會飛，自從 1598 年荷蘭人首次登島後，就走上了滅絕的命運；渡渡鳥不難捕捉，因此立刻成為飢腸轆轆的荷蘭海軍和隨軍動物的獵殺對象。

1662 年之後，就再也沒有人發現過渡渡鳥的蹤影；幾個世紀之後，渡渡鳥便列入第一批被人類之手趕盡殺絕的動物名單之上。

雖然你不會在這條 10 公里長、穿行島嶼的「馬查比森林步道」上巧遇渡渡鳥，卻還是可能瞥見其他鳥類。步道所行經的黑河谷國家公園，如今已是不再會受到污染、侵害的熱帶森林，也是模里西斯特有的九種鳥類的家園，包括很罕見的粉鴿（pink pigeon）—— 1991 年時差點就被認定已經滅絕，所幸後來數量又逐步回升，但依然尚未脫離瀕臨滅絕的危機。

步道的出發點就在公園的兩個入口之間，黑河（Black River）雖然很靠近海岸，但遊客中心（Le Petrin）卻位於內陸；從遊客中心出發後，步道先是一段蔥綠、平坦的森林路徑，你會經過一群特別移植過來的公園原生樹木和 300 種開花植物，走到差不多遇上步道中點的標誌時，視野會豁然開朗，大黑河灣河谷（Grande Rivière Noire Valley）突然在你眼前現身不說，海洋和一片波浪也似的綠色山丘更都在四面八方鋪展開來。從這裡開始直到終點，步道雖然都是下坡路，卻也陡峭又滑溜，要特別小心腳下。

275 赫克拉火山
Hekla

冰島南部

　　因為有著猛爆和噴發的累累前
科，難怪標高 1,488 公尺的赫克拉火
山——冰島最活躍的火山之一——長
久以來都有「地獄入口」的封號，
讓人避之唯恐不及；不過，冰島生
物學家伊哲特‧奧拉福森（Eggert
Ólafsson）1750 年首度冒險登頂成功
時，很幸運地，並沒有發現什麼地
獄的入口。即便如此，攀登赫克拉
火山還是有點兒「墜入地獄」的危
險。出發點離冰島首府雷克雅維克
（Reykjavik）有 160 公里遠，步道來
回一趟也得費上 8 小時，而且一路都
得攀爬光禿禿的斜坡，野地上每一
塊長相奇醜的黝黑火山岩，都可能
讓你皮破血流；步道的最終目的地，
是明明堅冰環繞卻還噴出硫磺蒸氣
的火山口——別忘了，火山隨時都有
可能在你眼前爆發。

瑞士

法國

尚佩克斯

阿爾佩特
之窗

布雷凡隘口

霞慕尼山谷

霞慕尼

阿爾卑斯山脈

萊蘇什

白朗峰

庫科馬耶爾

萊莎皮約

義大利

276 比亞沃維扎森林步道
Bialowieza Forest

波蘭東部

打從 1538 年官方下令以來，比亞沃維扎森林就成了皇家獵苑；物換星移，今天的比亞沃維扎則是歐洲最後一個原始森林，裡頭有好幾條步道，都可以帶你邂逅漫步林間的野牛（bison）和年歲久遠的參天巨樹。

右圖：只要踏上白朗峰步道，你就絕對不會錯過西歐最高峰的壯觀景色。

277 白朗峰步道
Tour du Mont Blanc

法國、義大利與瑞士

{
跟隨最早期登山者的腳步，
環行阿爾卑斯山脈最高峰。
}

環行西歐最高峰，一路走過三個國家，更是登山活動的誕生之地……一言以蔽之，白朗峰步道就是阿爾卑斯山區的經典徒步路線。

1767 年，為了找出登頂路線，瑞士科學家奧拉斯─貝內迪克特‧德‧索敍爾（Horace-Bénédict de Saussure）就已經環行過這座海拔 4,810 公尺、當時還沒人成功登頂過的白朗峰。可惜的是，他的率先登頂願望被超越了──1786 年，雅克‧巴爾瑪（Jacques Balmat）和米歇爾‧帕卡德（Michel Gabriel Paccard）成了最早征服白朗峰的兩個人。但是，對很多人來說，索敍爾在頂峰之下的漫步才更讓人心嚮往之。依循他的這種方式──登山不只是技術上的攀登──可以享受所有特殊的景觀、山谷、村莊、冰河和草原上的光影。

大部分的背包客，都從法國霞慕尼山谷（Chamonix Valley）南端的萊蘇什（Les Houches）啟程，以逆時鐘方向環行這條 170 公里長的白朗峰步道。出發後，先是朝南走到美麗的萊莎皮約（Les Chapieux），然後轉向東北、進入義大利，途經熱鬧的城鎮庫科馬耶爾（Courmayeur），再踏上瑞士的國土，步道會彎過尚佩克斯（Champex）華麗的村莊和環行路線的最高點──海拔 2,368 公尺、山岩遍佈的「阿爾佩特之窗」（Fenêtre d'Arpette）。接著朝南回到法國，登上 2,368 公尺的布雷凡隘口（Col du Brevent），記得，要在這兒眺望一下氣勢無以倫比的白朗峰全貌。接下來，步道便會一路往下走，帶引你來到霞慕尼這個生氣蓬勃的阿爾卑斯城鎮，你可以就在這兒吃喝一頓，慶祝自己圓滿完成徒步路線。

行前須知：

- 歷史關鍵時刻：公元 1767 年，歐拉斯─貝內迪克特‧德‧索敍爾首度環行白朗峰
- 距離與費時：170 公里；10 ～ 12 天
- 難度：中等／費勁──山路陡峭，需有合適的裝備
- 最佳月份：6-9 月
- 重點叮嚀：途中有各式各樣膳宿的路線，包括木屋和旅館

278 羅亞爾河步道
Loire on Foot Trail

法國，羅亞爾河（Loire River）

> 沿著法國最長河流來場悠然漫步，
> ——瀏覽好似童話故事裡才有的
> 文藝復興時期城堡（châteaux）。

行前須知：

- 歷史關鍵時刻：公元 1500~1800 年，文藝復興時期
- 距離與費時：1,250 公里；60~65 天
- 難度：輕鬆——坡道極少，路線明確
- 最佳月份：4~6 月，9 月
- 重點叮嚀：羅亞爾河的城堡規矩不一——有些全面對外開放，有些只讓人參觀花園，有些完全不准外人進入

任何位在法國的古老步道，都很少有設置路標的必要，同樣地，這條又名「歐洲 3 號長程步道」（Grande Randonnée 3, GR3）的羅亞爾河步道，雖然長達 1,250 公里，也不怎麼需要指路的告示牌。只要從羅亞爾河的源頭哲畢爾迪瓊克山（Mont Gerbier-de-Jonc）——法國中央高原（Massif Central）上一座少見的火山丘——出發，跟著河流一直走到出海口，也就是大西洋岸的海濱勝地拉博勒（La Baule）。總的來說，是一條會在中途九十度大轉彎的路徑，因為羅亞爾河會先朝幾乎正北方流，但在來到法國中部大城奧爾良（Orléans）時，卻會轉而流向西方，一直到注入比斯開灣（Bay of Biscay）。

步道雖長，卻不會經過什麼荒郊野地。羅亞爾河不但是法國最長的河流，更打從鐵器時代起就是貨物輸送要道；隨著時光的推移，河流兩岸更是興起了一座又一座的城鎮，包括布耳瓦（Blois）、希農（Chinon）、索米爾（Saumur）和杜爾（Tours），也孕育了許多狩獵森林、有如綠色波浪般起伏綿延的葡萄園。

然而，羅亞爾河流域的最大特色還是它多不勝數的城堡。由於水道在英法百年戰爭（1337~1453）中的軍事地位十分重要，沿岸的各河谷突然成了前線戰地，許多農家和大宅，因此都強化、甚至改建成巨大的中世紀城堡；等到兩國間的征戰告一段落，文化交流便取代了軍事衝突，尤其是 1515 年酷愛炫耀的弗朗索瓦一世（King François I）成了法國皇帝後，文藝復興的理念更是促發了羅亞爾河沿岸藝術、政治和哲學的全面復甦。當然了，印刷技術的發明居功厥偉；如果不是書籍可以大量印製、

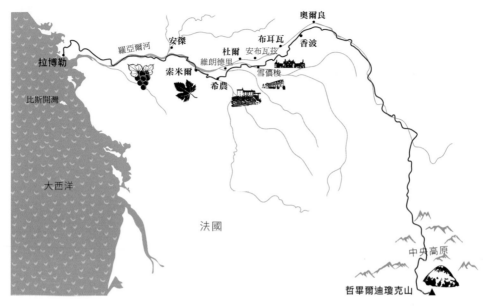

發行，許多理念也無法廣為流傳。流風所及，使得很多位在羅亞爾河岸的城堡又再次重建或修改成童話故事裡才有的夢幻樣貌，砲臺成了浪漫的角樓，多出美麗的尖塔、精緻的拱門與垛口，以及修剪得幾近完美的花園；儘管時光很快迎來反貴族的法國大革命（1789~99 年），很多城堡因而遭殃，甚至只剩下斷瓦殘垣，但也有很多羅亞爾河的城堡安然無恙到今天。

一次走完整條 GR3 得費上不少時間，所以你不妨先選最中意的一段來走。我們的建議，是走最特別的羅亞爾畔敘利（Sully-sur-Loire，奧爾良東邊不遠）和夏洛恩（Chalonnes，安傑〔Angers〕西邊）之間的這一段，全長 280 公里，因為「傑出的文化地景」而名列世界遺產；你會看到，這段鄉野步道上滿是田園風味濃郁的起伏丘陵、蜿蜒綿長的河灘、肥沃的農地，遠處則是一座又一座森林。總之，一路上都是美麗又翠綠的地景。

流過這個地段的河水，因為許多河中小島而流入不同的峽谷，有些地方還留有 12 世紀築成的河堤，為的是不讓羅亞爾河氾濫成災；事實證明，這些堤岸根本馴服不了羅亞爾河。這段流域中典型的凝灰岩（tufa）和石灰岩懸崖，也為步道的美景貢獻良多，既為隱士提供了穴居之所，也給了城堡取之不盡的石材。

法國文藝復興風的香波堡（Chambord）——羅亞爾河谷最大的城堡——不但有角塔，甚至還有護城河，便是在前述的法國

皇帝弗朗索瓦一世要求下，於16世紀早期興建的，用來當作他的狩獵別墅，總共有超過400個房間和84座樓梯。

相對之下，雪儂梭（Chenonceau）的規模就遜色不少了。這座就在河邊的小城堡，是貴族湯瑪士·波黑爾（Thomas Bohier）1512年時興建的，經過幾世紀來的承襲之後，如今已搖身一變，成為兼有哥德風和文藝復興風的豪宅，不但設置了噴泉，還在平緩的榭赫河（Cher River）上搭建了石造拱橋；第一次世界大戰期間，這棟豪宅還曾經扮演過醫院的角色。

其他值得一遊的城堡還包括：1536年左右築成，以優美花園聞名於世的維朗德里（Villandry）；坐落小島，16世紀時由中世紀早期堡壘改建而成的阿澤勒麗多堡（Azay-le-Rideau）；以及氣勢凌人的安布瓦茲堡（Amboise），這裡本來只是個中世紀時的尋常堡壘，但在法王查理八世命令改建之後煥然一新，只不過，查理八世後來也就死在這兒——官方說法是不小心撞上了門楣。

隨著皇家奢華生活的如風消逝於羅亞爾河流域，我們也才有了這條讓人心曠神怡的長程步道。

279 安卡拉納保護區
Ankarana Reserve

馬達加斯加

在 tsingy（尖銳的石灰岩峰）之間健行，藉機了解土著安坦卡拉納（Antankarana）人的種種；早在16世紀，他們就已在此地落戶繁衍。

280 彼特步道
Pieterpad

荷蘭

如果你愛走路但討厭爬山，那麼，全長464公里的「彼特步道」就是你的菜了。這條筆直地穿過荷蘭內地的步道，也跟著它在1648年成為獨立國家之後廣為人知；雖然步道終點是聖彼得山（Mount St Pieter，剛好也是整條步道的最高點），但這座「山峰」其實只有110公尺高。從濱海小鎮彼特比倫（Pieterburen）啟程後，彼特步道就會沿途展現荷蘭的各色地景，先是北方巨大堤岸環圍的平原，然後往南穿過農地與零散的孤單森林（有些森林還找得到納粹集中營的遺址），再短暫進出德、荷邊境，經過一些城堡，最後在國際都會馬斯垂克（Maastricht）外的「山區」劃下句點。這時的你，已經來到了荷蘭、比利時的邊界附近。

281 庫肯霍夫花園步道
Keukenhof Garden Trails

荷蘭，利瑟（Lisse）

1630 年代，鬱金香曾在荷蘭掀起驚人的投機熱潮，雖然很快就在 1637 年的「鬱金香大崩盤」（Tulip Crash）下煙消雲散，但今天的我們，卻因此而有了這條總計 14 公里的庫肯霍夫步道，得以盡情欣賞 700 萬朵鬱金香的風姿。

282 黃金年代運河步道
Golden Age Canals

荷蘭，阿姆斯特丹

走一走穿越荷蘭首都、17 世紀「荷蘭黃金年代」（Dutch Golden Age）遺留下來的三條運河：Herengracht（紳士運河）、Keizersgracht（皇帝運河），Prinsengracht（王子運河）。

283 制憲步道
The Constitutional

美國，費城

來到名副其實的「美國誕生地」，小走一趟 5 公里步道。1776 年制定獨立宣言的獨立廳（Independence Hall），正是沿途 30 個歷史遺跡之一。

284 凡爾賽花園
Gardens of Versailles

法國

打從法王路易十四（King Louis XIV）住進這裡的 1682 年起，凡爾賽宮不但就此成為法國的政治中心，更是一個窮盡奢華的地方。這段 10 公里的漫步，會帶你繞行過它金碧輝煌、噴泉閃舞的庭園。

285 城牆漫遊
Wall Walk

哥倫比亞，卡塔赫納（Cartagena）

位在加勒比海岸的卡塔赫納，當年之所以必須以堅實的防禦工事把自己包個密不透風，是有其歷史緣由的。這座西班牙人 1533 年建造的城市，昔時可是如假包換的一座大金庫，為的是存放打算運回歐洲祖國的、從印加帝國掠奪來的黃金；最初的防禦工事，也的確在後來的好幾百年裡發揮功效，讓這座遠在南美洲，花團錦簇、五彩繽紛的「老城」（Old Town）始終安然無恙，更得以在 1984 年時名列世界文化遺產。不過，因為古老的 murallas（城牆）分別位在四個不同區段，所以這趟費時大約只需 90 分鐘的漫遊，有時並不是走在城牆上；步道的起點，是興築於 1617 年的聖法蘭西斯科哈維爾（San Francisco Javier）棱堡，最好是下午出發，才能在金黃夕陽的映照下俯瞰海景與城區。

286 聖像步道
Icon Trail

波蘭，桑河谷（San Valley）

{ 在波蘭東南方滿佈教堂的山丘間漫步，好好上一堂這個地區的聖像藝術課。 }

行前須知：

· 歷史關鍵時刻：公元 1510~1659 年，烏魯克茲（Ulucz）東正教木造教堂興建期間

· 距離與費時：70 公里；3~4 天

· 難度：輕鬆／中等——路標不夠清楚，路面平緩

· 最佳月份：5~10 月

· 重點叮嚀：從西北邊的克拉科夫（Krakow）有火車通往薩諾克（Sanok），但兩地距離 200 公里

對頁：美麗的村莊、古代圖像藝術和桑河，全都是「聖像步道」的亮點所在。

　　走一趟聖像步道（Szlak Ikon 或 Icon Trail），除了能讓你穿行於位在別什哈迪山脈（Bieszczady Mountains）丘陵帶裡的桑河谷，就如同經歷一場一場聖像藝術的歷史巡禮。零散地分佈在這個區域裡的山村，至今都還存有東正教與合一教（Uniat，或稱東儀公教〔Eastern-rite Catholic〕）的教堂，而且大多都以古聖像裝飾裡外；這些畫在木板上的神聖圖像，絕大多數都是 15~17 世紀的作品。

　　聖像步道全長 70 公里，但從薩諾克出發前，不妨先到它的歷史博物館（Historical Museum）裡了解一下此地的歷史遺物有多寶貴；博物館坐落薩諾克的 16 世紀古堡中，除了典藏很多波蘭最重要的宗教藝術品，還會展示禮拜用品，包括古書與主教的徽章。

　　從薩諾克出發後，步道便沿著桑河（San River）走，穿行於綠蔭處處的斜坡，途中還會經過很多村莊，每個村莊都有做禮拜用的優雅洋蔥頂建築：往昔為施洗者聖約翰（John the Baptist）建造的泰拉瓦索爾納（Tyrawa Solna）東正教木造教堂（興建於 1837 年），如今已變成羅馬天主教的教堂；杜伯拉斯拉切卡（Dobra Szlachecka）教堂則有個用原木鑿成的門房，與它優雅的聖像間壁（iconostasis）相得益彰。

　　然而，真正堪稱波蘭古老木造東正教教堂之一的，還是烏魯克茲東正教教堂；原本號稱是 1510 年時興建的，但根據近年樹木年代學（dendrochronological，由樹木的年輪來測定年代）的分析，應是 1659 年左右的建築物。孰是孰非不重要，總之，只要坐在丘陵上俯瞰河流，你絕對都感受得到「風景如畫」的意思。

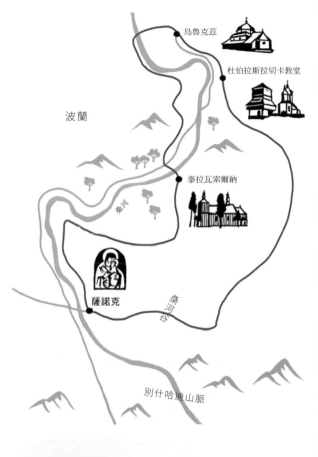

烏魯克茲

杜伯拉斯拉切卡教堂

波蘭

泰拉瓦索爾納

薩諾克

別什哈迪山脈

桑河

桑河

287 泰姬自然步道
Taj Nature Walk

印度，阿格拉（Agra）

不管是哪兒的歷史遺跡，都很難在浪漫方面超越泰姬陵（Taj Mahal）。這座蒙兀兒帝國皇帝沙賈汗（Shah Jahan）下令興建、用來安葬他最摯愛妻子慕塔茲・瑪哈（Mumtaz Mahal）的陵墓，落成於 1653 年，建築工藝舉世無雙，不但有純白大理石圓頂、五彩硬石（pietra dura，也就是以珍貴的寶石來鑲嵌裝飾），還有極其精緻的美術字體。時至今日，泰姬陵已是車水馬龍的旅遊勝地，但這條 9.5 公里長、從東門（Eastern Gate）走到附近保護區的「泰姬自然步道」，卻提供了一個得以在山蔭下尋得寧靜的機會。你可以在花草、樹木和鳥兒的鳴叫中漫步，之後再爬上高聳的瞭望塔，回望絕美的泰姬陵。

288 馬爾他海岸步道

Malta Coastal Walk

馬爾他

國土雖小卻具有重要戰略地位的地中海島國馬爾他，打從中世紀以來，就倚賴海岸的瞭望臺抵禦敵人的侵犯，但真正為馬爾他打造全面性防禦網絡的，卻是十字軍裡的天主教醫院騎士團（Knights Hospitaller，也就是後來聲名顯赫的「馬爾他騎士團」〔Knights of Malta〕）。這些防禦工事大多是在 17 世紀完成的，沿海一路布置，每一座都看得到前後兩座；時至今日，這條 160 公里長的環岸步道，便是為了讓徒步者一一尋訪殘存的瞭望臺，包括：鮮紅色的聖阿嘉莎塔（St Agatha's Tower）；後來和第一次世界大戰時的碉堡配成一對的 Triq il-Wiesg；以及興建於 1610 年，現存年代最為久遠的維格納科特堡（Wignacourt）。

289 革命步道

Revolution Walk

法國，巴黎

小走個 5 公里路，你會彷彿來到 18 世紀時的法國，一邊重溫啟蒙時代（Age of Enlightenment）的覺醒氣息，一邊感受法國大革命（French Revolution）的憤怒氛圍。步道起點是法王路易十五（King Louis XV）下令起造的巴黎「先賢祠」（Panthéon，或譯為「萬神殿」），不過，後來又加入了伏爾泰（Voltaire）、盧梭（Rousseau）和其他啟蒙運動的要角；先向西朝盧森堡公園（Jardin du Luxembourg）走，慢慢地再轉向東北方，經過普羅科佩咖啡館（Café Le Procope，伏爾泰經常在這裡喝咖啡）和往昔的波旁宮（Palais Bourbon）—— 1795 年時民主派就在這裡成立國民議會（National Assembly），再跨過塞納河（Seine），來到終點協和廣場（Place de la Concorde）。法國大革命期間，有一千多人——包括國王路易十六（Louis XVI）和瑪麗王后（Marie Antoinette）——被推上斷頭臺處死。

290 666 拱頂柱廊
Portico of 666 Arches

義大利，波隆那
（Bologna）

只有朝聖者，才有進入位於波隆那山丘上「聖路加的聖母朝聖地」（Madonna of San Luca）內殿、漫步過神聖無比的聖母像（據說就是聖路加〔San Luca〕親筆所繪）的特權，因為這些畫像不能受到外來事物的侵染。1674~1793 年間，這兒建造了長達 3.8 公里的柱廊——世界最長的類似建物——從位在老城牆內的撒拉戈薩門（Saragozza Gate）一直延伸到神聖的廊柱大廳，讓虔誠的朝聖者心情愉悅又不憂雨淋；支撐起這條廊柱的，則是 666 個拱頂，上層區域還有 15 個祈禱點。來到最上邊時，你可以俯瞰赤褐色的中世紀城景，以及遠方的波河谷（Po Valley）。

291 魁北克城牆
Québec City Walls

加拿大，魁北克

整個 17 世紀和大半個 18 世紀都是法屬加拿大首府，也是聖羅倫斯河（St Lawrence River）軍事要地的魁北克，當然是值得大加保衛的地方；因此，1690~1745 年間，法國人便鄭重其事地為這座城市興建了將近 4.6 公里的灰色城廓，再以堡壘、崗亭和大砲強化防守能力，打造出堅實無比的北美洲前哨站，最主要的防範對象則是英國人——但也沒能發揮作用（譯註：1759 年，魁北克在英軍的攻打下淪陷）。如今的魁北克，已是北美洲僅存的「城」市，你可以沿著城牆邊漫步，造訪城門，以及在擁擠的老魁北克裡蹓躂蹓躂，仔細觀察它的古街老巷。

292 莫羅漫遊步道
Paseo del Morro

波多黎各，聖胡安（San Juan）

沿著堅固的城牆，走一走這條 3 公里的步道。這道城牆，是 1630 年代為了保衛老聖胡安（Old San Juan）港而建造的。

293 斗羅河谷步道
Douro Valley

葡萄牙

這是條全長 16 公里的步道，環行斗羅河心臟地帶、葡萄園櫛比鱗次的皮尼奧谷（Pinhão Valley）；這個地區 1756 年劃為葡萄牙波特酒（port wine）的專屬產地。

294 羅伯・洛伊步道
Rob Roy Way

英國，蘇格蘭西南方

跟隨一位傳奇的蘇格蘭亡命之徒，
穿越遼闊的山谷、美麗的湖泊和
荒野高地。

行前須知：

- 歷史關鍵時刻：公元 1671~1734，羅伯・洛伊的一生
- 距離與費時：124 公里；7 天
- 難度：中等——地形高低起伏，多沼澤地，很多地方沒得遮蔭
- 最佳月份：5-9 月
- 重點叮嚀：巴士路線包括從格拉斯哥（Glasgow）到德來門（Drymen），從愛丁堡（Edinburgh）到皮特洛赫里（Pitlochry）；皮特洛赫里也有火車站

羅伯・洛伊・麥格雷戈（Rob Roy MacGregor）曾是蘇格蘭最惡名昭彰的罪犯，1671 年出生於卡春湖（Loch Katrine）的格蘭蓋爾（Glengyle），天生一頭紅髮，是一個強悍勇敢的「山野男孩」。早在 1689 年，他就已在啟利克蘭基（Killiecrankie）率眾對抗英格蘭人，後來成為對二世黨人（Jacobite，或詹姆士黨人）來說相當關鍵的第一次起義；從此以後，很多蘇格蘭高地人都挺身捍衛天主教國王詹姆士二世（King James II），想幫他奪回英格蘭和蘇格蘭的王位。不過，羅伯在成為其中一個氏族的領導人之前，原本是靠偷牛賺錢，後來反而成為對抗其他偷牛賊的牛群保衛者。

1713 年時的羅伯日子很不好過，還因為沒有辦法按期償還貸款被判有罪，只好重操舊業，做起偷盜牲畜的勾當，更因為重整麥格雷戈家族對抗英格蘭政府而過著四處逃亡的日子；雖然曾經兩度被捕，卻都成功脫逃，直到 1725 年才終於自首，也獲得皇室的特赦，於 1734 年安詳辭世。無論怎麼看，羅伯的人生都可以說是一個傳奇，因此，1723 年出版的名作《蘇格蘭公爵》（*The Highland Rogue*）便將他寫進蘇格蘭民間傳說之中。後來，浪漫派名作家沃爾特・史考特爵士（Sir Walter Scott）更在 1817 年的小說《羅伯・洛伊》（*Rob Roy*）中生動地描述羅伯的事蹟，讓他的生平得以流傳後世。英雄也好，盜賊也罷，總之，這位原本聲名狼藉的偷牛賊，都已被理想化成強悍、放蕩、華麗的俠盜形象，代表一段逝去的生活方式。

對徒步者來說，幸運的是我們因而有了這條步道。所謂的

上圖：造訪法外之徒羅伯・洛伊東躲西藏和受庇護的地方。

「羅伯・洛伊步道」，是依著他的族人、牲口販子和二世黨人過去使用的林徑和偏僻小路而來的，因此有著可以和浪漫歷史背景相映成趣的蘇格蘭鄉野景致。總長 124 公里的這條步道，從位在斯特令（Stirling）的德來門村往東北走，終點是帕斯郡（Perthshire）那個充滿維多利亞時代建築風格的皮特洛赫里小鎮。一出發，你就得穿越特羅薩克斯（Trossachs），那是一個森林密佈、有湖泊也有峽谷的地區。羅伯以前趕牛時，就會經過位在洛蒙湖（Loch Lomond）正東方的德來門，進入安穩平緩的橡樹林和蘇格蘭喀里多尼亞松（Caledonian pine）樹林。離步道不遠處、阿德湖（Loch Ard）邊有個山洞，當年是羅伯用來藏身和密謀大事的地方。你也可以往西繞路、走到他的出生地瞧瞧——如今已改建成名為「格蘭蓋爾大宅」（Glengyle House）的旅館。接下來的亞伯佛伊（Aberfoyle），是特羅薩克斯重要的入口城鎮，瀰漫著羅伯・洛伊傳奇的氛圍（和因他名氣而興盛的商機）。

走過亞伯佛伊和卡蘭德（Callander）小鎮之間的路途後，羅伯・洛伊步道便朝門蒂斯丘陵（Menteith Hills）和文納查爾湖（Loch Venachar）前進，一路上，遼闊壯觀的景象盡收眼底。接下來，步道則隨著泰斯河（River Teith）逆流而上，經過萊尼瀑布（Falls of Leny）、來到斯特拉夕爾（Strathyre）這個小地方。附近那個優美的巴奎德（Balquhidder）峽谷，便是羅伯獲得特赦之後的安居之地。他（和他的妻子）最終長眠於教堂的墓地，但我們還要再往前走；下一站，是越過崎嶇的山脊和波光粼粼的厄恩湖（Loch Earn）走到啟林（Killin）村，附近有個多赫特瀑布（Falls of Dochart）和芬拉里格城堡（Finlarig Castle）——據說曾是羅伯逃亡期間暫避風頭之地——的遺址。

從啟林往上走到步道最高點（565 公尺）時，浮現眼前的，是直抵阿德塔奈格（Ardtalnaig）

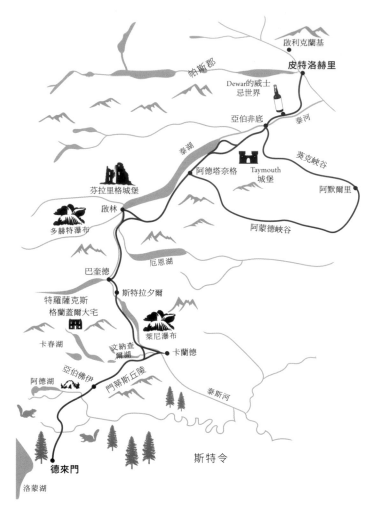

295 地中海階梯與道格拉斯小徑
Mediterranean Steps
and Douglas Path

直布羅陀（Gibraltar）

1713 年，英國人佔領了南西班牙名為「直布羅陀」的一塊大岩石。這條 7 公里的步道，就是要帶領你穿過一大片野花和許多巴巴里獼猴（Barbary ape），走過道格拉斯小徑，來到英國人那時的堡壘。

（地圖標示）啟利克蘭基、皮特洛赫里、帕斯郡、Dewar的威士忌世界、亞伯非底、泰河、泰湖、葵克峽谷、阿德塔奈格、Taymouth 城堡、芬拉里格城堡、阿默爾里、啟林、多赫特瀑布、阿蒙德峽谷、厄恩湖、巴奎德、斯特拉夕爾、特羅薩克斯格蘭蓋爾大宅、萊尼瀑布、卡春湖、文納查爾湖、卡蘭德、亞伯佛伊、阿德湖、門蒂斯丘陵、泰斯河、斯特令、德來門、洛蒙湖

的一大片荒地和泰湖（Loch Tay）南岸，是一段如假包換、極其偏僻荒涼的路途。沒錯，從這裡一直到亞伯非底（Aberfeldy）的地形地貌，正和沃爾特‧史考特小說裡的描述如出一轍。如果你想要來個額外的挑戰，這兒也有另一項選擇：從阿德塔奈格出發，走另一條更荒蕪的步道。這個路徑會一路經過阿蒙德峽谷（Glen Almond）、阿默爾里（Amulree）和葵克峽谷（Glen Quaich），把你這趟健行的里程拉長到 151 公里。

不論繞道與否，最後一段路程都會從亞伯非底出發，跋涉過一片荒原，再沿著泰河（River Tay）走到皮特洛赫里的一座小型紀念公園；來到這裡之時，整個旅程也就結束了。如果你還想要參觀另一條羅伯便道，啟利克蘭基就在正北方，當然也就是二世黨人發起「啟利克蘭基戰役」的遺址所在之處。要不然，就請你待在寧靜優雅的高原勝地皮特洛赫里，好好放鬆一下身心，向麥格雷戈家族裡最重要的這位傳奇人物舉杯致敬。

296 弗農山莊步道
Mount Vernon Trail

美國，維吉尼亞州

步道全長 29 公里，沿著波多馬克河（Potomac River）一直走到喬治·華盛頓（George Washington）故居的弗農山莊（1761 年住到過世的 1799 年底），再走到羅斯福島公園（Theodore Roosevelt Island）；在路途中朝北看時，可以遠遠望見五角大廈（Pentagon）與華盛頓特區（Washington DC）。

297 奧之細道
The Narrow Road

日本，本州（Honshu）

1689 年時，日本詩人松尾芭蕉（Matsuo Basho）從東京啟程，展開了一趟長達 2,400 公里的徒步之旅，而且把旅程中的所見所聞記錄在名著《奧之細道》（The Narrow Road）中。其中的一些段落，如今還可以完全照著走。

298 歌德步道
Goethe Trail

德國，哈次山脈（Harz Mountains）

這條由陶夫豪斯（Torfhaus）村往上走到布洛肯峰（Brocken，哈次山脈最高峰）的 16 公里步道，大作家歌德（Goethe）不但也曾經在 1777 年 12 月時走過，據說還因而突破了創作瓶頸。

299 克里斯蒂安洞穴攀行
Christian's Cave Climb

皮特凱恩群島（Pitcairn Island）

從亞當斯頓（Adamstown）——南太平洋皮特凱恩群島（譯註：英國在太平洋區最後一個海外領地）的首府——出發，花個 40 分鐘，就可以走到 1789 年從英國海軍邦蒂艦（Bounty）上叛逃後，弗萊徹·克里斯蒂安（Fletcher Christian）守望海面動靜的洞穴。

300 都鐸步道
Tudor Trail

英國，南英格蘭

英國史上，再也沒有另一個國王像亨利八世（King Henry VIII，都鐸王朝第二任國王）那樣愛換王后——總共娶了六個老婆不說，還為了休妻再娶而創立了英國國教（Church of England）。這條總長 85 公里的都鐸步道，連結的便是和這位 16 世紀國王相關的一些遺址。做為起點的彭斯赫斯特莊園（Penshurst Place），一度是白金漢公爵（Duke of Buckingham）的產業——當然了，是在他 1521 年被亨利八世處死之前。步道由北朝南，先穿過田園風味濃郁的威爾德（Weald），再途經海韋爾城堡（Hever Castle，亨利八世第二任妻子安·博林〔Anne Boleyn〕的祖傳家產）、阿士當森林（Ashdown Forest，亨利八世經常來此狩獵）、路易斯隱修院（Lewes Priory，1537 年亨利八世驅逐修士後將之夷為平地），以及湯瑪斯·克倫威爾（Thomas Cromwell）的莊園（1540 年克倫威爾被處決後，亨利八世把它送給第四任妻子克里維斯的安妮〔Anne of Cleves〕）。

301 蘇丹之路
Sultan's Trail

奧地利到土耳其

效法鄂圖曼國王的「大帝」雄姿，
從維也納一路走到伊斯坦堡。

行前須知：

- 歷史關鍵時刻：公元 1520~1566 年，蘇萊曼大帝（Süleyman the Magnificent）在位期間
- 距離與費時：2,133 公里；4 個月
- 難度：中等——路途漫長，風土多變
- 最佳月份：5-10 月
- 重點叮嚀：路途中的住宿狀況各不相同，有些地方必須事前申請才能搭營

鄂圖曼帝國 1520~1566 年的這位皇帝之所以被尊稱為「蘇萊曼大帝」，是因為後人認定他為伊斯蘭世界立下了領袖的典範，既是公正又聰敏的政治家、藝術與建築家的贊助者，還是才華洋溢的詩人。除此之外，蘇萊曼大帝也是膽識過人的軍事策略家，而這份特質也讓他在 1529 年領軍西征，一路過關斬將，甚至兵臨維也納城，締造了伊斯蘭史上對基督教歐洲最了不起的戰績。然而，儘管胸懷雄才大略，蘇萊曼還是在維也納城下嘗到戰敗的苦果，不得不撤軍轉回君士坦丁堡（今伊斯坦堡）。

「蘇丹之路」走的就是他的征戰足跡，長途跋涉 2,133 公里路，大可用如同加諸蘇萊曼的 "magnificent" 來形容這種雄心壯

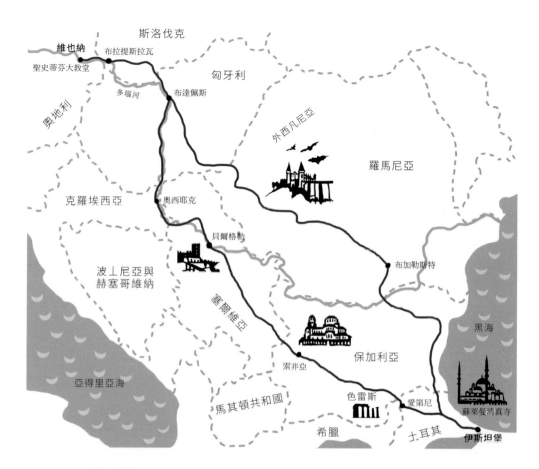

地圖上的地名標注：

斯洛伐克

維也納
布拉提斯拉瓦
聖史蒂芬大教堂

匈牙利

奧地利

多瑙河　布達佩斯

外西凡尼亞

羅馬尼亞

克羅埃西亞

奧西耶克

貝爾格勒

波士尼亞與
赫塞哥維納

布加勒斯特

塞爾維亞

亞得里亞海

保加利亞

黑海

索非亞

馬其頓共和國

色雷斯

愛第尼

蘇萊曼清真寺

希臘

土耳其

伊斯坦堡

對頁：如果沿著當年蘇萊曼大帝撤退的路線，從奧地利一直走到土耳其，途中就會經過外西凡尼亞。

志。過往曾經是鄂圖曼帝國內境的這片地域，如今分屬於奧地利、斯洛伐克、匈牙利、克羅埃西亞、塞爾維亞、羅馬尼亞、保加利亞、希臘和土耳其。步道起點是維也納的聖史蒂芬大教堂（St Stephen's Cathedral，教堂裡的鐘是用當年的鄂圖曼大砲熔鑄而成的），終點則是伊斯坦堡的蘇萊曼清真寺（Süleymaniye Mosque）——既是城裡最大的清真寺，也是蘇萊曼大帝埋骨之所。

　　路途中值得一看的東西多不勝數，全看你選擇了哪種走法；你可能會經過的地點，包括：布拉提斯拉瓦（Bratislava）的多瑙河，貝爾格勒（Belgrade）的堡壘，外西凡尼亞（Transylvania）的城堡，歷史遺跡遍佈的馬其頓中區（Greek Macedonia）與色雷斯（Thrace），以及一度是鄂圖曼首都的愛第尼（Edirne）。等你走到伊斯坦堡和博斯普魯斯海峽（Bosphorus Straits）的海岸邊上，亞洲就已和你只剩一水之隔了。

近代世界　　239

302 艾維亞‧瑟勒比之路
Evliya Çelebi Way

土耳其

艾維亞‧瑟勒比是個好奇心很重的人，生在鄂圖曼土耳其帝國（Ottoman Turk）時期的他，用了人生裡的四十年去遊歷四方、寫成遊記。1671 年，他開啟了一場前往麥加（Mecca）的朝聖（hajj）之旅；走過的道路，也就是現今的「艾維亞‧瑟勒比之路」，全長330 公里，起自伊茲密特灣（Izmit Gulf，可以從伊斯坦堡搭渡輪過海）邊的亞洛瓦（Yalova）附近，迄於愛琴海（Aegean）地區的錫馬夫（Simav），但路途可不是直線進行——就愛趴趴走的瑟勒比很少走捷徑。步道一下子沿著河岸走，一下子換成山羊小徑，有時則是羅馬時代留下的道路，所以會看到各色土耳其地景，你會走過很小的村落、鄂圖曼遺址、山坡、肥沃的山谷、多不勝數的 kahvehane（咖啡屋），以及高牆環繞的伊茲尼克城（Iznik）；除此之外，你還會來到製瓦重鎮屈塔希亞（Kütahya）：瑟勒比的家鄉。

303 普納卡冬季步道
Punakha Winter Trek

西不丹

不丹這個國家，到處都是男性生殖器的畫像或圖騰，不只畫在牆上，甚至用木頭雕成陽具、大剌剌地掛在尋常百姓住家的屋簷下。別大驚小怪，那只是喇嘛朱卡庫拉（Lama Drukpa Kunley, 1455~1529）的象徵；他不但是不丹最受崇敬的聖人，更有「瘋王神」（Divine Madman）的稱號，以機敏卻蠻橫的方式把佛教傳遍整個國家。為時三天、輕鬆愉快的普納卡冬季步道，就是隨著他昔日傳教足跡，從離河邊不遠的德欽曲林宮（Dechencholing Palace，離首都辛布〔Thimphu〕不遠）走到普納卡谷（Punakha Valley）的宗林塘（Zomlingthang），途中會經過寧波紀念碑（Chorten Ningpo）——一塊和這位聖人有些淵源的古石，也是紮營過夜的好地方。步道也會行經海拔 3,400 公尺的辛楚拉隘口（Sinchula Pass）、原始森林、傳統不丹村莊；當然了，還會一路看到很多男性生殖器的木雕或圖像。

304 莎士比亞之路
Shakespeare's Way

英國，南英格蘭

　　威廉·莎士比亞（William Shakespeare）1564 年出生於斯特拉福亞芬（Stratford-upon-Avon）的一棟半木構房屋裡，也在這一帶長成世界最偉大的文字創作者；雖然莎士比亞最多產的時光是住在倫敦時，卻一直鍾愛著這個家鄉。這條 235 公里的「莎士比亞之路」，就是從斯特拉福亞芬一直走到倫敦，而且很可能就是巴德（Bard，莎士比亞的綽號）往返兩地時所採用的路徑；這些鄉間小路打從 16 世紀以來多少有了變化，但你會經過的地方還是和莎士比亞當時相去不遠，包括房子都用蜂蜜色石子砌成的科茲窩（Cotswold）村、宏偉的布倫海姆宮（Blenheim Palace，溫斯頓·邱吉爾〔Winston Churchill〕出生的地方）、夢幻尖塔（dreaming spires）林立的牛津（Oxford），以及泰晤士河的美麗堤岸。步道的終點，是 1599 年興建於泰晤士河邊、後來重建的莎士比亞環球劇場（Shakespeare's Globe Theatre）。

305 格林步道
Grimmsteig

德國中部

　　這條全長 84 公里的步道，總是瀰漫著一股神祕氣息。不管是考豐根森林（Kaufungen Forest）茂密的灌木叢中，還是麥斯納山脈（Meissner Mountains）裡，似乎都潛藏著精靈和青蛙王子、白雪公主、灰姑娘和黃金鵝的身影；沒啥好大驚小怪的，因為這裡本來就是「格林王國」所在。舉世聞名的童話故事大師格林兄弟（Brothers Grimm），人生的大半時光都在大城卡瑟爾（Kassel，格林博物館〔Grimm Museum〕所在地）蒐羅、編輯童話故事；因此，為了向這兩位大師致敬，「格林步道」正是卡瑟爾城東的一趟環行，所經之處，也有許多當年必然給了他們很多靈感的中世紀村莊和景色迷人的鄉野。步道上最大的亮點，是擠滿了半木構屋舍的上考豐根（Oberkaufungen）和充滿浪漫氣息的賴辛巴赫城堡（Reichenbach Castle）遺跡。

306 皇家道路
Camino Real

巴拿馬

{ 追隨西班牙征服者載運黃金的車隊，
從加勒比海邊走到太平洋岸。 }

行前須知：

- 歷史關鍵時刻：公元 1513 年，瓦斯科・努涅斯・德・巴爾博亞（Vasco Núñez de Balboa）首度航越巴拿馬地峽（Isthmus of Panama）
- 距離與費時：80 公里；5 天
- 難度：費力──濕熱，多雨，偏遠
- 最佳月份：12-4 月
- 重點叮嚀：登山杖、驅蟲劑、雙筒望遠鏡和沐浴用品全都不可或缺

對頁：沿著「皇家道路」走，你不但會來到加勒比海，還會邂逅近波托貝洛令人一見難忘的軍事遺跡。

在你只揹著一只背包就走入這裡熱氣蒸騰的叢林中時，別忘了感到慶幸──比起 5 世紀前的西班牙征服者，你的負擔當真不可同日而語。這條 80 公里長的荒涼 "Camino Real"，也就是「皇家道路」，一度是所謂「西班牙大陸」（Spanish Main，亦即南美洲北岸）最重要的道路，因為西班牙殖民者就是利用這條要道，把從印加帝國掠奪而來的黃金和寶石，從中美洲西岸的港口運送到東岸的港口，裝上船艦、航渡大西洋，運回祖國西班牙。

最早利用這條道路的，當然不會是西班牙人。由於這是穿越巴拿馬地峽──隔開太平洋與地中海的狹長陸地──的捷徑，原住民安比拉人（Embera）早就不知道走過多少歲月了，但這些侵略者卻直到 1513 年才知曉。

發現這條道路的西班牙探險家瓦斯科・努涅斯・德・巴爾博亞，也因此成了第一位見到太平洋的歐洲人。當時的巴爾博亞因為不熟路徑，在終於望見世界最大海洋之前，整整花了 25 天才穿越廣廣的達連省（Darien Province）；不過，他也很快就從安比拉印第安人那兒得知，如果他走的是北邊的路徑，就能把旅程一口氣縮短成 5 天。也就是在這個新知識的加持之下，金銀財寶的高速公路才就此誕生。

皇家道路的重要性不言可喻。英國海盜船很快就登上這個舞臺不說，更在往後的幾個世紀裡一再掠奪西班牙人運送的金銀珠寶，使得大自然為人類鋪設的鵝卵石「皇家道路」很快就被遺棄、淡忘，直到近年才又為人所知。有了前人留下的指引，

只要再加上一點勇氣，你就可能和那些黃金、寶石走在同一條道路上。

皇家道路的起點，一般都選在老巴拿馬城（Panamá Viejo），也就是當年掠奪者卸下金銀珠寶的地方。興建於 1519 年，如今已成巴拿馬市（Panama City）郊區的老巴拿馬城，是美洲太平洋岸最古早的歐洲人聚居地，有些興建於 16 世紀的房屋和教堂，如今已然名列世界文化遺產；不過，為了避開熙熙攘攘的現代大都會，今日的徒步者大多寧願多搭個兩小時車，改從傳統安比拉小村森璜德派奎尼（San Juan de Pequeni）出發。

一連四到五天，你都得面對查格雷斯國家公園（Chagres National Park）叢林的嚴酷挑戰，包括涉水渡過大腿深的河流、踩過黏腳的泥巴，以及提防美洲毒蛇矛頭蝮（fer-de-lance snake）的牙齒和美洲虎（jaguar）的利爪；不過，你也可能看到很多不虛此行的事物。巴拿馬叢林是世界上生物種類最繁多的地方，總的來說，這個國家擁有超過 10,400 種植物、255 種動物、972 種鳥類；除此之外，說不定你還能發現一些珠光寶氣的東西。

想像中，當年西班牙人多少會在這片叢林裡掉過一些寶石、首飾和金塊銀錠，也真的有些幸運的傢伙在河裡撿到金片、在海岸拾獲金條；直至今日，依然還有不死心的人到處找尋傳說中的「蝮蛇坑洞」（Viper Pits），因為有人說，當年有些西班牙的運寶車整個掉進這種坑洞裡，但由於擔心受到毒蛇攻擊只好棄之不顧。

要是沒有過往留下的步道，穿越這片野性難馴的叢林地帶幾乎是不可能的任務；雖然你還是得料理滑溜的石塊、涉水過溪，以及攀爬岩石，但要知道，步道之外的叢林世界可以說是寸步難行的草木深淵。如今的步道，是根據行經附近的老火車道描繪出來的，因為打從 12 世紀中葉就被遺棄，當然早就被森林所吞噬，不可能有多好走。

皇家道路的終點，加勒比海邊的波托貝洛（Portobelo），如今雖然只是個僻靜的漁村，當年可是無數金銀財寶上船的所在；岸邊許多已然坍塌、鏽蝕，但還是讓人印象深刻的碉堡、大砲，好似在提醒我們，往日侵略者曾經有過怎樣的「黃金」歲月。

加勒比海

波托貝洛

Nombre de Dios 河

巴拿馬地峽

查格雷斯國家公園

查格雷斯河

森瑪德派奎尼

老巴拿馬城

巴拿馬市

太平洋

309 主君之路
Monarch's Way

英國，南英格蘭

17 世紀中期的英國，一度陷入相當嚴重的內戰之中，直到 1651 年奧利佛・克倫威爾（Oliver Cromwell）的「議會軍」（Parliamentarian）擊敗英王查理二世（King Charles II）之後，這場議會黨與保皇黨的英國內戰（English Civil War）才告一段落，國家自此走上共和政體，查理二世則被迫流亡外國。這條 990 公里的「主君之路」，走的就是當年查理二世逃出英國的路途；起自西密德蘭郡（West Midlands）的伍斯特（Worcester），終點是瀕臨英吉利海峽的秀爾罕（Shoreham）──當年的查理二世，就是在這兒搭船逃往法國。步道曲折而行，先是穿過科茲窩區（Cotswolds）、門迪普區（Mendips），再走向南當斯區（South Downs）；這是因為，當時的查理二世後有追兵，不得不迂迴前行，才使得今日的這條步道歪歪扭扭。重要的景點，包括他曾藏匿的巴斯科貝爾（Boscobel）的那棵「皇家橡樹」（Royal Oak）和摩斯利舊莊園（Moseley Old Hall）的地底秘道（priest hole）。另外，步道也會經過布里斯托（Bristol）、查茅斯（Charmouth）、索茲斯柏立和阿藍得（Arundel）。

307 林布蘭步道
Rembrandt Trail

荷蘭，萊登（Leiden）

荷蘭大畫家林布蘭 1606 年出生於萊登；這條位在萊登的短程步道，就是根據他留下來的筆記，從他的出生地走到學習繪畫技藝的地方。

308 鹽水步道
Brine Trail

奧地利，薩爾茨卡默古特（Salzkammergut）

步道全長 40 公里，一路跟著世界最古老的渠道走。1607 年就已築成的這條渠道，為的是從哈修塔特湖（Lake Hallstatt）運送鹽水到埃本塞（Ebensee），途中還會經過薩爾茨卡默古特地區秀麗的峰巒。

310 黃金步道
Gold Trail

巴西，翠綠海岸（Costa Verde）

{ 穿越雨林，走在 18 世紀時由奴隸鋪
造、用來運送黃金的鵝卵石路上。 }

行前須知：

- 歷史關鍵時刻：公元 1696
  年，密納斯吉拉斯州（
  Minas Gerais）發現金礦
- 距離與費時：100 公里；
  4-5 天
- 難度：中等——炎熱，潮
  濕
- 最佳月份：4~10 月
- 重點叮嚀：波凱納山（
  Serra da Bocaina）協助設施
  有限——嚮導不可或缺

311 皇家內陸大道
El Camino Real de Tierra Adentro

墨西哥與美國

「皇家內陸大道」（英
文為 The Royal Road of the
Interior Land）是一條長
達 2,560 公里的貿易道
路，兩頭分別是墨西哥
市和美國新墨西哥州
（New Mexico）的聖胡
安普韋布洛（San Juan
Pueblo）；雖然興旺期
只在 1598~1882 年間，
但部分路段直至今日還
相當適合徒步。

位在巴西南部的翠綠海岸，字面上雖然是「綠色的海岸」之意，卻隱藏著一條「金色」的步道。做為起點的海濱城鎮帕拉蒂（Paraty），一度是比里約熱內盧（Rio de Janeiro）更重要的巴西大城，雖然早在 1597 年就形成市鎮，卻直到 1667 年葡萄牙殖民者來到以後，才搖身一變成為南巴西的重鎮。不過，真正為這地區取名為帕拉蒂（Paraty）——「魚河」之意——的其實是原住民。

到了 1696 年，17 世紀時到處尋找財寶的葡萄牙人（被稱為 bandeirantes）在內地州密納斯吉拉斯附近發現了黃金的大礦脈；於是，一條連結帕拉蒂和密納斯吉拉斯採礦城鎮歐魯普雷圖（Ouro Prêto）的道路便應運而生，好讓生產出來的金條能在帕拉蒂上船，航渡大西洋，送回祖國葡萄牙。

鋪設出這條輸運道路——名副其實的「黃金之路」——的是 18 世紀早期的奴隸，他們必須往回叢林與河流，才能利用河裡的鵝卵石鋪成平整的路面，好讓黃金能安全、快速運送。他們鋪設的道路其實長達 1,200 公里，不過，今日的 Trilha de Ouro，也就是「黃金步道」，只是其中一個 100 公里的段落，穿行馬爾山脈（Serra do Mar）的山脊，一直走到海岸邊的曼布卡巴（Mambucaba），途中會經過波凱納國家公園（Serra da Bocaina National Park），當然也能踩踏在如今已長滿苔蘚的古老道路上。

右圖：今天的你，依然可以走上一段 18 世紀時奴隸鋪設而成的「黃金步道」。

312 里貝拉水渠步道
Ribeira da Janela Levada

葡萄牙，馬德拉
（Madeira）

　　馬德拉（葡萄牙屬地）因為群山林立，並不是個容易發展農耕的地方。這個位在大西洋中的島嶼不但到處都是陡坡，水源的分布還很不均勻，嚴重考驗早期的葡萄牙殖民者；然而，打從 16 世紀以來，在此落腳的葡萄牙人還是陸續打造出許多水渠（levadas），藉以輸送西北邊充沛的水資源到相對乾旱、但更適宜居住的東南邊。除了水渠，他們也鋪設了品質極佳的道路網絡，使得馬德拉成為一處很適合徒步的地方，「里貝拉水渠步道」便是個好例子；這條原路往返的 12 公里步道，從拉馬席羅斯（Lamaceiros）的水上房屋走起，一路上會經過幾座小瀑布、一些蘋果園、繡球花圃，以及黝暗的隧道，來到終點時，更能欣賞到山谷陡坡與海洋編織而成的美景。

313 中山道
Nakasendo Way

日本，本州

{ 沿著具有歷史意義、古老石塊鋪成的
交通要道，從京都一路走到東京。 }

行前須知：

· 歷史關鍵時刻：公元
1603~1868 年，江戶時代
· 距離與費時：533 公里；
18~20 天
· 難度：容易／中等——有
些地方必須翻山越嶺，基
礎建設良好
· 最佳月份：4~10 月
· 重點叮嚀：連接京都與東
京的新幹線子彈列車只需
2.5 小時

314 東海道
Tokaido Trail

日本，本州

全長 492 公里，同樣連
結京都與東京、但走的
是海岸線的東海道，本
是中山道的替代路線
——只不過，這條 17
世紀時的公路如今已沒
留下多少可以徒步的路
徑。

德川家康在 1603 年成為幕府大將軍，揭開了日本江戶時代的
序幕，最想做的事之一就是開闢道路。在他看來，道路能更有
效率地管控百姓。所以，一旦成為軍事最高統帥（不管是哪個
幕府將軍，都比天皇握有更多實質權力），他就開始籌建五條
交通幹道，全部通往行政總部江戶，也就是現今的東京。

這並不是什麼新穎的構想。早在 8 世紀前，日本的交通運輸
網絡就已興起——有了道路，就更方便百姓繳交稅賦；然而，
隨著歲月的推移，貪婪的官吏和隱身路旁的盜匪不但讓收稅的
困難度節節升高，旅行者的安全也很缺乏保障。因此，1600 年
代起，不管是德川家康或他的繼任者，全都致力於善用那些已
然存在的驛道，讓交通網絡也能跟著進入 17 世紀。

中山道，意思是「山嶺之間的道路」，便是那個時代的主要
幹道之一。日本最大也最重要的島嶼是本州，中山道的目標，
便是連結島上大多數重要地域，包括那時候的首都京都、東京
前身的江戶，以及島內部分區域。

東海道則是一個更大規模、更繁榮擁擠的幹道，目的也在
連接京都與江戶，只是經過的地區是本州的太平洋岸。時至今
日，中山道的大半路段都還維護得相當完整，往昔的東海道也
大都已經重新整修。

中山道一度延伸到 533 公里長，從京都出發後，便沿著琵琶
湖岸走，往上越過關原的山區，再穿越靠近日本阿爾卑斯山脈
南邊的平原，朝著木曾谷前進，之後轉而朝南、經過關東平原
來到江戶。

上圖：選段古代的中山道走上一
程，回味四百年前的光景。

中山道上共有 67 個驛站，而且間距都差不多，不只旅人可在
這裡找到食物、飲料和棲身之處，幕府將軍也能依靠驛站蒐集
來的動態訊息，得知步道上有何等人物往來。運輸網最初的構
想，原是要設法迎合大名（土地或莊園的領主）、武士（高階
的軍人）和政府官員的「上京」需求；然而，朝聖者、商賈和
旅遊的人很快地也跟著走上這些道路。

走完整條中山道，嚴格說來是不可能的事。許多古代道路早
已崩解或湮滅了，但還有不少路段維護得很不錯，途中景物更
存留著日本江戶時代的生活況味。京都會是很好的起點，因為
你可以先在這裡參觀充滿禪味的庭園、神社，一窺藝妓步履輕
盈、婀娜多姿地在祇園巷弄間穿梭往來，再從現代混凝土建造
的「三條大橋」踏上旅途。這座橋也是中山道正式的起點。

一從京都出發，中山道便一路向東，而你不妨走走全長 87
公里的特定段落，也就是從關原到野尻湖的古道。關原是公元
1600 年一場決定性戰爭的所在之處，那場「關原之戰」不只終
結好幾十年的內戰，也迎來德川幕府（Tokugawa shogunate）時代。
在經過一些「並木」（namiki，中山道的原生樹種）之後，你便
會將這個戰略地位異常重要的城鎮留在身後，踏上修繕過的古
老石道，不斷上坡又下坡，路過一個個位在路旁的神社，來到

細久手驛站。來到這兒後，你可以考慮住進一家 17 世紀風味的
小旅館。

從細久手再往下走，在抵達惠那驛站之前，你的雙腳都會踩
在隱匿於森林裡、鋪設迄今從未整修過的石板道（*ishidatami*）
上；一般認為它是全日本最長、保存得最完整的古老石板道。
不過，中山道真正的精髓還是在木曾谷，而你得先走陡坡上到
馬籠峠才到得了。不管是馬籠峠或馬籠村，都是因為昔日的旅
客來到此處，前方的地勢過於高峻崎嶇，必須留下馬兒自己上
路而得名。

再往前走，就是這條路線上狀態保存最完善的驛站妻籠了；
你不會在主街道上看見電線桿或是販賣機，只會遇上許多江戶
時代留存至今的傳統房舍，其中一戶現下已改裝成展覽館。離
開妻籠後，古步道便朝南木曾而去，途中會經過遠離塵囂、如
今還過著田園式生活的農家和小村小鎮。之後，再行經一座橫
跨木曾河的老舊木橋後，你就來到了這段步道的終點大桑（之
前稱為野尻）了。

不過，中山道真正的終點還是地處東京市中心的日本橋。它
曾經是——目前依舊是——這個國家的交通幹線網絡起點。眼
下的日本橋是石造的，但是你可以走一趟市區裡的江戶東京博
物館，踩踏一下館裡全用木頭架設的仿造品，假裝自己正在 400
年前的老木橋上悠哉踱步。

315 威克斯峽谷步道
Vikos Gorge

希臘，品都斯山脈
（Pindus Mountains）

環行希臘北方威克斯峽
谷的 20 公里步道，漫
遊於鄂圖曼時期的驛車
路和石板路上，同時造
訪地處偏遠的札格里
（Zagori）村。

316 白銀步道
Silver Trail

墨西哥，銅峽谷（Copper Canyon）

　　墨西哥西北方的這個多洞穴峽谷，比美國亞歷桑那州的大峽谷更長更深，雖然名為「銅」峽谷，卻以盛產白銀名聞於世。17世紀西班牙的探勘者發現這裡富藏銀礦後，不但設置採礦場，還鋪設了馬路來運送白銀；不過，現在還會使用這條道路的，已只剩下原住民塔拉烏瑪拉印第安人（Tarahumara Indians，以擅長跑步為人所知）和不畏艱難的徒步者。「白銀步道」全長160公里，打西班牙人當年從騾車上卸下白銀的市鎮卡拉奇克（Carachic）開始走起，終點是峽谷深處的巴托畢拉斯（Batopilas）；一路上，你會經過一些池子、泉水、穴屋、松林、高聳的平頂山，以及塔拉烏瑪拉人居住的村落。

317 米迪運河步道
Canal du Midi

法國南部

　　米迪運河是在1666~1681年間挖鑿的，為的是創造地中海與加倫河（Garonne River）之間的一條水道（如此一來，船隻便可以從地中海直達大西洋），更頗具巧思地沿河建造了不少閘門、水渠、橋梁和隧道，使得這條運河不只深具實用性，還讓兩岸美景因而更添風采。步道全長240公里，沿著運河從土魯斯（Toulouse）一直走到貝吉厄赫（Beziers），不但路面平坦好走，而且美景紛陳；記得在卡斯提諾達希（Castelnaudary）歇歇腳、吃點卡蘇萊（cassoulet，白扁豆燉肉，發源地就是卡斯提諾達希），也別忘了仔細瞧瞧中世紀城市卡卡孫（Carcassonne）的城禦工事、欣賞陽光從運河兩旁枝葉中灑落的光影、向疾行而過的五彩駁船揮手致意。

318 格里博耶多夫運河步道
Griboedov Canal

俄羅斯，聖彼得堡（St Petersburg）

　　打從彼得大帝（Peter the Great）1703 年下令興建，聖彼得堡很快就擴張到跨過涅瓦河三角洲（Neva River Delta）的一些小島，使得這座城市到處都有溪流與運河，既在水上，有時也在水裡。在彼得大帝看來，聖彼得堡無疑是「北方威尼斯」。其中，1739 年挖鑿的格里博耶多夫更是最壯觀的運河，兩岸的都是聖彼得堡最漂亮的建築物，還有二十幾座橋梁橫跨其上，包括擁有四座金翅雄獅矗立橋頭、已成地標的銀行橋（Bank Bridge）；只要順著堤岸走 5 公里，就會接連看到「滴血救世教堂」（Church of the Savior on Spilled Blood，1818 年俄皇亞歷山大二世在此遇刺身亡）、佔地廣闊的喀山教堂（Kazan Cathedral），以及新藝術運動（Art Nouveau）時期建造、如今已是書舖的勝家大樓（Singer Building）。

319 布拉格─維也納綠道
Prague-Vienna Greenways

奧地利與捷克共和國

　　維也納與布拉格，可以說是歐洲最偉大的兩座都城，這條行走其間的 400~560 公里步道，更會讓你邂逅許多歷史遺蹟，包括已有兩千年歲月的斯拉夫（Slavic）軍事設施和鐵幕（Iron Curtain）時代存留下來的事物。最能引發思古幽情的，則是文藝復興重鎮的泰爾奇（Telc）和斯拉沃尼采（Slavonice）；也就是由於位在維也納與布拉格的要道上，這些城市才得以在 15-16 世紀之間日漸繁榮興旺。必須探訪的重點區域包括：落成於 1580 年的摩拉維恩（Moravian）文藝復興風格城堡，以及斯拉沃尼采優美動人、以灰泥刮畫（sgraffito，也就是「剔花」技法）裝飾門面的街屋。

320 西海岸步道
West Coast Trail

加拿大，溫哥華島（Vancouver Island）

效法「第一民族」的精神，
來趟回歸自然的太平洋岸荒野之旅。

行前須知：
- 歷史關鍵時刻：公元 1778 年，庫克船長航抵加拿大的太平洋西北岸
- 距離與費時：75 公里；5~7 天
- 難度：費力——沒有基礎設施，崎嶇難行
- 最佳月份：5~9 月
- 重點叮嚀：必須申請許可——住宿也得預訂

在英國探險家庫克船長 1778 年初次來到加拿大的太平洋西北岸前，自稱「第一民族」的加拿大原住民努卡特（Nuu-chah-nulth）族人，早就快快樂樂地在荒僻的溫哥華島上過活了；他們的生活節奏，也和起落的潮水、狂暴的海洋和濃密的森林搭配得完美無間，雖然歐洲人帶來的疾病與衝突很快就讓原住民人數銳減，但努卡特人的精神始終沒從西海岸步道上消逝。

這是加拿大最著名——也最難走——的健行路線之一，全長 75 公里，一路沿著這個國家的太平洋岸，從帕奇納灣（Pachena Bay）走到戈登河（Gordon River）口，是一條你必須從頭到尾都只靠自己的艱難步道。

荒無人煙的溫哥華島西海岸步道。

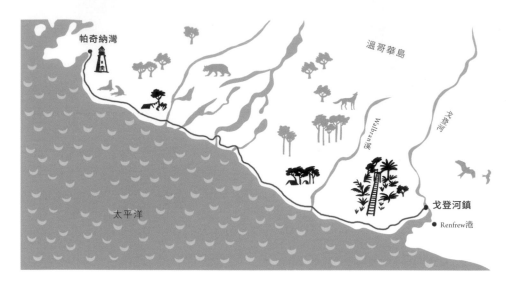

路途上，你絕對看不見一家咖啡館、汽車旅館，甚至馬路，有心走一趟西海岸步道的徒步者，就得自己攜帶所有必需用品；可以不用帶水，需要時到溪裡舀一些（別忘了濾去雜質）來用就行。

除了一切都得自助，你還要有必須攀爬岩石、涉渡溪河、小心瘋狗浪，以及隨時都可能變天的心理準備。

別以為你只是在自討苦吃，因為這條海岸步道可不會虧待遠道而來的你。這是地球上最能鼓舞人心的地區之一，數之不盡的參天古樹匯聚成廣袤的森林，海灘外散布著漂流木與沉船殘骸，走著走著就會碰上個小海灣或水池；除了自然美景，還有「第一民族」遺留下來的岩雕。

最棒的是，這兒任何時刻都不會擁擠——至少擁擠的不是人，因為每一天當局只會准許 50 名徒步者進入這條步道。不受限制的，是至今還經常見得到形影的黑熊、野狼、海豹，以及自在翱翔的老鷹。

321 鹽之步道
Sentier du Sel

瑞士，沃州（Vaud）

全長 12.5 公里的「鹽之步道」，遵循的是穿越森林與草原的古老鋪木道路，從普朗別特區（Plambuit）的歐隆（Ollon）一直走到貝克斯（Bex）的 17 世紀鹽礦遺址。

322 魯特本步道
Routeburn Track

紐西蘭，南島

毛利人首度冒險深入南島的菲奧德蘭（Fiordland，意即峽灣地帶），是 1500 年左右的事，為的是尋找綠玉（pounamu），精製成他們視之為財寶的飾物；雖然魯特本谷（Routeburn Valley）中並沒有結實纍纍的水果，卻也讓他們在達特谷（Dart Valley）與阿拉胡拉河（Arahura River）中發現了綠玉的寶庫。如今，全長 39 公里的魯特本步道，感覺上就和 16 世紀時尋寶者走過的路途沒有兩樣——肯定不一樣的，是多了四間舒適的過夜小屋。走過這條步道後，你會對山嶺盤踞的紐西蘭有更深一層的認識：苔蘚遍地的森林，野花錦綴的草原，湖泊，瀑布，以及很特別的啄羊鸚鵡（kea，譯註：據說會攻擊羊群以取得脂肪，個性活潑親人）。步道的最高點是海拔 1,255 公尺的哈里斯鞍脊（Harris Saddle）；站在這個鞍脊上時，眼前的山景會讓你驚嘆不已。

323 班迪亞加拉懸崖
Bandiagara Escarpment

馬利（Mali）中部

最早到班迪亞加拉懸崖的長砂岩山脊尋找棲身之處的，並不是多貢（Dogon）人，因為科學家在崖壁上的洞穴裡發現的一些墓穴和聚落遺址，存在年代可以上溯到公元前 200 年。不過，如今還把班迪亞加拉懸崖當成家園的確實是多貢人；根據口傳歷史，他們在 1500 年來到這兒，為的是擺脫侵略者和乾旱的迫害。即便如此，探索班迪亞加拉懸崖對你來說肯定還是冒險之舉，必須有個熟門熟路的嚮導，你才能不受刁難地穿梭於傳統村落之間，也才能在遇上合貢（hogon，精神領袖）時不至於觸犯文化禁忌。步道的亮點，包括欣賞一場多貢人熱情洋溢的面具之舞；記得，出發前多讀點旅遊建議。

324 肯尼特與雅芳運河
Kennet and Avon Canal

英國，南英格蘭

全長 140 公里的「肯尼特與雅芳運河」，是 1794~1801 年間為了連結布里斯托（Bristol）和里丁（Reading）而挖鑿的；途中會經過巴斯（Bath）的縴道（towpath），還會行經多達 105 道水閘。

325 韋圖庫布里國家步道
Waitukubuli National Trail

多明尼加

{ 穿行加勒比海中的狂野島嶼，一邊遊走火山峰、熱帶叢林，一邊領會卡里納古（Kalinago）人的文化。 }

行前須知：

- 歷史關鍵時刻：公元 1660~1773 年，多明尼加一度擺脫殖民的期間
- 距離與費時：185 公里；10-14 天
- 難度：中等——路標少得可憐，地勢起伏不定
- 最佳月份：12-4 月
- 重點叮嚀：必須申請通行許可，費用則依行走路途長短而定

歡迎光臨加勒比海第一條長途健行步道。這天堂般的地區，向來是以沙灘聞名而非健行，但多明尼加卻是個例外。別的不說，首先它就沒有讓人嚮往的白色沙灘——幾乎所有的海岸都被黑色的火山岩盤踞了；其次，這條海島國家步道也和海岸扯不上什麼關係，經過的要不是荒野，就是野性未馴的地區。

造船和編織手藝都很有一套的原住民卡里納古人，稱呼這座島韋圖庫布里，意思是「高的是她的身體」，可見得這裡的山脊有多高大。哥倫布（Christopher Columbus）是最早見到這座島的歐洲人，當時是 1493 年，隨後以多明尼加（來自拉丁文，意思是「星期天」）命名。之後，英國人和法國人都嘗試殖民它，卻遭遇卡里納古人拚死抵抗；到 1660 年，英法兩國決定不再染指多明尼加。可惜 1763 年時英國人還是違背協定，直到 1978 年，多明尼加才得以完全獨立。

儘管多明尼加島只有 47 公里，韋圖庫布里國家步道卻長達 185 公里。步道起點在南方赫德半島（Scotts Head Peninsula）上、18 世紀英國人打造的卡察克勞堡（Fort Cachacrou），終點是西北方卡布希（Cabrits）雪萊堡（Fort Shirley）；途中不但有飛瀉的瀑布、咕嚕咕嚕叫的成群蜂鳥，及各種植物：豔紅赫蕉（heliconia）、鳳梨花（bromeliad，觀賞鳳梨）、栗子樹（chataignier tree）、黃金風鈴木（trumpet tree，土語叫 bwa kanno），還有美豔動人的蘭花（這場植物秀的大明星）。步道也經過各色農場，栽滿可可、芒果、香蕉與麵包樹。此外，多明尼加還有幾百種鳥兒、兩棲類和爬蟲類（不具毒性），更別說到處拔地而起、

上圖：「韋圖庫布里國家步道」直穿野生動植物極其豐富的多明尼加島心臟地帶。

最高點海拔超過 1,370 公尺的峰巒了。

這整條步道可細分為連續的 14 個段落，可以一口氣走完，一次走個幾段，當然也能一次只走其中一段（但得先安排好往返的交通工具）。以段落 4 為例，就是只從沃坦瓦文（Wotten Waven，多明尼加最享盛名的溫泉勝地）走到朋卡西（Pont Cassé），既會走過鳥類繁多的皮頓山國家公園（Morne Trois Pitons National Park），還能眺望山景；如果願意繞點路，更可一睹內陸最知名的景點「沸湖」（Boiling Lake）——寬達 63 公尺的灰藍色湖水中不斷湧出熱泉，溫度始終近乎沸騰。

另一個好選擇，是從布魯斯城堡（Castle Bruce）走到哈頓花園（Hatton Garden）的段落 6；這段步道沿著崎嶇的大西洋海岸，穿越原住民卡里納古人的主要聚居地。如果你是精力特別旺盛的徒步者，也許就該選擇從「第一營地」走到派提特馬可烏契里（Petite Macoucherie）的段落 8，是這條步道最難走的一段，因為你得攀上島上最高峰再下到翠綠谷地，但也很可能一路都聆賞得到帝王鸚鵡（sisserou）和灰鸚鵡（jaco parrot）分別演奏的小夜曲。

如果你是強尼‧戴普（Johnny Depp）的影迷，就該選擇段落 12；因為在這個段落中，穿過海拔 860 公尺惡魔莫爾納山（Morne aux Diables）的山麓走到維埃耶凱斯（Vieille Case）的路段，曾經

出現在《神鬼奇航 2：加勒比海盜》（*Pirates of the Caribbean: Dead Man's Chest*）之中。

可別以為步道都是荒郊野外，沒有多少人文氣息。創設「韋圖庫布里國家步道」的背景因素裡，有一項就是讓這些荒野村落有點生意可做，所以不時可見咖啡屋、商店和旅舍，徒步者既能歇腳解渴或住宿，也能和原住民有些互動，本質上就是以人情為考量的步道，也因此走的大多是原住民久用的路徑，包括卡里納古人的狩獵小徑、老果園的往來步道，以及昔時逃走黑奴（Maroon）使用的亡命路線。

步道上都有路標，不是黃色就是藍色，不過，最好還是有張地圖或聘個嚮導：這是條能讓你悠哉漫步、遠離塵囂的步道，只不過，一個人趴趴走也有悄悄被大自然「回收」的可能。

327 女巫步道
Witch Trail

美國，麻薩諸塞州

1692 年時的丹弗士（Danvers）相當可怕。那一年，女巫狂熱（witch mania）席捲了這個麻薩諸塞州的小鎮，不但出現所謂的「塞冷獵巫事件」（Salem Witch Trials），還因此吊死了一些據說有著邪惡靈魂的女性。這條 16 公里的女巫步道，起點和終點便是丹弗士與塞冷兩個村鎮，所經之處都是當年最歇斯底里的地方，包括：當年審問過許多「嫌犯」的英格索爾議院（Ingersoll House）；被指控是「女巫」的麗貝卡·勒斯（Rebecca Nurse）的故居與紀念碑；瑞佛倫·帕里斯（Reverend Parris）和他的女黑奴緹圖芭（Tituba）所住的塞冷村牧師公館──緹圖芭是最早被指控為女巫的幾名女性之一，更讓人遺憾的是，也因為她的被迫認罪，導致後來更多女性遭受迫害。

---

329 馬越峠步道
Magose Pass

日本，本州

從相賀（Aiga）走到大曾根浦（Osoneura）的這條 11.5 公里步道，是日本往昔前往伊勢熊野（Iseji Kumano）的參拜者常用道路；這裡，有段穿行於竹林之中、17 世紀時鋪設的石板路。

---

328 啤酒廠步道
Breweries Path

德國，巴伐利亞

1516 年，巴伐利亞首次通過、頒布了「啤酒純釀法」（Reinheitsgebot），規定釀造啤酒時只能包含三種成分：水、啤酒花（hops）和大麥（barley）；時至今日，光是有「法蘭肯小瑞士」（Franconian Switzerland）稱號的北巴伐利亞，就聚集了七十幾家啤酒廠，奧夫塞斯（Aufsess）的啤酒廠密度更是世界之冠。由此可知，這條 13 公里長的 Brauereienweg（啤酒廠步道）環行，很可能會讓你的步履愈走愈酩酊。理當做為起點的奧夫塞斯，本身也有一座 900 年歷史的城堡，一路上，你還會經過薩奇森多爾夫（Sachsendorf）、霍其史陀（Hochstahl）與漢肯霍夫（Heckenhof）等地的諸多啤酒廠；既是環行步道，終點當然也還是啤酒廠最多的奧夫塞斯，也很適合喝下這趟旅程的最後一杯啤酒。

330 路德步道
Luther Trail

德國中部

{ 遊走教堂、城堡與鄉野之間，追憶當年那位改變了西方信仰的人。 }

行前須知：
· 歷史關鍵時刻：公元 1517 年，馬丁·路德（Martin Luther）出版《九十五條論綱》（*Ninety-five Theses*）
· 距離與費時：2,000 公里；3~4 個月
· 難度：中等——地勢多樣
· 最佳月份：5-9 月
· 重點叮嚀：步道又分成四條，短一點的比較容易一次走完

德國修士馬丁·路德在 1517 年把他稱之為《九十五條論綱》的著作釘在威登堡大教堂（Wittenberg Cathedral）時，就已經開啟影響深遠的「宗教改革」（Protestant Reformation）；路德早就對天主教會日益失望，尤其不滿天主教會群起販售「贖罪券」的墮落行徑，也在後來掀起革命時一再表達他強烈的反對觀點，更在嚴詞拒絕撤回著作後被教皇開除教籍。

然而，路德依然繼續傳播他的看法，終於使得西方信仰起了重大變革。

這條向他致敬的「路德步道」（德語 Lutherweg），是紀念馬丁·路德《九十五條論綱》出版 500 周年時誕生的，包含四個路段，分別從德國的四個邦出發：薩克森（Saxony）、薩克森—安赫特（Saxony-Anhalt）、圖林根（Thuringia）、巴伐利亞；步道全長 2,000 公里，連結起對宗教改革和馬丁·路德本人至關重要的遺址所在。

舉例來說，路德步道的圖林根段（約 1,000 公里）就會經過拉斯貝格倫德（Glasbachgrund），這是路德當年曾受保護性監禁之處；接下來是愛森納赫（Eisenach）蓋在懸崖上的瓦堡（Wartburg），路德把《新約聖經》（New Testament）譯成德文的地方；這段步道接著走向艾福特（Erfurt），路德的心靈家園，他不但曾住在奧古斯丁修道院（Augustine Monastery），還在 1507 年時成為艾福特教堂（Erfurt Cathedral）的神父。

若想尋覓精神上的啟發，就該選擇薩克森—安赫特段（410 公里）。這段步道穿過愛斯雷本（Eisleben）——路德出生、成長和離世之處；以及威登堡——他徹底改變世界的地方。

右圖：「路德步道」上的瓦堡。

331 熊野古道
Kumano Kodo

日本‧本州

　　熊野古道的鵝卵石路面，打從17世紀起就引領過無數的參拜者。位在本州紀伊半島（Kii Peninsula）的熊野地區，早在史前時期就已被視為聖地，但真正讓參拜者絡繹於途的關鍵，則是在1600年代步道路面大大改善之後。熊野古道並不是「一條」步道，而是一整個穿行密林遍佈的紀伊山脈（Kii Mountains）的參拜網絡，其中的「中邊路」（Nakahechi，或稱「天皇之道」〔Imperial Route〕），則是江戶時代（1603~1868年）以來最熱門的參拜路線。今天的你，不妨只走這段40公里長的步道，也就是從瀧尻王子宮（Takijiri-oji）走到山脊上的熊野本宮大社（Kumano Hongu Taisha）──「熊野三山」（三大神社）之一，也是世界最大鳥居（torii，連結神域與俗世的門戶）所在地。

走一趟 39 公里的魯特本步道，見識一下崇山峻嶺的紐西蘭。你會邂逅苔蘚森林、野花遍地的草原、巨大的山谷，以及山嶺綿延的景致。馬肯吉湖（Lake Mackenzie）的風光，更是讓徒步者畢生難忘（255 頁）。

第五章
十九世紀

{ 踏上起自 1800 年代的步道，
領會帝國的興起與衰亡、
科學與發明的突飛猛進，
以及建築工藝的再造巔峰。 }

332 契爾庫步道
Chilkoot Trail

美國與加拿大

{ 踏入一度危機四伏的步道,從阿拉斯加走到育空(Yukon),尋訪淘金潮時絡繹於途的靴印。 }

行前須知:

- 歷史關鍵時刻:公元 1897~98 年,克倫代克(Klondike)淘金熱時期
- 距離與費時:53 公里; 3~5 天
- 難度:中等/費力──陡坡不少,氣候多變
- 最佳月份:5~10 月
- 重點叮嚀:這是「熊出沒注意」的地區,夜裡要確實收妥食物

一句話:「黃金!」這就是契爾庫步道出現的背景。當探礦人「壯漢」吉姆·梅森(Skookum Jim Mason)、道森·查理(Dawson Charlie)和喬治·華盛頓·卡馬克(George Washington Carmack)1896 年 8 月在加拿大育空區的克倫代克河支流發現黃金之後,這三人便掀起史上最狂熱的淘金潮之一;光是 1897~98 兩年,就有超過 10 萬人冒險前往克倫代克,也確實有近 3 萬人安全抵達,可大多還是來得太遲。前人忙著挖找黃金時,後來者踩探到的只有艱苦、寒冷和辛酸。

穿越這片冰寒大地最艱難的路途,就是從阿拉斯加的斯卡威(Skagway,很多探礦者都先搭船到這裡)到鄰近育空區道森市(Dawson City)的金礦所在。這段路途──今日的「契爾庫步道」──雖然只有 53 公里,中途還得越過美國、加拿大邊界。其實,這條步道很早前就是原住民特林吉特人(Tlingit)的商貿路徑,後來卻湧入上千名探礦人,更糟的是,為了順利進入加拿大,他們還得攜帶沉重的裝備──加拿大政府規定,他們全得自備一年份的「資源」。為此很多探礦者不得不往返十幾次契爾庫步道,每次都得揹負沉重的行李跋涉重重險阻。

是的,重重險阻。契爾庫步道不但過去是,現在也還是一大挑戰──即便已不再需要揹負沉重的裝備;但反過來說,如今也人跡稀少。比起 1890 年代動不動幾千人爭相跨過國界,現在,兩國政府每天只准許 50 人進入這條步道。

步道起點是離斯卡威 14.5 公里、位在泰雅灣(Taiya Inlet)的代伊鎮(Dyea),當年特別為了安置尋金客而興建,也因此快速

上圖：進入契爾庫步道，你也就踏上了淘金潮時探礦人走過的小徑。

擴張，但如今已是杳無人煙的鬼鎮，除了鏽蝕斑斑的鐵器和無人理會的孤伶公墓，再也尋不著往日繁華的蛛絲馬跡；唯一會在這一帶出沒的，就只有鮭魚季時忙著填飽肚皮的野熊。

從平地出發，一開始步道很和緩，但在穿過雲杉（spruce）與三角葉楊（cottonwood）樹林後，就得攀爬泰雅河（Taiya River）邊的陡坡，才能來到芬尼根營地（Finnegan's Camp）；接下來路途就愈趨費力，不但得涉水過溪、攀爬光禿禿的花崗岩，還得上下好幾回才到得了綿羊營地（Sheep Camp）——雖然如今已被森林幾乎完全覆蓋，往昔可是擁有旅館、洗衣店和美髮沙龍的「城市」。

緊接著，很快就脫離了森林地帶，地勢也變得更讓人望而生畏（常有雪崩），得費上九牛二虎之力才到得了上頭的魚鱗嶺（Scales）。淘金熱時，這裡是攀上海拔 1,067 公尺契爾庫隘口的最後秤重站（weighing station），許多淘金人，一仰望難如登天的陡峭山路，就乾脆拋下裝備、打道回府；到了今日，這兒都還能看到當時被人遺棄的一些器物。

這段攀爬到終年積雪隘口的路途，後來就被戲稱為「金梯」（Golden Staircase），每逢冬季，就會有工人在堅硬的冰面上挖鑿出階梯，好讓疲累不堪的健行者得以沿階而上，但如果把狂野的天候也算進來，往上走還是舉步維艱；不過，山頂的視野

也確實荒涼、空無得令人一見難忘。

　　接下來的路途就沒有大起大落了，經過一系列湖泊後便來到
「快樂營地」（Happy Camp），然後幾乎一路往下到「林德曼營
地」（Lindeman Camp）——還留有當年供人搭營的平臺和一小
片墓地。從林德曼營地到貝爾倫湖（Bare Loon Lake），是最後一
段上坡路，接下來，你就會在穿過寒帶針葉林後抵達終點班奈
特湖（Lake Bennett）。來過這兒的人，都很難相信這個與世隔絕
的地方竟然是當年這一帶最大的人類聚居地；所謂滄海桑田，
如今只見得到幾乎鏽蝕淨盡的鐵器，以及一座基督教長老教會
（Presbyterian）的小教堂（淘金熱所及地帶唯一還沒有崩毀的建
築物）。往日探礦人留下的靴印，也全都被馴鹿和大角麋的蹄
痕覆蓋得無影無蹤。

334 跨陸步道
Overland Track

澳大利亞，塔斯馬尼亞（Tasmania）

　　搖籃山聖克萊爾湖國家公園（Cradle Mountain–Lake St Clair National Park）本來可不是哪個國家的，在西方探險家 1820 年代踏足此處之前的一萬年間，這裡一直都是澳洲原住民的家園；今日，造訪這片山林的則幾乎全是健行者。位在公園內的這條 65 公里「跨陸步道」，已經是塔斯馬尼亞最熱門的步道，沿途盡是景致非凡的冰河谷、廣袤荒野，以及尤加利樹（eucalyptus，桉樹）、比爾王松（King Billy pine）和山毛櫸組成的森林。步道起點是搖籃山下的羅尼溪（Ronny Creek），從這兒一路走到聖克萊爾湖畔的「水仙小屋」（Narcissus Hut），搭乘渡船過湖後，就只剩下最後 17.5 公里的環湖步道要走了。

335 貝克歷史步道
Baker Historical Trail

南蘇丹（South Sudan）與烏干達

　　英國探險家、狩獵家兼廢奴主義者塞繆爾・懷特・貝克爵士（Sir Samuel White Baker）和妻子佛羅倫斯・貝克夫人（Lady Florence Baker，曾是白人奴隸），在 1860 年代開啟了一場深入非洲中心的探險，找尋尼羅河源頭。他們沒有達成目標，卻走過如今的南蘇丹與烏干達，留給後人長達 805 公里的「貝克歷史步道」。由岡多科羅（Gondokoro，就在南蘇丹首都朱巴〔Juba〕附近）開始，終點是可以俯瞰西烏干達的「貝克瞭望臺」（Baker's View），在這裡，貝克爵士成為第一個見到艾伯特湖（Lake Albert）的歐洲人，而湖名「艾伯特」呢，正是維多利亞女王（Queen Victoria）夫婿的名字。這條步道，是今人得以體會貝克史詩級冒險的最佳途徑，不過，啟程前請先確定那一帶是否安全。

336 路易斯與克拉克國家
歷史步道
Lewis and Clark National Historic Trail

美國，蒙大拿州

選一小段蒙大拿廣袤山區的步道，
追思第一批深入其中的探險家。

行前須知：

・歷史關鍵時刻：公元
1804~06 年，路易斯與克
拉克探險期間
・距離與費時：22.5 公里；
6~7 小時
・難度：中等——地勢陡峭
・最佳月份：6-9 月
・重點叮嚀：步道很接近美
國 12 號公路，起點有個
車位不多的停車場

光是從聖路易（St. Louis）附近的營地走到太平洋岸再回到原地，梅里韋瑟・路易斯（Meriwether Lewis）和威廉・克拉克（William Clark）花了兩年半光陰，才總算完成這 12,875 公里的漫漫長路。他們會在 1804 年打密蘇里州（Missouri）展開這項壯舉，是當時美國總統湯瑪士・傑弗遜（Thomas Jefferson）希望找出通往西岸的路徑。以這兩位探險家面對的陌生地域來說，這不但是場危機重重的魯莽冒險，還得一路蒐集科學、文化和地誌的相關數據，激勵更多先鋒人物有樣學樣；這趟旅程，的確為美國後來的西部拓荒打下堅實的基礎。

時至今日，他們走過的路線有部分還能通行，可惜大多只適

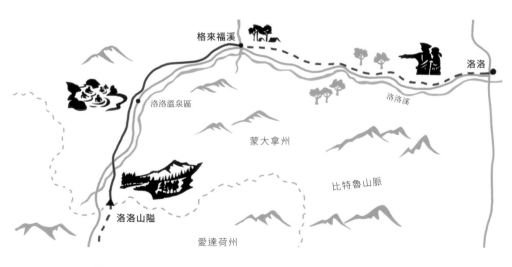

格來福溪

洛洛

洛洛溫泉區

洛洛溪

蒙大拿州

比特魯山脈

洛洛山隘

愛達荷州

合開車或搭船；不過，這趟考察中很惡名昭彰的就是他們成功越過大陸分水嶺（Continental Divide）那一段，剛好很適合健行。位在蒙大拿州、全長 22.5 公里的「路易斯與克拉克國家歷史步道」（簡稱 L&CNHT），起點是洛洛（Lolo）西邊的格來福溪（Grave Creek），終點則是海拔 1,595 公尺的洛洛山隘；在美國原住民肖松尼（Shoshone）印第安人給了提示後，近年的徒步家就都選擇穿越比特魯山脈（Bitterroot Mountains）。在 1805 年 9 月 12 日的日誌裡，克拉克留下了「非常糟糕的穿越」的記錄（克拉克還似乎累到把 very 寫成 verry）。

　　L&CNHT 必須對付洛洛溪（Lolo Creek）非常滑溜的南岸，才能經過洛洛溫泉區（Lolo Hot Springs）、來到隘口附近的終點。當然了，相對於路易斯與克拉克的「蠻荒西部」（Wild West）之旅，這條步道也只夠淺嘗一丁點滋味。

上圖：追隨梅路易斯和克拉克的腳步，橫越蒙大拿州的比特魯山脈。

338 休姆與霍維爾步道
Hume and Hovell Walking Track

澳大利亞，新南威爾斯州

> 跟隨漢彌爾頓·休姆（Hamilton Hume）和威廉·霍維爾（William Hovell）堅毅無畏的腳步，深入澳大利亞東南部的叢林。

行前須知：

- 歷史關鍵時刻：公元 1824 年，休姆和霍維爾展開考察
- 距離興費時：440 公里；20~24 天
- 難度：中等／費勁；地處偏遠，天氣變幻莫測
- 最佳月份：3~6 月，9~10 月
- 重點叮嚀：路途中有 17 個露營地點；有些地方只需小小的繞路就很容易找到提供住宿的城鎮

1824 年 10 月 3 日，探險家漢彌爾頓·休姆和威廉·霍維爾計畫動身前往未知的澳大利亞叢林地。他們原本還打算轉入西南方，因為如果遵照新南威爾斯州長湯瑪斯·布利斯班爵士（Sir Thomas Brisbane）的請託，這次探險的目標是幫日益擴張的殖民地尋找新土地。東岸居民對內陸的認識，那時還只到喬治湖（Lake George，靠近現代大城坎培拉〔Canberra〕），雖然也知道遙遠的西港（Western Port，距離現代城市墨爾本〔Melbourne〕很近）位在國家南方海岸，卻對橫亙兩者之間的廣袤大地一無所知。休姆和霍維爾將羅盤設定為單一方向，希望以一站接一站的斜切面來記錄他們發現的新路線。

休姆是澳大利亞出生、很有熱情的探險家，也是知識淵博的叢林居民；霍維爾則是英格蘭前皇家海軍艦長，1813 年才落籍澳大利亞。探險期間兩人有過一些爭執（且到死都沒能取得共識）。然而，即便看法不同，還必須穿越挑戰重重的地形，他們還是在 1824 年 12 月 16 日到達南部海岸。由於糧草耗盡，幾乎是馬上就班師回朝，於 1825 年 1 月 18 日回到喬治湖。

休姆和霍維爾並沒有一路跋涉到西港，但換個角度來看，也因此誤打誤撞來到南部海岸西邊的菲利普港（Port Phillip，現今的哲朗市〔Geelong〕），而且全程只花了 16 週，其間不但健行超過 1,900 公里，還在內陸發現不少肥沃的農業用地。

現今的休姆與霍維爾步道，既沒有讓徒步者走到西港，也沒

把菲利普港設定為終點，步道總長 440 公里，只順著當年休姆
與霍維爾走過的新南威爾斯部分路線，從雅斯（Yass）走到奧伯
立（Albury）。雖然如此，步道的風采依然引人。

步道從雅斯的庫瑪農舍（Cooma Cottage）出發。這是休姆以
前的住家，目前則以十九世紀的器具裝飾，開放給遊客參觀。
走過一小段路，便開始聽見休姆公路（Hume Highway）──雪梨
到墨爾本的主要道路──傳來的車聲；之後，便轉向偏僻的村
鎮，通往柏林扎克湖（Lake Burrinjuck），沿途盡是農舍建築、
桉樹（gum tree，又稱尤加利樹），美麗多彩的葵花鳳頭鸚鵡
（cockatoo）與粉紅鳳頭鸚鵡（galah）。

因墨藍蘭比吉河（Murrumbidgee River）的水壩，湖面並沒有渡
輪服務，所以健行者必須像拓荒者一樣安排自己的交通，但你
也不至於得像休姆和霍維爾那樣辛苦──由於來到墨藍蘭比吉
河時碰上如注大雨，他們只好將一輛馬車當成船隻來用，才總
算順利渡河。

來到柏林扎克湖另一邊的城鎮韋伊賈斯柏（Wee Jasper）之後，
地勢便開始忽高忽低，經過布勒切森林（Buccleuch Forest）和米
卡隆濕地（Micalong Swamp），一路沿著布魯瓦靈水庫（Blowering
Reservoir，游泳和垂釣愛好者的天堂）邊緣走。緊接著步道便往
高山而去，來到種植雪桉（snow gum）的高原，再進入科修斯可
國家公園（Kosciuszko National Park）；矗立於公園之中、海拔 2,200

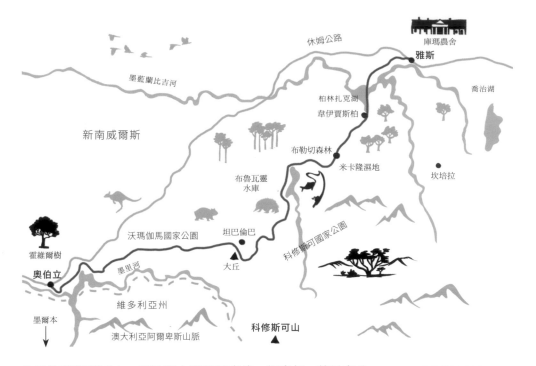

公尺的科修斯可山，正是澳大利亞最高峰。想當年，就是在公園西邊、「大丘」（Big Hill，靠近坦巴倫巴〔Tumbarumba〕）之上，休姆和霍維爾成為最先目睹澳大利亞阿爾卑斯山脈的歐洲人，面對這片瑰麗風景，感動非常的霍維爾這麼寫道：「這座視野莊嚴絕倫的廣大高峰，白雪皚皚一路傾瀉，覆蓋了將近山體的四分之一。」

除此之外，優美華麗的森林和涓涓溪流的景致觸目可及，還有昔日殘存的金礦和錫礦的遺跡。接下來，步道會通過陽光從桉樹灑落的點點光影、草地上放牧的牛群、山脊的頂部，以及沃瑪伽馬國家公園（Woomargama National Park）裡高低不平的森林地——這裡，是大袋鼠、小袋鼠（wallaby）、袋熊（wombat）和針鼴（echidna，刺蝟般的食蟻獸）的家鄉。

當年最讓休姆和霍維爾昏頭轉向的地方，就是在現今的奧伯立。他們花了三天討論如何渡過墨里河（Murray River），而解決之道是胡亂拼湊出防水布造的浮筏；但對今天的徒步者來說，這裡不過就是步道的終點罷了。然而，你還是應該走到霍維爾樹（Hovell Tree）——1824 年霍維爾以刻上自己名字立標的一株紅桉——之下，才能算是真正完成這場徒步之旅。

339 提頓山脊步道
Teton Crest Trail

美國，懷俄明州

追隨皮毛獵人與十九世紀探險先鋒的腳步，走入參天峰巒的最前線。這段全長 64 公里的偏遠山野冒險之旅，得從提頓山隘（Teton Pass）一直走到史崔湖（String Lake）。

340 柏林高地步道
Berlin High Trail

奧地利，齊勒塔爾阿爾卑斯山脈（Zillertal Alps）

群山環繞的「柏林人小屋」（Berliner Hütte），是1879年奧地利阿爾卑斯登山俱樂部（Alpine Club）的柏林分會所設置的；原先的目的只是單純地提供登山者食物與住宿。誰也猜想不到，不過十幾二十年後，這兒竟然連鞋店、郵局和附有暗房的照相館都出現了。當時的「柏林人小屋」，已是這條1889年創始、73公里「柏林高地步道」的其中一站。步道本身是環弧路線，從卡瑟爾山屋（Kasseler Hut，就在小鎮邁爾霍芬〔Mayrhofen〕附近）走到甘斯山屋（Gams Hut，離小鎮芬肯貝格〔Finkenberg〕不遠），走過之處可謂群山成海，是齊勒塔爾阿爾卑斯山脈最棒的一段步道。

---

341 伯切爾步道
Burchell Trail

澳大利亞，維多利亞州（Victoria）

1850年代的布利斯班山脈（Brisbane Ranges）淘金潮期間，史蒂格利茲（Steiglitz）這個小鎮裡終日迴盪著鐵鍬、石英壓碎器、教堂吊鐘和1,500名居民熙來攘往的噪音；今天呢，小鎮的總人口數是8。不過，就算探礦者都已杳如黃鶴，法院的遺址（現在只剩歷史紀念碑）還是給了走路人一條步道的起點。總長38公里的「伯切爾步道」會帶領你深入當年發現黃金的山嶺，然後一直走到終點波爾古利露營區（Boar Gully Camping Area）；路途中，你會遇上澳大利亞東部特有的灰袋鼠、綠意盎然的小小樹林、金合歡樹（golden wattle），攀登山嶺時一路視野遼闊，「小河峽谷」（Little River Gorge）更是美不勝收。不用說，你也會見到往昔這兒曾經有過金礦的證據——有時是古老的豎井，有時是深挖的礦坑。

342 高路步道
Haute Route

瑞士，瓦來州

> 效法十九世紀時那些純粹只愛登山的先輩，勇敢來趟阿爾卑斯山的終極之旅。

行前須知：

- 歷史關鍵時刻：公元 1861 年，第一次有人走上「高路步道」
- 距離與費時：180 公里；10-14 天
- 難度：費力——山嶺高峻，有些路段終年積雪
- 最佳月份：6~9 月
- 重點叮嚀：能說點德語或法語的話，會對入住營舍很有助益；如果完全不會德語或法語，最好只走比較國際化的路段

世界上的其他步道應該很難有這麼戲劇化的起點和終點，理由是，這條位在瑞士的「高路步道」，兩頭都是海拔極高的山國巨獸：白朗峰（Mont Blanc）和馬特洪峰（Matterhorn）。經典級的 180 公里跋涉，起始於標高 4,810 公尺白朗峰之下的旅遊勝地霞慕尼，一路走過阿爾卑斯山脈最美好的山徑，來到同樣也是旅遊勝地的采馬特（Zermatt）——高孤冷傲、海拔 4,478 公尺的馬特洪峰之下。

藉由中世紀時代就已存在的商貿路徑之助，1861 年英國阿爾卑斯登山俱樂部（British Alpine Club）率先開發了「高路步道」。1871 年出版的一本書裡，就曾以「歐洲的遊樂園」來描述阿爾卑斯山脈；不只當時，之後的一百多年來，這些山嶺一點也都不曾失寵。

現在的「高路步道」愛好者，還是會遭逢壯麗山隘的挑戰，巧遇吱吱喳喳的土撥鼠，以及必須攀越巨大又美麗的峰巒——包括 12 座阿爾卑斯山脈中最高的山峰。沿途當然也少不了冰湖與山澗、蹦蹦跳跳的岩羚（chamois）、牛群悠遊的牧草地、雅緻迷人的小山村，以及懸掛著嘎吱作響冰河的山谷——雖然打從 1860 年代起這些冰河就不知怎的日漸消退。

途中不用擔憂飢渴，因為村落和山中小屋都會把你照顧得無微不至，除了物質上的享受、道地美食，還有濃得化不開的人情味。

即便如此，高路步道還是相當艱難的挑戰，不但可能遇上可怕的天候，還得攀爬 12,000 公尺山徑；但話說回來，真能走完整條步道，你也就等於享盡了阿爾卑斯山的萬千風情。

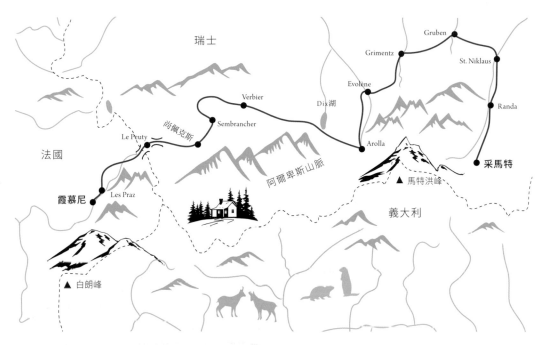

左圖：來到瑞士走「高路步道」時，別忘了欣賞阿爾卑斯山脈的高山湖景。

343 吉爾步道
Giles Track

澳大利亞，北領地

1872 年，喬治·吉爾（George Gill）成為第一位勇闖如今被稱為「瓦塔卡國家公園」（Watarrka National Park）地區的歐洲人；現今這條 22 公里、從國王峽谷（Kings Canyon）走到凱瑟琳泉（Kathleen Springs）的叢林健行之所以名為「吉爾步道」，就是為了彰顯他的勇氣。

344 中國人步道
Chinaman's Walk

澳大利亞，北領地

這是一條短程步道，連結了達爾文市（Darwin）的火車調度場遺址和另一頭的大榕樹。之所以會有這個名字，則是因為中國移民在 1880 年代來到達爾文時，走的就是這條步道。

345 布拉奔山步道
Le Morne Brabant

模里西斯

十九世紀早期，布拉奔山標高 556 公尺的玄武巨岩一度是逃亡奴隸的躲藏處，如今則是約莫要花 3 小時的登上步道。來到岩頂，就能一覽碧綠色的海洋風光。

346 聖雅各步道
St James Walkway

紐西蘭，南島

這條 66 公里長的亞高山之旅，起點是歐洲人在 1860 年時發現的路易斯山隘（Lewis Pass），出發後會走過一片山毛櫸樹林和年代久遠的「聖雅各」綿羊牧場，來到終點波以爾村（Boyle）。

347 澳大利亞阿爾卑斯步道
Australian Alps Walking Track

澳大利亞西南部

步道全長 650 公里，一路行經澳大利亞西南部的高地鄉野；起點是維多利亞州的沃爾哈拉（Walhalla），終點在離坎培拉很近的小村塔瓦（Tharwa）。這一帶曾經在十九世紀時引來過許多金礦探勘者。

348 飢荒步道
Famine Track

愛爾蘭，康尼馬拉（Connemara）

由於主食馬鈴薯遭受病蟲害襲擊，加上原本經濟欠佳，1846~1852 年的「愛爾蘭大飢荒」（Ireland's Great Famine）餓死了 100 萬人；為了救亡圖存，政府不得不籌劃公共建設，比如興築沒什麼必要的道路，好讓無糧可收的百姓有事可做，換來微薄的薪資與一碗熱湯。如今名喚「飢荒」的這條步道，就是那時建造的，位在荒僻的康尼馬拉鄉下；這一帶人口曾在大飢荒時期銳減了三分之二。令人思之泫然的這 10 公里路途，是從啟拉里港（Killary Harbour）的堤岸走起，終點是小漁村羅斯洛（Rosroe）和飢荒後已成廢墟的小村佛荷（Foher）；行走途中，還會經過許多「懶床」（lazy bed）——往昔種植受災馬鈴薯、如今只剩如茵綠草。

349 亡命之道
Fugitive's Trail

南非，夸祖魯─納塔爾省（KwaZulu-Natal）

> 依循敗逃士兵與祖魯（Zulu）戰士的
> 足跡，勇闖炎陽燒炙的無樹大草原。

放眼望去，只見一片祥和。金黃色的長草迎風搖曳，泥土地長滿了灌木、仙人掌和荊棘，山丘在高溫的熱霧蒸騰中起伏綿延，一塊長相怪異、被稱作「伊山德瓦那」的巨岩，有如哨兵地兀立於地景之中……。是啊，如今確實一派祥和，但 1879 年 1 月 22 日那一天可完全不是這麼回事。

位在南非內地西北地區的夸祖魯─納塔爾省，十九世紀時還是祖魯人最重要的居住地；這個講恩古尼語（Nguni）的民族，本來只是各自為政，但在兇暴的戰士恰卡·祖魯（Shaka Zulu, 1787~1828）領導下，沒多久就成為萬眾一心的可怕軍團。最早與祖魯人兵戎相見的，是受不了英國殖民者壓迫、從西開普省（Western Cape）遷到納塔爾省（Natal）的「荷蘭開拓者」（Dutch Voortrekkers）；1838 年，這些荷蘭人在「血河之戰」（Battle of Blood River）中以寡擊眾，擊退了來犯的祖魯人。

打了敗仗的祖魯軍團，於是把目標擺在英國殖民者這邊，第一場大戰便是雖然迅速卻很血腥的「英祖戰爭」（Anglo-Zulu War），從 1879 年 1 月打到 7 月就結束了；英國雖然贏得最後勝利，卻也是她殖民非洲史上打得最艱苦的一場戰爭。

慘烈的對戰，就發生在人面獅身像似的「伊山德瓦那」陰影下──英國軍隊就駐紮在這塊平原。率領英軍的切姆斯福德子爵（Lord Chelmsford），完全錯估了祖魯人的威脅，決定把手下的五千多名精兵調動三分之二去防範可能來自東南方的襲擊；與此同時，祖魯人卻在英軍的東北方集結了大約兩萬名戰士，距離防衛空虛、不堪一擊的英軍陣地只有 8 公里遠。英國偵察兵才剛發現這支龐大的 impi（軍團），手握長矛的祖魯人便已

行前須知：

· 歷史關鍵時刻：公元 1879 年，伊山德瓦那戰役（Battle of Isandlwana）
· 距離與費時：8 公里；3 小時
· 難度：中等──地形崎嶇，坡道陡峭
· 最佳月份：9-10 月
· 重點叮嚀：如果不找嚮導，很難光看現場就理解戰役歷史

上圖：「伊山德瓦那」巨岩下的一堆堆雪白石塚，都是「英祖戰爭」留下的遺跡。

展開突擊，一邊吹響 izimpondo zankomo（水牛角軍號），一邊從四面八方一擁而上；結果只能說是一場大屠殺：擔任防禦的 1,750 名士兵和後勤人員，不是在伊山德瓦那附近慘遭屠戮，就是在從營地逃往水牛河（Buffalo River）的半路上被殺。緊接著，就連原來橫亙於祖魯土地與納塔爾省之間的「安全」地帶，也成了祖魯人追殺英軍的所在。

當年英軍奔逃求生的路途，就是如今這條 8 公里的「亡命之道」；而今日徒步者眼裡所見的一堆堆雪白石塚，就標誌了那時逃亡英軍最終一個接一個倒下的地方。當然，也有很多祖魯人死在這兒。

步道，就從「伊山德瓦那」下的石塚之間走起。從巨岩的鞍部望去，石塚的密集程度尤其讓人觸目驚心，不難想見當時的慘況。除此之外，離此約莫 13 公里的「羅克的渡口」（Rorke's Drift）也很值得一看；1879 年 1 月 22 日，140 名英軍在這兒成功擊退了三千名祖魯戰士。

一路走過雜草叢生的崎嶇無樹原野時，你會穿行過更多堆疊在長草與金合歡樹叢間的石塚；依偎著谷底、清澈見底的門辛雅瑪溪（Manzinyama），潺潺流水如今聽來宛如世外桃源的牧

歌，更是稍作停留、泡一下腳的好地方，但對 1879 年從伊山德瓦那平原亡命奔逃至此的英國士兵來說，卻一定是前無去路、後有追兵的殺戮戰場。他們不但必須涉水過溪，還得攀爬彼岸陡峭的山丘，除非有馬可騎，再沒有逃出生天的機會。

上到山丘後，步道轉而往下走，路面不是佈滿多刺灌叢、凹凸不平的鵝卵石，就是此起彼落的頁岩，但是，就在你走過一處懸崖邊時，「亡命渡口」（Fugitives' Drift）卻霎時在你眼前開展；就在這長滿樹叢的山丘側邊，湍急的水牛河奔騰而過，也就是說，即便逃到了這兒，那些軍人也還得渡過更深的河水——當天剛下過大雨——才可能抵達安全得多的對岸，可迎接他們的，卻是更激烈的戰鬥，因為早先逃生的英軍已在對岸重新集結，佈陣防禦，而祖魯人也沒有「見好就收」這回事。梅維爾（Melvill）與科希爾（Coghill）這兩位中尉，就因為想救回英國軍旗而命喪此地，後來也都追頒維多利亞十字勳章（Victoria Cross medal）。步道的終點，便是他們位在山腰，巍然矗立於岩石、樹木與羚羊牧草地之間的墓碑——在非洲的炎陽下，冷靜地提醒我們莫忘往昔。

350 溫迦納峽谷步道
Windjana Gorge Walk

澳大利亞西部，金伯利（Kimberle）

布努巴（Bunuba）人的領袖詹達馬拉（Jandamarra）在 1894 年發動戰爭對抗歐洲人，溫迦納峽谷曾是他的隱匿處，因此受到族人長期重視。走在這段 3.5 公里的峽谷步道，可以看到精巧的岩石及出來曬太陽的鱷魚。

351 懿律的山道
Elliot's Pass

英國海外領地，亞森欣島（Ascension Island）

拿破崙（Napoleon Bonaparte）在 1815 年被流放到聖赫勒拿島（St Helena）時，英國特地在鄰近的大西洋島嶼亞森欣上設置了海軍戍守部隊，以防這位前法國皇帝伺機脫逃；此後，亞森欣島就一直是大英帝國的軍事前哨，也擔負起遏止非法販賣奴隸的任務，1840 年為了建造位在海拔 732 公尺、島嶼最高點綠山（Green Mountain）上的瞭望臺，英軍不但開闢了通道，還鑿穿火山岩、打造了幾個拱門和隧道。如今這費時約 90 分鐘的環峰步道，會帶引你走過荒廢的 1830 年代兵營、窄小的監視洞穴，以及一長條羊齒植物帶。（譯按：步道以當時負責的指揮官——曾率領英國海軍參與第一次鴉片戰爭的——海軍上將懿律〔Admiral Elliot〕命名。）

352 八通關古道
Batongguan Trail

臺灣，玉山國家公園

{ 踏上前後由兩個帝國主義國家鋪設的
道路，橫越這座島嶼的巍峨高山。 }

行前須知：

- 歷史關鍵時刻：公元 1875~1921 年，八通關古道從起建到完成
- 距離與費時：90 公里；7 天
- 難度：中等／費力──坡道陡峻，峭壁急降
- 最佳月份：10-12 月，5-6 月
- 重點叮嚀：進入玉山國家公園必須預先申請

　　1683 年，清朝政府併吞了臺灣；1875 年，為了統治管理卑南族、鄒族與其他原住民部族，於是興建了這條橫貫東西的八通關公路。

　　第一次甲午之戰慘敗後，清朝只好在 1895 年簽訂《馬關條約》，將臺灣割讓給日本；1921 年，為了強化臺灣東西部的連結，也為了壓制原住民的反抗，日本人便從東埔溫泉起，增闢了第二段八通關公路。

　　清廷所建的八通關公路長 152 公里，起自林圯埔（竹山），迄至璞石閣（玉里），途經東埔與八通關（玉山山脈），所經之處盡是高海拔的崇山峻嶺；當年鋪設的石板路面有些至今還

往南投竹山
東埔
雲龍瀑布
乙女瀑布
八通關
八通關山（玉山）
玉山山脈
中央山脈
八通關清古道
警察局
八通關日本古道
往玉里
山風登山口

對頁：八通關古道，是臺灣最古老的道路之一。

在，但大部分都已湮沒於莽榛蔓草之中，道途難以辨識。

然而日本人開闢的 90 公里這一段，起至東埔、橫越中央山脈、直到山風登山口為止，保存的狀態就好得多了。

話說回來，攀登後來留下的這段「八通關古道」也還是必須對付狹窄的貼崖山路，一不小心就會跌落翻騰的湍流之中，遇上坍方地帶時還得抓緊繩索，一寸寸地繞過險地。不過，這還是一趟值得冒險一遊的旅程，你不但會邂逅垂鬚宛如老翁的大樹（樹影間可能有正在覓食的臺灣黑熊）、開滿杜鵑花的青綠草原，還會見到許多日據時代的遺跡，包括昔日的警察局、紀念石碑，以及年代久遠的吊橋；巍然聳立在你眼前的，則是亙古以來從未被馴服的神祕玉山。

353 拉菲里埃城堡步道
Citadelle Laferriere Trail

海地（Haiti）南部

{ 造訪加勒比海第一個獨立國家海地，
登臨它巨大又堅實的城堡。 }

行前須知：
· 歷史關鍵時刻：公元
1805~1820 年，拉菲里埃
城堡起造到落成
· 距離與費時：11 公里；
2~3 小時
· 難度：中等——全程都是
上坡路，炎熱又潮濕
· 最佳月份：12~4 月
· 重點叮嚀：進入城堡前得
買門票

1791 年，飽受奴役的海地人決定爭取自由、反抗法國領主，儘管當時的拿破崙皇帝派出武裝強大的 34,000 名軍士，還是鎮壓不了這場叛亂。1804 年，海地宣布獨立，成為全世界第一個黑人主政的共和國。

帶領海地人勇敢走向新世界的，是曾身為黑奴的亨利·克里斯多夫（Henri Christophe）；這位獨立運動的領導者，後來也成為北海地的總統（沒多久就自封為王）。為了宣示新國家的誕生和防範法國可能的反撲，克里斯多夫在離海岸只有幾公里遠、標高 910 公尺的立維克山（Bonnet à l'Evèque）上興建了巨大的拉菲里埃城堡，前後動用大約 2 萬名工人，花了 15 年（1805~1820 年），才總算建成這座有稜有角的龐然大物。城堡內安置了 365 門火砲，但幾乎可以說白費工夫，因為落成至今城堡從沒遭受過攻擊——但也因而保存得相當完好。

全長 11 公里的拉菲里埃城堡步道，起於米洛（Milot）的聖蘇西宮（Sans-Souci Palace，亦稱「無憂宮」〔Carefree Palace〕），是克里斯多夫稱王後所建的九座宮殿之一，曾被譽為「加勒比地區的凡爾賽宮」，但經過 1842 年的大地震，現今只剩斷瓦殘垣。上路後，平整的步道便扶搖直上，沿途除了叫賣椰子汁的小販，就只有歪斜的山景；沒關係，城堡很快就會現身，有如戰艦的船首一般從山嶺間冒出。進入城堡，你會見到暗無天日的地牢、軍火庫，及引領你走上城垛的石階；一來到這兒，視野不但豁然開朗，還能把海洋、村落的美景盡收眼底。當然了，你也不會瞭望到法國大軍來襲的帆影。

右圖：沿著曲折的山路漫步而上，造訪立維克山頂的拉菲里埃城堡。

354 維多利亞防線步道
Victoria Lines

馬爾他（Malta）北部

　　所謂的「維多利亞防線」，指的是一系列的圍牆和瞭望塔；昔日的英國人之所以會建造這條起自「大斷層」（Great Fault）懸崖、由東到西穿越馬爾他的防線，是為了防備來自格蘭德港（Grand Harbour）南方的侵襲。這道綿延 12 公里的防禦工事，大多是在 1897 年完工，為的是趕上維多利亞女王的登基 60 周年「鑽禧紀念」（Diamond Jubilee）；由於興建之後都沒有遭遇過軍事攻擊，也才有了今天的這條優質又有歷史風味的步道。

　　想走全程的話，就得從西岸邊的昆西容尼（Kuncizzjoni）走到東岸邊的馬德萊納高地（Madliena Heights）；一路上，不只可以看堡壘看到飽，還有不少隧道、野花、馬車的車轍、火炮掩體、戰壕、往日河流切割石灰岩後留下的乾旱河谷，起點與終點的海景更能一覽無遺。

355 約翰・繆爾步道
John Muir Trail

美國，加州

> 徒步於約翰・繆爾最喜愛的地方時，
> 請致上你的敬意，因為他是自然環境
> 保護者的教父之一。

行前須知：

- 歷史關鍵時刻：公元 1838~1914 年，約翰・繆爾的一生
- 距離與費時：340 公里； 20~24 天
- 難度：中等／費勁——必須自給自足
- 最佳月份：7-9 月
- 重點叮嚀：進入野地不但必須預先獲得許可，而且要 24 週前就申請

蘇格蘭裔美國作家、自然主義者與流浪者約翰・繆爾，也許可以說是本書最重要的人物——至少在啟發我們徒步走過大自然這個部分。如果沒有這位非傳統的先鋒，現代世界大概不會有多少荒莽之地保留下來供人徒步探險。

繆爾，是最早的環保倡導者之一，1838 年出生於英國蘇格蘭，11 歲時跟家人移民到美國威斯康辛州，成人後，由於碰上一場幾乎讓他視力不保的工廠意外，導致他決心擺脫工業世界的生活，投入大自然，經年累月遊走於美國的窮鄉僻壤，生活於山野之中，身心完全融入宏偉的山脈、遼闊的草原、蔥蘢的森林和清新透澈的溪河裡，寫出許多慷慨激昂、維護和保持自然景觀的論文，大大有助於保護美國原野大地的落實。

他的最愛，是坐落美國加州內華達山脈（Sierra Nevada）、景色優美的花崗岩山谷優勝美地（Yosemite）。1869 年繆爾寫信給友人時，就在信中形容優勝美地是：「至今為止，在大自然准許我進入的荒野中，它是我最欣賞、最別具一格、最宏偉莊嚴的聖殿。」

繆爾醉心於優勝美地野花點綴的高山草地、水沫飛濺的瀑布、晶瑩剔透的蕩漾河流，和巍峨矗立、有如巨人戴著連帽斗篷的「半圓丘」（Half Dome）。這是他的遊樂場，更重要的是，他認為優勝美地應該是所有人的遊樂場。

打從 1869 年落腳這個地區之後，目睹砍伐和放牧對環境的危害，繆爾希望優勝美地能被劃為國家公園。藉由深具影響力的《世紀雜誌》（*Century Magazine*）編輯的支持，他絞盡腦汁博取

上圖：在環繞內華達山脈的「約翰・繆爾步道」上與大自然來場精神交流。

廣大讀者認同他的觀點，才總算得償夙願。1890 年，優勝美地成為美國──實際上是全世界──第一座國家公園。

這條艱困難行、盡是在荒山野地中跋涉的 340 公里步道，既是沿著繆爾最珍愛的內華達山脈方向前進，那麼，世人稱它為「約翰・繆爾步道」（簡稱 JMT）似乎再恰當也不過了。它從優勝美地山谷小道的起點往南出發，一直到惠特尼山（Mount Whitney）海拔 4,421 公尺的美國本土最高峰。

約翰・繆爾步道可不是尋常人等都能輕易克服的標的，途中有很多起起落落的陡坡。通算起來，由北到南──最受歡迎的走向──需要攀爬的總高度是大約 12,800 公尺。要是從南往北走，上爬的總高度更將近 14,434 公尺。如果你和繆爾一樣多多益善，不妨再加上令人頭暈目眩的半圓丘上升坡。這條「半圓丘步道」長 12 公里，得從「小優勝美地山谷」繞道，當真加入旅程的話，便是 JMT 的第一天路程。

然而，JMT 最大的挑戰其實是揹在身上的行囊。步道上不但沒有半家旅館，更幾乎沒有地方可以讓你補給，所以健行者必須自帶帳篷、相關配備和絕大部分的食糧。大家圍坐在營火邊閒聊時，主題因此也都三句不離食物。

儘管必須揹負三週所需的麵條和燕麥片，JMT 還是很值得奮力一搏。這條步道的回饋多得數不清：從千島湖（Thousand Island Lake）邊緩緩昇起的金黃色太陽，米納瑞斯（Minarets）山脈不

優勝美地國家公園

半圓丘

優勝美地山谷

Cathedral山脈

千島湖

米納瑞斯群峰

印約國家森林

ANSEL ADAMS莽原區

魔鬼岩柱堆

約翰·繆爾莽原區

Mono溫泉

內華達山脈

進化湖

國王峽谷國家公園

FORESTER
隘口

SEQUOIA國家公園

惠特尼山

但有險峻、鋸齒似的頂峰群，山體還透出閃亮的光澤。除此之外，你還可以：近距離觀察構造奇異、圓柱狀玄武岩的「魔鬼岩柱堆」（Devil's Postpile）；沿著進化湖（Evolution Lake）邊走，在花香撲鼻，種滿魯冰花（lupin）、土狼薄荷（coyote mint）、山紫羅蘭和蝴蝶百合（mariposa lily）的百花叢中悠閒漫步，不期然與騾鹿（mule deer）、土撥鼠、浣熊還有黑熊相遇。你會在步道的最高山隘，就是海拔 4,009 公尺的「森林人隘口」（Forester Pass），面對壯闊的景色欣然舉杯。步道的終點是惠特尼山，佇立於此，你可以回頭眺望所有你曾經設法通過的美麗野地奇景。一切正如約翰·繆爾所言：「每一次到大自然中行走，收穫都會遠大於你的想像。」

356 大洋路健行
Great Ocean Walk

澳大利亞，維多利亞州

「大洋路健行」全長總共 104 公里，起自阿波羅灣（Apollo Bay），結束於格蘭安寶（Glenample）農莊，沿途有化石、懸崖、沉船和南澳大利亞特有的樹袋鼠（koala）。

357 華爾騰湖環行
Walden Pond Loop

美國，麻薩諸塞州

「我之所以走入森林，是希望自己活得有意義……我期待自己活得深刻，並且能夠汲取生命中的所有精華。」1854 年時棄絕花花世界、來到華爾騰湖畔居住的偉大美國自然主義者梭羅（Henry David Thoreau）這麼說；而這段話，沒錯，就來自他把那一場生活經驗寫成的經典名著《湖濱散記》（Walden）。坐落康科德（Concord）鎮附近的華爾騰湖，如今當然已不再是什麼荒郊野外了，不遠處甚至還有高速公路經過；儘管如此，在湖水與密林間走走這條 3 公里步道，依然還是感受得到那種遠離塵囂的生活況味。你可以漫步踩過鋪地的松樹針葉，暗窺花栗鼠（chipmunk）、山雀（chickadee）的動靜，並在走到昔日梭羅居住的小木屋（屋前有立牌）時駐足一會，遙想梭羅當年。

358 寶樂茶園步道
Boh Tea Estate Trail

馬來西亞，金馬崙高地（Cameron Highlands）

1885 年，在英國殖民政府的要求下，勘測員威廉・金馬崙（William Cameron）展開了一場探勘蒂蒂旺沙山脈（Titiwangsa Range）的計畫；沒多久，他就發現東南方有座巍峨的高原，卻無法精確記錄它的方位。直到 1920 年代，這座高原才又再次被人發現，而且命名為「金馬崙高原」；它那寒涼、阿爾卑斯山區似的環境，更很快就被證實是栽種茶樹的完美地點。現在，這裡還多了一條穿行叢林、繞著高原脊邊而走的短程 9A 步道（大多被稱為「寶樂茶園步道」）；你不但可以在 90 分鐘裡輕鬆走完整條步道，還可以在張望隨風輕擺的茶樹時，一邊啜飲在地香醇紅茶。

359 內格拉火山峰步道
Sierra Negra Volcano

厄瓜多，加拉巴哥群島（Galápagos Islands）

{ 走在這多島地帶時，請對高飛的雀鳥心懷感激——達爾文（Charles Darwin）的演化論，就來自牠們所激發的靈感。 }

行前須知：

- 歷史關鍵時刻：公元 1835 年，達爾文初次造訪加拉巴哥群島
- 距離與費時：15 公里；4-6 小時
- 難度：輕鬆／中等——地勢起伏，坡道和緩
- 最佳月份：2-5 月
- 重點叮嚀：你可以從厄瓜多本土搭機前往加拉巴哥，落地後就得繳交公園入場費

　　1835 年 9 月，英國自然學者達爾文登上伊沙貝拉島（Isabela Island）——離他的祖國非常遙遠、散布於太平洋中的加拉巴哥群島中的最大島；當時，這座島嶼只是肩負地圖繪製計畫的小獵犬號（HMS Beagle）航向南美洲的其中一站，後來卻成為最重要的一次登岸，因為達爾文來到這座火山群島，觀察到島嶼上不尋常的物種，尤其是燕雀（finch）。這些獨到的觀察讓達爾文日後得以用「物競天擇」來解釋他的演化論。

　　小獵犬號下錨的海盜灣（Tagus Cove），位在伊沙貝拉島的西北岸；達爾文就從這兒出發，一連四天到處蒐集物種樣本。今日的客輪也都在此停靠，所以在踏上步道前，你也有機會先來段短程的上坡健行，走過俗稱「聖木」的檀木樹（palo santo

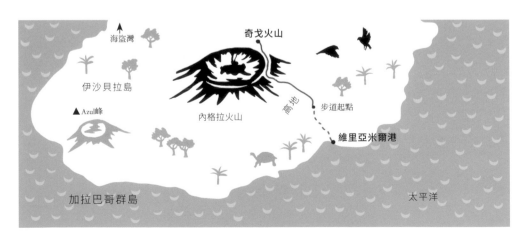

奇戈火山　海盜灣　伊沙貝拉島　▲Azul峰　內格拉火山　高地　步道起點　維里亞米爾港　加拉巴哥群島　太平洋

tree），去看看達爾文湖和達爾文火山的樣貌。檀木樹上經常停歇著許多燕雀。

但這只能說是前菜。真正過癮的健行，是登上伊沙貝拉島海拔 1,124 公尺、加拉巴哥群島中最活躍火山之一的內格拉峰。如果從港鎮維里亞米爾（Puerto Villamil）出發，只要搭一小段車就能來到高地上的步道起點；從這兒走起的話，15 公里路全都是上坡，穿過爬滿蕨類的樹林後就到火山口緣了。

往下看，你便會見識內格拉火山峰最大的火山口（也是全世界最大的火山口之一）；沿著火山口走，接著就會下降到奇戈火山（Chico Volcano），再穿過燒焦痕跡非常明顯、地景宛如月球表面的熔岩山野，隨處可見硫磺污漬、蒸氣口和噴煙孔。眼睛睜大一點：你也許會看到好幾種「達爾文雀」（Darwin's finches）。

360 富士山步道
Mount Fuji

日本，本州

> 富士山是日本最高峰、國家的象徵，
> 也是天才藝術家葛飾北齋（Katsushika
> Hokusai）的靈感泉源。

行前須知：

· 歷史關鍵時刻：公元 1820
  年代，葛飾北齋描繪富士
  山時期

· 距離與費時：5~8 公里；
  4.5~7.5 小時

· 難度：中等——陡峭，設
  施齊全，人流不斷

· 最佳月份：7-9 月

· 重點叮嚀：雖然富士山上
  有四十間以上的住屋，但
  計畫留宿的人還是必須
  提早訂房

富士山完美的圓錐體，是日本辨識度最高的地標；3,776 公尺的高海拔，使它穩踞國家最高峰。古早以前富士山就被尊為聖山了，但到江戶時代後更受歡迎，因為當時政權重心開始由關西轉移到關東，東京（昔時的江戶）成為實際上的首都；在清朗的日子裡，從市區就能望見皚皚白雪覆蓋山頭的富士山。

但是，也沒有哪個人會像藝術家葛飾北齋那般，為這座山付出如許心血；他在 1820 年代開始創作一系列的版畫，亦即所謂的《富嶽三十六景》。葛飾北齋的情有獨鍾造就了富士山，使它成為藝術家的繆斯女神；他的作品風靡日本之後，這座聖山的影像也跟著隨處可見。

對日本人來說，攀登富士山已是一種儀式，所以在每年的登山巔峰季節裡（7 月～9 月初之間），坡道上總是擠滿熙來攘往的人群。這個顯而易見的現象，很快就讓徒步愛好者得到啟發，覺得這裡應該有些很不錯的步道。

目前的步道共有四條，單程大約 5~8 公里，但走法都只有一種：從山下直攻頂峰。這四條步道分別是：最熱門的吉田登山道；路程最短的富士宮登山道；最長的御殿場登山道；以及途中林木最多、綠蔭處處的須走登山道。

另外，很多人會為了享受日出美景，特別選在夜晚時邁上富士山灰白色的坡道；但一樣是看日出，你還有另一項選擇：正午時分出發，然後在山中最高處找一所位置極佳的旅舍過夜，以便次日晨起觀賞魔幻般的旭日（goraiko，譯註：日本人有時也會以「旭日之丘」稱呼富士山）。

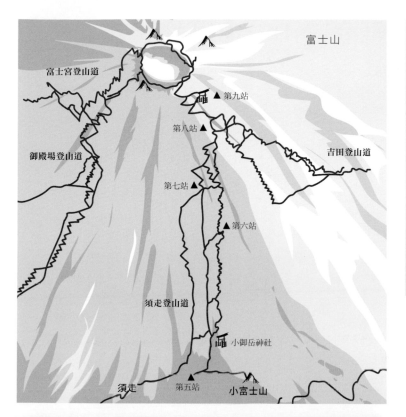

富士山

富士宮登山道

御殿場登山道

吉田登山道

▲第九站

第八站▲

第七站▲

▲第六站

須走登山道

小御岳神社

須走　　　第五站　　小富士山

參見 355「約翰·繆爾步道」，286頁

361 約翰·繆爾之路
John Muir Way

英國，蘇格蘭

舉世聞名的生態保護者約翰·繆爾，1838年出生於蘇格蘭（參見 355「約翰·繆爾步道」，286頁）。這條 215 公里的步道，便是從西海岸的海倫斯堡（Helensburgh）走起，直到他出生的東海岸城鎮丹巴爾（Dunbar）為止。

左圖：雪花蓋頂的富士山，既是莊嚴神聖、如如不動的山峰，也是許多十九世紀日本藝術家的繆斯。

362 凱邁里與希納沼澤步道
Kemeri and Cena Bog Walks

拉脫維亞，凱邁里
國家公園
（Kemeri National Park）

十九世紀時，為神經、關節、骨骼或肌肉所苦的人們常會前往位在波羅的海的凱邁里，這是因為，1818 年首度以科學方法檢驗過後，證實病人的膝蓋在注入其中成分後真的可以痊癒，因而發現凱邁里的泥浴和硫磺泉確實具有療效。如今，那兒的潟湖、沼澤、泥潭和森林都全部納入了凱邁里國家公園（離拉脫維亞首都里加〔Riga〕40 公里）的保護區域之內；結合凱邁里沼澤（Kemeri Bog）與希納沼澤（Cena Bog）的這條短程步道，途中除了可以見到各式各樣的地景，還能邂逅鮮麗的地衣、海綿也似的苔蘚、沼澤大戟草（spurge，開花植物），以及美麗的蝴蝶蘭。當然了，野生動物也所在多有，包括海鷹、麋鹿、野狼與野豬。

363 路德維希國王之路
King Ludwig's Way

德國，巴伐利亞

1864~86 年在位的巴伐利亞國王路德希維二世（Ludwig II），可不是一般人想像中的那種帝王，而是一位孤僻的幻想家，不只個性超級古怪，說不定還有精神疾病。然而，也因為他過度活躍的想像力，才激發了興建世界上最具童話氛圍的「新天鵝堡」（Neuschwanstein Castle）的念頭。這座城堡幾乎就是「路德維希國王之路」這 100 公里步道的終點；做為步道起點的施塔恩柏格湖（Lake Starnberg），則是 1886 年路德維希和他的精神科醫師一起神祕死亡的地方。路途中，你會經過安德希斯修道院（Andechs Abbey，以釀酒廠聞名）、安梅湖（Lake Ammersee）、位在海拔 994 公尺之上的霍荷派森柏格（Hoher Peißenberg）、蓊鬱的森林、波拉特峽谷（Pöllat Gorge），以及新天鵝堡那魔幻般的山頂塔樓，但步道的真正終點，是阿爾卑斯山腳下的福森（Füssen）。

右圖：藉由「路德維希國王之路」，造訪彷彿來自童話世界的新天鵝堡。

364 弗爾洪峰步道
Faulhornweg

瑞士，伯恩阿爾卑斯山（Bernese Alps）

有人說，弗爾洪峰是阿爾卑斯山脈中最棒的一日健行步道。這條全長26公里、一路走在旅遊勝地因特拉肯（Interlaken）之上的山脊步道，打從1893年有了開往起點施尼格普拉特（Schynige Platte）的登山火車以來，就變得更容易親近了。

365 溪流步道
Creek Walk

阿拉伯聯合大公國，杜拜（Dubai）

1894年杜拜成為免稅港之後，讓這個原本只是珍珠產地的邊境村落一躍而為摩天大樓林立的吸金大城。這條只有3公里長的「溪流步道」，則會帶你一窺老杜拜的風情。

366 史蒂文森步道
Robert Louis Stevenson Track

法國，色芬山脈（Cévennes）

{ 跟隨英國文豪的腳步，一路穿行於山村、
峽谷，以及法國中南部的歷史之中。 }

行前須知：

- 歷史關鍵時刻：公元 1878 年，史蒂文森徒步走過法國中南部
- 距離與費時：265 公里；10-12 天
- 難度：中等——多山，常有村落
- 最佳月份：4-6 月，9 月
- 重點叮嚀：步道起點庇伊（Le Puy-en Velay）與阿雷（Alès）都有火車站

「戶外靈動得多的空氣所帶來的美好陶醉感……一開始會讓腦子有種眩惑又呆滯的現象，最後卻會讓你透過領悟而尋得平靜。」寫出這段話的，是「長途步行有益身心」的信奉者羅伯特·路易斯·史蒂文森。1878 年時的他才 27 歲，也還遠遠不是功成名就的蘇格蘭大作家，就徒步漫遊了法國中南部人煙稀少的窮鄉僻壤；他整整走了 12 天，身邊只有一頭名喚「墨德斯坦」（Modestine，有人譯作「謙婷」）的小母驢。這場長途漫步，後來也被他寫成《色芬山驢伴之旅》（*Travels with a Donkey in the Cévennes*），在 1879 年出版。這部史蒂文森早年的作品，為他後來開創文學生涯打下了根基，讓他得以寫出諸如《金銀島》（*Treasure Island*）和《綁架》（*Kidnapped*，又譯《歷劫孤星》）等名作；遺憾的是，史蒂文森 1894 年便過世，只在世上活了 44 個年頭。

比起後來廣受愛戴的作品，有人認為，史蒂文森當年寫下的色芬山遊記才更具有開創性；讀者在《色芬山驢伴之旅》裡所看到的，是個「為走路而走路」的徒步者，不惜因此窩在特製的睡袋（早年的形式）裡露宿荒郊，再把親身經歷的冒險寫成文學作品。因此，這本書不但是近代旅遊書的先鋒，也因為描述得極其詳盡，讓後人很容易就能追隨他的步履。

史蒂文森步道——也就是 GR70 步道——大致沿襲史蒂文森的路線，從庇伊（位於上羅亞爾省〔Haute-Loire〕）——以它坐落

上圖：穿行於色芬山區的「羅伯特·路易斯·史蒂文森步道」一景。

岩山上的小教堂和別具一格的扁豆料理聞名於世——走起，終點則是位在隆格多克—胡西永（Languedoc-Roussillon）的阿雷，全長 265 公里；也就是說，你要比史蒂文森當年的 193 公里多走點路。

史蒂文森之所以決定徒步旅行這個多山、貧瘠的地區，是因為法國只剩這裡還把新教教義（Protestantism）奉為圭臬，而他又著迷於震顫派（Camisard。譯註：或稱「卡密薩教派」）的故事——在他看來，16 世紀宗教戰爭（Wars of Religion）對法國新教

徒的迫害，就很像蘇格蘭的「高地清理」（Highland Clearances，譯註：為了增闢羊隻牧草地，18~ 十九世紀期間英國政府強制驅離蘇格蘭高地居民）；史蒂文森相信，他的讀者會是比較篤信蘇格蘭新教（Scottish Protestant）的中產階級，寧願多讀點心靈夥伴所在之處的地理景觀，也不願親近由天主教徒掌控的地區。

時移事往，如今會踏上 GR70 步道的人，逃避凡俗的恐怕比基於信仰因素的多得多。步道所經過的某些區域，至今仍是法國人口密度最低的地方，大半路段都沿著昔日的馬車道、牧人季節性遷移牲畜到其他牧草地的路徑和朝聖者步道走，讓人得以在荒蕪山丘、甜栗樹（sweet chestnut）生長的斜坡、河流切割而成的深谷中漫步而行，從容沉思。路途中所經的聚落，也多半是年代久遠、彷彿宗教戰爭以來全無變遷的村莊。

從庇伊（史蒂文森就是在這裡製作他的睡袋）啟程後，步道先是走過瓦萊（Velay）火山岩高原上長得歪七扭八的松樹，來到位在羅亞爾（Loire）、史蒂文森踏上旅程的村落勒莫納斯蒂耶（Le Monastier），再轉往 1588 年時深受宗教戰爭荼毒的古老市鎮普拉代勒（Pradelles）；這個市鎮當時之所以幸而沒被摧毀，是因為一名女孩用石塊砸中入侵指揮者的腦袋瓜。

接下來，GR70 就會穿越阿利耶河（Allier River）、進入 18 世紀傳說中狼形食人猛獸出沒的熱沃丹（Gévaudan）地區；之後，在走過野花綻放的草原和起伏的高地後，便會沿著洛特河（Lot River）走上一小段路，再往標高 1,699 公尺的洛澤爾山（Mount Lozère）——色芬山國家公園（Cévennes National Park）最高峰——前進。這一帶全是峽谷亂竄的鄉野，散布著史前巨岩、傾頹的城堡，以及中世紀時代就已存在的教堂。

終於，步道開始向上攀升，來到史蒂文森和他的小母驢下山到聖讓加爾（St Jean du Gard）之前、吃掉最後一餐的聖皮耶隘口（Saint-Pierre Pass）；聖讓加爾，是往昔震顫派教徒抵禦宗教迫害的大本營，也是史蒂文森這趟徒步之旅的終點。不過，如前所述，GR70 步道還得往前延伸到阿雷，一如史蒂文森的名言：「我的旅程沒有終點，只有過程；我只為旅行而旅行，最重要的，是不斷向前行。」

庇伊

上羅亞爾省

瓦萊山脈

勒莫納斯蒂耶

阿利耶河

羅亞爾河

普拉代勒

熱沃丹

洛特河

洛澤爾山 ▲

色芬山國家公園

聖皮耶隘口 ▲

聖讓加爾

阿雷

隆格多克—胡西永

369 帝王步道
Emperor's Trek

巴西東南部

巴西的君主政體為期甚短，從葡萄牙帝國授與國王稱號的 1815 年起算，到 1889 年巴西成為民主共和國（但 1822 年已經爭取到獨立）就結束了。儘管如此，在這段幾十年的光陰裡，皇族仍在兩大城──佩德羅波利斯（Petrópolis，城名來自國王佩德羅二世〔Pedro II〕）和特雷索波利斯（Teresópolis，城名來自佩德羅二世的妻子多娜‧特雷莎〔Dona Teresa〕）──裡打造了夏宮。步道連結這兩座涼爽的高山城市，全長 42 公里，既能感受到當時的帝王權威，也能親近自然美景。從佩德羅波利斯的往日街道和「粉紅宮殿」（Pink Palace），只需一小段車程就可來到克雷亞（Correas）的步道起點，一路走向奧爾岡斯山脈（Serra dos Órgaos）的山嶺；抵達終點特雷索波利斯前，你會經過許多山洞、山谷、大西洋熱帶雨林，以及標高 2,263 公尺的希諾峰（Pedra do Sino）。

370 杜阿提峰步道
Pico Duarte

多明尼加共和國

杜阿提峰不但是多明尼加共和國的最高峰，也是整個加勒比地區的最高峰；山名「杜阿提」（Duarte），是為了紀念 1844 年時領導多明尼加脫離海地統治、取得獨立的胡安─巴勃羅‧杜阿提（Juan-Pablo Duarte）。杜阿提峰不只因為 3,098 公尺的頂峰君臨天下，也靠它巨大的山圍雄霸一方；現今最好走的杜阿提峰登頂步道，是全長 46 公里的「謝納加（Ciénaga）路線」，先走過西霸谷（Cibao Valley），再從中央山脈（Cordillera Central）的北坡攀登而上，到很接近杜阿提峰頂的山屋過夜──這一來，你就能在曙光初露前登峰等待，盡情欣賞加勒比地區的日出美景。

371 長程步道 21 號
GR21

法國，諾曼第

　　走一趟諾曼第海岸的 GR21 步道，就有如行走於一幅印象派畫家（Impressionist）的巨大畫作之中；步道全長 172 公里，從帖波赫（Le Tréport）走到港口阿弗赫（Le Havre）。路途中，阿拉巴斯特海岸（Alabaster Coast）這一段尤其充滿藝術氣息：坐落第厄普（Dieppe）的聖雅克教堂（St Jacques Church）裡，有一系列畢沙羅（Pissarro，譯註：深受塞尚〔Cézanne〕推崇的法國印象派畫家）的畫作；埃特塔（Étretat）的海岸上，有印象派大師莫內（Monet）描繪過許多次的岩石拱門；聖阿德列斯（Sainte-Adresse）不但是度假勝地，還有一家「印象派畫廊」（Impressionists' Promenade），在許多印象派大師畫過的地點掛上名畫的複製品。當然了，做為步道終點的阿弗赫也不遑多讓，1872 年時，莫內就是在這兒畫出傳世名作《印象‧日出》（Impression, Sunrise）；也就是因為這幅傑作，這個畫派才會有「印象派」這個名字。

372 華滋華斯之路
William Wordsworth Way

英國，昆布利亞郡
（Cumbria）

有如浪漫派詩人威廉‧華滋華斯（1770~1850）的踽踽獨行，這條長 270 公里健行步道的起點和終點都是他的出生地科克茅斯（Cockermouth），當然也會走過激發他許多靈感的湖區（Lake District）。

373 康斯特布爾之鄉步道
Constable Country

英國，薩弗克郡
（Suffolk）

輕鬆走個 6.5 公里路，穿行深具田園風味的斯托谷（Stour Valley）和德得罕谷（Dedham Vale），找尋浪漫派風景畫家約翰‧康斯特布爾（John Constable）1821 年名作《乾草車》（The Hay Wain）所描繪的地方。

374 海蒂步道
Heidi Trail

瑞士，麥恩菲
（Maienfeld）

雖然是環形步道，但也只有 6.5 公里長；步道的緣起，則是約翰娜‧史比麗（Johanna Spyri）1881 年問世的虛構小說《海蒂》（Heidi）裡，那個生活在阿爾卑斯山裡的小女孩海蒂。

375 斯奈弗爾火山步道
Snæfellsjökull

冰島西部

斯奈弗爾火山，就是法國作家勒儒‧凡爾納（Jules Verne）1864 年名作《地心歷險記》（Center of the Earth）裡的那座「雪山」；只要準備一雙釘鞋，你就可以在 6 小時內成功登頂。

滑鐵盧
鐵獅丘
威靈頓博物館
（波登海因旅店）
滑鐵盧戰場

利尼

弗勒呂斯

瓦隆大區

夏勒華

赫爾河畔哈姆

波蒙

376 安徒生步道
Hans Christian Andersen Trail

丹麥，奧登色（Odense）

童話作家漢斯‧克里斯汀‧安徒生 1805
年出生於丹麥的奧登色，這條從他的出
生地到他的母親當洗衣婦之處的 3 公里
步道，會帶引你造訪許多和安徒生有關
的遺址。

右圖：拿破崙步道終點位於滑鐵盧戰場，你可以
在這裡找到鐵獅丘。

377 拿破崙步道
Napoleon Trail

比利時，瓦隆區（Wallonia）

{
大步走過比利時的這片鄉野，
重溫「小將軍」（Little General）的
最後一戰。
}

　　拿破崙・波拿巴（Napoleon Bonaparte）1804 年成為法國皇帝，是史上最偉大的軍事策略家之一；但到了 1814 年，在入侵俄國以慘敗收場，加上其他戰事失利，他就被流放到地中海的愛爾巴（Elba）島。過沒多久，1815 年 2 月他又逃回巴黎，在 3 月 20 日到 6 月 8 日，也就是所謂的「拿破崙百日皇朝」（Hundred Days of Napoleon），他再次成為統治者，並展開一系列的軍事行動；最後還是再度戰敗——這回在滑鐵盧打敗他的是威靈頓公爵（Duke of Wellington）。拿破崙又被流放到離法國非常遙遠、大西洋中的聖赫勒拿（St Helena）島。

　　這條「拿破崙步道」位於比利時講法語的瓦隆區，是著名的百日皇朝過後，拿破崙花了四天—— 1815 年 6 月 15~18 日——趕往滑鐵盧的行軍路線。起點是拿破崙軍於波蒙（Beaumont）的 11 世紀塔樓邊的營地，終點則是位於滑鐵盧村的波登海因旅店（Auberge Bodenghien）——當年拿破崙的作戰總部，現下已改建成威靈頓博物館（Wellington Museum）。途中的村子赫爾河畔哈姆（Ham-sur-Heure）是拿破崙檢閱部隊的地方；另外也不妨逛逛他設置過一所醫院的弗勒呂斯（Fleurus）。

　　拿破崙步道全長 94 公里，本來是針對開車族與自行車騎士而設，但健行家也可以照走不誤，甚至中途繞道，比如繞行利尼（Ligny）走個 8 公里，看看拿破崙最後一場勝仗的遺址。你也可以漫遊整個滑鐵盧戰場，瞧瞧這 25 平方公里中的山丘、谷地和草原，尤其是從 1820 年為紀念這場戰役而起造的鐵獅丘（Lion's Mound）上遍望四野。

行前須知：

· 歷史關鍵時刻：公元 1815 年，滑鐵盧之役（Battle of Waterloo）
· 距離與費時：94 公里；5 天
· 難度：輕鬆——地勢平坦
· 最佳月份：4~10 月
· 重點叮嚀：滑鐵盧位在比利時首都布魯塞爾（Brussels）南方大約 20 公里處

378 聖維克多山步道
Sainte-Victoire Mountain

法國，普羅旺斯（Provence）

大畫家保羅・塞尚（Paul Cezanne, 1839~1906）的出生地，就在海拔 1,011 公尺的聖維克多山附近，所以畫作中經常出現這座山，不妨登上山頂體會他看到的世界。

379 瑞吉峰馬克吐溫步道
Mount Rigi Mark Twain Trail

瑞士，琉森湖（Lake Lucerne）

　　攀登瑞吉峰這檔事，十九世紀時是有錢人家炫耀自己是「壯遊」（Grand Tour）族群的一種儀式；尤其在維多利亞女王讓人抬轎送她上山的 1868 年之後，這種風尚更是一發不可收拾。因此，即便開往海拔 1,798 公尺峰頂的火車已在 1871 年通車，也改變不了美國作家馬克吐溫在 1897 年走上瑞吉峰頂的決心；同樣的，建議你也別跟著遊客搭車上山。全程 10 公里的「馬克吐溫步道」得從琉森湖畔的風景勝地韋吉斯（Weggis）走起，是一趟上坡、上坡、再上坡的路途，而你所能得到的回報，除了不必與遊客爭道，還能在登頂途中從容欣賞農地、森林和瀑布，以及越過其他山嶺遠眺飄浮於海面上的雲朵。

380 佩塔爾王的足跡
King Petar's Footsteps

蒙特內哥羅（Montenegro）共和國西部

　　人稱「斯拉夫語世界莎士比亞」的詩人佩塔爾・彼德洛維奇・涅戈什二世（Petar II Petrovic-Njegos），除了作家的身分外，還是信仰與政治的領袖，而且在 1831 年正式成為蒙特內哥羅（或譯「黑山」）的統治者。這條以他為名的「佩塔爾王的足跡」步道，全長 105 公里，從位在科托灣（Bay of Kotor）的蒂瓦特（Tivat）走起，終點是國境南方、地中海岸邊的布發（Budva）；途中會經過鋪滿鵝卵石的小鎮科托（Kotor）、曲曲折折的舊商貿路徑、涅古斯村（Njegusi，佩塔爾的出生地）和采蒂涅（Centinje，佩塔爾時代的國家首都），也會經過洛夫琴國家公園（Lovcen National Park）岩山高地上的佩塔爾陵墓。

381 拜倫之旅
Byron's Journey

阿爾巴尼亞南部

「阿爾巴尼亞的國土！讓我把雙眸轉向你，你這蠻族的堅毅保母！」這幾句詩的出處，是文壇經典、拜倫爵士（Lord Byron）的長詩作品《恰爾德·哈羅德遊記》（*Childe Harold's Pilgrimage*），而這部長詩的靈感，則是來自 1809 年他和朋友約翰·霍布豪斯（John Hobhouse）的阿爾巴尼亞之旅；這條 120 公里、從希臘雅尼納（Ioannina）到阿爾巴尼亞南部泰佩列納（Tepelena）的「拜倫步道」，就是根據霍布豪斯留下的旅途日記。阿爾巴尼亞境內這一段，是從格力納（Glina）出發，沿著舊篷車路走，一路經過許多村落、修道院和山嶺；終點的泰佩列納宮（Tepelena Palace），是阿里帕夏（Ali Pasha，譯註：Pasha 是當時高官的尊稱）招待這位詩人的地方。

382 沙皇步道
Tsar's Path

烏克蘭，雅爾達（Yalta）

步道總長 6.5 公里，一邊是克里米亞山脈（Crimean Mountains），另一邊是黑海（Black Sea），徒步其間，與其說是健行，還不如說是一場心靈的療癒之旅。這條步道是 1860 年代沙皇亞歷山大三世（Tsar Alexander III）下令鋪設的，因為御醫認為散步可以減緩他的肺結核症狀。步道從新文藝復興風建築的里瓦迪亞宮（Livadia Palace）走起，當年俄國皇族經常到此避暑，更是史達林（Stalin）、邱吉爾（Churchill）與羅斯福（Roosevelt）1945 年訂定二次大戰結束後的〈雅爾達密約〉之處。由此走起，你會經過一座森林，來到奧里恩達（Oreanda）輕風拂面的瞭望臺；終點是「燕巢」（Swallow's Nest），一座蓋在艾托多爾角（Cape Ai-Todor）筆直垂落懸崖邊上的城堡。切記：啟程前請先確定這一帶有無動亂。

383 開膛手傑克步道
Jack the Ripper Walk

英國，倫敦

這段只需 3 小時的徒步之旅，是從倫敦東區（East End）的利物浦街火車站（Liverpool Street Rail Station）出發，一路走過 1880 年代惡名昭著、連環殺人兇手「開膛手傑克」屠戮被害人的各個地點。

384 奈德·凱利圍剿遺址
Ned Kelly Siege Site

澳大利亞，維多利亞州

聲名狼藉的澳大利亞惡徒奈德·凱利（譯註：也有人說他是澳洲版的羅賓漢），犯案無數之後，1880 年總算在小鎮格倫羅萬（Glenrowan）落網；這條短程步道，就是帶領你造訪那些有過凱利傳說的遺址。

385 烏鴉步道
The Raven's Trail

美國，麻薩諸塞州

這條短程環圈步道，既是為了探索波士頓，更是藉此向 1809 年出生的驚悚小說鼻祖愛倫坡（Edgar Allan Poe）致意（譯註：步道名稱來自愛倫坡成名詩作《烏鴉》〔The Raven〕）；所以，步道起點就位在愛倫坡廣場（Edgar Allan Poe Square）。

386 皇家運河步道
Royal Canal Way

愛爾蘭

連結愛爾蘭首府都柏林（Dublin）和善農河（River Shannon）畔城鎮可倫達拉（Cloondara）的皇家運河，是在 1817 年完工的；現在，你可以沿著修復的縴道走上 144 公里路。

387 電報步道
Telegraph Trail

加拿大，卑詩省

十九世紀時的美國通訊巨擘西聯公司（Western Union），曾經打算把電報線路從北加州拉進加拿大、伸入白令海（Bering Sea）底，再穿越大半個蘇聯國境到莫斯科。這個願景後來並未成真，然而，在 1865~67 年間，西聯確實著手打造了其中還是很龐大的一部分；這也意味著，這一批工程師必須穿越卑詩省偌大的荒原，也就是從新威斯敏斯特（New Westminster，亦稱「新西敏」）到奎斯內爾（Quesnel），再從奎斯內爾到黑哲頓（Hazelton）。他們先是沿著原住民「第一民族」的舊有路徑，走過濃密的森林和湍急的溪流；這條全長 100 公里的「電報步道」，就是其中的一段路途，從奎斯內爾附近一直走到黑水河（Blackwater River）。

388 西南海岸步道
South West Coast Path

英國，南英格蘭

{ 漫步於走私者的歷史、日光浴的鯊魚、嶙峋的懸崖和漁村之間，而且一路都看得到海景。 }

行前須知：

- 歷史關鍵時刻：公元 1809 年，水上防禦警衛隊（Preventative Water Guard）正式成立
- 距離與費時：1,014 公里；6-8 週
- 難度：中等／費力 — 變數多，地形起伏劇烈
- 最佳月份：4~6 月、9~10 月
- 重點叮嚀：步道經常進入城鎮和鄉村，不管是在野外露營或住民宿，地點不同環境就可能差很大

感恩啦，走私大哥們；要是沒有你們的為非作歹，我們就不會有這條好步道。西南海岸步道（簡稱 SWCP）一路沿著幾個郡的海岸邊走，包括薩莫塞特（Somerset）、德文（Devon）、康瓦爾和多塞特（Dorset），而且大多承襲了壞蛋曾經用來走私、警官用來遏止犯罪的靠海路徑。

這一帶的海岸，到處都是隱密的大、小海灣，因此從 18 世紀到十九世紀初，一旦重要的民生物資價格高漲，走私也就跟著猖狂起來；從蕾絲、白蘭地、蘭姆酒到菸草、茶葉，只要有利可圖就有人願意鋌而走險，不過，1809 年時組建的水上防禦警衛隊，也確實讓走私者的日子愈來愈不好過——只要善加利用懸崖上的巡邏小徑，警衛隊老遠就能望見海岸外的動靜。今天的徒步者，走的也正是他們踩踏出來、海鹽味十足的步道。

「西南海岸步道」長達 1,014 公里，兩頭分別是薩莫塞特郡的曼海德（Minehead）和多塞特郡的浦爾（Poole），是一條走起來會讓人心情愉快的長程步道；曲折前行的路徑，時不時就會路過漁村或天然海港、鋪滿金雀花的山丘、金黃色的沙灘、突入深邃海洋的岬角。

某些步道上的市鎮，夏日時分確實車水馬龍，但行走海岸步道的好處，就是只要不斷向前行，三兩下就能把吵嚷的遊客拋在身後；很快的，路途上就會只剩下你自己，獨享海水與鳳尾草的氣味、鳥兒的鳴叫、以及等在你前方的蜿蜒小徑，甚至可能瞥見海豹或嬉游浪濤之中的鯊魚。

從曼海德出發後，別擔心你會走錯路：只要海洋始終在你右手邊，方向就正確無誤。一離開這個度假勝地後，步道便

上圖：「西南海岸步道」揉合高地風景與豐富歷史，包括這座聖阿格尼斯的採礦遺跡。

會經過埃克斯穆爾國家公園（Exmoor National Park），然後走上標高 318 公尺、也是西南海岸步道最高點的「大絞架」（Great Hangman）。聽起來是不怎麼高，但這條步道最大的挑戰並不是絕對高度，而是相對落差──整個西南海岸步道走下來，你總共得歷經 35,000 公尺的上坡路。

接下來，步道會經過屋舍參差不齊、淨是灰瓦白牆的克洛威利（Clovelly，典型的德文郡漁村）、廷塔哲城堡（Tintagel Castle，亞瑟王〔Arthurian〕傳奇的發源地）遺跡，與美麗的艾薩克港（Port Isaac），再走過擁有世界級海鮮餐館的帕德斯托（Padstow）、布德盧森石梯（Bedruthan Steps）的岩池、衝浪勝地紐基（Newquay）。相對聖阿格尼斯（St Agnes）一帶豐富採礦遺跡，擁有世界級泰特聖艾夫斯美術館（Tate St Ives）的聖艾夫斯則充滿藝術氣息；至於「海角地涯」（Land's End）──英格蘭的最西點──呢，雖說裡頭有個遊客如織的主題公園，景色卻也

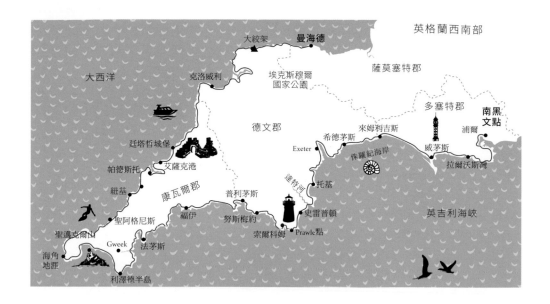

有壯觀之處。

「海角地涯」過後，西南海岸步道轉而朝東，經過波斯科諾（Porthcurno）鎮在懸崖邊的米奈克劇場（Minack Theatre）、上面有座中世紀小教堂的聖邁克爾山（St Michael's Mount）潮間島。之後的普魯士灣（Prussia Cove）、利澤德半島（Lizard Peninsula）與赫福德河（Helford River）等，全都在英國走私史上惡名昭彰；小說家戴芙妮·莫里哀（Daphne du Maurier）常寫到這幾個地方，包括《法國人的港灣》（Frenchman's Creek，譯註：後來改編成電影《貴婦與海盜》）。

繞過利澤德半島最南端後，步道便往法茅斯（Falmouth）走，再經過擠滿帆船的港口福伊（Fowey）、有個「走私博物館」（Museum of Smuggling）的波爾佩羅（Polperro）和沙灘很長的惠特桑德灣（Whitsand Bay）。再往下走，海濱大城普利茅斯（Plymouth）會暫時把你拉回花花世界，但很快你又會來到遠離文明的小村努斯梅約（Noss Mayo）、再經過另一個度假勝地索爾科姆（Salcombe）。

離索爾科姆不遠的史雷普頓（Slapton），海灘上全是鵝卵石，但更值得你我記住這地方的另一個理由是：第二次世界大戰時，為了演練即將發動的登陸諾曼第計畫，有好幾百名美軍在此不幸喪生。

接下來，你會經過推理小說家阿嘉莎·克麗絲蒂（Agatha Christie）寫過的達特河口（Dart Estuary）和托基（Torquay）海岸；然後步道就往終點而去，先沿著多塞特郡出土過很多化石的侏羅紀海岸，再經過來姆利吉斯（Lyme Regis）港、東岸大城威茅斯（Weymouth），接著在白堊懸崖間上上下下、開開心心地繞過整個拉爾沃斯灣（Lulworth Cove）與老哈利岩群（Old Harry Rocks）。終於，步道在經過一處（天體）海灘之後，便抵達「南黑文點」（South Haven Point），出現一塊指示牌上寫著：「離曼海德 630 英里」。

倫索伊斯

煙霧瀑布

卡廳谷

查帕達—迪亞曼蒂那
國家公園

帕提谷

安達拉

伊加圖

右圖：查帕達—迪亞曼蒂那國家公園上的砂岩平頂山，是「大環圈步道」裡的亮點之一。

389 大環圈步道
Grand Circuit

巴西，查帕達—迪亞曼蒂那國家公園
(Chapada Diamantina National Park)

穿行巴伊亞州（Bahia）的山嶺，
看看十九世紀發現鑽石的場景。

　　坐落巴西巴伊亞州東北邊、巍峨聳立的查帕達—迪亞曼蒂那國家公園，是個能夠吸引不同層次遊客的地方；別的不說，光是動人心魄的美景就值得一遊。這是科幻小說《失落的世界》（Lost Word）裡的化外之地，有著被隱密狹谷肆意割裂的砂岩平頂，隨處可見深池高瀑、地下河流，更多的是引人尋幽探險的洞穴；森林裡、草原上，蘭花、仙人掌和鳳梨花爭妍鬥豔，猿猴與蜂鳥穿梭林樹之間。不過，這地方在十九世紀中葉引來人潮，壓根和眾多美景無關，而是山林裡潛藏的財寶。1844 年，穆庫熱河（Mucugê River）被發現藏有鑽石後，才引來爭先恐後、但望一夕暴富的 garimpeiro（探礦者）。

　　這場鑽石熱，使得當時的倫索伊斯成為探礦的前哨基地；時至今日還留有十九世紀明亮屋宇，是健行查帕達—迪亞曼蒂那國家公園的起點。這條全長 100 公里的「大環圈步道」，無疑是世上最好的健行路線之一，除了明媚動人的鄉野風光，一路上的各個村落裡還都有別具一格的 pousada（旅館）。

　　由倫索伊斯出發，步道便往卡龐谷（Capão Valley）而去，穿過一片平野、來到帕提谷（Pati Valley），不妨在這兒的池子和瀑布玩玩水，再往上走是一眼望盡美景的高地；或者，直接從倫索伊斯前往煙霧瀑布（Cachoeira da Fumaça），這是巴西落差最大的瀑布之一。

　　在抵達安達拉（Andarai）的周邊地帶之前，步道還會先經過一些水晶岩洞；有些徒步者會在這兒暫時脫離步道，前往伊加圖（Igatu）探訪遺跡，不過請別忘記，從安達拉走回步道起點倫索伊斯還得費上兩天時光。

行前須知：

· 歷史關鍵時刻：公元 1844 年，巴伊亞州發現鑽石礦脈

· 距離與費時：100 公里；5-7 天

· 難度：中等——地勢起伏不定，有些坡道相當陡峭

· 最佳月份：3-10 月

· 重點叮嚀：步道起點倫索伊斯（Lençóis）離巴西大城薩爾瓦多（Salvador）430 公里，但有巴士可搭

390 聯邦步道
Confederation Trail

加拿大，愛德華王子島（Prince Edward Island）

　　1871 年，英國想在海外殖民地愛德華王子島打造一條貫穿全島的鐵路時，卻發現造價過於昂貴，因此，英國的盟邦加拿大趁機提出建議：如果愛德華王子島願意加入聯邦，加拿大政府就為這條鐵道提供金援，結果愛德華王子島果然在 1873 年成為加拿大的一省，而那條辛苦建成鐵路呢，反而很不幸的只營運了一百年多一點，在 1989 年收攤了。但火車不跑，鐵道還在，改鋪路面後便理所當然成為這條很好走的 410 公里「聯邦步道」，主要路線從島嶼西邊的漁港提格尼什（Tignish）一直走到東邊的艾邁拉（Elmira）——城裡的舊車站中有座火車博物館。路途中，你會經過起伏的丘陵、肥沃的農地和美麗的村莊。

391 地下鐵路步道
Underground Railroad Trail

美國，馬里蘭州

　　位於馬里蘭州蒙哥馬利郡（Montgomery County）的「地下鐵路步道」，雖然只有 3 公里長，行走其間的樂趣卻絕非其他路途更長，早先被十九世紀的南方黑奴用來逃往美國北方、加拿大的「地下鐵路」所能比擬（譯註：所謂「地下鐵路」是泛指十九世紀美國黑奴的逃亡、避難網絡）。馬里蘭州的「地下鐵路步道」起點位於沙泉（Sandy Spring）的基督教貴格會社區伍德莊園（Woodlawn Manor），據說正是 1832 年時為了庇護逃亡黑奴而興建的；步道終點，則是一棵樹齡 300 年的橡樹。路途中，你會一再看到解說用的告示牌，詳盡地描述那些黑奴都藏匿在哪個樹洞裡，又必須冒險涉渡哪些溪河。

392 囚徒步道
Convict Trail

澳大利亞，新南威爾斯州

澳大利亞的大北路（Great North Road），表面上當年的興建目的是為了連接雪梨與水果產地獵人谷（Hunter Valley），但其實是個強力宣示：讓那些返回英國的移民知道，即使少了他們，這個遠在地球另一頭的新世界也不會就此停滯不前；提供勞力打造這條道路的，則是1787~1868年間被英國政府遣送到澳大利亞的165,000名罪犯。從1826年辛苦到1832年，這些囚徒總共鋪設了240公里的公路；時至今日，維斯曼斯渡口（Wisemans Ferry）到曼寧山（Mount Manning）總長42公里的這一段路，就是徒步者口耳相傳的「囚徒步道」，雖然會有汽機車呼嘯而過，但仍能安全地步行，沿途觀看早年的城牆、扶垛、涵洞和殖民時期的塗鴉，更可以走一走澳洲大陸幾座至今還在使用的古老橋梁。

393 紐約空中鐵道
High Line, New York

美國

這條1850年代時興建的紐約「老西城線」（West Side Line）鐵道支線，如今雖然已經除役，卻又因為改建為線形公園而重現輝煌，可觀之處，包括移植的許多植物與哈德遜河（Hudson River）風光。

394 藍山頂峰步道
Blue Mountain Peak

牙買加

全長12公里、一路攀上牙買加海拔2,256公尺藍山頂峰，穿行於羊齒植物、尤加利樹與啁啾鳥群之間，也會帶你造訪十九世紀就已闢建的咖啡農場。

395 小馬快遞步道
Pony Express

美國

1860年創立的「小馬快遞」傳訊系統，可以在10天之內遞送郵件到八個州；位在懷俄明州境內、全長200公里的「南方路徑」（South Pass）這一段，就是要讓你淺嘗當時況味。

396 橄欖油綠色步道
Olive Oil Greenway

西班牙，哈安省（Jaén）

「橄欖油綠色步道」全長55公里，沿用的是如今已告廢棄的十九世紀鐵道；這條鐵道，當年曾用來串連起許多生產橄欖油的鄉村，路途中有不少古老橋梁和高架鐵道。

397 高山族步道
Hill Tribe Treks

越南，沙壩（Sapa）

{ 一路朝北部高原前進，徒步在五彩繽紛的村落和碧綠蒼翠的山林之間，欣賞令人陶醉的法國殖民時代明媚風光。 }

行前須知：

- 歷史關鍵時刻：公元 1891 年，沙壩被併入法屬印度支那（French Indochina）
- 距離與費時：1~5 天
- 難度：中等／可能遇上壞天候，建議聘用導遊
- 最佳月份：3~5 月，9~11 月
- 重點叮嚀：沙壩地區冷起來很可怕，特別是在夜晚時刻——記得攜帶保暖的衣物

十九世紀末的法屬印度支那時期，越南中部山民被稱為蒙塔格納德（Montagnards），也就是「山地人」的意思。一開始，這個名稱是特指棲身與世隔絕的越南中部高原叢林深處的達加爾族（Degar），但在年深月久之後，這個過往的專有名詞，已被用在居住於越南高海拔地帶的所有居民身上，而這些高山族裡，有很多人都住在越南多山北部的小城鎮沙壩附近。

坐落高地邊際，而且林木間經常蒙上薄霧的沙壩，就安頓在海拔 1,600 公尺的東奇尼阿爾卑斯高山脈（Tonkinese Alps）之間，地理位置處於與中國邊境接壤的正南方。這一帶曾經有人發現無法解讀的岩畫，推估起來應該是 15 世紀時期居民的創作。如今看來，也就是從那階段之後的某個時間點起，苗族（Hmong）、瑤族（Dao）、傣族（Tay）、解族（Giay）還有其他山族部落便在此悄然落地生根。

1880 年代法國人堂而皇之侵入，1891 年便將沙壩併入殖民領土之中；到了 1922 年，沙壩更成為一處法國風味濃郁的名勝城鎮，教堂、醫院和別墅林立，各種建設應有盡有。然而，備受戰爭煎熬的動盪時期和困窘的經濟生活也接踵而至，使得沙壩的活力實際上已被消磨殆盡。不過，遠離塵囂的高地部族山民卻不受影響地存活下來。

這個區域，如今已在經過重建後煥然一新，健行者紛紛前往蔥翠的沙壩，觀賞它層層疊疊的水稻梯田，希望能從相互融合而深蘊的富饒文化中，探索出一個更美好的領悟。其中，最好的實踐方式就是從沙壩步行到外圍的村落。說是步道，其實並

上圖：徒步走過越南多山的北境時，大地會為你呈現一片迷人又獨特的稻田風光。

沒有絕對的特定路線；原則上，大家都傾向於自己設計出一天來段 2-6 小時的徒步之旅。要特別注意走在歪斜的草綠連續坡地時，一定要緩下腳步，因為橫隔水田之處常有水牛踩踏的凹陷足跡，即使沒有，地面也可能相當潮濕、容易打滑而且凹凸不平；話說回來，你的步伐本來就該適時放慢，才好酌留時間讓你與人互動。

最好能聘個稱職的導遊，因為他們能夠帶領你到最有趣的「山地人」定居點，為你詳盡解說當地的風俗民情。每天晚上，你都可以待在苗族和瑤族的民宿過夜，讓你也有品嘗各種道地傳統料理（或是當個廚房小幫手）的好機會；另外，你也可以協助在地人修整花園，或是幫忙照料他們養殖的豬仔和小雞。

以前的沙壩難以親近，多數人只能神遊。近年來，已經可從越南的首都河內（Hanoi）乘坐臥鋪火車到北部的樞紐老街省（Lao Cai），雖然位在山丘上的車站離沙壩還有 38 公里遠，但你可以搭乘公車或計程車──早年光臨此處的遊客，從老街到沙壩還得坐轎子呢。

往昔法國殖民時代建築，迄今還屹立不搖的已屈指可數。雖然用白色石塊砌成的教堂依然健在，但其他得以遺留至今的最古老建物，幾乎都改造成沒啥格調的旅館。還好，咱們造訪沙壩的真正重點並不在它的建築特色，而是能夠拜訪住在山林裡的少數民族。

在沙壩這地方，你會邂逅各自不同的山族居民，特別是在市集日（星期六）這一天。黑苗族（Black Hmong）是目前人口數最多的一族，靛青的圍裙、綁腿和圓頂帽子則是他們的識別物。紅瑤族（Red Dao）喜歡惹人注目地穿著一身紅，像纏頭巾似地從頭上懸垂下來的飾品綴滿流蘇。解族呢，則大都穿著黑色長褲和亮色系的襯衫，戴著從頸間直到腋下的條

中國

老街 ●

紅河

忠柴
（瑤族，苗族）

越南

班寬（瑤族）●

塔菲茵
（瑤族，苗族）

馬佳
（苗族）●

沙壩
（苗族）

藪川
（苗族）

班蓬
（瑤族，苗族）

芒花河

沙壩縣

杭大

候濤
（苗族）

坦金
（瑤族）

往河內 →

番西邦峰

萊州省
（苗族）

伊寧和

踏梅
（解族）

紋肩帶。總的來說，各族各部的打扮都來自繽紛色彩和華麗裝
飾的奔放想像。

如果歷經山族步道的跋涉之後，你還渴求更進一步的高地探
訪，不妨考慮攀登海拔 3,143 公尺、號稱「印度支那屋脊」（Roof
of Indochina）的番西邦峰（Mount Fansipan）。如果只想遠觀，從
沙壩就可以凝望得到這座越南最高的山巒；真要登山呢，打這
個市鎮出發到頂峰的探險可得花上你 3~5 天的時間，但在進入
只有猴子和山羊棲息的蓊鬱林木之前，你會先走過幾處色彩斑
斕的聚落。天氣可能會陰冷得讓你討厭，還好並不需要專業的
攀登技術。一旦登上這片迷人大地的頂峰，你會覺得，自己就
好像是個與有榮焉的山民。

400 卡勞帕帕步道
Kalaupapa Trail

美國，夏威夷，摩洛凱島（Molokai）

　　十九世紀初葉，夏威夷群島遭到「韓森氏病」（Hansen's disease，俗稱「痲瘋病」〔leprosy〕）的侵襲；1866 年起，感染了韓森氏病的人開始被流放到卡勞帕帕半島——面對太平洋的三邊都被固化的火山熔岩所包圍，另一邊則是海拔 488 公尺的險峻絕壁，島嶼更是孤懸大海之中，想逃也逃不了。直到 1940 年代，韓森氏病才總算有藥可治，但還是得等到 1969 年，強制隔離的法令才被廢棄；如今，附有導遊的這條陡峭的 5 公里髮夾形步道，會帶領我們攀行到隔離所的遺址，探訪熔岩蓋成的老教堂，站在懸崖邊上凝望無邊無際的大海，遙想卡勞帕帕讓人鼻酸心痛的過往。

401 淚之路國家歷史步道
Trail of Tears National Historic Trail

美國東南部

　　美國國會 1830 年通過〈印第安人遷移法案〉（Indian Removal Act），使得原本代代居住於美國南方的原住民都必須遷到西部——如今的奧克拉荷馬州——特別指定的「印第安保留區」；當時被強制驅離的包括切羅基（Cherokee）、馬斯科吉（Muscogee）、塞米諾（Seminole）、奇克索（Chickasaw）和喬克托（Choctaw），很多人甚至沒能活著看到保留區。涵蓋了幾千公里道路、小徑與河道的這條「淚之路國家歷史步道」，就是為了紀念那段艱辛的旅程；其中有些路段現今還能通行。比如走個 4.5 公里，繞行肯塔基州天然生成的砂岩橋：地幔岩（Mantle Rock），1838~39 年間，總共有 1,766 名切羅基族人擠挨在石橋下度過酷寒的冬季——即使沒被凍死，他們的 1,288 公里漫漫長路也還有一半要走。

402 獵頭族步道
Headhunters' Trail

馬來西亞，婆羅洲（Borneo），沙勞越（Sarawak）

{
前往馬來西亞婆羅洲最大雨林，
一探昔日獵頭族活躍的路徑。
}

行前須知：

- 歷史關鍵時刻：公元 1841 年，政府下令禁止獵頭
- 距離與費時：19 公里；2~3 天
- 難度：輕鬆——潮濕，坡道平緩
- 最佳月份：3-10 月
- 重點叮嚀：進入公園前必須聘請嚮導、租借小船

連接姆魯山國家公園（Gunung Mulu National Park）與河港林夢（Limbang）的獵頭族步道，顧名思義，就是借用過往獵頭族加央人（Kayan）劫掠其他部族的路徑；加央族的獵人，那時總是先穿過孟利瑙峽谷（Melinau Gorge），再把獨木舟拖入特立肯河（Terikan River）、划向敵人所在地，屠殺過後，有時會砍下頭顱帶回、保存成紀念品。

這種恐怖的獵頭風俗，在 1800 年代的婆羅洲相當盛行，直到 1841 年，掌控這個地區的詹姆士·布洛克（James Brooke，後來成為第一位「沙勞越的白人拉惹」〔White Rajah of Sarawak〕；譯註：拉惹，「馬來西亞王」的意思）才明令禁止這種習俗。如今，來到這兒的旅客無不樂於與在地部族互動，換作是十九世紀，只怕避之唯恐不及。

姆魯山國家公園是冒險家的樂園，既有崢嶸的林立山峰、尖聳的石灰岩，更有一大片雨林、好些個世界最大的洞窟，以及多不勝數的野生動物；不過，要想來場從姆魯山國家公園的夸拉貝拉（Kuala Berar）到公園總部的探險之前，你得先預租一艘小船，再徒步個 8 公里，穿過龍腦香樹（dipterocarp）與河邊的森林，才能來到位在峽谷盡頭的 5 號營地。

你可以就在營地過夜，在孟利瑙河（Melinau River）裡游泳玩水，或者多留一天，勇敢攀登剃刀也似的石林（Pinnacles，石灰溶岩凝塑而成的尖山）；從 5 號營地出發後，先是走上 11 公里路到夸拉特力肯（Kuala Terikan）聚落，領取你租用的河船後，就能划到伊班族（Iban）的長屋（longhouse）聆聽獵頭族的故事了。

右圖：造訪姆魯山國家公園的雨林時，記得要慶幸獵頭族已不復存在。

往林夢

夸拉特力肯

特力肯河

汶萊

馬來西亞

姆魯山國家公園

孟利璐峽谷

5號營地

石林

夸拉貝拉

孟利璐河

清水洞

Lagang之洞

公園總部

403 格拉斯哥湖群眺望步道
Glasgow Lakes Look-off Trail

加拿大，新斯科細亞省

1800 年代，加拿大的布雷頓角（Cape Breton）吸引了蜂擁而至的蘇格蘭移民；這條 9 公里、穿行高地的「格拉斯哥湖群眺望步道」，就位在移民為了向故鄉致意而稱之為「新蘇格蘭」（New Scotland）的新斯科細亞。

404 摩門先驅步道
Mormon Pioneer Trail

美國，猶他州

1846~1869 年間，為了逃離宗教迫害，7 萬名摩門教徒不得不跋涉 1,609 公里，由東向西橫越美國內地。在從摩門洼地（Mormon Flat）走到大山（Big Mountain）的這 16 公里健行步道上，你還看得到那時篷車留下的車轍。

405 蘿拉・塞柯德傳承步道
Laura Secord Legacy Trail

加拿大，安大略省

　　蘿拉・塞柯德，既是「忠君者」詹姆士・塞柯德（Loyalist James Secord）的妻子，更是「1812 年戰爭」（War of 1812，譯註：又稱「第二次獨立戰爭」，獨立後的美國為了擴張領土而入侵加拿大）中的加拿大女英雄。1813 年 6 月 22 日，她從美軍佔領地徒步 32 公里、警告英軍敵人將要發動突襲；因為她的英勇作為——那時還不為人知——導致英軍得以戰勝，今天加拿大人便以這條「蘿拉・塞柯德傳承步道」來彰顯她的貢獻。步道所遵循的蘿拉路線，是從她已成歷史地標、位在尼加拉瀑布（Niagara Falls）邊的昆士頓（Queenston）家宅出發，一直走到當時英軍總部所在的迪秋大宅（DeCew House）；一路上你會走過許多葡萄園、果園，據說會「鬧鬼」的「尖叫隧道」（Screaming Tunnel），一塊紀念皮爾波因特上尉（Captain Pierpoint，另一位 1812 年戰爭的英雄）的牌匾，以及一睹尼加拉陡崖（Niagara Escarpment）的風采。

406 卡爾埃塔德內斯基姆環圈
Calheta de Nesquim Loop

葡萄牙，亞速群島（Azores），皮庫島（Pico）

　　散布於大西洋中心地帶的亞速群島，長久以來就一直是賞鯨客的最愛，近年造訪這裡的更多了生態觀察者；但在十九世紀時——其實是直到 1984 年亞速群島周遭禁止捕鯨之前——漁民來到這兒就是為了獵殺鯨魚，皮庫島更是捕鯨重鎮，尤其是在 1876 年島上小鎮卡爾埃德內斯基姆出現第一座鯨魚加工廠之後。透過環行小鎮的這條 12 公里步道，你就能深入了解這個殘忍的行業；起點是教堂廣場前的安塞爾莫船長（Captain Anselmo，捕鯨業的開創者）雕像，終點則是島上第一個坐落懸崖頂的 vigia（瞭望站）。

407 海法步道
Haifa Trail

以色列，海法（Haifa）

　　世界上最年輕的宗教之一的巴哈伊（Baha'i）教派，是個一神論、不分種族性別、重視人類「靈裡合一」（spiritual unity）的信仰。這個教派，是 1863 年時在伊朗誕生的，創教者則是一位自稱是上帝使者、名喚「巴哈歐拉」（Baha'u'llah，譯註：「上帝之榮耀」）的人；無論這位使者是真是假，如今以色列的濱海雙城海法與阿克雷（Acre）都扮演著巴哈伊世界的中心，海法的迦密山（Mount Carmel）上，更建有輝煌耀眼的巴勃金頂聖陵（Shrine of the Bab）。

　　這條 70 公里長的「海法步道」，也可以說是趟「靈裡合一」之旅，不但會帶領你探訪巴哈伊的聖地，還會透過路途中的阿拉伯街巷、天主教堂，一再提醒你這個海濱大都會是由多少種文化共同組建起來的。

左圖：循著「海法步道」爬上以色列的迦密山，一睹巴哈伊的金頂聖陵和花園。

408 帕米爾高原步道
Pamir Mountains

塔吉克共和國東南部

{ 穿行英國與俄國「大博弈」
（the Great Game）的高海拔中亞
爭霸場域。 }

行前須知：
- 歷史關鍵時刻：公元 1813~1907 年，英、俄「大博弈」相爭時期
- 距離與費時：4~14 天
- 難度：費力——必須自給自足，高海拔，沒有路標
- 最佳月份：6-9 月
- 重點叮嚀：如果想造訪戈爾諾—巴達赫尚自治州（Gorno-Badakhshan Autonomous Region），就必須先申請許可

十九世紀帝國主義爭霸時期，英、俄兩國之間的你爭我奪被史家稱為「大博弈」，但想也知道，那可不是什麼棋盤上的友誼賽，而是兩大超級強權都想入侵中亞地區而引發的衝突；也因此，在打從 1813 年起算的幾十年間，雙方經常為了獨佔地域而瀕臨開戰。

其中，海拔高得嚇人、卻又深具戰略重要性的帕米爾高原，更是領地都在近旁的英、俄、中三方必爭之地。然而當時誰也摸不清這片山嶺，所以英、俄兩國都急著一探究竟；直到 1895 年，這兩大強權才終於達成協議，同時修正邊界，以瓦罕走廊（Wakhan Corridor，現今阿富汗的部分地區）為兩國勢力的緩衝區。

聳立於瓦罕走廊北方的帕米爾高原，也就是現今塔吉克共和國的部分領土所在，因此繼續披蓋著它的神祕面紗；時至今日，高原中的巍峨群山——最高峰超過 7,620 公尺——仍是無庸置疑的化外之地，到這裡來健行更是一場貨真價實的冒險。

帕米爾高原上，只有荷洛格（Khorog）這地方稱得上是個市鎮（也是戈爾諾—巴達赫尚自治州的樞紐）；帕米爾高原西邊較容易攀登，有寬廣的牧草地、波光粼粼的湖泊、狂風吹襲的隘口，與令人望而生畏的插天高峰。但真要說「望而生畏」，帕米爾高原的東坡——當地人的說法是「世界屋脊」（Bam-i-Dunya）——更是有過之而無不及；如果你當真到訪木爾噶布（Murghab）的偏遠村落，也許還能一瞥雪豹（snow leopard）的身影。總而言之，不管是東坡或西坡，帕米爾高原都保證不會讓你賓至如歸。

右圖：每一座帕米爾高原上的覆雪山峰，都名副其實的「遙不可及」。

409 環城大道
Ringstrasse

奥地利，維也納

　　如果佛洛伊德（Sigmund Freud）都覺得沿著維也納的戒指路（Ring Road）走一圈是個好主意，那麼，我們這些凡夫俗子應該也都會喜歡才是；也說不定就是日復一日地走上這麼一圈，才讓這位奧地利心理學家得以永垂不朽呢。這條全長5公里、歷史風味幾乎無處不在的大道（1865年闢建，環繞維也納第一區〔First District〕），甚至創造了它自己的建築次文化：「戒指路風格」（Ringstrassenstil）。

　　步道上的亮點包括：新文藝復興風、門面豪奢的國家劇院，佛蘭德斯—哥德風（Flemish-Gothic）的市政廳，以及諸多善美的博物館與藝廊。除此之外，環城大道上的蘭德曼（Landtmann）不但是維也納數一數二的優雅咖啡館，也是當年佛洛伊德經常停下腳步、啜飲一杯好咖啡的地方。

410 辛加利拉山脊
Singalila Ridge

印度，西孟加拉邦（West Bengal）

> 從殖民政府修建的大吉嶺（Darjeeling）山城出發，享受結合了觀光茶園和沐浴於喜馬拉雅山風光景致的雙重趣味健行。

行前須知：

- 歷史關鍵時刻：公元 1828 年，大吉嶺山城建造完成
- 距離與費時：83 公里；5 天
- 難度：容易／中等——有些地方需要攀爬，一般而言坡度還算平緩
- 最佳月份：5-6 月，10-11 月
- 重點叮嚀：必須依照規定取得許可證和聘用導遊

辛加利拉山脊渾然天成，不只清楚劃出印度和尼泊爾國界，更是整個喜馬拉雅山脈裡最壯麗的瞭望臺之一，往下睥睨，灰撲撲、毫無生氣的平原兀自沉浸在清新的空氣和綠葉香中，往上遙望，則是世界最高峰頂映照陽光的靄靄白雪。

大吉嶺山脊地區原由錫金（Sikkim）的大法王（chogyal，君主）統治，但 1780 年被尼泊爾廓爾喀族（Nepalese Gurkhas）入侵並強占；繼之而來的，是戮力推動殖民、極想奪下這塊具有戰略優勢的邊疆之地的英國人，導致 1814~1816 年間的「英尼戰爭」（Anglo-Nepalese War），結果是尼泊爾吃了敗仗，英國則把政權交還給錫金人。不列顛東印度公司（East India Company）——大英帝國巨獸般的貿易體和代理機構—— 1828 年到此探勘時，發現一個十分適合建造士兵療養所的地方。心懷感恩的法王便釋出土地給英國人，大吉嶺山城於焉誕生。

經過幾十年的光陰，這個後來杳無人跡、雜草叢生、位於海拔 2,042 公尺的山城，再次由英國統治者改造，也再次脫胎換骨。華麗的宅邸，莊嚴的教堂，優美的公園，還有應運而生的各種招待會所不說，更進而開墾山坡地，廣植茶樹。當地栽培的茶樹加上茶葉的發酵技術，竟醞釀出一種非常獨特的風味，讓如今的大吉嶺得以因為出產「紅茶中的香檳」（Champagne of Teas）而聞名於世。

當你佇立在十九世紀種植園屋的廊下時，以世界最高的連綿山巒為背景，手執一壺熱乎乎的好茶游目四顧，不啻是清新早晨最美好的開始；不過，更理想的方式還是沿著辛加利拉

上圖：徒步行於辛加利拉山脊，看盡世界最高山脈的連綿起伏。

山脊徒步，近距離觀察那些山峰。順道提一個激勵人心的故事：尼泊爾雪巴（Sherpa）族人丹增‧諾蓋（Tenzing Norgay）──正是與紐西蘭人艾德蒙‧希拉里合作，史上首度登上珠穆朗瑪峰的那一位──本人就住在大吉嶺，而且還在這裡創立喜馬拉雅登山訓練協會（Himalayan Mountaineering Institute）。

　　辛加利拉位在大吉嶺西方的弧狀山脊，這趟經典 5 天行程，就是從距山城 26 公里的小鎮馬內彭杰揚（Maneybhanjang）出發，沿著印度、尼泊爾邊界的境內步道，一路隨著山脊往西北方向前進到帕勒特（Phalut）峰頂（3,600 公尺）。接下來，路徑便換成順著西孟加拉邦與錫金的邊界轉向東南，在林必克（Rimbik）村結束旅程。這是一條全長 83 公里、充滿喜馬拉雅山奇景的路線。

　　步道從山脊底部的馬內彭杰揚蜿蜒而上，途經綠油油的青草地和色彩絢麗的杜鵑花樹林，走到建有接待登山客小屋的通廬（Tonglu）小聚落。走在這個路段上時，你可以全程遙望世界第三高山干城章嘉峰巍峨的氣勢。隔天的徒步行程會通過一座瑪尼牆（mani wall，石頭上刻有佛教咒文），引導你進入藻巴里（Jaubari）村；這是一個適合停下來休息，自在享用茶點的好地方。

　　接著繼續前往卡爾波卡里（Kalpokhari，「黑湖」〔Black Lake〕的意思）和位在海拔 3,636 公尺高處的桑達克普（Sandakphu）。由此望去，景色美得令人屏息；沒錯，五座世界最高山峰的其中四座──珠穆朗瑪峰、干城章嘉峰、洛子峰（Lhotse）和馬卡魯峰（Makalu）──齊聚一堂，盡收眼底。1856 年時，英國來的首席勘測員──喬治‧埃佛勒斯（George

喜馬拉雅山

珠穆朗瑪峰　馬卡魯峰　三姊妹峰　干城章嘉峰　Pandim峰

洛子峰

往辛加利拉峰

辛加利拉山脊

帕勒特

廓爾基

撒馬丁

錫金

西里可拉河

桑達克普

大吉嶺

RIMBICK

西孟加拉

卡爾波卡里

印度

尼泊爾

通廬

馬內彭杰揚

411 瑪利亞島步道
Maria Island

澳大利亞，塔斯馬尼亞

十九世紀時，有許多英國罪犯被流放到塔斯馬尼亞州外的瑪利亞島上；今天，這座小島卻成了徒步者的天堂。在這一趟前後 4 天、附帶導遊的豪華徒步之旅中，你會參觀殖民時代的遺跡和邂逅許多純天然的美景。

412 殖民時代步道
Colonial History Trail

新加坡，福康寧（Fort Canning）

到新加坡時，不妨走走只有 2 公里的福康寧山（Fort Canning Hill）繞行步道；這是馬來人（Malay）還統治這裡時建造宮殿的所在，換成英國殖民後，1860 年也在這兒構築了一座堡壘。

Everest）——就是從桑達克普這個地點，計算出這片參天入雲的山脈中應該由哪一座拔得頭籌。他藉著旭日冉冉昇起之際，細看陽光到底最先披上哪一座山峰時，接下來又是哪一座，以這種方式來完成他的測量任務。後來，西方人便以「埃佛勒斯」稱呼這座世界第一高峰，以茲紀念。

　　桑達克普到帕勒特之間，是路途中風景最為特壯麗的一段；尤其是掛滿經幡的辛加利拉峰頂（3,695 公尺），更讓人一見難忘。接著步道往下、朝向位於山谷的廓爾基（Gorkhey）村，經過一座長滿青苔，聚集杜鵑、橡樹、栗木、銀冷杉（silver fir）和高大的木蘭樹（magnolia tree）的森林，你不妨駐足片刻，聆聽林間百鳥爭鳴。

　　現在只剩下最後一小段路了，但在你準備經過肥沃農地、西里可拉河（Siri Khola River）和馬內達惹（Maneydhara）的寺廟之前，可別錯失「失落的山谷」裡的撒馬丁（Samadeen）村。來到步道終點林必克村後，不妨悠閒地享受一杯大吉嶺紅茶，好好犒賞自己的辛勞。

413 外灘步道
The Bund

中國，上海

　　十九世紀至今，上海的外灘已經可以說完全改頭換面。想當年，這兒不過是黃埔江西岸一處用來幫載運稻米駁船拉縴的泥灘；但在 1846 年上海成為通商大港後，這片只有 1.6 公里長的地帶就不斷被填實、鋪平，徹底改變原本的面貌。如今的外灘不但充滿裝飾藝術（Art Deco）與新古典主義（neoclassical）的建築，還是個遙望浦東現代摩天大樓的好所在；在這兒走上一遭，幾乎就等於穿梭在一百五十多年的中國近代史裡。最好的徒步時間是每天的清晨時分，因為只有在那段時間裡，你才看得到在地人群聚打太極拳，以及旭日映照無數玻璃帷幕的耀眼晨光。

---

414 新喀里多尼亞長程步道
NC–GR1

法國海外屬地，新喀里多尼亞（New Caledonia）

　　地處南太平洋的新喀里多尼亞群島，打從 1853 年就是法國的領地了，但原本只打算用來安置囚犯；然而，法國人很快就發現，在這麼漂亮的地方蓋監獄，未免暴殄天物、對不起天堂也似的沙灘和深藍色的潟湖。直到今天，新喀里多尼亞還是法國的領土，美食自是不在話下——更別說還有一條長程健行步道（Grande Randonnée, GR）了。全長 123 公里、位在主島格朗德特爾（Grand Terre）上的 NC–GR1 步道，是從南岸至今還是獄政中心的普隆尼（Prony）走起，終點則是西岸的丹貝亞（Dumbéa），大致借用原住民卡納克（Kanak）族人走出來的路徑，行經鳥兒繁多的灌木叢林和藍河省立公園（Blue River Provincial Park）的雨林區。

從夏威夷摩洛凱島的卡勞帕帕半島的壯麗懸崖遠眺太平洋。這裡由火山熔岩凝塑而成，不但孤懸海中、還有陡峭的懸崖，所以成了十九世紀時隔離痲瘋患者的所在（317 頁）。

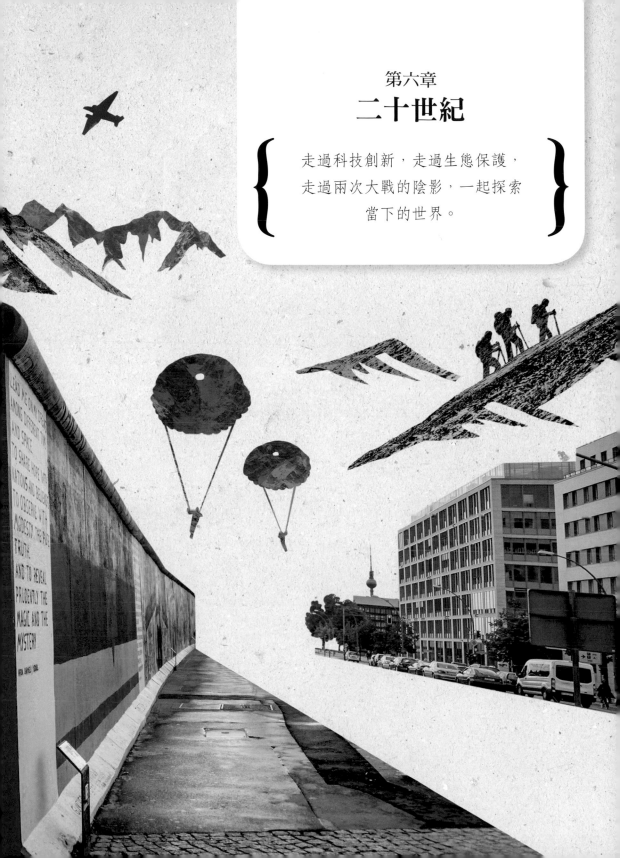

第六章
二十世紀

{ 走過科技創新，走過生態保護，
走過兩次大戰的陰影，一起探索
當下的世界。 }

415 長路步道
Long Trail

美國，佛蒙特州（Vermont）

{ 登上美國最古老的長途步道，享受一場
穿越高聳群山和火紅森林之旅。 }

行前須知：
· 歷史關鍵時刻：公元
  1910-1930 年，「長路步道
  」築建時期
· 距離與費時：438 公里；
  18-28 天
· 難度：中等／費力——多
  山，泥濘
· 最佳月份：6 月～ 10 月初
· 重點叮嚀：簡易的安身處
  （有些是小木屋、有些是
  棚屋）共有將近六十個，
  都設置在路線之上

對頁：只有親身來到斯特拉頓山
峰頂，你才能盡覽佛蒙特群山的
火紅森林。

20 世紀初期，佛蒙特州的綠山山脈（Green Mountains）雖然耀眼，卻得不到該有的稱許或讓人嚮往的評價；因為綠山山脈不但氣候寒冷、位處荒郊，更是妨礙佛蒙特州經濟發展的一道天然險阻。不過，對綠山山脈更有想像力的遠景終於出現，也成功說服世人以不同的角度來看待這座山脈。

詹姆士·泰勒（James P. Taylor）不只是倡導「生態旅遊」（ecotourism）的先驅，更在這個名詞出現前就已身體力行。1909年的某一天，泰勒身在斯特拉頓山（Stratton Mountain，南綠山山脈的最高點）頂峰的帳篷裡，等待迷霧散去；就在那個時候，他突然有了一個前所未有的念頭：沿著佛蒙特州的崎嶇山脊，構築一條長距健行路線。泰勒的期望，是創造一條可以「讓佛蒙特群山在人們的生活裡扮演一個更寬廣的角色」的步道。劍及履及的泰勒，於是在 1910 年成立「綠山俱樂部」（Green Mountain Club, GMC），讓他的理想逐漸化為事實。然而，經過了二十年，他才總算完成為整條步道刻上路標的工作，因為步道長達 438 公里，從麻薩諸塞州的州界（威廉斯敦〔Williamstown〕附近）到接近加拿大邊境的北特洛伊（North Troy）鎮。1930 年，「長路步道」終於全線完工，成為美國第一條長程健行步道。

這條長路步道，還給巨獸級「阿帕拉契步道」（見 32 頁）創建靈感，使它得以在 1937 年正式啟用；不僅如此，在通過佛蒙特州時，阿帕拉契步道還「借用」了長路步道的其中 161 公里路段。沒錯，這位洞見阿帕拉契步道遠景的，正是美國自然環境保護者班頓·麥凱（Benton Mackaye）；有趣的是，當他靈光乍

埂時，剛巧也坐在斯特拉頓山上；「（綠山俱樂部）已經建造了 210 英里的長路步道，」他在 1921 年發表的文章中如此寫道：「綠山山脈之於佛蒙特州，就如同阿帕拉契山脈和美國東部的對照。這麼說來，（長路步道）便是阿帕拉契步道的天際線，讓它可以從北部的最高峰連到南部的最高峰⋯⋯」

重寫遊戲規則的長路步道，幾乎踏遍綠山山脈眾多峰頂。步道上有名字的高峰有 53 座，其中 27 座海拔超過 1,066 公尺。高度 1,339 公尺的曼斯菲山（Mount Mansfield）則是佛蒙特州最高峰。標高 1,244 公尺的駝峰山（Camel's Hump），是佛蒙特州最具圖符象徵的一座山。這一帶通常森林密佈，步道大多在滿是楓樹、樺木、櫸木、鐵杉（hemlock）、雲杉、松樹、香脂冷杉（balsam fir）的林相間蜿蜒而行。

長路步道的規劃也頗具巧思。1915 年，有些綠山俱樂部會員開始難掩憂慮，因為步道中有一大段是相當無趣的防火山道，不但距優美的頂峰很遠，還很難看到峰頂。還好，一位退休的紐澤西州教授威爾・門羅（Will Monroe）適時挺身而出，立刻改換路線、豎立新路標，讓步道更趨完善。這個區段便是後來的「門羅天際線」（Monroe Skyline），一覽佛蒙特州前五高峰中的三座，反而成為整個步道中最精彩、最壯觀的區段。

不能不潑點冷水的是，眾所周知，長路步道最讓人詬病的，就是它的泥濘地面很容易使人跌跤，而且如果你漫不經心，甚至還會「偷偷拔走」你的鞋子。正因為這種褐色的、黏稠稠的玩意特愛作怪，綠山俱樂部一直提醒健行客，盡量別選在「泥淖季節」——通常從每年 4 月 15 日到國殤紀念日（Memorial Day，5 月最後一個星期一）前的星期五——進入步道。

除此之外，徒步者也可能得面對地勢之外的諸多障礙：盤根錯節的樹根、滑溜的石塊、傾倒的樹木，還有很陡峭的坡地；可以說無處不在，而位在北邊的步道終點處則是更嚴峻的考驗。儘管如此，整個過程的收穫還是很豐盛的。首先，你可以在偏遠荒涼的簡陋棚屋裡擺脫塵囂，度過好幾個安詳寂靜的夜晚；其次，你還會時而經歷有如下的片刻：恍兮惚兮，覺得自己就像漂流大海中的浮木那樣孤單。要是你行走步道時正是落葉繽紛的秋季，更會留下讓你難以忘懷的回憶。幸運的話，你還有機會一睹野熊、麋鹿、豪豬（porcupine）和游隼（peregrine falcon）的芳蹤。說不定，當你坐在海拔 1,200 公尺的斯特拉頓山頂峰時，也會在剎那間擁有屬於你自己的靈感乍現時刻。

加拿大

北特洛伊

佛蒙特州

曼斯非山

美國

駝峰山

綠山山脈　再羅天際線

Ellen山

Abraham山

Killington峰

新罕布夏州

紐約州

斯特拉頓山

威廉斯敦

麻薩諸塞州

---

418 薛克頓步道
Shackleton Trail

南喬治亞島
（South Georgia）

　　在絕望中死裡求生的故事，恐怕再沒有比 1914~15 年厄尼斯特・薛克頓爵士（Sir Ernest Shackleton）的南極歷險更撼動人心的了。當「堅忍號」（Endurance）擱淺於南極冰海中時，薛克頓和他的五名船員，先是只靠一艘小救生艇便划過了狂暴南冰洋（Southern Ocean）從象島（Elephant Island）到南喬治亞島的 1,500 公里路，接著又毫不停歇地跋涉 36 小時，從哈康國王灣（King Haakon Bay）橫度南喬治亞島，一路到斯通內斯（Stromness）捕鯨站，才終於送出求救訊息。正因為薛克頓的堅忍卓絕使得全體船員最後都能獲救，如今的許多南極大型遊輪，也都提供乘客全程 40 公里行走「薛克頓步道」最後一段的服務；這一段步道雖然只有 6 公里，也就是從福土納灣（Fortuna Bay）走到斯通內斯，卻是向人類毅力致敬的最佳途徑。

---

416 月之谷步道
Wadi Rum

約旦

「月之谷」像月亮表面般的沙漠，總會讓人憶起「阿拉伯起義」（Arab Revolt, 1916~18，譯註：阿拉伯人反抗鄂圖曼土耳其帝國的統治）時，英國軍官勞倫斯（T.E. Lawrence，譯註：亦即「阿拉伯的勞倫斯」）走過這裡的事蹟。記得要找個嚮導。

---

417 寮共的洞穴
Pathet Laos Caves

寮國，芒咸
（Vieng Xai）

1950 年代起，寮國的共產革命者就以這些遠離城鄉的石灰岩洞穴為基地，不只據以反抗法國的統治，也靠它們躲過越戰時期砲彈的轟炸。如果你找得到嚮導，就有機會探訪這些洞穴。

二十世紀　　335

419 木蘭杰山步道
Mount Mulanje

馬拉威南部

{ 攀登、繞行這個雲霧繚繞的孤聳巨岩，
體會壯偉與悲傷交雜的如煙往事。 }

行前須知：

- 歷史關鍵時刻：公元 1949 年，勞倫斯·凡·德·普斯特爵士（Sir Laurens van der Post）考察木蘭杰山
- 距離與費時：3-5 天
- 難度：中等——山路陡峭，夜宿小屋設施簡陋
- 最佳月份：5-10 月
- 重點叮嚀：木蘭杰有六個登山基地營，每一個基地營走的步道都不一樣

　　木蘭杰山是矗立於馬拉威平原上的火成岩堅實孤山，它巍峨又寬廣的高原，因為被滿布獨特植物（包括木蘭杰雪松）的深谷縱橫切割，形成多達二十個尖峰，最高的是海拔 3,002 公尺的薩匹特瓦峰（Sapitwa），意思是「遙不可及」，不過，今日的徒步者並不難循路登頂。但也因為步道有如蛛網，馬拉威登山協會特地為木蘭杰山的健行者設置了幾間山屋，包括最高的這座薩匹特瓦峰。總歸一句：這是會讓人樂在其中的步道。

　　不過，經常籠罩在雲霧中的木蘭杰山可也有它的危險之處。1949 年，南非探險家、作家普斯特爵士受英國政府之託探索木蘭杰山期間，隊員佛烈德·法蘭斯（Fred France）便在橫渡因豪雨而暴漲的河流時溺斃。這段故事後來被普斯特寫入引發不少爭議的遊記《風之家族——非洲內陸的最後長征》（Venture to the Interior）之中。

　　今日的徒步者，不但可以造訪當年奪走法蘭斯性命的盧歐峽谷（Ruo Gorge），甚至還能住進他生前最後留宿的小屋，也就是現今的「法蘭斯的小屋」（France's Cottage）；那一晚，普斯特也與他同在。

　　登山路線不一而足，任君挑選。比如說：你可以花 4 小時，從山腳的村落利庫布拉（Likhubula）走到法蘭斯的小屋，再走 3 小時路到「奇塞波山屋」（Chisepo Hut）；接下來，可以滿懷興奮再花 5 小時，一邊瀏覽途中各色岩洞，一邊登高到薩匹特瓦峰頂。

　　沒錯，最好的方式是給自己幾天時間流連山嶺，像稱職的探測員，從這個山屋走到那個山屋，登上一峰又一峰。

對頁：選擇你最喜歡的路徑，登上巨大的木蘭杰山。

木蘭杰山

馬契斯峰

Tinyade

Lister堡

Otto's

法蘭斯的
小屋

Thuchia
山屋

Chinzama
山屋

Sombani山屋

Chambe山屋

Minunul山屋

利庫布拉村

奇塞波
山屋

盧歐
峽谷

Hope
休息站

Madzeka山屋

Lichenya山屋

薩匹特瓦峰

瀑布

Lujeri

Boma

Nessa

420 濟州偶來
Jeju Olle

南韓，濟州島
（Jeju Island）

　　孤懸朝鮮半島南方海上、火山形塑而成的濟州島，本來一直是個遺世獨立的所在，但是到了1948年，也就是第二次世界大戰剛剛打完、朝鮮半島好不容易脫離日本統治，國土卻眼看就要一分為二時（後來也確實如此），濟州人發出了獨立聲明；為了鎮壓這個雪上加霜的獨立運動，南韓政府還因此屠殺了3萬島民。

　　時移事往，今天的濟州島相對來說已經十分平靜，而且出現了一條422公里、曲曲折折地環行島嶼的「偶來」（Olle，步道），一路展現濟州島媲美夏威夷的地貌與引人入勝的奇景；比如說，你可以留意這條步道上傳統的田牆（batdam）和神祕的「石爺」（hareubang），更不妨前往大屠殺期間被摧毀的村落，看看存留下來的遺跡。

421 瓦伊華許山脈環行
Cordillera Huayhuash Circuit

祕魯，安地斯山脈

{ 勇闖安地斯山脈，走一段曾經上演過
20 世紀最偉大存活奇蹟的艱難山路。 }

行前須知：
- 歷史關鍵時刻：公元 1985 年，喬·辛普森（Joe Simpson）與賽門·葉慈（Simon Yates）相偕探險
- 距離與費時：120 公里；12 天
- 難度：費力——高海拔，地勢陡峭，山路崎嶇
- 最佳月份：5-8 月
- 重點叮嚀：瓦拉斯（Huarez）是這個山區的基地營，由此可以前往位在拉馬克（Llámac）村與夸特爾溫（Cuartelwain）村的步道起點

1985 年英國登山家喬·辛普森與賽門·葉慈一起前往祕魯，征服了極難攀登的 6,344 公尺修拉格蘭德峰（Siula Grande）；不過，回程途中辛普森不但摔斷腿，還禍不單行地在葉慈揹著他時從懸崖墜入深谷。不幸中的大幸是葉慈還安穩地留在崖上。

無從得知辛普森是生是死、還得擔心自身安危的葉慈，後來做出個重大決定：割斷聯繫兩人的繩索，放棄救援辛普森的念頭。讓人難以置信的是，辛普森不但大難不死，甚至還有力氣往下爬進一處山壁空隙，再從那兒找到出路，拖著斷腿爬過一道冰河——就在葉慈正準備離去時回到營地。

你的 120 公里瓦伊華許山脈環行，當然不大可能有後來辛普森寫進《冰峰暗隙》（*Touching the Void*，後來也拍成電影《攀越冰峰》）的驚險過程，但也別以為是小菜一碟。這趟經典的安地斯山脈環行，不但得從祕魯最偏遠的山谷起步，還得克服刀鋒似的山脊險阻、越過標高 5,000 公尺的隘口；不過，你也會遇上翠綠湖泊、高飛的禿鷹，享受溫泉浴，以及充分體驗原住民克丘亞（Quechua）族文化。此外，你還會路過這個國家最巨大的幾座山峰，包括尖塔一般的希里尚卡峰（Jirishanca）和惡名遠播的修拉格蘭德峰。

修拉格蘭德峰不是徒步者的菜，但你還是可以安排一趟旅程，前往葉慈與辛普森當年的營地；一旦來到這兒，就能近距離觀看修拉格蘭德峰的西坡，以及辛普森藉以逃出生天的冰河——當然了，還有它壯觀的條紋狀裂口。

對頁：環行瓦伊華許山脈，和鋸齒狀的高峰、翠綠湖泊打個照面。

Carhuac山
Cacanan山
夸特爾溫村
Carnicero峰
安地斯山脈
希里尚卡峰
修拉格蘭德峰
Portachuelo峰
瓦伊華許山脈
修拉格蘭德
基地營
Cuyoc山
LLAMAC
Pampa峰
Tapush隘口

422 柏林圍牆步道
Berlin Wall Trail

德國，柏林

{ 沿著柏林圍牆舊址走，感受 1961~1989 年把這座城市和它的居民一切為二的森冷無情。 }

行前須知：

- 歷史關鍵時刻：公元 1961~1989 年，柏林圍牆存在時期
- 距離與費時：160 公里；7~10 天
- 難度：輕鬆——幾乎沒有坡道，路標清楚
- 最佳月份：5~10 月
- 重點叮嚀：路途中的許多地方都有公共運輸系統可利用，很方便分段行走

第二次世界大戰過後，德國一分為二——先前的德國首都也是。以地理位置而論，戰後的柏林雖然身處新生的共產國家東德之中，離西德國土遠達 160 公里，卻有一部分隸屬於也算新生的民主西德；這個孤立的部分，也就是所謂的「西柏林」，從此便成為一塊與周遭環境政治體制有天壤之別的孤懸飛地。

時光荏苒，東德人民對共產政府的不滿也跟著日積月累；到了 1961 年 8 月，已有六分之一東德人口移往西德，而最簡便的逃離共產統治之道，便是踏入民主西柏林的領土。因此，共產東德不得不以上有鐵絲刺網的水泥高牆，沿著東、西柏林的地界築起難以逾越的屏障，並且稱之為「反法西斯護衛圍牆」（anti-fascist protection rampart）；只不過，誰也知道那根本不是為了阻止西德人民進入東德，而是恰恰相反。

這道高牆總長 160 公里，幾乎等同柏林與西德的距離，雖然只是為了隔開東、西柏林而建，卻陸續加造許多防禦工事：雙層圍牆，壕溝，瞭望塔，以及鐵絲網後的「蘆筍床」（asparagus beds，尖端朝上的一排排鋼釘）。

這一道圍牆蜿蜒穿過城市中心，不但無情地切割街巷與廣場、隔絕朋友與親人，也穿透城市郊區，讓湖泊、草原……全都各分東西，更使得許多原本與世無爭的郊區變成血腥的「死亡地帶」（death strip）——從圍牆問世的 1961 年到它象徵性倒塌的 1989 年（1992 年才真正完全拆除），最少有 136 名民眾因為這道圍牆而死於非命。

時至今日，柏林圍牆已幾乎不復存在，取而代之的，是以圍

上圖：沿著「柏林圍牆步道」走，你就會來到這堵紀念性的牆垣之前。

牆舊址為路線的「柏林圍牆步道」（Berliner Mauerweg）。

一般從波茨坦廣場（Potsdamer Platz）走起，這裡曾是柏林最車水馬龍的大道交會口，但一來被二戰的砲彈炸得面目全非，二來又被柏林圍牆一刀兩斷，淪落到有如廢墟；站在這兒凝望如今進駐知名商家的亮麗摩天大樓時，讓人難忍滄海桑田之嘆。

最容易讓你理解柏林圍牆意義的，是鄰近尼德爾克爾新納大街（Niederkirchnerstrasse）和西摩大街（Zimmerstrasse）之間的區段；目前保存了 200 公尺長的舊柏林圍牆。菲特烈大街（Friedrichstrasse）上則重建了當年聞名的東西德通關口「查理檢查哨」（Checkpoint Charlie）；1962 年 8 月 17 日十幾歲的彼得·費查（Peter Fechter）試圖翻牆逃往西柏林時，就是在檢查哨附近被東德警察開槍射殺，鮮血直流一小時才嚥下最後一口氣，此處現在已豎起一塊紀念碑。

這一類紀念碑別說整條步道上不時就會碰上一座，就連風景優美的城西郊區都有，比如格里博尼茨湖（Griebnitzsee）與萬湖

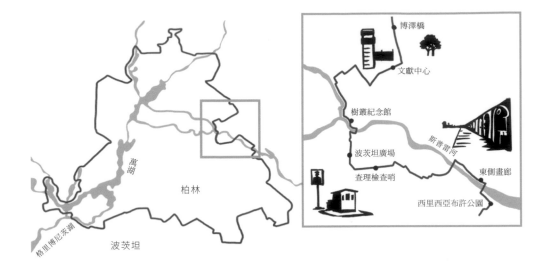

博澤橋

文獻中心

萬湖

樹叢紀念館

波茨坦廣場

斯普雷河

柏林

查理檢查哨

東側畫廊

格里博尼茨湖

波茨坦

西里西亞布許公園

（Wannsee）旁都有紀念亡魂的標記，包括 19 歲陸軍官校生彼得·柏梅（Peter Böhme，企圖逃亡時被擊斃）、邊境守衛尤根·施密特岑（Jörgen Schmidtchen，因為想阻止彼得逃亡而喪生），以及賀伯·蒙迪（Herbert Mende，只是在錯誤的時間出現在錯誤的地方）；他們只是諸多柏林圍牆受害者中的三名。

現存柏林圍牆中，最長的一段（1,300 公尺）位在斯普雷河（Spree River）畔，因為滿是標語與街頭藝術，被稱為「東側畫廊」（East Side Gallery）。文獻中心（Bernauer Strasse）的殘存圍牆，則是唯一還完整保留著「死亡地帶」軍事設施的區段；來到這個如今已是遊客中心的地方時，你可以仔細聆聽躲過死亡威脅的見證者錄音，感受當時的恐怖氛圍。

除此之外，整條柏林圍牆步道還有不少的紀念處所，例如：奧圖街（Ottostrasse）的告示牌，會提醒你 1961 年時那 28 名東德人是從哪個隧道成功逃往西柏林；藝術作品「樹叢紀念館」（Parliament of Trees）的「畫布」其實是一堵殘存圍牆；西里西亞布許（Schlesischer Busch）公園還保存著以往的瞭望塔；博澤橋（Bösebrücke bridge）邊的往日巡邏路徑，如今以一整排櫻桃樹標誌出來。

從喧囂吵嚷的城市中心到安寧祥和的郊區住宅，從一派田園風味的農地到樹影婆娑的森林，步道的每一寸土地都有故事要說；只有一件事從未改變——雖然柏林圍牆已然走入歷史，它的陰影卻依然籠罩著這片土地。

423 格雷伯爵隘口步道
Earl Grey Pass Trail

加拿大，卑詩省

這條穿越普瑟爾山脈（Purcell Mountains）的 61 公里步道，本是自稱「第一民族」的北美原住民商貿路徑，後來被庫特內（Kootenay）白銀礦場用作產業道路，步道名稱是紀念 1909 年在步道起點興建小屋的加拿大總督格雷伯爵。

424 回聲火山曠野步道
Echo Crater Wilderness Trail

美國，愛達荷州

　　「熔岩地景」（lunar landscape）這名詞雖然有點被濫用的嫌疑，但如果用來形容愛達荷州的「月球撞擊坑紀念地」（Craters of the Moon Monument）——點綴著火山渣錐（cinder cone）與北美山艾（sagebrush）的巨大熔岩曠野——就恰如其分了。1969 年，美國太空船阿波羅14 號的太空人亞倫‧謝帕德（Alan Shepard）、艾德加‧米契爾（Edgar Mitchell）、喬‧英格爾（Joe Engle）和尤金‧塞爾南（Eugene Cernan），就是在登月之前先到這裡接受入門火山地質學的訓練——透過這樣的訓練，他們才能在執行任務時辨別月球表面的岩石。「回聲火山曠野步道」全長 13 公里，一路走過荒涼的火山頸、海拔 213 公尺的大渣山（Big Cinder Butte），沿途還有許多熔岩樹（lava tree）、熔岩丘、熔岩洞。

425 塞爾馬到蒙哥馬利步道
Selma to Montgomery Trail

美國，阿拉巴馬州（Alabama）

　　「他們說，我們永遠也到不了這裡；而現在，那些說我們只有踩過他們的屍體才過得來的人都還健在，可全世界都知道我們已經來到這兒。」說出這些話的，是 1965 年 3 月 21日剛剛帶隊遊行了 87 公里——從塞爾馬的布朗教堂（Brown Chapel）走到阿拉巴馬州首府蒙哥馬利市——的美國浸信會（American Baptist）牧師、激進主義者小馬丁‧路德‧金恩博士（Dr Martin Luther King Jr）；那一天，走在他後頭的，還有另外 25,000 位人權維護者。想當然，「塞爾馬到蒙哥馬利步道」遵循的就是金恩博士的遊行路線；是的，這並不是風景多麼優美的步道——當年的他們可是走在 80 號公路上呢，但話說回來，這可是最能向維護公民權利而奮戰的非裔美人致敬的、最重要的路途之一。

426 加利波利戰場步道
Gallipoli Battlefields

西土耳其

1915 這一年，為了爭奪土耳其加利波利半島的控制權，鄂圖曼帝國（Ottoman Empire）與對手協約國（Allies）在九個月內共有大約 10 萬名軍人喪生、超過 40 萬人負傷。爭戰的目標，還包括通往伊斯坦堡的赫勒斯龐（Hellespont）——也就是達達尼爾（Dardannelles）——海峽；結果鄂圖曼帝國與盟軍德國擊退來犯的英、澳、紐軍團，拿下第一次世界大戰一場重大勝利，但雙方也為此付出慘痛代價。現在，這個半島早已重歸松柏森林與灌木叢的平靜懷抱，點綴半島的幾座山峰也一派安寧祥和；而這條崎嶇的步道，會帶領徒步者造訪戰爭遺跡，如「孤松」（Lone Pine）和查納克拜爾（Chunuk Bair）兩處公墓，以及協約國軍隊 1915 年 4 月 25 日登陸的地點「澳紐軍團灣」（Anzac Cove，譯註：ANZAC 是「澳紐聯軍」的簡稱），如今每年這個日子都會舉辦「澳紐軍團日」（Anzac Day）的紀念活動，讓澳大利亞和紐西蘭的後代子孫年年都能來到此地追念不幸戰死的先人。

427 豆蔻山脈環行步道
Cardamom Mountains Circuit

柬埔寨西南部

{ 親臨美麗的生態豐富要地，探訪柬埔寨「紅色高棉」（Khmer Rouge）的最後庇護所。 }

「紅色高棉」（又稱赤棉、赤柬）真正統治柬埔寨的時間只有五年，然而，波布（Pol Pot）所領導的殘暴共產黨，卻在這短短五年裡就讓一百多萬人死於非命；而且，即使政權在 1979 年便被推翻了，紅色高棉還是頑抗到底，且戰且走地一路撤退到國境西南邊，遁入其間便蹤影難尋的豆蔻山脈之中，使得後來的十多年裡，讓這片山脈和坐落其中的村莊淪為游擊隊與政府軍的血腥戰場。

如今，共產黨徒早就在年復一年的圍剿之後徹底覆滅，這個地區不但重返和平，也嘗試發展旅遊來賺取觀光財。地雷已經清除淨盡，步道和茅屋相繼鋪建，往日挺身對抗紅色高棉的在地人已成為最稱職的嚮導，飽受戰火摧殘的森林也再次的蒼翠蓊鬱。

可走的步道不少，光是芝柏村周遭就已清理出 145 公里左右的路徑，其中一條 36 公里的環行步道，是先搭船順溪而下後再啟程，花上兩天走回芝柏村，夜宿叢林中的小屋，途中會深入一座遍佈桃花心木（mahogany）、大型羊齒植物與巨大蘑菇的常綠森林；如果你夠機靈，還能一瞥許多野生動物的身影——悠遊森林的物種很多，包括長臂猿（gibbon）、馬來熊（sun bear），以及唯一一會在山嶺中悄聲潛行的金錢豹（leopard）。

行前須知：
- 歷史關鍵時刻：公元 1979 年，「紅色高棉」撤退到豆蔻山脈之中
- 距離與費時：36 公里；2 天
- 難度：中等——潮濕，須有嚮導
- 最佳月份：11~3 月
- 重點叮嚀：從金邊（Phnom Penh）前往芝柏（Chi Phat）的話，得先開 3 小時車、再搭 2 小時船才到得了

左圖：以青翠、茂密的雨林為鄰，夜宿豆蔻山脈之中。

428 斯洛伐克民族起義英雄步道
Path of the Heroes of the Slovak National Uprising

斯洛伐克

1943~45 年間，斯洛伐克的偏遠高地成了對抗德國納粹的游擊隊員藏匿之處，他們正是今天我們得以擁有這條 762 公里步道的大英雄。步道從首都布拉提斯拉瓦（Bratislava）走起，穿越斯洛伐克東北方直到位在近波蘭邊境的杜克拉隘口（Dukla Pass）。一路上，會造訪小喀爾巴阡山脈（Small Carpathians）、布拉德洛丘（Bradlo Hill，建有一戰指揮官史特凡尼克將軍〔General Stefánik〕的紀念碑），以及建在岩頂的特倫欽城堡（Trencín Castle）；此外，你還會走過瓊別爾峰（Dumbier，下塔特拉〔Low Tatra〕山脈最高峰）、歷史名城科西策（Košice），以及茲博羅夫（Zborov）的城堡。來到終點杜克拉隘口時別忘了，這可是 1944 年奪走超過 46,000 條人命的坦克血戰所在地。

429 死亡鐵道
Death Railway

泰國，北碧府（Kanchanaburi Province）

泰緬鐵路（Thailand–Burma Railway）——也就是舉世知名的「死亡鐵道」——全長 415 公里，雖是日本人在 1942~43 年間鋪設的，築路工人卻全是亞洲勞工和二次世界大戰時的戰俘；現在，你可以走走其中一段 4.5 公里的路：從泰國「地獄火隘口博物館」（Hellfire Pass Museum）到欣達河營地（Hintok River Camp）。步道重點康亞通道（Konyu Cutting）——人稱「地獄火隘口」——是當年無數被奴役勞工與戰俘最艱巨的挑戰，因為他們必須只靠雙手與鐵鍬鑿穿硬如鋼鐵的岩塊；隘口還沒鑿成，就有高達七成的工人命喪荒野。如今，這個隘口不但安詳寧靜，還種植了一整排樹木。通過隘口後，步道會再經過殘存的鐵道枕木與高架橋，一路來到位在桂河谷（Kwae Noi Valley）的瞭望臺。

430 鐵絲網步道
Path Along the Wire

斯洛維尼亞，盧比亞納（Ljubljana）

「鐵絲網步道」可以說是斯洛維尼亞版的柏林圍牆。打從 1942 年起，斯洛維尼亞首都盧比亞納就先後遭到法西斯義大利與德國納粹的侵佔，還以 33 公里長的帶刺鐵絲網圍繞整個首都，藉此防堵城內居民的反抗、阻斷他們與城外郊鄉的聯繫。如今，不但過往環繞整座城市的鐵絲網不復存在，城鄉間也沒有軍隊或警察攔檢，留下來的，是以礫石鋪成，穿行森林、草原和郊野的步道；你會沿著科塞茲池塘（Koseze Pond）走，登上哥羅維克丘（Golovec Hill），路過文藝復興時期的富日內城堡（Fužine Castle，現在是一座設計博物館），以及很多紀念性石碑。

431 破壞者步道
Saboteurs' Trail

挪威，泰勒馬克（Telemark）

從尤坎費耶斯圖小屋（Rjukan Fjellstue lodge，位在馴鹿棲地丹哈格高原〔Hardangervidda〕上）走到韋莫克村（Vemork）的這 8 公里路，是段穿行於泰勒馬克地區陡峭峽谷的優質步道，也是理解第二次世界大戰時挪威最關鍵抗暴行動的旅程。1940 年納粹入侵挪威之後，同盟國必須確保韋莫克重水廠（Vemork Hydroelectric Plant）——可以生產供核子武器之用的重水——不為德國所用；因此，1943 年時，挪威反抗軍攀越冰谷、潛入重水廠，成功引爆了足以癱瘓工廠的炸彈。步道上的紀念碑和老發電廠裡的陳列室，都會向你訴說這個動人的故事，這座老發電廠現在已改建為挪威工業工人博物館（Norwegian Industrial Workers' Museum）。

432 科可達小徑
Kokoda Track

巴布亞紐幾內亞

{
來到炎陽炙人、冷漠無情的熱帶荒野，
行走當年日本與澳大利亞兵戎相見、
至死方休的戰場。
}

行前須知：

- 歷史關鍵時刻：公元 1942 年，科可達之役（Battle of Kokoda）
- 距離與費時：96 公里； 6~8 天
- 難度：費力──潮濕悶熱 ，地勢崎嶇
- 最佳月份：4~11 月
- 重點叮嚀：必須申辦許可 證與聘用嚮導

　　不管是誰都很難想像，世上還有哪個地方能像 1942 年的巴布亞紐幾內亞東部叢林那麼惹人憎惡。別的不提，只要這樣假設：你位在森林裡的碉堡中，外頭的地面全是陷阱絆線似的蛇行樹根；濃密纏繞、有如天然鐵絲網的灌木叢；不管是上坡還是下坡，全都陡峭得嚇人；動不動就大雨滂沱，地面泥濘得拔不起腳，讓人意志消沉的酷熱，難以忍受的濕氣，如飢似渴的蚊蟲，躲也躲不掉的痢疾。如果這樣還不夠，就再想想還有虎視眈眈、等著奪走你性命的敵軍。這一切，就是第二次世界大戰中「科可達戰役」的寫照。

　　1942 年 6 月，日軍在巴布亞紐幾內亞北岸大舉登陸，打算往南行軍、越過歐文史坦利山脈（Owen Stanley Range），用走後門的方式攻下首都莫士比港（Port Moresby）；大出意外的澳大利亞軍隊得知這消息後，也立刻展開急行軍，力圖阻止日軍的奇襲──要是莫士比港不幸陷落，澳大利亞本土（兩國只隔著小小的珊瑚海〔Coral Sea〕）就馬上面臨嚴重的威脅。

　　日軍的規模遠大於澳軍，而且已經從海岸快速抵達內地的高原村落科可達；而日軍所利用的便是這「科可達小徑」，正是澳軍與巴布亞友軍開闢出來的、從科可達到歐爾斯角（Owers Corner）的這一段路。澳大利亞軍方只能把鄰近歐爾斯角的莫士比港當作最後的據點，最後，終於打敗入侵者、逼迫日軍沿著科可達小徑撤回北岸。

　　這條小徑，如今當然不再有敵軍潛藏，而且全長 96 公里的步道更可以由南朝北走或反過來走──費力的程度都差不多。

上圖：科可達小徑，包含了艱苦攀登貝拉米山。

如果你人在莫士比港，那麼，只需搭一小段車就能來到步道起點歐爾斯角；涉水渡過戈第河（Goldie River）之後，就得辛苦攀登嶙峋的依米塔嶺（Imita Ridge）。1942 年澳大利亞士兵全都扛著 11.4 公斤重的裝備，一一踩過「黃金階梯」（Golden Staircase）的 2,000 階木板梯道，最後才得以迎頭痛擊山嶺下方的日軍；不過，如今階梯上的木板已腐朽淨盡，所以徒步者的山路還會更難走。

過了山脊後，小徑轉而朝下，在你又一次必須攀登埃厄里拜瓦嶺（Ioribaiwa Ridge）之前，還得步步為營地涉過烏阿烏里溪（Ua-Ule Creek）；埃厄里拜瓦嶺，正是當年日軍被擊退前最深入內陸的地點，站在嶺上往西邊看去，日落的景色相當壯觀。不過，接下來你又得攀越馬朱里山脈（Maguli Range）、一個又一個的「假山頭」（false summit，譯註：登山時看起來像是峰頂，攀上後才發現真正的峰頂還在前頭），才到得了美納里（Menari）；這兒的肥沃山坡上栽滿了農作物，村裡的老人家都還記得往昔的光榮勝利。透過科伊阿里山脈（Koiari Mountains）看去，橫亙

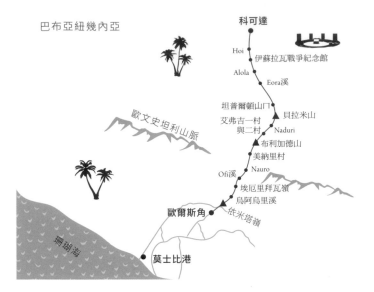

巴布亞紐幾內亞

科可達

Hoi
伊蘇拉瓦戰爭紀念館
Alola
Eora溪

坦普爾頓山口
艾弗吉一村　　　　貝拉米山
與二村
Naduri
布利加德山
美納里村
Nauro
Ofi溪
埃厄里拜瓦嶺
烏阿烏里溪
歐爾斯角　　依米塔嶺

歐文史坦利山脈

珊瑚海

莫士比港

前方的布利加德山（Brigade Hill），正是當年 75 名澳大利亞軍士在一場突襲中喪生的地方；抵達那裡後，你就會看到紀念這個事件的牌坊。

艾弗吉一村（Efogi I）與二村（Efogi II），很可能在你來到時正堆滿剛從果園採收的香蕉、甘薯、瓜果，這一段路途不但都是陡坡，還很難找到遮蔭之處，等著你的更是海拔 2,190 公尺、科可達小徑最高點的貝拉米山（Mount Bellamy），登頂途中還得辛苦穿越苔蘚遍布、鳥鳴啁啾的森林；緊接又是草木叢生的密林、湍急的溪流，以及以險峻聞名、位在坦普爾頓山口（Templeton's Crossing）前的峽谷；當年一路撤退的日軍，曾在此負隅頑抗，使得雙方都有許多傷亡。再往前就是日、澳軍隊初次短兵相接的伊蘇拉瓦戰場（Isurava Battlefield）遺址。現在，這個地方已被保存下來、蓋起了紀念館，還立起四根分別刻上「勇氣」（Courage）、「犧牲」（Sacrifice）、「親愛」（Mateship）、「堅毅」（Endurance）字眼的柱子。

徒步者來到科可達村時，不論是身體或心靈都難掩疲憊；是的，如果你抱著一次走完小徑的壯志前來，就得忍受一個星期左右的汗流浹背與長途跋涉，一次次翻越崇山峻嶺、遭遇部落族人，還得負荷澳大利亞與巴布亞紐幾內亞史上最血腥戰爭的心靈重擔。

435 內戰步道
Ruta Guerra Civil

西班牙，馬德里（Madrid）

　　西班牙內戰（Spanish Civil War, 1936~1939）的慘痛經歷，很多西班牙人至今都難以淡忘。這場內戰爆發是由於左翼聯盟在 2 月選舉中險勝後，推翻前朝許多政策而激起的，可以說是 20 世紀最血腥的一場內戰。最終獲勝者，則是民族主義者佛朗哥將軍（General Franco）。創於 2013 年的「內戰步道」（Civil War Trail），是為了紀念西班牙內戰而設；起於馬德里北邊的蓬特斯維耶哈斯（Puentes Viejas）水壩，一路沿「輸水線」（Frente del Agua）──當年馬德里人為了水源而發動爭戰的地點──走，忽上忽下地經過栽滿冬青（holm oak）與冷杉的樹林，全程大約 3 公里；途中你會不斷看到路邊的戰壕、機槍陣地的遺跡，以及從如今已歸於寧靜的山丘上冷冷鳥瞰凡塵的混凝土造戰時指揮中心。

436 索姆河前線步道
Somme Front Line

法國南部

　　索姆河前線，是個讓法國人走來備感淒涼的地方。樸實無華的法國南部，動人的風景本就不多，更在第一次世界大戰時最血腥的一場戰鬥──索姆河之役（Battle of the Somme）──之後，蒙上恐怖陰影。這場戰役從 1916 年 6 月 1 日一直打到 11 月 18 日，死傷軍人超過 100 萬（同盟國與德國加起來），可以說是一場最具毀滅性又徒勞無功的塹壕戰。現在你可以從容地從布列提谷（Blighty Valley）出發，走到安葬許多同盟軍的朗斯岱爾公墓（Lonsdale Cemetery），這些陣亡戰士之中，很多在索姆河之役戰況最慘烈的第一天就犧牲了；你也可以走到萊比錫陣地（Leipzig Redoubt）的戰場遺址，或特別為屍首無存的英國與南非戰士豎立的蒂耶普瓦勒紀念碑（Thiepval Memorial）。要不然，就到博蒙哈梅爾（Beaumont-Hamel）或紐芬蘭公園（Newfoundland Park），看看至今猶存的戰壕與彈坑。

437 一號公路步道
ALTA VIA 1

北義大利，多羅米提斯山脈（Dolomites）

{
穿行參差錯落的多羅米提斯山脈，
一邊欣賞美景，一邊探訪第一次世
界大戰的遺跡。
}

行前須知：

- 歷史關鍵時刻：公元 1915~1918 年，義大利戰線（Italian Front）起迄時間
- 距離與費時：120 公里；10-12 天
- 難度：中等——偶須攀高，設施完善
- 最佳月份：6-9 月
- 重點叮嚀：Rifugios（山中小屋）必須預訂

第一次世界大戰期間，就連多羅米提斯山脈的幾座高峰都成了血戰前線；在它鋸齒狀的山峰之間，義大利（協約國一員）軍隊整整和奧匈帝國（Austro-Hungarian）、德國聯軍對抗了四年，不但得在實力差上一大截的條件下作戰，還得對抗嚴寒的天候和讓人呼吸困難的高海拔；為了融入山脈的環境和觀察敵軍動態，義大利部隊打造了「鐵道」（via ferrata），也就是融合了鐵索、鐵梯、石階與踏石的攀行網絡。

雖然已經是一百年前的事了，但現今還有不少「鐵道」留存，當然了，來到這兒的健行者為的也是造訪多羅米提斯山脈，而不是參與戰事。

這一帶最受歡迎的健行路線，便是全長 120 公里的「一號公路」步道。許多人口中的這條「高地步道」（High Trail），是從布萊斯湖（Lago di Bráies）走到有個古老文藝復興時代城鎮中心的柏盧諾（Belluno）；一路上的景色在在讓人屏息，除了可以在許多隘口——海拔最高的可達 2,752 公尺——望見綿延起伏的峰巒，路途中還有許多滿佈野花的阿爾卑斯草原，矮松、杜鵑花當家的森林，以及風姿綽約地站在露頭岩石上的岩羚（chamois）。

步道的某些段落走的是第一次世界大戰留下的路徑，所以常會見到讓人不勝噓唏的遺跡，包括射擊陣地、戰壕與隧道、昔日的指揮部、巨岩被砲彈炸成碎片的碎石，以及殘留下來的一段段「鐵道」。現今的一號公路步道上，已有許多家庭經營、服務極佳的山中小屋，熱食與溫暖的招待都會讓你有賓至如歸之感。

對頁：如今，走在多羅米提斯山脈中的都已不是軍人，而是健行者。

布萊斯湖

Falzarego隘口 ▲

Giau隘口 ▲

Boite河

Staulanza隘口 ▲

義大利

Duran隘口 ▲

Ardor河

Plave河

柏盧諾

438 馬奇諾防線
步道
Maginot Line Trail

法國，亞爾薩斯
（Alsace）

　　在遭受第一次世界大戰的蹂躪之後，痛定思痛的法國著手打造防線，打 1929 年起，就在法、德邊界起造一系列的堡壘。為了防範窮兵黷武的德國，這道「馬奇諾防線」大舉部署了 50 座當時最先進的「大型堡壘」（ouvrages）和許許多多的哨站；然而，當1940年德軍果然又入侵時，卻只簡單地繞過這條堡壘築成的防線，取道比利時對法國施行「閃電戰」（blitzkrieg）。

　　總之，當年白忙一場、總長 71 公里的馬奇諾防線，起自萊因河畔的小城羅埃斯克沃奧（Roeschwoog），止於丹巴什—紐霍芬（Dambach-Neunhoffen），取道阿格諾森林（Haguenau Forest）與佛日山脈（Vosges）的山麓，一路經過許多軍事遺址，包括碉堡、棱堡、反坦克戰壕，以及舍南堡要塞（Ouvrage Schoenenbourg）——雖然也曾飽受砲彈轟炸，卻幾乎毫髮未傷。

439 德國綠化帶步道
German Green Belt

德國

第二次世界大戰後，蘇聯便在歐陸築起一道隔開蘇聯本土與西方國家的屏障；1945~1991 年間，這片「鐵幕」存在了四十多個年頭，光是德國，從波羅的海岸邊到捷克邊界的分隔帶就長達 1,400 公里，當年是「生人勿近」的死亡地帶，卻也因此讓許多動、植物獲得繁衍良機。過往的鐵幕邊界，如今已是帶狀的生態保護區，行走於這條「綠化帶」時，很多地景都會自然地喚起徒步者「冷戰」的歷史記憶，比如往日的瞭望塔樓；另外，從山嶺到森林到溪河，這裡還有多達 109 個各有特色的野生動物棲息地。

---

441 彼得‧哈伯勒路徑
Peter Habeler Route

奧地利，齊勒塔爾阿爾卑斯山（Zillertal Alps）

這是彼得‧哈伯勒最喜歡的 56 公里環山步道。而這位出身奧地利邁爾霍芬（Mayrhofen）的登山家，正是 1978 年創下不帶氧氣罐攻上珠穆朗瑪峰紀錄的人物。

---

440 登陸日海灘步道
D-Day Beach Walk

法國，諾曼第

「寶劍」（Sword）、「朱諾」（Juno）、「黃金」（Gold）、「奧馬哈」（Omaha）與「猶他」（Utah），本是五個遍布丘狀柔軟黃沙的美麗沙灘；然而，從 1944 年的 6 月 6 日這天起，它們就與一件恐怖的歷史大事形影不離。沒錯，這五處沙灘就是二戰時盟軍登陸諾曼第海岸的地點，也因此犧牲了大約 10 萬名軍人的性命。如今，走在這條 80 公里海岸步道上的健行者，很難想像這兒曾經有過那樣的大屠殺；只要你有意願，明天你就能走遍這五處沙灘，一路行經鞏德雷咖啡館（Café Gondrée，當時第一間被盟軍佔回的法國房屋）、阿荷芒希（Arromanches）漂浮水上的「桑椹碼頭」（Mulberry Harbour）、濱海隆蓋（Longues-sur-Mer）存留的德軍砲車陣地，以及奧馬哈美軍公墓（American Cemetery）一行行畫上白十字的墓碑。

442 聖海倫斯火山步道

Mount St. Helens

美國，華盛頓州

1980 年 5 月 18 日，層狀火山聖海倫斯火山的附近發生了一場大地震，造成史無前例的大山崩，噴發的火山塵披覆範圍更廣達 12 州；原本山形對稱的聖海倫斯火山，北坡整個坍塌下來不說，還奪走了 12 條人命。地景因此而面目全非，卻也創造了可供健行的步道網絡。以全長 13 公里的「哈利的山脊步道」（Harry's Ridge Trail）為例，便是從瓊斯頓嶺天文臺（Johnston Ridge Observatory）直到火山口；而 16 公里長的杜魯門步道（Truman Trail）——也就是「浮石平原（Pumice Plains）路線」——則從大風山脊（Windy Ridge）一路往下走，穿行於被大自然的火山泥與熔岩徹底改寫形貌的地景之中。

443 戰場健行步道
Battlefields Hike

英國海外屬地，
福克蘭群島
（Falkland Islands）

為了爭奪遺世獨立於大西洋中的福克蘭群島所有權，英國與阿根廷在 1982 年大動干戈。這條健行步道，就是從福克蘭群島首府史坦利（Stanley）西邊的山丘走起，途經當時飽受戰火波及的肯特山（Mount Kent）與山羊嶺（Goat Ridge）。

444 蘇臺德主峰步道
Main Sudeten Route

波蘭

做為蘇臺德地區背脊的蘇臺德山脈（Sudeten Mountains），因為 1938 年希特勒由此入侵波蘭，引發了第二次世界大戰。這條 350 公里步道，走的全是蘇臺德山脈的精華地帶，路上還會經過一些 bacówka（傳統牧羊人用來遮風避雨的小屋）。

445 寇松侯爵的步道
Lord Curzon's Trail

印度，喜馬拉雅山脈

跟隨 1905 年印度總督寇松侯爵的腳步，走上一趟為期 9 天的路途，深入印度南達德維保護區（Nanda Devi Sanctuary），邂逅繁花綻放的綠野、濃蔭蔽天的森林、遺世獨立的聚落，以及雪花蓋頂的高峰，前往海拔 3,650 公尺的瓜里隘口（Kuari Pass）。

446 鐵路工步道
Navvy Trail

挪威北部

奧福滕鐵路（Ofoten Railway）全長 42 公里，從挪威城鎮那維克（Narvik）直到挪威、瑞典邊界。這條步道就差不多傍著鐵道走，借用的是往昔被稱為 navvies 的移民鐵道工人 1902 年鋪設鐵道時所用的路徑，沿途會經過一些山谷、幾座山嶺和幾個瀑布。

447 兩百周年國家步道
Bicentennial National Trail

澳大利亞東部

> 這是一條為了紀念國家誕生而創的長程
> 步道，不只頑強的叢林人（bushmen）
> 游走其上，澳大利亞原住民更早就踏遍
> 了每一寸路徑。

行前須知：

- 歷史關鍵時刻：公元 1988 年，澳大利亞建國兩百周年
- 距離與費時：5,330 公里；6-12 個月
- 難度：費力——地形崎嶇，地處偏遠，必須自給自足
- 最佳月份：5-11 月
- 重點叮嚀：雖然沿途都有三角形的路標，但指示還是不夠清楚，必須準備一張地圖或一本旅遊指南

為了慶祝兩百歲生日，總得做點像樣的大事才說得過去吧？澳大利亞這個國家正是如此。

1988 年，也就是英國第一艦隊（First Fleet）初抵雪梨兩百周年，澳大利亞的慶祝方式之一，就是創建可以徒步健行、騎腳踏車，以及可以騎馬的巨人級「兩百周年國家步道」（簡稱 BNT），沿著東部濱海地帶蜿蜒遠達 5,330 公里，通過的內陸地帶，從極北的昆士蘭州庫克鎮（Cooktown）到南方維多利亞的希爾斯維爾（Healesville），時而攀越覆雪高峰，時而穿行熱帶雨林，其間夾雜各形各色的地形地勢，是獻給徒步者的一份大禮。

不過，BNT 的形成年代其實不能說是 1988。1972 年，就已有一群有心人想要仿照美國的「阿帕拉契步道」（見 32 頁），打造一條澳大利亞版的史詩級橫越國土步道，同時藉此向 19 世紀的牲畜販子致意。

早在 1800 年代，這些頑強的叢林人便已驅趕羊群或其他牲口長途跋涉，一路穿行舊有路徑，勇敢涉渡鱷魚出沒的溪河，無畏沙塵暴與乾旱；後來出現的鐵路和——更後來——封閉部分路徑，確實降低了這些步道的必要性，卻一點也減損不了路途的浪漫氣氛。BNT 上，牲口販子的拓荒精神——現代澳大利亞興旺的關鍵——始終長存。

不只叢林人，原住民——澳洲大陸過往的守門人——的古早步履也功不可沒，因此，澳大利亞政府鼓勵徒步者多多探索原住民的遺產，發掘出更多「夢幻」故事來增添步道的風采；與

上圖：兩百周年國家步道會帶引你探索東澳大利亞的各色地景。

此同時，徒步者也必須尊重原住民的神聖遺址，不要做出不恰當的舉動。

整條 BNT 分成 12 個區段，一段大約 400 公里，而且每隔 30~40 公里就設有一處露營地。舉例來說，第一段（如果由北往南走的話）就是從庫克鎮海邊走到加納瓦拉（Gunnawarra）的牧牛場。光以標誌國家的生日這件事來說，庫克鎮確實是很恰當的步道起點；英國探險家詹姆士‧庫克船長 1770 年的遠航，就曾在這兒下錨，並且宣稱澳大利亞已屬於英國所有。啟程後，步道便朝杉樹灣國家公園（Ngalba Bulal National Park）的內陸地帶而去，行經野生動物繁多的丹特里（Daintree）雨林，

並且在轉而深入乾旱地帶之前還得先經過溪流遍佈的墨斯曼（Mossman）。也就是說，這是一段既炎熱、潮濕又讓人意興闌珊的路段。

反過來說，如果你選擇由南往北走，那麼，第一段步道便充滿了各式各樣的地形。起點是墨爾本東北邊的幽靜小鎮希爾斯維爾，先通過地勢相對來說平緩得多的野地，行經涼爽森林、盛產鱒魚的河川、亞高山帶草原，然後才得面對山勢起伏的大分水嶺（Great Dividing Range）。步道也會經過一些年代久遠的金礦城鎮，終點則是位在大雪山（Snowy Mountains）邊的奧密歐（Omeo）。牲口自在地在這裡的高原上吃草，也有一些保存下來的老建築物（原木建造的監獄，1865 年興建的法院）提醒來客這裡的往日繁華。

BNT 旅程最遠的區段，是穿越新南威爾斯州北方這段步道，得從 19 世紀的木業城鎮啟拉尼（Killarney，昆士蘭州最南邊）一直走到 4,300 公里以外的北部高地（Northern Tablelands）。雖然路途中完全沒有協助設施，卻是如假包換的驅牛趕羊地帶，會帶領你經過蓋伊福克斯河國家公園（Guy Fawkes River National Park）的崎嶇河谷，而且遵循一條官方指定的運送牲口路線。

意志力不夠強大的人，請千萬別到 BNT 來健行，因為不管是哪一段，步道都幾乎不大會通過城鎮（很有可能一連兩週你都沒得補給）。你一定要帶著地圖和指南針，而且懂得怎麼使用，更不能有找人相幫的念頭。總歸一句：要走 BNT，就要有真正的拓荒精神。

---

448 埃爾德菲爾登頂步道
Eldfell Ascent

冰島，西人群島
（Westman Islands）

到冰島的小不點赫馬島（Heimaey Island）上健行，一路走到海拔 221 公尺的最高點。這個火山錐是 1973 年 1 月 23 日一場激烈的火山爆發所形成的，時至今日，觸摸地面時你都還會覺得燙手。

449 香格里拉步道
Shangri-La

中國，雲南

在1933年問世的《失去的地平線》（*Lost Horizon*）一書中，英國作家詹姆士‧希爾頓（James Hilton）虛構了一個名喚「香格里拉」的喜馬拉雅山世外桃源。希爾頓說，這個地方是「從歲月的魔法中提煉出來的生活精髓，可以奇蹟似地抵抗老化與死亡」；中國人則說，遠離中原、位在高原之上的中甸縣，就是希爾頓那個世外桃源的靈感來處，所以呢，2001年後，中甸縣就改名為「香格里拉」。是不是真的另當別論，光是來走這條步道，你可能就得依靠魔法了：先開車北上鄰近西藏的邊區村落德欽（Deqin），再想辦法到梅里雪山山脈（Meili Snow Mountains），在齊天冰峰中走過草原、瀑布、綠谷，以及質樸宜人、遺世獨立的雨崩村（Yubeng）——說不定，你會覺得這裡更像是希爾頓書中的香格里拉。

450 安納普那聖地步道
Annapurna Sanctuary

尼泊爾，安納普那山脈（Annapurna Range）

尼泊爾人早就漫遊喜馬拉雅山脈了，但如果不是英國陸軍上校詹姆士‧羅伯茲（James Roberts）——人稱「徒步旅行之父」——在1964年創造了「尼泊爾遊山」（Mountain Travel Nepal）的概念，也不會有趨之若鶩的四方遊客。羅伯茲在1950年代探察安納普那山脈，當時他稱為「上帝的聖地」（Sanctuary of the Gods）的地方，如今正是尼泊爾很受徒步者歡迎的步道。從鄰近湖邊城市波卡拉（Pokhara）的菲迪（Phedi）走起，經典級的「安納普那聖地徒步」路線得花上10~12小時，沿途會經過許多迷人的村莊、種滿稻米的梯田、森林與溫泉，可以近看魚尾峰（Machapuchare Mountain）的雄姿，目睹圓形露天競技場似的安納普那聖地，還會登上普恩山（Poon Hill），讓整座山脈的高峰都盡入眼簾。

451 康科第亞與 K2 基地營

Concordia and K2 Base Camp

巴基斯坦東部

{ 造訪世界第二高、更是——
很可能是——世界最危險的 K2 峰。 }

行前須知：

· 歷史關鍵時刻：公元 1954
  年，首次有人攀登 K2 峰
· 距離與費時：140 公里；
  12-14 天
· 難度：費力——地勢崎嶇
  ，地處偏遠，高海拔
· 最佳月份：6-9 月
· 重點叮嚀：如果加上從伊
  斯蘭馬巴德（Islamabad）
  到步道起點附近的史卡
  杜（Skardu）的交通時間
  ，康科第亞之行就得花上
  21 天

K2 是世界第二高峰，常被稱為「狂暴之峰」。這座位在巴基斯坦與中國交界處的高峰，確實沒有 8,848 公尺的珠穆朗瑪峰高；相較之下 K2「只有」8,611 公尺高，但攀登的難度可高多了。直到 1954 年，義大利登山家里諾·萊斯德利（Lino Lacedelli）和阿奇里·科帕哥諾尼（Achille Compagnoni）首度成功登頂，而且直到 1977 年都沒有其他人做到。

相較於珠穆朗瑪峰，曾經站上 K2 峰頂的人不只少得多，更可怕的是：目前為止，每四位嘗試攀登 K2 峰的登山家就有一人命喪此山。

徒步者不是登山家，沒有冒險攀登 K2 峰的必要，卻不妨由步道走上 K2 峰的基地營，近看一眼拒絕讓人一親芳澤的 K2 峰；這段步道還是需要用上兩個星期的時間。一般都從最靠近 K2 峰的小鎮史卡杜走起，出發後馬上就踏上相當長的巴托羅冰河（Baltoro Glacier），一路嘎吱嘎吱地走入壯觀的山嶺中，奮力攀上冰河匯流的康科第亞——被好幾座世界最高峰包圍、位在海拔 4,500 公尺的一個大冰碗；周遭高峰有：加瑟布倫 4 號峰（Gasherbrum IV），米特雷峰（Mitre Peak），布羅德峰（Broad Peak），喬戈里薩峰（Chogolisa），水晶峰（Crystal Peak），當然還得加上冰碗所在的 K2 峰。1970 年代的美國攝影家蓋倫·羅威爾（Galen Rowell），就幫康科第亞取了「山神們的會客室」的綽號——真是再貼切也不過。

來到康科第亞後，你離讓人目眩魂搖的 K2 基地營也就不遠了，而且還能造訪吉爾基紀念碑（Gilkey Memorial），緬懷諸多不幸喪生於「狂暴之峰」險坡上的登山勇者。

對頁：比起攀登 K2 峰，徒步兩週到 K2 峰基地營才是你理智得多的選擇。

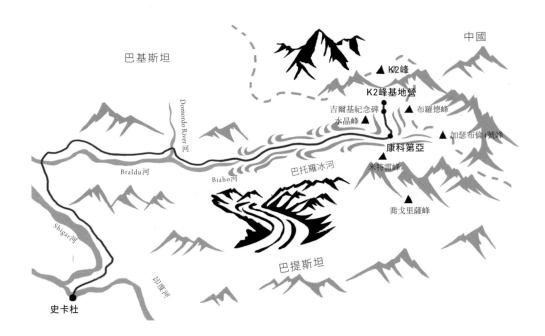

巴基斯坦 | 中國

K2峰
K2峰基地營
吉爾基紀念碑 布羅德峰
水晶峰
加瑟布倫1號峰
Domordo River 河
康科第亞
Braldu 河
Biaho 河 巴托羅冰河 米特雷峰
巴提斯坦
Shigar 河
喬戈里薩峰
印度河
史卡杜

452 金德大入侵步道
Kinder Mass Trespass

英國，英格蘭峰區（Peak District）

> 如果沒有當時民眾的鋌而走險，這條鄉村步道也不會有後來幾代人的足跡。

行前須知：

- 歷史關鍵時刻：公元 1932 年，金德入侵（Kinder Trespass）行動發生之年
- 距離與費時：13 公里；5~6 小時
- 難度：中等——部分區段有些陡峭，無處遮蔭
- 最佳月份：4~10 月
- 重點叮嚀：可以從海非（Hayfield）搭公車過來，要不，鮑登橋（Bowden Bridge）也有個停車場

「金德大入侵」原本並不是條步道，而是一場雜亂無章的革命。1932 年，約莫 400 名英國工人運動聯盟（British Workers' Sport Federation）成員發起「公民不服從」大型活動，為的是幫工人階級爭取漫步的自由，因為在此之前，很多美麗的鄉野都把持在有錢的地主手裡，禁止尋常人等入內。從鄰近德比郡（Derbyshire）小村海非的鮑登橋出發，這些健行愛好者便一路走向 636 公尺外、德文郡公爵私有的金德史考特峰（Kinder Scout）。

撇開與守衛的混戰不說，這 400 名走路人總之成功抵達了這個砥石（gritstone）峰頂——英格蘭峰區的最高點，就在那兒迎接另一邊上來的夥伴，一起慶賀行動的大功告成。

這場漫步反叛過後，有 5 名走路人走進了監牢，然而，這也讓他們的行動更加引人矚目。以結果論，金德大入侵不但確實導致 1949 年〈國家公園法〉的立法，峰區更是之後第一個被納入的國家公園，還因此引發了 2000 年〈鄉間與通行權法案〉的誕生，確保「民眾有自由徒步開放地帶的權利」。

即使不為了效法先賢，也沒打算宣示你有什麼權利，這段 13 公里金德大入侵步道走來也讓人心曠神怡。步道起點早已立起一塊看板，起步後你會先走向威廉克拉夫（William Clough）峽谷之下，到當年徒步者和守衛拳腳相向的「蛇道」（Snake Path）；再走過水勢驚人的金德瀑布（Kinder Downfall），那座改變遊戲規則的山頂就近在眼前了。

對頁：多虧了「金德大入侵」行動，今天的我們才得以悠然漫步於美麗的峰區。

德比郡

LEYGATEHEAD
濕地

蛇道

威廉克拉夫峽谷

Pennine道

Sandy Heys

金德瀑布

White
Brow

金德水庫

金德河

CLUTHER
岩堆

Pennine道

海非

Tunstead Clough
農場

鮑登橋

峰區國家公園

金德史考特峰

金德區下綽

453 橫跨
小不列顛
Coast to Coast Walk

英國，北英格蘭

　　在鼓勵人們走入英國鄉野這件事上，沒有人比徒步旅行家阿爾弗雷德·溫萊特（Alfred Wainwright）更具影響力了；他以真性情手寫、手繪，於 1952 年與 1966 年出版兩本有關湖區（Lakelands）的著作，半是切實的徒步指導，半是對徒步的讚歌。1973年，溫萊特再次提筆寫下了《一趟海岸到海岸的徒步》（A Coast to Coast Walk），描繪長程徒步橫跨 305 公里：由西岸昆布利亞郡（Cumbria）的村莊聖比爾斯（St Bees）到東岸北約克郡（North Yorkshire）的港口羅賓漢灣（Robin Hood's Bay）。這條路線如今已成為經典步道，不但會走過湖區、約克郡河谷（Yorkshire Dales）與北約克濕地（North York Moors）三個國家公園；而且，每天都有美好的登高與下坡。一般大約得花 12~14 天才走得完；另外，記得根據傳統，起程前與抵達終點後，都要到海邊踩踩水。

454 海科的步道
Heiko's Trail

加拿大，卑詩省

這條全長 25 公里、沿著加拿大境內落磯山脈脊稜走的步道就在非尼（Fernie）附近，可以說是近年感激海科·蘇契爾（Heiko Socher）貢獻的徒步者的朝聖之路。2000 年時，他為走路人重現了這條已被遺忘卻有其魔力的路徑。

455 陽臺步道
Balcony Walk

阿曼，哈杰爾山脈

步道雖短，卻得走在「阿曼大峽谷」（Omani Grand Canyon）險峻的山脊上。路線是從小村卡廷（Khateem）走到已然荒廢的村落阿斯薩布（As Sab）——讓村民全數撤離的，則是 21 世紀的阿曼現代政府。

456 海岸漫步
Shorewalk

美國，紐約

簡單說，就是環繞曼哈頓島（Manhattan island）走一圈啦。這條環行可以說最能展現近代大都會風貌城區的步道，既能盡覽摩天大樓，也會走過許多綠地。

457 七月九日大道
Avenida 9 de Julio

阿根廷，布宜諾斯艾利斯（Buenos Aires）

建造於 1930 年代的「七月九日大道」只有 1 公里長，連讓人閒逛布宜諾斯艾利斯都稱不上，卻充分展現了向巴黎林蔭大道有樣學樣的企圖，包括櫛比鱗次的大樓、擾人清靜的汽車喇叭聲——當然還有大樹排排站好的 plazoletas（小廣場）。

458 馬托博丘陵
Matobo Hills

辛巴威南部

英國帝國主義者，靠政治操作在南非攫取大部分財富的塞西爾·羅德斯（Cecil Rhodes），死後卻安葬在辛巴威的馬托博丘陵上；當他在 1902 年過世時，到處聳立宏偉花崗岩山丘的這個國家，還因為他而名喚「羅德西亞」（Rhodesia）呢。

不過，對馬托博這地方而言，羅德斯只能說是個很後來的後來者；根據出土的石造工具和深藏於許多洞穴中的壁畫，考古學家認為，人類少說已經在這兒活動了兩萬年。除此之外，馬托博還哺育了許多野生動物，包括斑馬、非洲獵豹、金錢豹和犀牛，而且還有不少步道可走。你可以從走到「世界的視野」（World's View）開始，因為這個高聳的地方就是羅德斯長眠之處。

459 麥理浩步道
MacLehose Trail

中國，香港

{ 造訪亞洲最現代化的大都會，
到它的外圍地區尋找一片淨土。 }

行前須知：

- 歷史關鍵時刻：公元 1971~1982 年，麥理浩擔任香港總督期間
- 距離與費時：100 公里；4~6 天
- 難度：輕鬆／中等　地勢多變，有些陡坡
- 最佳月份：9~2 月
- 重點叮嚀：步道共分十個區段，幾乎每一段的起點都有公共運輸系統可利用

麥理浩勳爵（Lord Murray MacLehose）既是英治時期在位最久的香港總督，今日香港最長的步道也理應以他為名。

在香港人的心目中，麥理浩總督（任期 1971~1982 年）是位有見識、敢改革的領袖人物；除此之外，他更打造了香港郊野公園的網絡——劃定生態保護區、休閒場所、戶外教學區。身為健行熱愛者的他，更決心為這個日益繁榮的大都會（如今已歸還中國）居民保留喘息空間，維護所有人走入樹林、草原和山嶺的權益。

在大多數人眼裡，宛如 21 世紀城市典型的香港，理當在高度開發之下成了一座水泥叢林；讓人意外的是，這裡還有不少「荒郊野地」。圍繞著鋼骨摩天大樓與璀璨霓虹燈看板的，是鋪滿細沙的海灘、浪濤拍岸的海灣、鳥鳴啁啾的濕地、起伏不定的山丘、罕見的植物，以及標高超過 915 公尺的山峰。

走一趟總長 100 公里的麥理浩步道，正是最適合體會香港自然風味的途徑。若想一次走完全程，你就得從香港內地西邊、新界（New Territories）地區的屯門（Tuen Mun）走起，直到抵達最東邊、坐落青翠西貢半島（Sai Kung Peninsula）的北潭涌（Pak Tam Chung）為止。

不過，步道也分成十個區段，幾乎每一段起點都有公共運輸系統經過，光是這一點，我們就得再感謝麥理浩一次——香港地鐵系統就是在他任內開始的。

從北潭涌出發後，步道先是往一個水庫走去，再轉向西貢郊野公園（Sai Kung Country Park）；來到這兒後，徒步者可以先遠眺香港南方島嶼的風光。

接著，便沿著碧綠海岸走，逐漸下行到蝴蝶飛舞的海灘，經過浪茄灣（Long Ke Wan）內許多流紋岩柱後，得爬陡坡才能上到西灣山（Sai Wan Shan），一覽山下的諸多美景：鋸齒形的海岸，歪歪扭扭的大、小海灣，幾座小島，以及一些海岬。另外，你也會走過傳統的中國墓地——漆上金字的墓碑，靜靜地豎立在紫荊花（bauhinia）樹之間。

過了北潭凹（Pak Tam Au）後，步道開始進入香港最偏僻的幾個高地，路過一個個客家村落的遺跡；早年來到這裡的客家人建造石砌圍牆，開墾梯田，在上頭種植稻米、花生、茶樹和山藍（indigo，也叫大菁），但如今大多已移居他處。然後，步道便往馬鞍山郊野公園（Ma On Shan Country Park）而去，沿著溪谷亂竄的陡坡上行到海拔 702 公尺的馬鞍山頂；山坡上，雜生著橡樹、梣木、山茶花和杜鵑花。

接下來，會先經過九龍峰（Kowloon Peaks），也是整條步道最靠近南邊熱鬧地帶的時候；打獅子山（Lion Rock）往南，九龍區和香港島就在眼前舖展開來。這片山嶺之上，也零星散布著一些第二次世界大戰的遺跡，包括日軍挖鑿的洞穴，也有不少英軍掘出的戰壕。

步道開始往下走向九龍水塘（Kowloon Reservoir）時，你還會

看到更多類似的戰時遺跡，比如「醉酒灣防線」（Gin Drinkers Line），就是 1930 年代沿著新界設的一段防禦工事，如今只剩下獼猴在樹林之間快活竄跳。步道由此轉向城門郊野公園（Shing Mun Country Park）而去，但會先經過城門水塘（Shing Mun Reservoir）——完工於 1936 年，由於範圍涵蓋八個客家村，當年還強制遷離了七百多名客家人。

緊接著，麥理浩步道便會登上香港的最高峰：海拔 957 公尺的大帽山（Tai Mo Shan），雖然有些辛苦，但要是碰上大晴天，你可以一眼望盡往前延伸到中國大陸的那片山嶺中的淙淙溪流、原始森林、罕見植物，以及歷史久遠的坡上茶園。

來到坡度很大的荃錦公路（Route Twisk）時，記得找一下紀念 1979 年 10 月 26 日麥理浩開通這條步道時立起的牌匾。穿過荃錦公路後，步道會先來到大欖郊野公園（Tai Lam Country Park），不妨先在這兒遠眺一下珠江三角洲，再大步走向做為步道終點的現代都市屯門。

460 山頂環迴步行徑
The Peak Circle Walk

中國，香港

藉由這條 3.5 公里山頂環迴步行徑（譯按：位在太平山上），你可以盡情瀏覽香港這個人煙稠密的大都會。步道的起點，是 1913~1914 年時沿著窄小的崖壁闢建的盧吉道（Lugard Road）。

下圖：踏上「麥理浩步道」，探訪香港的各色地景與幾個郊野公園。

461 太平洋屋脊
步道
Pacific Crest Trail

美國西部

如果你想透過徒步旅行「尋找自我」，就試試這條步道吧。「太平洋屋脊步道」（簡稱 PCT）從美、墨國界的加州小鎮坎波（Campo）走起，一路往北，直到抵達接壤華盛頓州的加拿大省立曼寧公園（Manning Provincial Park）；全程長達 4,265 公里，保證你會有一大缸子沉思默想的時光──最少，美國作家雪兒·史翠德（Cheryl Strayed）就這麼做過。1995 年時，她獨自走完整條 PCT，後來寫出《那時候，我只剩下勇敢》（*Wild: From Lost to Found on the Pacific Crest Trail*），不但躍登暢銷書榜首，還改編成電影。就算沒有「尋找自我」的需要，你還是一定會沉迷於一路上此起彼落的山巒美景，包括：灌木雜亂叢生的莫哈維沙漠（Mojave Desert），冰河處處的內華達山脈，卡斯卡德山脈（Cascades）的火山峰，以及看過一個又來一個的荒原。

462 阿蒙森的
足跡
Footsteps of Amundsen

南極洲，南極

光有健行靴和滿腔的熱情，還是沒辦法追隨洛爾德·阿蒙森（Roald Amundsen）的雪橇遺跡。1911 年阿蒙森帶領挪威探險隊創下人類首度成功抵達南極的紀錄；如果你想走上一趟他的南極洲大探險路線，也就是如今的「阿蒙森的足跡」，不但得具有一流的登山技能、頂級的體力與耐力、嚴苛的行前訓練，還得有很多閒暇（大概 39 天）和很多閒錢。但話說回來，這也會是一場萬分刺激的冒險之旅。搭乘雪上飛機降落南極洲後，你就得攀爬位在羅斯冰棚（Ross Ice Shelf）側邊、阿蒙森最先發現的阿塞爾海伯格冰河（Axel Heiberg Glacier），到滿布碎冰的南極高原（Polar Plateau）；然後，還得跋涉一段很長、很冷、很需要自我振奮的路途，才到得了真正的南極。

463 狄倫‧湯瑪士生日步道
Dylan Thomas Birthday Walk

英國，南威爾斯，卡馬森郡（Carmarthenshire）

狄倫‧湯瑪士（1914~1953）可以說是威爾斯的國家級詩人，但和詩才同樣為人所知的，是他的酗酒習性。生前最後那一段時光，他都是在塔夫河口（Taf Estuary）的威爾斯村莊勞佛恩（Laugharne）度過的；1944年，也就是他30歲那一年的生日，湯瑪士寫下詩作〈十月的詩〉（Poem in October），描寫他那一天走過的3公里路。如果你也想那麼走上一遭，現在也可以從湯瑪士的故居「船屋」（Boathouse，已改裝成博物館）走起，路過勞佛恩的中世紀城堡廢墟後，沿著一條苔蘚遍佈的小徑繞過河口；終點是「約翰爵爺的山崗」（Sir John's Hill）肩部。路途中備有不少刻上湯瑪士詩句的長凳，是很適合醞釀詩情的好所在。

---

464 科孚步道
Corfu Trail

希臘，科孚島

聽說過傑洛德‧杜瑞爾（Gerald Durrell）嗎？沒錯，就是1956年出版以科孚島為背景的經典名作《我的家人與其他動物》（*My Family and Other Animals*）的那個自然主義者。這條全長220公里的步道，便是要帶引你一訪崎嶇不平、栽滿橄欖樹的科孚島。

---

466 阿布岱爾國家公園
Aberdare National Park

肯亞

肯亞的阿布岱爾國家公園裡，有很多條穿行於生態豐富的森林與高地的步道，而「樹屋旅館」（Treetops Lodge）則是很理想的健行基地。1952年伊莉莎白公主（Princess Elizabeth）接獲父親喬治六世（King George VI）遽逝的消息、突然發現自己成了英國女王時，所在之處正是這家旅館。

---

465 畢卡索健行步道
Picasso Hiking Trail

西班牙，加泰隆尼亞（Catalonia）

你追隨大畫家巴勃羅‧畢卡索（Pablo Picasso, 1881~1973）的腳步——1906年時，他從瓜迪奧拉（Guardiola）村出發，走了59公里到貝利韋爾德塞爾達西亞（Bellver de Cerdanya）；途中他暫停下來作畫的戈索爾（Gósol）村，正是現今一家畢卡索博物館（Picasso museum）所在地。

---

467 鐵達尼步道
Titanic Trail

英國，英格蘭，南安普敦（Southampton）

「鐵達尼步道」只有1.6公里長，從頭到尾都沒走出南安普敦。步道之所以會有這個名字，正是因為鐵達尼號（RMS Titanic）在1912年4月10日駛離英國港口、航向悲慘的死亡命運時，船上的1,517人中有多達549人來自南安普敦。

468 卡里索凱步道
Karisoke Trek

盧安達，火山國家公園（Volcanoes National Park）

> 深入盧安達的神祕、纏雜叢林，尋訪
> 黛安・弗西（Dian Fossey）昔日營地，
> 體會她一往無悔、對瀕臨滅絕非洲猩
> 猩的先驅研究。

行前須知：

- 歷史關鍵時刻：公元 1985 年，黛安・弗西被謀殺的那一年
- 距離與費時：5 公里；3~4 小時
- 難度：中等——陡峭，泥濘，短途
- 最佳月份：5~10 月
- 重點叮嚀：猩猩步道健行必須申請許可

在地人都說，動物學家黛安・弗西是「那個獨居森林、身旁沒有男性的女人」（Nyiramachabelli，盧安達的法定語言基尼阿萬達語〔Kinyarwanda〕）。不過，雖然弗西確實是自己生活於火山國家公園的蓬亂叢林之中，卻不能說她「獨居」；她有很多夥伴——山地大猩猩（mountain gorilla）。

1932 年出生於舊金山的弗西，雖然很早就想當獸醫，但大學時研讀的其實是「職能治療」（occupational therapy）；而她之所以愛上動物、渴望周遊世界，則是源於 1963 年的一場非洲之旅。在非洲時，她遇上考古人類學家路易斯・李奇（Louis Leakey），聽聞了非洲的大猩猩迫切需要長期性的田野調查；另外，她也結識了已經在那兒對山地大猩猩進行開創性研究的動物學家喬治・夏勒（George Schaller）。

在李奇的贊助——和她滿腔熱血的推動——之下，弗西很快就在 1966 年重返非洲。一開始，她先是在剛果（Congo，沒多久就變成了薩伊共和國〔Zaire〕）設置一個研究營地，但當地的政治動盪迫使她不得不逃離剛果，前往盧安達。為了找出最理想的研究地點，弗西在火山國家公園探尋了幾個星期，終於在 1967 年 9 月 24 日建立了「卡里索凱研究中心」（Karisoke Research Center）；Karisoke 這個名字，來自兩座環繞她營地的山峰——南邊的卡里辛比火山（Mount Karisimbi），和北方的維索凱火山（Visoke）。從卡里索凱研究中心的所在地，弗西可以把維倫加山脈（Virunga）的每一座死火山盡收眼底。

黛安・弗西的所謂「研究中心」，其實只是兩頂兼具臥室、

上圖：只要來到盧安達的火山國家公園，你就能和黛安‧弗西一樣尋訪群聚的大猩猩。

廚房、研究室、浴室和其他種種功能的帳篷，平日只以罐裝食物和馬鈴薯果腹，唯一和她有人際關係的，更只有她聘來幫忙的在地人；不過，這些人沒一個會講英語，弗西也不會說盧安達話。

由於滂沱大雨不時造訪叢林，使得地面總是泥漿偏佈，每一處斜坡都可能是奪命陷阱，病菌與偷獵者更是無時不在的威脅，生存其間十分艱難，弗西卻甘之如飴。在她的著作《迷霧森林十八年》（Gorillas in the Mist，後來改編成同名電影）裡，弗西是這麼說的：「第一次凝望遙遠、高聳的維倫加山脈中心地帶時，我所感受到的那種歡快，至今還鮮明得像是不久之前的事。在山地大猩猩的圍繞下，我有了屬於自己的家。」

1985 年，弗西在卡里索凱研究中心慘遭謀殺，遺體就安葬於她最心愛的猩猩蒂吉特（Digit，1977 年時死於盜獵者手中）旁邊；死亡時，帳篷裡的身後之物少得可憐，兩座帳篷的所在之

處、粗具雛形的小屋和爐灶周遭只留有幾根石柱，更因為 1990
年代恐怖的盧安達種族滅絕殺戮而長期無人聞問，形同廢墟。
然而，弗西的工作並沒有到此為止，遇害之前，她早已讓全世
界看見這些靈長類動物的滅絕危機，亡故之後，更有以黛安‧
弗西為名的基金會接手她的工作，保護那裡的動物及牠們的子
子孫孫。

　　現在，經常有生態旅遊者造訪火山國家公園的猩猩棲息地，
也許只需一趟短程、輕鬆的健行，也許得花上一整天、進入濃
密叢林深處探險，全看你到訪時動物群聚何處。很有可能你會
把自己弄得一身髒污、汗流浹背，但是，一旦你如同弗西那般
地找到大猩猩的蹤影、有幸一睹牠們奇妙的類人行為，路途中
的辛苦就會立刻被你拋諸腦後。

　　除了尋訪山地大猩猩，你也可以健行到「卡里索凱研究中
心」；如果從火山國家公園總部啟程，只要約莫三個小時，你
就能走到往昔弗西位在海拔 3,000 公尺上的營地。走過一開始
陡斜泥濘的步道後，你就會來到非洲紫檀—金絲桃（Hagenia-
Hypericum）森林，一覽長滿半邊蓮（lobelia）和刺人蕁麻（nettle）
的草原風光；不過，來到營地後，迎接你的就是安詳吃草的羚
羊和爬滿苔蘚與地衣的樹木了。來到弗西的墓地後，你更可以
一如當年的她，凝望那些讓她鍾情半生的神祕山嶺。

469 卡斯楚步道
Castro's Footsteps

古巴，馬埃斯特拉山脈
（Sierra Maestra）

「卡斯楚步道」只有 4 公里長，從位在阿爾托德爾納蘭霍（Alto del Naranjo）的瞭望臺走起，直到進入馬埃斯特拉山脈、抵達普拉塔指揮部（Comandancia de la Plata）為止；在菲德爾·卡斯楚（Fidel Castro）掀起革命到奪得政權的 1958~1959 年間，這裡都是他運籌帷幄的大本營。

470 鬼魅森林步道
Haunted Woods Trail

加拿大，愛德華王子島

這段只有 1 公里、但名字讓人聽來毛骨悚然的路途，其實是激發露西·蒙哥馬利（Lucy Montgomery）在 1908 年寫出《清秀佳人》（Anne of Green Gables）的小步道。環行途中，會經過露西·蒙哥馬利長眠的凱文迪許公墓（Cavendish Cemetery）附近。

471 奧揚特普伊山步道
Auyán-tepui

委內瑞拉，卡內馬（Canaima）

從桌形奧揚特普伊山（譯按：又稱「魔鬼山」）側、海拔 2,450 公尺處沖激而下的，是世界最高的安吉爾瀑布（Angel Falls）；第一個發現這座瀑布的，是 1933 年時的美國飛行員吉米·安吉爾（Jimmie Angel）。一路走到山頂的步道，大約要花上 8 天時光。

472 落水山莊步道
Fallingwater

美國，賓夕法尼亞州

美國的偉大建築師法蘭克·洛伊·萊特（Frank Lloyd Wright），在 1935 年設計了位在一處瀑布之上的「落水山莊」（或稱考夫曼大宅〔Kaufman Residence〕），做為自住的宅第之一；順著步道走，你就會經過這個著名的山莊。

473 塞西格的阿拉伯沼地
Thesiger's Arabian Sands

阿曼，空漠
（Empty Quarter）

貝都因的游牧部族，早就漫遊在阿拉伯半島看似無邊無際的哈利沙漠（Rub'al Khali，亦稱「空漠」）幾千年了；1945~1950 年間，英國探險家威福瑞·塞西格（Wilfred Thesiger）也做了同樣的事：找阿拉伯人幫忙，橫度這片沙丘如海的空無地帶。在 1959 年出版的著作《阿拉伯沙地》（Arabian Sands）裡，他不但如實描繪了整個探險之旅，也為我們寫下如今已隨風而逝的貝都因人生活之道。

直至今日，一如塞西格當年，穿行這個廣袤的不毛之地依然是個艱巨的挑戰，所以你也得像他一樣聘用嚮導；空漠的起點，是位在阿曼南部的塞拉來（Salalah），先是前往西什爾（Shisr）的古城遺跡（號稱烏巴爾〔Ubar〕版「失落的城市」），然後就得在沙漠裡走上好幾天，踩踏過一個個曲線優美的沙丘，紮營夜宿於無垠星空之下。

474 切·格瓦拉之路
Ruta Del Che

玻利維亞中部

> 重溫往事，依樣走過名揚全球的革命
> 家埃內斯托·「切」·格瓦拉（Ernesto
> 'Che' Guevara）最後幾天的路途。

行前須知：

· 歷史關鍵時刻：公元 1967
  年，切·格瓦拉被殺之年
· 距離與費時：150 公里；7
  天
· 難度：中等／費力——地
  形多變，沒有路標
· 最佳月份：5-10 月
· 重點叮嚀：聖克魯斯（
  Santa Cruz）城中心到薩邁
  帕塔（Samaipata）有公車
  可搭

古巴攝影家阿爾貝托·科達（Alberto Korda）1960 年按下快門後，留下埃內斯托·「切」·格瓦拉眼眸透射熱情、兩頰滿布鬍髭的臉龐，可說是全球辨識率最高、最具圖符意味的經典之作，更已成為「反正統主義」（anti-establishmentarianism）理念的代表。

格瓦拉 1928 年誕生於阿根廷的上流家庭，然而，在一趟行遍窮困南美洲的機車之旅後變得激進，還在「古巴革命」（Cuban Revolution）中扮演至關重要的角色；他一生都為革命大業燃燒自己，死後卻成了具爭議性的強烈象徵圖符。

格瓦拉於 1967 年在玻利維亞受刑而死。他選擇以南美洲地理中心玻利維亞為根據地，是希望能向整個南美洲大陸輻射革命的燎原大火，最後沒有成功。「切·格瓦拉之路」（又稱「切步道」）長 150 公里，聯結了幾個他生前最後一搏的關鍵地點，從擁有印加帝國遺跡、位在安博羅國家公園（Amboró National Park）蔥綠森林邊緣的小鎮薩邁帕塔啟程，走向最後被槍殺、位在拉伊格拉（La Higuera）村中的校舍。半路上，你會走過無花果村（Vallegrande），就是格瓦拉被曝屍示眾之地（後來被安葬於無人知曉的地點），以及他奮戰到最後一刻、拉伊格拉附近的裘羅峽谷（Quebrada del Churo）。

步道所經之處，都是地形崎嶇、起伏不定的區域——這也是格瓦拉和他的游擊隊員（guerrilleros）偏愛這兒的理由之一，所以大多數徒步者並不選擇走完全程，而是先搭乘四輪驅動車到選定地點後，再徒步走上一個短程區段，讓自己多少可以重溫 20 世紀偶像人物的最後幾天人生。

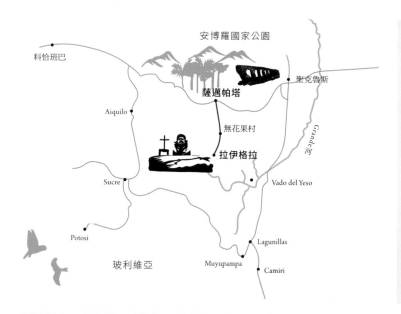

安博羅國家公園

科恰班巴

聖克魯斯

薩邁帕塔

Aiquilo

無花果村

拉伊格拉

Grande河

Sucre

Vado del Yeso

Potosi

Lagunillas

玻利維亞

Muyupampa

Camiri

475 瑪麗・謝弗環行步道
Mary Schäffer Loop

加拿大，亞伯達省

環行瑪琳湖（Maligne Lake）的這條 3 公里步道，直到 1908 年前，都還只有納庫塔（Nakoda）族人才知曉它的存在；美國探險先驅瑪麗・謝弗，正是 1908 年「第一民族」之外親臨瑪琳湖畔的第一人。

476 甘迺迪遇刺步道
JFK Assassination Trail

美國，達拉斯（Dallas）

只需 1 小時，你就能走完達拉斯這一段甘迺迪總統遇刺的路線。1963 年 11 月 22 日那一天，甘迺迪就在達拉斯的迪利廣場一帶遇刺身亡。

左圖：「切・格瓦拉之路」聯結了幾個他生前最後一搏的關鍵地點。

477 珠穆朗瑪峰基地營
Everest Base Camp

尼泊爾東部

> 跟隨第一批成功登頂者的足跡，前往
> 世界第一高峰珠穆朗瑪峰的基地營。

行前須知：
- 歷史關鍵時刻：公元 1953 年，史上第一次有人登上珠穆朗瑪峰頂
- 距離與費時：130 公里單程；12-14 天
- 難度：中等／費勁——高海拔
- 最佳月份：10-12 月，3~4 月
- 重點叮嚀：沿線有提供膳宿的簡樸茶屋

西方人口中的「埃佛勒斯峰」（Mount Everest），尼泊爾人稱之為「薩加瑪塔」（Sagarmatha），意思是「高達天庭的山峰」；西藏人稱它為「珠穆朗瑪」（Chomolungma），意思是「雪山的聖母」。早年的珠穆朗瑪峰，曾被「看扁」而稱之為「第十五峰」（Peak XV），直到 1852 年，經由「印度大三角勘察」（Great Trigonometrical Survey of India）的精準測量，世人才從此公認它是如假包換的世界第一高峰。

一發現這座喜馬拉雅山脈中的巨人竟有 8,848 公尺，各方高手都想成為登頂的第一人。英國登山家喬治・馬洛里（George Mallory）和安德魯・厄文（Andrew Irvine）在 1924 年差點成功，也確實很接近目標；可惜只能在 6 月 8 日留下距頂峰 400 公尺的身影，再難越雷池一步。整整過了 29 年，才總算有人成功站上珠穆朗瑪峰：1953 年 5 月 29 日，紐西蘭人艾德蒙・希拉里和尼泊爾雪巴族人丹增・諾蓋同時成為攻頂的第一人。

誰都猜想得到，登上珠穆朗瑪峰的難度「很高」。嚴格來說這趟攀登並不需要很高強的登山技術——難就難在海拔實在太高。人類一旦來到海拔 7,000 公尺以上，就等於進入「死亡地帶」（death zone），因為這麼高的地方空氣含氧量太低，無法維持人體夠長的生理運作時間，很容易導致身體進入死亡狀態。另外，攀登珠穆朗瑪峰更是所費不貲；以目前的估算來說，一趟攻頂之旅可能就得花掉你 5 萬美元以上。

更容易親近，你也更負擔得起的體驗珠穆朗瑪峰替代方案，就是以跋涉到珠穆朗瑪峰基地營為目標。從盧卡拉（Lukla）出

對頁：海拔 5,340 公尺的基地營，是大多數人一親珠穆朗瑪峰芳澤的終點。

尼泊爾

KALA PATAR

**珠穆朗瑪峰
基地營**

珠穆朗瑪峰

高樂雪

喜馬拉雅山脈

查克坡拉里

貢布冰河

▲ 洛子峰

丁波切

都得科西河

伊姆扎河

旁波切

湯波切

南崎巴札

貢布山谷

法克定

往加德滿都

盧卡拉

發的經典來回路線，大約得花上 14 天光陰，總路程約莫 130
公里；先是沿著都得科西河（Dudh Kosi River）走，經過南崎巴
札（Namche Bazaar）熙熙攘攘的村落後，再一路朝著貢布河谷
（Khumbu Valley）前進，就能走到位於海拔 5,340 公尺處的基地
營。

　　這條步道採用的是當初希拉里、諾蓋和後續登頂隊員步行至
山腳下的路線。如果你在 4 或 5 月（登山季節）出發，沿途的
氣氛可是熱鬧得很，不管走到哪裡，都可以看到很多信心滿滿
的探險小組鬥志昂揚地走在「登營」的道路上。

　　在走向珠穆朗瑪峰基地營之前，你還得先面對一項挑戰：從
加德滿都（Kathmandu）前往海拔 2,800 公尺城鎮盧卡拉的 40 分
鐘飛行。這又短又陡峭的飛機跑道（1964 年由希拉里的喜馬拉
雅信託基金會〔Hillary's Himalayan Trust〕建造），讓很多人將此
視為全世界最危險的機場。不過，它同時也是進入另一個有經

幡迎風飄揚、親切茶館和喜馬拉雅冒險王國的大門。

從盧卡拉出發後，步道便朝北前進，在走下山坡、沿著河邊來到法克定（Phakding）小村之前，你會先通過一座轉經輪的拱門（kani），然後再經過松樹林、讓人頭眼昏花的吊橋和Z字形的陡斜山路，爬上海拔3,440公尺、藏身山脊裡的貢布河谷中的南崎巴札。此處是雪巴人的部族要地，也是歷史悠久的貿易聚落；今日的市場攤位上不但會擺放傳統的玉米和犛牛毛皮，也一併販賣Gore-Tex材質製成的靴子和防水羽絨衣。天氣清朗時，說不定你從這裡就可以一瞥珠穆朗瑪峰的身形。

接著步道轉向東北方的湯波切（Thyangboche）而去，走過大多是松樹和杜鵑花的森林上方山脊，一邊眺望峰波連綿的山嶺，一邊等著夕陽謝幕，欣賞綺麗動人的景致。1953年率領英國珠穆朗瑪峰遠征隊（British Mount Everest expedition）的約翰·亨特（John Hunt），就曾被此處的景色深深感動，「我的感官被周遭的美妙奇景迷醉了，」他說：「湯波切絕對是世界上最美麗的地方之一。」

伴隨著一路上負重而行的犛牛，步道接著往貢布地區而去，當你走過小村旁波切（Pangboche）、再越過伊姆扎河（Imja River）來到丁波切（Dingboche）時，沿途的地貌就愈來愈回歸天然本色。從丁波切村望去，海拔8,516公尺的洛子峰盡入眼簾；雖然由此望去珠穆朗瑪峰也好像沒多遠，卻讓人感到如幻似影，悄然靜立在其他白雪覆頂的大山後頭。接下來，步道就會通過貢布冰河（Khumbu Glacier）的冰蹟岩緣，再來就是豎立著登山罹難者紀念碑的查克坡拉里（Chukpo Lari）。

下一站高樂雪（Gorak Shep），是一座如今覆滿沙土的冰凍湖床。高樂雪之後，就是上到終點珠穆朗瑪峰基地營了；這個地方，正是1953年探險隊用來完成最後準備工作的位置。之後的很多年裡，也是眾多登山高手不眠不休、為接下來的挑戰擬定計畫的地方。

但是，就算都已經來到這裡，你仍然欣賞不到美麗的山景——雖然可以看到登頂高手第一個要挑戰的貢布冰瀑（Khumbu Icefall），但大部分的山貌依然若隱若現、朦朧不清。最佳的觀景點，得從基地營再辛苦跋涉大約兩個小時，直攻海拔5,545公尺的卡拉帕塔（Kala Pattar）。當真來到這兒時——終於——珠穆朗瑪峰就會毫不隱蔽地展露它懾人的光華。

478 好萊塢星光大道
Hollywood Walk of Fame

美國，洛杉磯

這一回，我們要一個個踩過鑲滿好萊塢星光大道上的名人星章。從法蘭克·辛納屈（Frank Sinatra）到米老鼠（Mickey Mouse），大道上的每一個星形獎章都代表一位明星的卓越貢獻。第一顆星章出現於1960年，目前為止，整條大道全長2.1公里。

479 荒山步道
Desolation Peak Trail

美國，華盛頓州

全長11公里的這條攀登北卡斯卡德山脈（North Cascades）步道，是美國作家傑克·凱魯亞克（Jack Kerouac）1956年夏季駐留寫作之處。在後來出版的《孤獨旅人》（Lonesome Traveler，1960年）中，他說：「我需要獨處……我只想躺在草地上凝望天上的雲。」

480 希拉里步道
Hillary Trail

紐西蘭，北島

{ 向首次登上珠穆朗瑪峰成員之一的艾德蒙·希拉里爵士致意，走一趟他畢生鍾愛的海岸荒野步道。 }

行前須知：
· 歷史關鍵時刻：公元 1919~2008 年，艾德蒙·希拉里爵士生卒年
· 距離與費時：70 公里；4 天
· 難度：中等——地形崎嶇，地面可能濕滑，地勢起伏不定
· 最佳月份：10-3 月
· 重點叮嚀：阿拉塔基遊客中心（Arataki Visitor Centre）位在奧克蘭（Auckland）市中心西南方 25 公里處

懷塔克雷山脈（Waitakere Ranges）不只離奧克蘭鬧區很近，看起來也不怎麼像尼泊爾的喜馬拉雅山脈；然而，這兩個相隔千里的地方卻因為同一個人——登山家兼探險家艾德蒙·希拉里爵士——而為人熟知。1919 年誕生於奧克蘭的他，成年後用了許多快樂的時光探索出生地周遭的原生叢林、黑沙海灘、瀑布，以及城市西方浪濤拍岸的岬角；1953 年時，更和雪巴人丹增·諾蓋一同創下首度攻上珠穆朗瑪峰頂的紀錄。返國之後，為了遠離攀登世界最高峰的成名之累，他把許多光陰都奉獻給懷塔克雷山脈。

全長 70 公里、特別選在 2010 年希拉里逝世周年開放的希拉里步道，根據官方說法，是「特別設計給家庭與年輕人享受多日漫遊之樂、帶有荒野探險挑戰的步道」，顯然是藉此鼓勵未來世代，希望他們效法這位紐西蘭人盡皆知的傳奇登山家，多多親近山嶺。

從阿拉塔基遊客中心出發後，步道先是穿越懷塔克雷山脈，然後便沿著海岸走到穆里懷海灘（Muriwai Beach，譯註：因為有許多塘鵝棲息，又稱「鳥島」），途中會行經一段陡峭又荒蕪的地區，也就是位在兩處海灘之間、必須沿著峭壁走的「蒂亨加步道」（Te Henga Walkway）；另外，步道還會走過阿納法塔溪（Anawhata Stream）畔的鵝卵石路與太古森林——據說是希拉里最愛走的一段路。

對頁：跟隨希拉里的腳步，造訪紐西蘭北島的懷塔克雷山脈。

往奥克蘭 →

紐西蘭

北島

穆里懷海灘

蒂亨加步道

阿爾法路徑

Piha海灘

Kitekite瀑布

懷塔克爾山脈

阿拉塔基遊客中心

塔斯曼海

481 皇家步道
Royal Trek

尼泊爾，安納普那

這條需時 3 天、從尼泊爾湖畔城市波卡拉（Pokhara）走起的步道，會經過景色優美、村落遍佈的安納普那的山麓丘陵地帶；步道名為「皇家」，是為了紀念 1980 年代走過這條路徑的查爾斯王子（Prince Charles，譯註：即現今的威爾斯親王）。

482 韶山步道
Shaoshan

中國，湖南省

登上韶山，便可以一覽毛澤東的出生地韶山村。眾所周知，毛澤東在 1949 年創建了中華人民共和國，因此，韶山頂的地上如今豎起一塊刻有毛詩的石碑。

483 哲學之道
Philosopher's Path

日本，京都

一路沿著運河邊走、2公里長的「哲學之道」，每年春季都會開滿了櫻花。讓這條步道擁有此名的哲學家，據說是習慣走這條路到他任教的京都大學的西田喜多郎（Nishida Kitaro, 1870~1945）。

484 洛里·李野生動物步道
Laurie Lee Wildlife Way

英國，英格蘭，格洛斯特郡（Gloucestershire）

「洛里·李步道」全長9公里，穿行斯拉德山谷（Slad Valley）之中；激發這位英國作家在1959年寫出經典名著《蘿西與蘋果酒》（Cider with Rosie）的，就是這片林野青翠、山巒起伏的科茲窩（Cotswold）鄉野。

485 刁曼島步道
Tioman Traverse

馬來西亞

這趟7公里路，會帶領你穿越刁曼島林木密佈、天堂一般的地景。有人說，1958年電影《南太平洋》（South Pacific）中的巴里海（Bali Hai），取景之處其實是刁曼島的海灘。

486 托爾金步道
Tolkien Trail

英國，英格蘭，蘭開夏

英國作家托爾金（J.R.R. Tolkien）的名著《魔戒》（Lord of the Rings）三部曲，絕大部分都是在他居住於蘭開夏時完成的。這條起、終點都在小村赫斯特葛林（Hurst Green）的9.5公里鄉野環行步道，說不定也能激發你的創作靈感。

487 皇家遺產步道
Royal Heritage Trek

不丹中部

「皇家遺產步道」全長45公里，是不丹第二位國王吉格梅·旺楚克（Jigme Wangchuck，1926~52在位）當年走過的路徑，就是從他的夏宮——位在布姆唐（Bumthang）的旺迪佐林宮（Wangdicholing Palace）——走到他新建的冬宮，坐落通薩（Trongsa）的宗塔（Kuenga Rabten，興建於1928年）。這段路途用掉他和隨行百官三天時光，今天的徒步者大約也得走個三天，只是沒有鑼鼓喧天、號角齊鳴的大陣仗。步道的停駐點之一，是當年皇族用來野餐的地方，如果很想一睹冬宮的風采，就得走到海拔4,000公尺的高山上；此外，你還會行經許多金碧輝煌的寺廟（lhakhang）。這是一條觀賞野鳥與野花的好步道，也很適合遠眺印度低地、黑山山脈（Black Mountains）和喜馬拉雅山脈。

488 銀禧步道
Jubilee Walkway

英國，英格蘭，倫敦

{ 漫步英國的古老首都，
探索羅馬遺緒和它的王族住所。 }

行前須知：
- 歷史關鍵時刻：公元 1977 年，女王伊莉莎白二世銀禧（即位 25 周年）
- 距離與費時：24 公里；1 天
- 難度：輕鬆——路程清楚，路面平坦
- 最佳月份：4-10 月
- 重點叮嚀：每個十字路口地面都有個畫上王冠的圓盤形路標，金色路標表示當地曾有歷史性大事發生

羅馬人在公元 1 世紀時打造倫地尼恩（Londinium）之後，這座城先是繁榮昌盛、繼而步入衰頹，然後再次興盛；一千多年來，不但遭受過維京人（Vikings）與諾曼人（Normans）的無情攻打，還歷經了黑死病（Black Death）、倫敦大火（Great Fire）、納粹炸彈與恐怖主義的侵襲，但它卻在這些苦難的淬礪下愈挫愈勇，成為今日的世界大都會。一言以蔽之，倫敦就像是顆都市洋蔥，每條街道都隱含著屬於它自己的歷史故事。

這些苦難，伊莉莎白二世女王（Queen Elizabeth II）確實只經歷了一部分，但已多到遠超過一位女王應承受的程度。她出生於 1926 年，卻在 1953 年就戴上王冠；2015 年 9 月成為在位最久的英國君主（超越維多利亞女王〔Queen Victoria〕的六十三年七個月又兩天）。不過，這條 24 公里的「銀禧步道」，早在 1970 年代就正式開放；為了慶賀女王即位 25 周年，規劃一條穿越倫敦中心的路線，好讓世人漫遊這座首都留下深刻印象。1977 年 6 月 9 日，女王親自主持步道的開放儀式。

銀禧步道採用連成一氣的環行路線，立有 52 公尺高「納爾遜紀念柱」（Nelson's Column）的特拉法加廣場（Trafalgar Square）是相當理想的起點。走出廣場後，步道先是穿過海軍拱門（Admiralty Arch），踏上林蔭路（the Mall），1953 年時，女王就是搭乘華麗的馬車、由此前往西敏寺（Westminster Abbey）接受加冕；此後的每年 6 月，女王也都會來此，和皇家騎兵隊一起舉行「女王生日閱兵」（Trooping the Colour）慶典（譯按：為了避開不佳的天候，1748 年喬治二世〔George II〕在位時，就都改在 6 月舉行官方慶生）。接下來，林蔭路會帶你一路走到白金

大英博物館
特拉法加廣場
布魯姆斯伯里區
倫敦博物館
聖保羅大教堂
英格蘭銀行
國家美術館
西區
霍本區
千禧橋
倫敦城
白金漢宮
The Mall
泰晤士河
西敏區
聖詹姆士公園
「倫敦眼」摩天輪
倫敦塔
國會大廈
泰特現代藝術館
莎士比亞環球劇場
倫敦塔橋
南岸石獅
南岸區
蘭貝斯宮
西敏寺

漢宮（Buckingham Palace），打從 1837 年起，這裡就是英國君主居住之地，每天上午 11:30 會上演一場華麗又壯觀的「守衛交接」儀式。

緊接著，步道便沿著聖詹姆士公園（St James's Park）走，先是經過西敏寺，再來是國會大廈；1097 年建造、有著中世紀木造屋頂的西敏廳（Westminster Hall），既是國會大廈最古老的部分，也是英國歷代君王安葬之前接受百姓瞻仰遺容的地方。

跨越泰晤士河之後，就是蘭貝斯宮（Lambeth Palace）；早在 13 世紀，這兒就已經是坎特伯里大主教的官定倫敦住所。隨即接上泰晤士河步道（Thames Path），往東北方走，來到「南岸石獅」（South Bank Lion，1977 年時，女王在此舉行步道開通儀式），再路過「倫敦眼」摩天輪（2000 年起就成了倫敦天際線的一部分），以及一連串充滿藝術氣息的景點，包括：南岸藝術中心（South Bank Centre）、皇家節慶音樂廳（Royal Festival Hall）、泰特現代藝術館（Tate Modern），以及莎士比亞環球劇場（Shakespeare's Globe theatre）。

在走過 1894 年完工的倫敦塔橋（Tower Bridge）雙塔樓後，步道轉回泰晤士河北岸，前往一千多年前就用來拘禁罪犯（與皇族）、保管皇家珠寶的倫敦塔（Tower of London）。之後轉而朝西，先經過 1666 年倫敦大火紀念碑，再進入倫敦城：羅馬時代倫地尼恩古城的遺址；往昔城牆環護的地帶，如今已成金融中心，也是羅馬遺跡與英格蘭銀行（Bank of England）所在地。走過倫敦博物館（Museum of London）後，就來到 111 公尺高的圓頂聖保羅大教堂（St Paul's Cathedral）；1710~1962 年間，倫敦大火後重建的聖保羅大教堂一直是最高的地標。

接著往北繼續環行，先後經過布魯姆斯伯里（Bloomsbury）和霍本（Holborn）兩區——出版商「布魯姆斯伯里集團」（Bloomsbury Group）的大本營，20 世紀初已聲名顯赫，旗下作家包括吳爾芙（Virginia Woolf）、福斯特（E.M. Forster）。此外，典藏世界珍稀藝術品的大英博物館（British Museum）也坐落此區。

最後，終於來到劇院薈萃的西區（West End），繼而在走過柯芬園（Covent Garden）的街頭藝人之後，終於又回到起點特拉法加廣場的國家美術館（National Gallery）。走完整條步道，幾乎等於走過倫敦史上的兩千年時光。

---

489 卡諾爾遺跡步道
Canol Heritage Trail

加拿大，西北地方
（Northwest Territories）

這條 350 公里、穿越凍土荒野的步道，是加拿大最具挑戰性的徒步旅程之一；從諾曼威爾斯（Norman Wells）鎮出發，一路沿著完工於 1944 年、為了在第二次世界大戰期間輸送石油而建造的卡諾爾管道（Canol Pipeline）走。

---

490 黑貓步道
Black Cat Trail

巴布亞紐幾內亞

起自沙拉毛亞（Salamaua）、止於黑貓金礦（Black Cat Gold Mine），是 1920 年代礦工經常利用但也相當難走的 50 公里步道；路途中的軍事設施遺跡，在在表明了二戰期間澳大利亞士兵也常穿梭其上。

對頁：銀禧步道，會帶你漫步行過倫敦的南岸區。

491 巴爾幹群峰步道
Peaks of the Balkans Trail

阿爾巴尼亞、蒙特內哥羅與科索沃（Kosovo）

> 穿行於看似相連卻又獨立的巴爾幹
> 半島諸峰之間。這條步道，可是近
> 年才開放的呢。

行前須知：

- 歷史關鍵時刻：公元 1941~1985 年，恩維爾·霍查（Enver Hoxha）掌權時期
- 距離與費時：192 公里；10~13 天
- 難度：中等——地處偏遠，翻山越嶺，風土多變
- 最佳月份：6-10 月
- 重點叮嚀：雖然途中都有路標，還是建議組團同行或聘用嚮導

直到 20 世紀都快到盡頭了，走路人才總算能夠進入這條步道。原因只有一個：從 1941 年統治阿爾巴尼亞起，直到 1985 年辭世之前的那四十幾年間，社會主義者恩維爾·霍查始終採取鎖國政策；「世人都得清楚明白，」他在自傳之一裡寫道：「我們的壘牆是用攻不破的花崗岩築成的。」那時的阿爾巴尼亞，是徹徹底底的「立入禁止」；另外，1990 年代的慘烈戰爭延燒巴爾幹半島的後果，則導致南斯拉夫解體，以及蒙特內哥羅與科索沃相繼於 2006 年、2008 年宣布獨立。

時至今日，你我不但可以踏上這條串連三個國家的步道，而且最好盡快成行——不只因為我們這些外人直到最近才能進入這塊禁土，更因為附近的鄉野不但富含文化遺跡，而且都還沒遭到現代文明的「開發」。

全長 192 公里的「巴爾幹群峰步道」，大致沿用牧羊人的環行小徑，一路走過許多高峰（最高達 2,300 公尺）、綠谷、溪河、瀑布，以及依然保存傳統的村落。不只路途中的古老石屋（kulas）讓你賓至如歸，還能吃到在地人自製的麵包和起司。

步道沒有非得遵循的起點，所以你可以從阿爾巴尼亞、蒙特內哥羅或科索沃走起：選擇阿爾巴尼亞的話，起點是坐落「怨咒山脈」（Accursed Mountains，亦即 Bjeshkët e Namuna）中的小鎮塞西（Theth）；如果是蒙特內哥羅，就從普羅萊蒂耶（Prokletije）山脈腳下、位在湖邊的鄂圖曼時代古鎮普拉夫（Plav）出發；要是打科索沃走，就從魯戈瓦峽谷（Rugova Canyon）附近的佩奇（Pejë）走起。

右圖：藉由精采刺激的巴爾幹群峰步道，一次探索阿爾巴尼亞、蒙特內哥羅和科索沃。

492 巴里奧環行步道
Bario Loop

馬來西亞，婆羅洲

　　直到20世紀早期之前，生活在婆羅洲沙勞越（鄰近印尼加里曼丹〔Kalimantan〕）東部偏遠處的卡拉必高原（Kelabit Highlands）上的原住民，還都是遺世獨立的化外之民。但在第二次世界大戰開打後，卡拉必高原也跟著開始有人進出；最主要的原因，是英國與澳大利亞聯軍在卡必拉高原首府巴里奧闢建了飛機跑道。由於闢建跑道，這些軍人（本來是為了抵抗入侵的日軍才在此紮營）不得不從最靠近這兒的大城馬魯帝（Marudi）出發，辛苦跋涉兩星期的崎嶇山路；今天的你，則可以搭機來到全長31公里的「巴里奧環行步道」起點，一路走過原始雨林、涼爽的河谷、稻田、水牛牧草地，以及當年英國前哨基地的遺跡。半路上，不妨在親切友善的卡拉必長屋（longhouse）住宿一晚。

493 波蘭─捷克友誼步道
Polish-Czech Friendship Trail

波蘭與捷克共和國

1961 年「波蘭─捷克友誼步道」剛剛開放時，可一點也稱不上「友善」。那時，來到克爾科諾謝山脈（Karkonosze Mountains）的徒步者，進出波蘭與還稱為捷克斯洛伐克（Czechoslovakia）的捷克時，都得接受通關檢查不說，在共產政府統治波蘭、施行戒嚴法的 1981~1984 年間，步道甚至完全不准通行。不過，這兩個國家後來也都在 2007 年加入「申根區」（Schengen Area，譯註：1985 年時在盧森堡申根鎮簽署的〈申根公約〉涵蓋歐洲 26 國，但有些國家並未隨即施行），邊境管制自此走入歷史。從海拔 1,362 公尺的什倫尼卡（Szrenica）峰到奧克拉察隘口（Okraj Pass）之間，如今已可安全無虞地通行，一路行經松林、天然雕塑的岩層、冰斗、山中湖泊，以及如今已成旅人小屋的往昔邊境檢查哨。

494 特里格拉夫峰
Mount Triglav

斯洛維尼亞西北部

特里格拉夫峰不僅是斯洛維尼亞最高峰，更是國家認同最重要的象徵。第二次世界大戰期間，由於朱利安阿爾卑斯（Julian Alps）山區陷入烽火中，特里格拉夫峰便成了召喚斯洛維尼亞人抵抗納粹的燈塔，在地的反抗軍甚至都戴上繪有它三個山頭的特里格拉夫帽（Triglav caps）；因此，等到斯洛維尼亞終於在 1991 年脫離南斯拉夫獨立時，海拔 2,864 公尺的山頭出現在新國旗上也不足為奇了。傳統徒步登山需時 1~2 天，雖然路線有好幾條，但全都或多或少需要「鐵梯」（via ferrata）之助，也都能讓走路人的視野越過起伏山巒、望見大海。

---

495 諾德卡洛特萊登步道
Nordkalottleden Trail

挪威、瑞典與芬蘭

這不但是全長 800 公里的史詩級步道，途中還得進出挪威、瑞典與芬蘭邊境好幾次；當然了，你也會來到位在這三個國家交界處的特雷里克斯羅塞（Treriksröset）。1901 年前，這些邊界都還不存在呢。

496 申根無國界步道
Schengen Without Borders Trail

盧森堡、法國與德國

　　雖然整條步道當真丈量起來只有 8.5 公里多，卻得走過三個國家：盧森堡、法國與德國；正因如此，以申根鎮當起點兼終點真是再恰當也不過了。這個市鎮是 1985 年〈申根公約〉誕生的地點；有了這份公約之後，只要你辦理申根簽證，就可以自由進出參與公約的各個國家。步道的起點，就在申根鎮歐洲博物館（European Museum）附近的莫瑟爾河（Moselle River）岸邊，往南穿越史特龍伯格生態保護區（Stromberg Nature Reserve），進入法國境內，從孔特萊班（Contz-les-Bains）村步步登高；當你越過河谷欣賞山嶺起伏的地景時，那一頭的德國也正在向你招手，等著你的人駕光臨。

497 納瓊步道與 CCC 環行
Natchaug Trail And CCC Loop

美國，康乃狄克州

　　對美國人來說，1930 年代當真是個「不堪回首」的年代。從 1929 年的股市崩盤起，整個國家一路墜入「大蕭條」（Great Depression）深谷，而且持續了十來年；大蕭條最嚴重的時期，全國失業人口曾經高達 1500 萬人。為了增加工作機會、鼓舞民心，羅斯福總統成立了簡稱 CCC 的「公民保育團」（Civilian Conservation Corps），讓部分無業者參與保育工作；其中之一，就是闢建「CCC 環行步道」。本來這只是一條 5 公里長的步道，環行於康乃狄克州滿是野鹿與溪流的納瓊州立森林（Natchaug State Forest）之中，後來又衍生出 31 公里的「納瓊步道」，從納瓊州立森林一直走到詹姆士古德溫森林（James Goodwin Forest），而且名列康乃狄克州「藍焰健行步道群」（Blue-Blazed Hiking Trails）之中。很多這類步道都是「公民保育團」一手打造出來的。

498 國王的步道
El Caminito del Rey

西班牙南部，馬拉加省（Málaga Province）

{ 如臨深淵地走一趟「世界最危險步道」的崖邊狹路——感謝現代工程技術，現在的危險程度降低了不只一點點。 }

行前須知：

· 歷史關鍵時刻：公元 1905 年，「國王的步道」開放通行

· 距離與費時：8 公里；3~4 小時

· 難度：中等——陡峭險峻，須買票

· 最佳月份：3~6 月，9~11 月

· 重點叮嚀：步道全年開放，但每個星期一是封路日

下圖：敢來「國王的步道」，就不能害怕在緊貼崖壁的棧板上行走。

　　歡迎光臨「世界最危險步道」——或者應該說，在 2015 年西班牙政府砸下 180 萬英鎊整治之前的世界最危險步道。這條健行路線位在喬羅（El Chorro）與瓜達奧西水庫（Guadalhorce Reservoir）之間，一旦踏上旅程，你幾乎都得緊貼著蓋塔內斯峽谷（Desfiladero de los Gaitanes）石灰岩崖壁邊的窄道向前行；步道在 1905 年開通時，本來只是為了方便工程人員興建水力發電廠，但在 1921 年西班牙國王阿方索十三世（Alfonso XIII）親臨現場後，便有了「國王的步道」這個響亮的名號。

　　然而，就算有了「國王」加持，步道最終還是走上廢棄的命運——某些區段後來出現崩塌，原先的路面整個墜入碧綠的河水之中，只留下崖壁上日漸鏽蝕的大鐵釘，有些甚至離水面有 100 公尺高，讓人光是看上一眼就雙腳發軟。勇於挑戰這條步道的還是不乏其人，但也有一些當真成了步道上的亡魂。

　　幸好，最近的整修已讓這 8 公里路安全多了。走過森林中的

地圖標示：瓜達奧西水庫、瓜達奧西河、北入口、馬拉加省、蓋塔內斯峽谷、ALMORCHÓN山脈、吊橋、南入口、Encantada Reservoir 水庫、喬羅

499 警察步道
Gendarmstien

丹麥，日德蘭半島南部

1920 年，德國才終於把南日德蘭半島還給丹麥。這條全長 74 公里的步道，是從帕德柏格（Padborg）走到霍魯哈夫（Høruphav），一路沿著弗倫斯堡峽灣（Flensborg Fjord）的岸邊走；之所以名喚「警察步道」，就是因為當年的邊境警察都走這條路線巡視海岸。

小徑後，你就會來到最讓人心驚膽戰的 3 公里路段，抬眼望去，高聳的崖壁就像大教堂一般宏偉莊嚴，但步道上已經多了木板棧道、玻璃地面的觀景臺、安全欄杆，垂直的崖壁上也又打進了新的鋼釘，健行者更是都得戴上安全帽；不過，從棧板上往下看時，往昔「世界最危險步道」的遺跡還是會讓你望之悚然。

500 馬芒步道
Mamang Trail

澳大利亞西部，費茲傑羅河國家公園
（Fitzgerald River National Park）

澳大利亞在 1850 年代開始放養野兔時，誰也想像不到牠們的繁殖速度竟然如此飛快；1901 年，「兔滿為患」的景況更逼得當局築起三道阻擋野兔的圍籬，免得牠們啃光西澳大利亞的牧草地。這三道圍籬加起來長達 3,256 公里，其中的 2 號圍籬，更一路延展到景色壯麗的西澳大利亞南海岸邊的安角（Point Ann）：這條 31 公里「馬芒步道」的起點。步道終點是東北方的費茲傑羅河口（Fitzgerald Inlet），不但可以探索安恩角圍籬的歷史，還有觀賞鯨魚的瞭望臺（每年 6~10 月間南露脊鯨〔southern right whale〕會迴游過這一帶）；一路上，你會走過多樹山丘、白沙鋪地的海灘、山谷中的森林，以及土生土長的繁茂哈克木（hakea）叢——感謝野兔口下留情，沒把它們啃個精光。

斯洛維尼亞的朱利安阿爾卑斯山脈中，有好幾條步道都能攀登三峰並立的特里格拉夫峰，典型的夏季登頂少則一天，多則兩天；雖然全都需要或多或少的「鐵梯」之助，但只要登上峰頂，視野就能越過起伏的山巒，望見大海（388 頁）。

500 步道地區索引

致謝

　　由衷感謝 Paul Bloomfield 無限的支持、耐心及咖啡供應；還有祖母 B 與祖父 S 傳授對旅行的熱愛及對自然的尊重；Sonya Patel Ellis 對這份艱難的工作貢獻卓越的編輯能力、鼓勵及其他一切；Tania Gomes 巧妙地將 500 條步道分配到有限的頁面空間中；Lynn Hatzius 及 Paula Lewis 帶來生活化的想法──沒有什麼比好地圖更能帶來靈感的了；Caroline Ellik 持續的肯定；還有 Darci 及 Gizmo 充滿療癒效果的擁抱。